한국 현대비평문학 탐구

한국 현대비평문학 탐구

전승주

도서 출판 월인

책을 내면서

수업시간 중 학생들에게 무엇보다 열심히 공부하기를 강조하지만, 그것은 사실 나 자신에게 하는 소리이기도 하다. 치열했던 80년대의 대학 시절과 대학원 시절은 나에게 국문학 공부가 언제나 1순위가 되지 못하도록 만들었다. 그러나 사실은 지금 그렇게 생각하면서 스스로를 위안하는 것에 불과한지도 모르겠다. 강의실에서 내가 아는 지식을 털어놓는 매 순간 나의 공부가 부족함을 느끼게 되기 때문이다. 국문학 공부를 시작하고 첫 책을 내게 되었다. 언제나 공부가 부족하다는 생각에 책을 낼 생각을 전혀 하지 못했다. 이제부터라도 제대로 된 공부를 하고 싶다는 생각이 머리를 꽉 채우기 시작하면서 기존에 썼던 글을 한 번 정리하기로 했다. 이 책은 따라서 나에게 일종의 새 공부를 위한 점검이라고 할 수 있겠다.

첫 글은 박사학위 논문이다. 수정을 하고 다듬어야 한다는 생각을 계속 해 왔지만 결국 게으름 탓으로 오래된 글을 그냥 그대로 내놓게 되었다. 박사 논문을 준비하고 집필하던 당시만 해도 그렇게 많지 않았던 1950년대 비평 연구가 다른 연구자들에 의해 이루어지면서, 이 글은 그만 옛 글이 되고 말았다. 뿌듯함보다는 마냥 미안하고 부끄러운 생각이 드는 것은 이러한 사정 때문이다. 그 뒤의 다섯 편의 글은 모두 박사논문과 관련 있는 주제를 다룬 것들이다. 좀 더 구체적으로는 '민족' 혹은 '민족주의'문학이라는 주제와 연관 있는 글들이다. 작가론이나 비평가론, 그 외 주제론은 지금 준비하고 있는 몇 편의 글과 함께 나중에 다시 한 번 한 권의 책으로 묶을까 한다.

새삼 공부의 길은 끝이 없다는 것을 느낀다. 세상은 너무나 빠른 속도로 변해가지만 나의 가장 큰 관심은 여전히 식민지 시기의 우리 근대문학에 쏠려 있다. 내가 한국문학을 공부하면서 첫 대면을 하고 진짜 공부를 시작하게 된 시대의 문학이기 때문이기도 하지만, 과거를 정확하게 알 수 있을 때 현재와 미래를 알 수 있다는 나의 소박한 지론 때문이기도 하다. 책을 낼 수 있게 된 것은 전적으로 어머님 덕분이다. 그리고 한국문학을 가르쳐 주신 선생님들과 그나마 조금이라도 인간답게 세상을 살기 위해 노력하도록 가르쳐 준 친구와 선후배들, 내 삶의 척도를 마련해주는 세상의 주인인 많은 보배 같은 사람들에게 고마움을 표시하고 싶다. 마지막으로 흔쾌히 출판을 응낙해 주신 월인출판사의 박성복 사장님과 이 책이 온전한 꼴을 갖추는데 애쓰신 출판사 식구들께 감사드린다.

2009년 9월

전 승 주

차 례

1950년대 한국 문학비평 연구

1. 서 론

1) 연구사 검토 및 문제제기

1950년대 문학[1])의 문학사적 의미를 평가하기에도 이제는 어느 정도 객관적 거리가 확보되었다고 말할 수 있다. 여기서 말하는 객관적 거리란 물론 시간적 거리 뿐 아니라 아니며 반세기에 가까운 기간동안

---

1) 지금까지 1950년대 문학의 연구에 있어 1950년대 및 '전후'라는 용어를 병행해 온 것이 사실이다. 그런데 '전후'를 뜻하는 '아프레 게르apres guerre'는 2차 세계대전 후 10~20년간 서구사회의 정치적·사회적 변화에 따른 새로운 문화적 환경과 사회질서 그리고 젊은 세대의 새로운 지향들을 포괄하기 위해 사용된 용어로서, 전쟁이후라는 단순한 시기적 구분을 넘어서 어떤 특정한 상황과 의식을 가리키는 것이라 할 수 있다. 이러한 측면에서 한국전쟁 이후의 1950년대 문학을 '전후'문학이라 지칭한 당대의 용어는 세계적 동시성을 추구하려는 당대 문학인의 의도가 개입되어 있다. 물론 그러한 의도와는 관계없이 당시 전쟁의 영향력 하에 직접 문학활동을 펼쳤던 문학인들에게서 비롯되어 지금까지 50년대의 문학적 특성과 시대적 상황을 가리키는 보편적 용어로 사용되어 왔으며 '전후문학'이나 '전후세대' 등의 용어도 널리 사용되고 있는 것도 사실이지만, 본 고에서는 가능한 한 그러한 의도로부터 벗어나기 위해 1950년대라는 용어를 사용하고자 한다. 다만 그런 특별한 의도를 강조할 필요가 있을 경우에는 ' ' 에 넣어 사용하기로 하며 단순한 시기를 가리키거나 인용 등의 경우에도 병행하고자 한다.

쌓여 온 문학사적 토대가 상당할 정도로 형성되었다는 점을 의미하는 것이다. 1950년대 문학에 대한 연구가 본격적으로 이루어지기 시작한 것은 1990년대에 들어서였다. 객관적 거리의 문제로 혹은 선입견으로 활발한 연구를 수행하지 못한 탓도 있지만 보다 근본적인 이유는 연구 동향에 큰 영향을 미치는 이념적, 시대적 상황에 있었다. 1960~70년대는 독재정권의 경제개발논리의 근간을 이루었던 반공주의가 강력히 지배하던 시기로 여전히 이른바 '전후'의 연장선상에 있었던 것이 사실이었고, 80년대는 사회상황 자체가 이념적인 문제에 깊이 연관되어 있었던 까닭에 대부분의 연구자들이 카프문학을 중심으로 한 식민지시대 문학 및 그 연장선상에서 해방공간의 문학에 관심을 집중했다. 이후 90년대에 접어들어 발생한 세계사적 지각의 변동으로 이념 자체에 대한 관심이 퇴조하고 그러한 이념 퇴조 이후의 상황에 대해 관심을 기울이게 된 시점에서 '전후문학'에 대한 탐구가 본격적으로 시작되었다고 말할 수 있다. 특히 1950년대 문학은 현대문학의 본격적인 출발점이라는 문학사적 의미가 맞물리면서 본격적인 연구 대상으로 떠오르게 되었던 것이다.[2)]

90년대 중반 이후 본격적인 연구가 이루어지기 전까지 몇몇 예외[3)]

---

2) 90년을 전후한 이 시기에 이루어진 전후문학에 대한 연구는 개별적인 연구노력과 함께 비록 공동연구의 형태는 아니지만 연구자집단에 의한 집중적인 연구방식으로 이루어져 한꺼번에 많은 성과를 낸 바 있다. 대표적인 연구성과를 들어보면 다음과 같다.
한국현대문학연구회, 『한국의 전후문학』, 태학사, 1991.
문학사와 비평연구회 편, 『1950년대 문학연구』, 예하, 1991.
한국문학연구회 편, 『1950년대 남북한 문학』, 평민사, 1991.
조건상 편, 『한국전후문학연구』, 성균관대학교출판부, 1993.
「한국전후문학의 형성과 전개」, 『문학과 논리』 3호, 태학사, 1993.
조남현, 『한국현대소설의 해부』, 문예출판사, 1993.
송하춘·이남호 편, 『1950년대의 시인들』, 나남, 1994.
구인환 외, 『한국전후문학연구』, 삼지원, 1995.
정창범 편, 『전후시대 우리 문학의 새로운 인식』, 박이정, 1997.

를 제외하면 50년대 문학에 대한 연구는 대개 문학사적 서술 속에서 단편적으로 이루어져 온 것이 사실이다.[4] 이러한 사정은 시, 소설 장르에서도 선구적인 몇몇 연구를 제외하면 마찬가지라 할 수 있다.

전후비평에 대한 비평사적 접근은 김윤식 교수가 해방 이후의 문학사를 조명하는 과정에서 전후비평의 특성을 전통의 단절과 이념의 공백을 근거로 한 신세대의 기성세대에 대한 부정, 전쟁으로 인한 극한 상황을 서구의 전후와 공통분모로 삼고 수용한 실존주의 논의 그리고 전후비평의 마지막 단계에 놓이는 분석비평의 수용이라는 세 항목으로 구분하고, 전통론을 매개로 60년대 비평과 이어진다는 것을 지적하면서 이루어진다.[5] 이후 김동리 연구를 통해 '근대의 초극'을 문제삼고, 1950년대 문예비평을 전쟁이라는 근대성의 파산 앞에서 기존의 근대성의 문학을 부정하고 또 다른 근대성을 창출하는 것으로서의 이어령의 '화전민 사상', 전쟁의 폐허 속에서도 이어지는 생명체를 지적하는 유종호의 '토착어의식', 전쟁체험을 통해 초월론적 의식을 보여주는 고석규의 '여백의 사상'이라는 세 가지 양상으로 구분하여, 근대성이라는 명제를 중심으로 분석한 바 있다.[6] 이로써 이른바 '전후비평'

---

3) 전후문학에 대한 극히 단편적인 언급이 아닌 본격적인 전후문학에 대한 연구가 90년 이전에도 전혀 없었던 것은 아니다. 김재홍(『한국전쟁과 현대시의 응전력』, 평민사, 1978), 박동규(『현대한국소설의 성격 연구』, 문학세계사, 1981), 신경득(『한국전후소설연구』, 일지사, 1983)에 의해 각각 시, 소설 장르의 전후문학에 대한 연구가 이루어진 바 있다. 그리고 조남현(「우리 소설의 넓이와 깊이」, 『문학정신』, 1988.10.) 교수는 전쟁기간 중 이루어졌던 문학활동에 대한 기존의 인식에 반성을 촉구하고 본격적인 연구의 필요성을 강조한 바 있다.

4) 김윤식 외, 『한국현대문학사』, 민음사, 1973.
김윤식 · 김현, 『한국문학사』, 민음사, 1973.
김윤식, 『한국현대문학사』, 일지사, 1976.
정한모, 「광복 30년의 한국시 개관」, 『심상』, 1975.8.
신동욱, 『한국현대비평사』(증보판), 시인사, 1988.
권영민, 『한국현대문학사』, 민음사, 1993.
김윤식, 『한국근대문학사상연구 2』, 아세아문화사, 1993.

5) 김윤식, 『한국현대문학사』(증보판), 일지사, 1983.

을 주도한 신세대의 문학정신은 어느 정도 밝혀졌다고 할 수 있다. 그러나 이러한 서술 자체가 고석규의 문학비평을 분석하는 자리에서 이루어진 것이어서 1950년대 비평 전체의 체계적인 면모를 밝히기에는 어렵다는 점을 지적할 수 있다. 한편 신동욱[7]의 경우에는 1950년대 비평을 형식주의 비평, 민족문학과 전통론, 실존주의 비평의 세 항목으로 구분한 가운데, 민족문학론과 전통론을 동일한 맥락에서 파악하려는 시도를 보여주고 있지만 논의 자체가 몇몇 개별적 비평가별로 이루어져 있어 역시 50년대 비평 전체의 체계적인 관련성을 보여주지는 못하고 있다.

1950년대 비평의 전체적인 구도를 파악하는 작업은 전기철[8]에 의해 본격적으로 이루어진다. 그는 전후비평을 불안의식의 내재화 과정을 통해 고찰하여 전체적인 면모를 재구성하고 있는데 주로 실존주의와 모더니즘 비평에 중점을 두어 전후 비평의 전개양상을 풍부하게 담아내고 있다. 하지만 논의의 균형이 실존주의의 수용과 이해에 기울어져 있어 실존주의, 휴머니즘, 모더니즘, 전통론 등 다양한 논의의 관련양상을 밝히지 못하고 있으며, 전후비평이 60년대와 단절되어 비평사적 의의를 상실하고 있다고 평가함으로써 문학사의 연속성에 대한 인식을 보여주지 못하고 있다.

이러한 사실은 무엇보다 이 시기를 평가함에 있어 무엇보다도 '전쟁의 영향'을 중심 축으로 설정하고 50년대의 문학을 전쟁의 영향권 내에서만 설명하려는 의도에서 비롯된다. 6·25전쟁은 인명과 물질의 파괴에서 멈추지 않고 전후의 모든 사람들이 절망과 허무라는 비극적 감

---

6) 김윤식, 『한국문학의 근대성 비판』, 문예출판사, 1993.
7) 신동욱, 『한국현대비평사』(증보판), 시인사, 1988.
8) 전기철, 「한국 전후 문예비평의 전개양상에 대한 고찰」, 서울대 박사학위 논문, 1992.

정을 가지지 않을 수 없는 정신적 상처를 입힌 것이 사실이다. 그것은 6·25전쟁이 냉전체제의 산물로서 이데올로기적 전쟁으로 규정되지만 구체적 진행과정에서는 그러한 이데올로기와는 관계없이 민족간의 상잔이라는 상처를 남겼고, 이에 따라 민족 구성원들은 극도의 좌절과 절망, 허무와 불안의 정서에 사로잡히게 되었기 때문이다. 이러한 정서적 분위기는 곧 기성질서의 붕괴를 의미했고 그 빈자리를 서구문화의 수용을 통해 채우고자 하는 노력을 필연적인 것으로 만들었다. 이에 따라 50년대 비평은 실존주의, 모더니즘, 휴머니즘과 같은 서구사조에 기댄 비평으로부터 시작되는 양상을 드러낸다. 바로 이러한 측면에서 전후비평의 특성을 서구 전후문예사조의 수용의 측면에서 분석하고 그 결과 전후비평은 아직 자신의 문학적 방법이나 모럴을 찾지 못한 과도기적 성격을 띠고 있다는 판단을 내리게 된 것이다. '전후문학'이라는 용어 자체도 이러한 특성을 강조하는 것이 아닐 수 없다.[9)]

50년대 비평을 평가함에 있어 전쟁의 영향력을 생각하지 않을 수 없는 것은 사실이지만 이처럼 전쟁이라는 특수한 역사적 경험에 대한 문학적 대응의 산물로만 파악할 경우, 50년대 비평은 당대인의 이념적 한계와 그로 인한 문학정신의 황폐화 및 서구사조에의 일방적인 추종이라는 예정된 결론을 이끌어낼 수밖에 없다. 즉 당대의 문학 특히 서구 사조의 수용을 통해 이루어진 것으로 평가되는 실존주의나 휴머니

9) 50년대 비평에 대한 가장 최근의 연구라 할 수 있는 남원진의 견해 역시 50년대를 극단적인 '이성의 자기파괴'인 전쟁으로 인한 폐허로 규정하는 것으로부터 시작하여 이후의 모든 문학행위를 전쟁의 영향권 아래에서만 서술하는 모습을 보이고 있다. 즉 전쟁으로 인한 폐허가 곧 이성적 인식에서 출발하는 근대세계의 파산을 의미하고 따라서 50년대는 이성적 사고가 더 이상 진행될 수 없는 시대로 규정한다. 이후 이어령의 저항의 논리를 새로운 근대성의 창출로 규정하고 특히 뉴크리티시즘의 도입과 수용을 새로운 비평의 가능성을 보인 것으로 평가하고 있다. 남원진, 「1950년대 비평의 이해」, 『1950년대 비평의 이해 2』, 역락, 2000.

즘론 혹은 모더니즘론은 식민지 근대문학이나 60년대 이후의 문학과 단절된 채 단지 전쟁 이후라는 특이한 시대의 특이한 산물로 그친 일회성의 문학으로 평가될 수밖에 없는 것이다.[10] 그 결과 서구문예사조의 수용을 통한 '세계적 동시성'의 추구가 지닌 문학사적 의미는 당대 문학인들의 이념적 한계와 몰시대성에 따른 필연적인 결론에 이르러 축소될 수밖에 없을 뿐 아니라, 그러한 서구문예사조의 수용이 이후 우리 문학의 전개, 발전에 미치는 영향에 대한 심도있는 고찰을 가로막는 장애로 작용할 수도 있는 것이다. 즉 50년대 비평의 다양한 문제의식 예컨대 전통론이나 민족문학 논의를 통해 시도된 주체성의 회복과 민족현실에 대한 천착이 지니는 긍정적인 의미들은 평가하기 어려워질 뿐 아니라, 그러한 비평론이 어떻게 해방공간에서의 민족문학론 논의나 4·19 이후의 문학론과 연결되는가를 살펴보기 힘들게 만드는 요소가 되는 것이다.

그렇다고 해서 우리 문학사를 일괄적으로 리얼리즘 대 모더니즘의 구도로만 파악하여 50년대의 문학 역시 이 구도 속에서 파악할 수만은 없다. 최유찬[11]의 경우 전후 남한 사회에서 서구와의 이념적 동질성을 강조하는 자유민주주의가 주조를 형성함에 따라, 인간의 보편성과 이

10) 고은이 "<아아! 50년대>라고 말하지 않으면 안 된다. 모든 논리를 등지고 불치의 감탄사로서 말하지 않으면 안 된다."(고은, 『1950년대』, 청하, 1989, 19면)고 말하면서 50년대의 서구문예수용을 극단적으로 비판하는 것도 이러한 인식을 바탕으로 삼고 있다. 하지만 이러한 감성적 인식이 당대의 모든 인식을 대변하는 것이라고 말할 수는 없다. 그럴 경우 50년대는 전쟁이외의 그 어떤 요소로도 말할 수 없는 시대로 고정된다. 전쟁이라는 충격을 어떻게 견디고 그 와중에서도 과거의 경험을 어떻게 연결하고 있으며 또 이러한 감성적 인식을 극복하고자 했던 많은 노력이 어떻게 60년대 이후와 연결되고 있는가를 살펴보는 것이 더욱 소중하다. 이러한 맥락에서 우리가 소중하게 여겨야 할 것은 그 효율성이나 성공 여부를 떠나 전쟁의 상처를 극복하고 시대적 과제를 모색, 나아가고자 한 노력들이다.

11) 최유찬, 「1950년대 비평연구」(1), 한국문학연구회 편, 『1950년대 남북한문학』, 평민사, 1991.

념의 동질성만을 중요한 가치척도로 파악하는 획일적인 정신풍토가 자리잡게 되고 이러한 정신사적 변모가 문학비평에서도 그대로 반영되었다고 평가함으로써, '전후비평'을 문학의 세계적 보편성에 대한 열망으로 가득한 양상을 드러내는 모더니즘론으로 일괄한다. 그러나 몇몇 예외를 두더라도 이처럼 당대의 비평을 모더니즘론이라는 이름 하에 일괄적으로 규정하는 것은 지나치게 포괄적인 규정이 아닐 수 없다. 이에 따라 전통론과 민족문학론, 휴머니즘론과 실존주의 등 각 논의가 지니는 특수성과 시대적 의미를 담아낼 여지가 줄어들게 된다. 이는 리얼리즘 대 모더니즘이라는 이분법적 구분 아래 전후 시기를 리얼리즘을 결여한 모더니즘의 시기로 평가하는 데서 기인하는 것이라 할 수 있다. 오히려 그러한 획일성을 벗어나 비평의 지도원리와 질서를 회복하려는 다양한 모색의 일환으로서 전후에 이루어진 다양한 문학론의 전개를 인식할 때 50년대 비평의 의의는 고양될 수 있을 것이다.

50년대 비평에 대한 평가 가운데 더욱 문제적인 경우는 전후 혹은 50년대를 우리 근현대문학의 역사적 전개과정에서 일종의 단절기로 파악하는 경향이다.[12] 이러한 경향은 50년대 문학이 '민족현실을 외면하고 서구문학에 맹종'하고 있다는 인식에 근거한 것이다. 이러한 인식은 '전후문학'의 한 특성을 지나치게 강조한 데서 비롯하는 것으로서 그러한 규정이 완전히 실상에 어긋나는 것이라 할 수는 없겠지만, 50년대 비평의 실체를 실존주의나 모더니즘 혹은 휴머니즘으로만 국한하

12) 정현기, 「문예비평의 충격적 휴지기」, 김윤식·김우종 외, 『한국현대문학사』, 현대문학사, 1989. 정현기는 해방공간에서의 나라만들기가 분단으로 귀결됨에 따라 1950년대의 문학비평은 한국 문학비평사의 중대한 休止期에 해당된다고 말하고 이처럼 전후 문학비평이 정신활동의 지평을 스스로 제한할 수밖에 없었던 사정은 남북한 단독정부 수립과 전쟁을 거치며 막대한 물리적, 정신적 상처를 문학비평의 토양으로 삼게 된 데 그 원인이 있다고 설명한다. 결국 1950년대의 비평은 비평계에 새로움을 던져주었으나 어떤 대안을 마련하지 못한 채 1960년대로 넘어가고 말았다고 비판한다.

게 될 위험성을 안고 있는 것이다. 따라서 이런 시각에 따를 경우 50년대 중반 이후 현실에 대한 자각과 함께 주체성 회복을 위한 노력의 산물인 전통론이나 민족문학론의 활발한 논의를 설명할 길이 없게 된다.[13] 외국사조의 수입이 단순한 이론의 모방이 아니라 그 사회가 당면한 과제해결을 위한 방법론의 모색이라는 의미를 지닌다고 할 때, 중요한 것은 다양한 서구사조의 수입을 필요로 했던 우리 문단과 문학 내부의 동인과 실존주의나 모더니즘 등의 수용을 계기로 한 우리 비평의 변모 양상을 구체적으로 파악하고 그 정확한 의미를 포착하는 일이 아닐 수 없는 것이다.

이처럼 전후문학에 대한 기존의 연구는 50년대를 우리 근현대문학의 역사적 전개과정에서 하나의 단절기나 반동기로 파악하는 일종의 선입견에서 출발한 경우가 적지 않다. 이러한 인식에 근거할 경우 결국 50년대 문학은 체험의 직접성에 함몰되거나 탈역사적인 추상적 보

---

13) "한국 근대문학의 여러 시기 중에서도 가장 침체된 시기가 50년대의 문학이었다고 할 수 있다. 1945년 민족해방이 되었어도 우리의 경우 '해방문학'이라고 부를 수 있는 성숙된 시기를 갖지 못했다. 민족분단에 앞선 문학 분열 때문이었다. 작가들은 남북으로 갈린 뒤를 이어 6·25전쟁은 문학과 문학인을 완전히 마비시켜 버렸다. 50년대의 문학은 이러한 진공상태에서 국적불명의 허무 극단주의의 문학으로 <모더니즘>에다가 실존주의 문학으로 정신의 공백을 더욱 탈색시켜 버렸다. 정치인이 아닌 정치깡패들이 온갖 부패와 타락으로 놀아나고 무법천지의 농촌의 폐허와 도시의 파괴된 잿더미 속에서 동포들이 굶어 죽고 매맞아 죽는 자유당 독재치하에서 문학은 이러한 현실을 직시하기는커녕 문학을 위한 문학으로 놀아나기만 했던 것이다. 민족·민주·민중 운동에 보조를 맞추기는커녕 이른바, 晩松族이라 하여 이기붕의 선거유세에 찬조 연설 따위로 정권의 앞잡이 노릇까지 하면서 민중의 실상과는 상관이 없는 문학을 해왔음이 사실이었다. 문학인은 이러한 형편이었지만 민중은 4·19를 가지게 되었으니, 민중이 일으킨 4·19에 대하여 한국문학은 할 말이 없는 것이고 없어야 하는 것이다." 여기에서 보듯 박태순은 '민족분단에 앞선 문학 분열'로 인해 50년대의 문학이 한국 근대문학의 여러 시기 중 가장 침체된 시기였다면서 50년대의 문학을 국적불명의 허무 극단주의의 문학이라고 비판하고, 그 원인을 모더니즘과 실존주의 문학의 현실과의 유리에서 찾고 있다. 박태순, 「4·19의 민중과 문학」, 『4월혁명론』, 한길사, 1983, 280면.

편주의로 치닫는 두 가지의 편향에 빠져 있는 것으로 평가[14]될 수밖에 없다. 이러한 평가는 일면적 정당성에도 불구하고 모더니즘이나 실존주의의 당대적 실상이나 영향을 절대적인 것으로 상정할 뿐 아니라 이 두 경향의 '토착화'의 내적 논리를 거의 고려하고 있지 않은 데서 기인하는 것이다. 결국 이러한 시각의 가장 큰 문제점은 이 시대의 문학의 주류 뿐만 아니라 오늘날까지의 한국문학사의 주류를 연구자 자신만의 가치판단에 따라 미리 상정하고 50년대 문학은 그러한 중심으로부터 벗어난 것이라 평가하는 것이다.

결국 이러한 시각들은 50년대 문학을 서구문학과의 관련 아래 해명함으로써 이 시기의 문학이 서구의 '전후문학'과의 동질성을 추구하기 위한 노력이었으며 그를 통해 세계문학적 보편성을 획득하려는 시도였다고 전제하고 있다. 즉 '전후문학'은 전쟁의 직접적 영향력 아래 놓여 있었고, 이에 따라 전통이 파괴되고 기성질서가 무너진 전후현실에 대한 절망과 허무, 불안과 공포 그리고 그러한 위기의식에서 발생한 실존적 자각이 곧장 '세계적 동시성'의 추구로 나아간 것으로 파악하는 입장이다. '전후문학'의 세계문학적 동질성을 확인하려는 이러한 태도는 특히 당대의 문학가들에게서부터 비롯되고 있는데, 이러한 시각이 지속적으로 재생산되어 이후 전후문학 연구의 기본적인 시각으로 정착되기에 이르렀다. 50년대 문학에 대한 이런 평가들은 우리 사회의 '근대'적 성격에 대한 평가와 긴밀히 연관되어 있는 바, 특히 한국전쟁의 성격에 대한 평가와 밀접히 관련된다. 전쟁이라는 상황 자체가 폭력과 살상을 통해 인간의 비인간화를 초래하고, 이에 따라 인간에 대한 존재론적인 질문을 하게 만드는 것은 필연적이다. 그렇지만 그러한 존재에 대한 탐구 자체가 1950년대 한반도라는 구체적 현실을 바탕으로 한

14) 김철, 「냉전체제의 고착과 50년대의 문학」, 『민족문학사강좌』 하, 민족문학사연구소, 1995.

자기성찰이 아닌 추상적 전쟁 일반에 대한 의식의 산물이거나 선진적 서구사상과의 동일시에서 멈춘다면, 전쟁의 폭력성 그 자체만을 강조하거나 그로 인한 피해만을 부각시킬 수 있을 뿐이다. 따라서 이러한 의식의 문학적 반영은 추상적 휴머니즘으로의 귀결이나 전쟁의 참상을 고발하는 차원으로 떨어지고 만다. 전쟁 참상의 폭로는 곧 反戰의 결의로 이어지게 되고 결론적으로 휴머니즘의 고양이라는 구호에 도달하게 된다. 이러한 휴머니즘의 강조는 그 자체의 중요성에도 불구하고 추상적인 보편성의 차원에 머무는 경우가 대부분이다. 이를 극복하기 위해서는 한국전쟁이 우리 민족의 삶에 어떻게 영향을 미치고 있으며 어떤 역사적 의미를 지니는가 하는 물음까지 제기되어야 하며 동시에 한국전쟁의 특수성과 전후 현실의 구체적 특성까지에도 눈을 돌릴 수 있어야 한다.

한편 1950년대 문학을 세대론적 시각에서 접근함으로써, 1955년을 전후하여 등장하는 신세대의 비평의식에 초점을 두고 이들의 역할과 의미를 강조하는 시각을 볼 수 있다. 일반적으로 세대론적 시각은 특정 시기의 문학사적 쟁점을 둘러싼 신구세대의 대립과 교체를 통해 그 시기의 문학적 변모와 의미를 고찰하는 유효한 방법이라 할 수 있다. 특히 이러한 태도는 전후문학의 경우 신세대의 등장 자체가 기성세대와 그 문학에 대한 비판과 부정을 바탕으로 이루어지고 있을 뿐 아니라 문학적 자의식을 형성하는 원체험으로서의 전쟁에 대한 신구세대의 인식의 차별성이 뚜렷하게 드러난다는 점을 근거로 하고 있다. 50년대 비평뿐만 아니라 전후시와 소설 장르의 연구에 있어서도 서정주와 청록파 중심의 순수전통시와 <후반기> 동인 중심의 모더니즘이라는 양 계열의 대립과 갈등을 중심으로 설명하거나 김동리, 오영수 등의 순수, 전통지향성을 지닌 소설과 손창섭, 장용학으로 대표되는 실존주의 소설의 두 계열로 구분함으로써, 전쟁을 전후한 구세대와 신세대의 창작

방법상의 대립이라는 관점에서 전후 문학의 성격을 밝히려는 연구경향 역시 이러한 세대론적 관점과 깊이 관련된 것이다. 그러나 기성세대에 대한 신세대의 부정 자체가 어떤 문학적 동질성을 바탕으로 한 것이 아니라는 점에 세대론적 시각의 맹점이 있다. 즉 구세대와 구별되는 신세대로서의 자기의식 자체가 공통된 문학정신 및 방법에 의거하지 못했을 뿐 아니라 신구세대의 차별성 못지 않은 신세대간의 차별성을 볼 수 있다. 이러한 지적은 구세대의 비판 뿐 아니라 그들 자신의 목소리를 통해서도 확인된다.[15)]

박헌호[16)]의 경우 50년대를 전체적인 차원에서 파악하기 위해서는 초기에 두드러졌던 전쟁의 영향에만 매몰되지 말고 그것을 극복하고자 하는 민족적 지향의 흐름에 주목해야 한다고 강조함으로써 50년대 비평을 서구문예사조의 수용을 중심으로 파악하는 시각을 벗어나고 있다. 그것은 그가 다루고 있는 주제 자체가 서구 문학의 직접적 영향을

15) 최일수, 「우리 문학에 있어서의 신인의 위치 - 민족문학의 현대화를 중심으로」, 『문학예술』, 1956.2. 여기서 최일수는 새로운 인물로서의 신인은 찾아 볼 수 있을지언정 새로운 방법과 정신을 갖춘 신세대는 찾아 볼 수 없다고 지적하고 있다. 사실 50년대 문학을 세대론의 입장에서 바라보는 태도는 이른바 4·19세대의 기성세대와의 차별성을 강조하기 위한 방법으로 제시된 측면이 크다고 하겠다. 이에 대해서는 다음과 같은 백낙청의 비판을 참고할 만하다. "<60년대 문학>(혹은 <65년 문학>)의 대변자들과 <50년대 문학> 내지 <전후문학> 옹호자간의 최근의 논쟁은 우리 문학을 위해 별로 보탬이 된 바 없다고 본다. 아니 진정한 문학적 쟁점이 없는 곳에 무엇이 있는 듯한 인상을 주어 문단의 빈곤을 감추는 결과가 되었고 10년도 채 안되는 시기적 차이에 집착하여 동시대 작가간의 보다 중대한 질적 차이를 소홀히 했다는 점에서 적지 않은 해독마저 끼쳤다 하겠다. 예컨대 김수영 · 손창섭 · 하근찬 · 최인훈 등과 몇몇 역량있는 신인들이 전혀 무시되거나 예외적으로만 거론된 데 반해 50년대에 나왔건 60년대에 나왔건 적어도 지금까지의 업적으로는 도저히 사줄 수 없는 시인 · 소설가 · 평론가들이 그래도 업적이 있는 문인들과 나란히 자기 세대 대표단의 명단에 올라 있는 것이다." 백낙청, 「시민문학론」, 『민족문학과 세계문학』, 창작과비평사, 1978, 60～61면.

16) 박헌호, 「50년대 비평의 성격과 민족문학론으로의 도정」, 조건상 편, 『한국 '전후문학' 연구』, 성균관대학교 출판부, 1993.

받았던 신세대들 중심의 모더니즘이나 실존주의 논의가 아니라 그러한 서구사조의 영향으로부터 벗어나고자 했던 전통 논의의 검토를 통해 민족문학론의 파생과 전개과정을 밝히는 데 주안점을 두고 있기 때문이기도 하다. 특히 그는 전통론으로부터 민족문학론으로의 발생을 다루는 과정에서 최일수의 비평의 역할을 강조하고 있어 주목할 만하다. 하지만 그의 논의는 전통론 자체를 신구세대의 대립적 관점에 입각하여 신세대들의 서구문예사조 수용의 정당성을 확보하는 과정의 일환으로 평가함으로써 그 의의를 축소시키고 있다.

전통론과 민족문학론에 대한 탐구는 한수영[17]에 의해 더욱 진지하게 이루어졌다. 그는 1950년대 비평 전체를 대상으로 하면서도 특히 민족문학론에 중점을 두고 있는데 50년대 비평의 주류를 민족문학론, 모더니즘론, 실존주의 문학론으로 나눈 뒤, 이들 문학론의 전개과정을 문학 외적 한계에도 불구하고 문학과 현실에 대한 비평의 비판적 기능을 회복하는 과정으로 파악한다. 그는 특히 50년대 비평의 평가에 있어 전쟁의 직접적인 영향력을 지나치게 의식하거나 혹은 세대론적 접근을 통한 평가를 경계하는 가운데, 민족문학론을 서구문학에 대해 우리 문학의 정체성을 확립하고 주체적인 문학을 수립하기 위한 비평적 노력의 결과이자 한국문학의 세계성을 확보하기 위한 구체적인 노력의 산물로 평가하고 그런 논의의 중심에 최일수의 비평을 놓고 있다. 그러나 50년대 중반 이후 60년대 중반에 이르기까지 거의 10여 년 동안 계속되었던 전통 논의를 민족문학론의 하부구조로 편입시키는 등 민족문학론에 대한 지나친 의미 부여의 혐의를 지울 수 없다. 특히 그 자신도 말하고 있듯 전후 모더니즘과 실존주의의 영향이 압도적이었던 상황에서 정태용과 최일수의 민족문학론은 그것이 지닌 의미와는 관계

---

17) 한수영, 「1950년대 한국 문예비평론 연구」, 연세대 박사학위 논문, 1995.

없이 당대에는 큰 반향을 불러일으키지 못한 것이 사실인데, 이러한 당대의 실상과는 다소 거리가 있는 연구자의 기대감이 앞서고 있어 50년대 비평의 평가에 있어 균형적 시각의 확보에 문제를 노출하고 있다.

강경화[18]는 1950년대의 중요 비평가 가운데 이른바 '전후 신세대' 비평가의 비평을 '비평 인식'과 '실현화'라는 두 개념을 통해 검토함으로써 50년대의 비평 인식과 실현화의 유형적 일반화를 꾀하고 있다. 그리하여 담론중심주의에서 벗어나 비평 주체를 중심적으로 고찰함으로써 이들 비평가들의 주체적 자기정립과정이 한국문학의 정체성 확립 과정과 나란히 하고 있다는 결론을 내리고 있지만 이어령, 유종호, 고석규, 김우종 등 신세대 비평가들로만 대상을 국한함으로써 구세대를 포함한 50년대 전체 비평의 성격과 체계를 밝히기에는 어려움이 따른다.

한편 전후비평과 해방공간의 비평 특히 60년대 비평과의 연속성에 대한 탐구를 통해 문학사적 단절의 극복을 시도하거나[19] 50년대의 남북한 문학에 대한 총체적인 접근을 강조[20]함으로써 문학사의 단절적 인식을 극복하고 남북한 문학의 총체적인 인식을 꾀하는 경향은 90년대 이후 점차 확산되고 있다. 이상 언급한 외에도 50년대에 논의된 과제들을 비평 논제별로 검토한 연구성과로는 서구 문예사조와 철학사상

---

18) 강경화, 「1950년대의 비평 인식과 실현화 연구」, 성균관대학교 박사학위논문, 1998.

19) 한국현대문학연구회, 『한국의 전후문학』(태학사, 1991)이 그런 경향을 잘 보여준다. 하지만 이 논문집의 경우 각 장르별 혹은 작가별 연구가 연구자 개별적으로 이루어지고 있어 50년대 비평 전체에 대한 종합적인 연구라고는 말하기 어렵다.

20) 한형구, 「1950년대의 한국시」, 문학사와 비평연구회 편, 앞의 책.
김재홍, 「해방 40년 남북한 시의 한 변모」, 김은전 외, 『한국현대시사의 쟁점』, 시와 시학사, 1991.
윤여탁, 「한국전쟁후 남북한 시단의 형성과 시세계」, 김은전 외, 앞의 책.
최동호 편, 『남북한현대문학사』, 나남, 1995.

의 수용에 대한 분석을 통해 우리 전후문학의 성격을 규명하는 경우[21], 그리고 전후 모더니즘론이나 전통론 등 논제별 검토특정 분야에 대한 연구[22] 등을 들 수 있다.

50년대 비평의 중요성은 무엇보다도 오늘날 우리 비평의 직접적인 토대를 형성하고 있다는 사실에 있다. 하지만 지금까지 그 중요성에 비해 본격적인 연구가 이루어지지 못한 것은 앞서 언급했던 것처럼 연구 동향에 큰 영향을 미치는 시대적, 이념적 상황의 문제 외에도 50년대 문학과의 차별성을 강조함으로써 자기 정체성 확립을 꾀했던 4·19 세대의 전략적 기획과 깊은 관련을 맺고 있다. '태초와 같은 어둠 속에 우리는 서 있다'[23]는 인식은 50년대의 문학비평을 극복되어야 할 대상으로 상정하여 60년대 문학과의 단절성을 강조하고 대타적 관계에서 이해함으로써 50년대의 문학과 사회에 대해 전면적인 부정을 꾀하고 있는 것이라 할 수 있다.[24] 그러나 60년대 문학과 비평정신은 50년대의 문학과 비평이 전제되지 않고서는 불가능한 것이었다는 점은 말할

21) 임헌영, 「실존주의와 1950년대 문학사상」, 『한국현대문학사상사』, 한길사, 1988.
이은자, 「실존주의 논의 일고찰」, 숙명여대 대학원 『원우논총』 10집, 1992.
최혜실, 「실존주의 문학론」, 구인환 외, 앞의 책.
문혜원, 「한국 전후시의 실존의식 연구」, 서울대 박사학위논문, 1995.

22) 오세영, 「후반기 동인의 시사적 위치」, 『20세기 한국시연구』, 새문사, 1989.
문혜원, 「전후모더니즘 문학의 성격 규명을 위한 시론」, 『관악어문연구』 16집, 1991.
한계전, 「한국전후시에 있어서 모더니즘적 특성과 그 가능성」, 『시와 시학』 1991 봄·여름.
김창원, 「전통 논의의 전개와 의의」, 『한국현대시사의 쟁점』, 시와시학사, 1991.
신두원, 「전후 비평에서의 전통 논의에 대한 시론」, 『민족문학사연구』 제9호, 1996.

23) 『산문시대』 선언, 1962년 여름. 이러한 인식은 김현, 「테러리즘의 문학」(『문학과 지성』, 1971년 여름) 및 염무웅, 「선우휘론」(『창작과비평』, 1967년 겨울) 등에서도 볼 수 있다.

24) 권성우, 「60년대 비평문학의 세대론적 전략과 새로운 목소리」, 문학사와 비평연구회 편, 『1960년대 문학 연구』, 1993, 12~4면.

필요도 없는 일이다.[25] 등단시기나 체험의 공유 자체만으로는 세대의 문학적 정체성을 규정할 수 없다는 사실은 전쟁 체험을 공통적 기반으로 등장했던 신세대 비평가들의 시대인식의 차별성과 그에 따른 비평론의 다양한 양상에서 확인할 수 있다. 6·25나 4·19의 역사적 체험이 한 시대의 시대정신을 형성하고 의식과 문화에 미치는 영향력 그 자체는 분명히 부인할 수 없는 것이지만, 그러한 역사적 체험을 근거로 한 시대정신과 비평정신까지 일률적으로 규정하여 50년대와 60년대의 비평 사이에 단절적 경계선을 긋는 것은 바람직하지 못한 일이다. 50년대 비평의 비평사적 의의는 그러한 차별성과 함께 시대를 잇는 연속성의 확인을 통해 정당하게 평가할 수 있을 것이다.

실존주의나 모더니즘 문학론의 경우 서구의 압도적 영향하에 형성된 것은 부인할 수 없는 사실이지만, 중요한 점은 이러한 서구의 문학론들이 50년대의 한국적 현실 속에서 어떤 논리로 수용되고 현실인식의 원리로 토착화되는가 하는 데에 있다. 서구에서의 실존주의 철학 자체가 내적으로 통일된 단일한 사유체계라기보다는 위급한 삶의 경우에 대처하는 특정한 태도, 기분, 분위기 등으로 표현되며 또한 실존주의자들의 공통점 역시 그들 사상의 기본적인 일치에 있다기보다는 현실에 접근하는 주관주의적 방식과 합리주의, 결정론, 유물론, 과학적 객관성에 대한 거부[26]에 있었던 것처럼, 1950년대에 일대 유행을 일으켰던 실존주의의 경우 감상적이고 퇴폐적인 서구문화의 찌꺼기라는 극단적

25) 권영민 교수는 문학사의 연속성에 대한 인식을 바탕으로 1950~60년대의 문학을 '전후의 현실과 문학의 분열'이라는 규정하에 검토함으로써 단절성과 함께 그 계기성에도 주목하고 있다. 이러한 견해의 바탕에는 한 시대의 문학적 성과는 문학의 고유한 예술적 속성에 대한 미적 관점에서의 인식과 함께 문학적 체험의 대상에 따라 달라지는 상황적 의미에 대한 역사적 관점에서의 인식의 통합에 의해서만 총체적인 파악이 가능하다는 인식이 전제되고 있다. 권영민, 『한국현대문학사』, 민음사, 1993, 19~25면.

26) G. Novack, (김영숙 역) 편, 『실존과 혁명』, 한울, 1983, 16면.

인 비판의 시각에서부터, 일종의 모럴론으로 해석하는 경우 혹은 사회참여의 이론적 근거로 혹은 존재의 근거로 내면적 성찰의 계기로 이해되는 등 다양한 수용 양상을 보여준다. 그 수용경로에 있어서도 손우성, 정명환 등 외국문학 전공자들에 의해 서구로부터 직접 수용되기 이전 50년대 초기까지는 미국의 실용주의와 함께 미국적 시각에서 바라본 실존주의가 도입되며 주로 양병식에 의해 이루어진 사르트르를 중심으로 한 실존주의 소개는 일본을 거친 것이었다.[27] 특히 실존주의와 모더니즘의 보편성 추구는 한편으로는 휴머니즘론과 함께 세계문학과의 동시성 획득이라는 과제를 제출하기에 이르며 또 한편으로는 전통론과 민족문학론이라는 한국 문학의 주체 확립을 위한 노력을 불러일으키는 매개 역할을 담당하고 있기도 하다. 특히 이 과정에서 제기된 일련의 전통 논의와 민족문학론은 실존주의와 휴머니즘론에서 제기되었던 보편성의 문제를 한국문학의 전통과 세계성이라는 개념을 매개로 전통과 서구문학의 수용문제, 민족성과 세계성, 민족문학과 세계문학 등의 일련의 주제로 부각시킴으로써 민족문학의 주체적 확립의 과제라는 뚜렷한 문학적 과제를 형성할 수 있었다. 특히 전통론은 1955년을 전후하여 문단이 본격적인 정비기를 맞으면서 논쟁을 개시한 이래 거의 10여 년에 걸쳐 때로는 문학론의 대립으로 때로는 문단의 헤게모니적 압력의 형태로 진행됨으로써 한 시대를 풍미하고 이후 60년대의 민족문학의 이념 형성의 발판을 마련하게 된다.

이러한 다양한 문학론의 전개양상은 1950년대의 문학비평이 전쟁이라는 엄청난 단절의 경험 가운데서도 서구문학의 수용을 통해 세계문

27) 실존주의의 수용에 대한 자세한 고찰은 전기철, 앞의 논문 및 조남현, 앞의 논문 참고. 특히 조남현, “실존주의의 수용과 내면화 양상”(애산학회 편, 『애산학보』 25, 2000.11)에서는 1920년대부터 60년대에 이르기까지의 실존주의의 수용과 내면화 양상에 대한 자세한 소개가 이루어지고 있다.

학의 흐름과 그 중심에 다가가고자 하는 노력의 표현이라 할 수 있다. 이를 곧 세계적 동시성의 추구라 할 것인데 특히 주목할 것은 서구라는 타자에 대한 이러한 수용과 인식이 예컨대 전통론이나 민족문학론과 같은 한국문학의 주체성 확립의 노력으로 이어진다는 점이다. 이로써 1950년대의 문학과 비평은 문학 그 자체가 지니는 보편성과 한국의 전후 현실을 바탕으로 한 주체적 문학 확립이라는 두 항의 변증법적 발전과정을 거치고 있음을 알 수 있다.

그런데 50년대 한국 문학비평의 전개과정에서 무엇보다 눈여겨보아야 할 점은 50년대 비평이 신구세대간의 대립 양상을 띠며 전개되고 있다는 사실과 그것은 또한 당대 사회의 이념적 지형의 변화와도 깊은 관련을 맺고 있다는 사실이다. 그러한 이념적 변화의 초점은 '민족주의'로부터 '반공주의'로의 전환이었다. 즉 전쟁 이전의 국가이데올로기가 민족주의를 중심으로 하고 부차적으로 반공주의를 결합시킨 것이라면 전쟁 이후에는 반공주의가 그 중심을 차지하고 여기에 부차적으로 민족주의, 자유민주주의, 친미주의가 결합된 구조를 갖게 된 것이다. 미국을 중심으로 하는 자유진영을 운명공동체로 만든 이 냉전적 반공주의는 '자유민주주의'를 필수적인 요소로 포함하고 있다. 자유민주주의는 주권재민사상, 삼권분립과 대의제, 평등, 자유, 인권 등의 가치들로 이루어져 있는 것이었는바, 반공을 말할 때마다 이같은 가치들의 고귀함과 우월함이 줄곧 강조되었다. 그러나 전후 한국에서의 자유민주주의는 상당한 모호함을 지닌 것이었다. 그러한 모호함은 자유민주주의가 매우 정당한 것이었음에도 불구하고 '항상적인 전투와 감시'에 의해서만 보호될 수 있다는 인식과 병존하고 있었다는 점에 있었다. 이러한 인식은 곧 국가보안법과 통행금지제, 연좌제 등 각종 억압장치들과 결합되어 경찰국가의 형성과 발전을 조장하고 정당화했다. 권위주의와 민주주의 이념의 대립갈등이 50년대 사회에서의 정치투쟁의 초점으로 부각되었으며 결국 4·19의 직접적인 원인으로 작용했다고 말할 수 있는 것도 바로 이 한국식 자유민주주의에 내재된 유토피아성과 억압성의 공존 때문인 것이다. 그럼에도 이러한 미국식 자유민주주의가 확산된 것은 전쟁기간 중 확산된 근대화와 풍요에의 열망과 관련되어 있다. 즉 전쟁을 통해 미국의 부와 풍요 그리고 강력함에 대한 직, 간접적인 경험을 통해 획득되고 구축된 자유민주주의의 정당성을 의심할 나위 없는 것으로 받아들이게 된 것이다. 이로써 한국인들은 식민지 시절부터 독립에 대한 열망과 근대화에의 열망을 지녔으나 근대화의 목표는 이제 '일본식'에서 '미국식' 근대화로 변화되었다.[28] 이처럼 한국인들에게 있어 근대적 발전의 모델사회가 일본에서 미국으로 변화했다는 것은 50년대의 문단 재편 과정과 관련해서도 중요한 의미를 지니는 사실인데, 이는 세계질서를 바라보는 시각의 극적인 변화를 수반하는 일이었기 때문이다. 그것은 식민지시기에 널리 인식되었던 '동양 대 서양'이라는 대립구조로부터 '공산진영 대 민주진영'의 대립구조로의 시각의 변화를 의미하는 것이다. 더욱 문제가 될 수 있는 것은 이러한 시각의 변화는 자문화(自文化)와 자아에 대한 부정적 인식의 극대화 양상을 내포하고 있기 때문이다. 전쟁후 서구의 사상에 무방비로 노출된 채 그것을 온전히 받아들이는 데 골몰했던 사실이나 대부분의 신세대들이 취했던 극단적인 '반(反)전통주의'적 태도는 이러한 사실을 잘 보여주는 것이라 하겠다. 즉 자문화에 대해 어느 정도 긍정적인 태도를 취했던 구세대와 일부 전후세대 지식인층은 '민족주의적 반공주의'를 수용하는 등 현실에 안주하는 데 반해 서구의 실존주의 사상을 온전히 수용하거나 우리의 전통을 부정하는 입장에 섰던 전후세대 지식인층은(주로 신세대) '미국적 가치들' 특히 자유민주주의 사상을 적

28) 강인철, 「한국전쟁과 사회의식 및 문화의 변화」, 한국정신문화연구원 편, 『한국전쟁과 사회구조의 변화』, 백산서당, 1999, 232~238면.

극적으로 차용하여 기성세대 및 그 윤리에 대해 매우 저항적인 모습을 나타내고 있다.

이처럼 50년대 비평 역시 당대 사회의 이념적 변화와 밀접한 관련을 지닌 채 전개되었던 알 수 있다. 본 연구에서는 이러한 50년대 비평론의 구체적 전개 양상을 살펴보고자 한다. 그것은 구체적으로 50년대 비평의 전반적 흐름 속에서 각 비평론이 제기하는 쟁점에 대한 연구 그리고 각 비평론의 이론적 모색과 지향 및 비평론 사이의 연관에 대한 검토로 구성된다. 이를 위해서는 2장에서는 먼저 50년대 문학비평의 근거를 이루는 한국사회가 전쟁이라는 엄청난 역사적 충격을 어떻게 극복하고 있는가 하는 문제 즉 50년대 비평의 환경적 요인을 검토하지 않을 수 없다. 즉 해방공간에서부터 역사적 과제로 제기되었던 근대국가의 수립이라는 문제가 전쟁을 겪으면서 서로 체제를 달리하는 두 사회로 분열된 이후 어떻게 새로운 모습으로 변화하여 제기되는가 하는 문제이다. 이를 통해 전쟁 이후 한국사회와 문단이 요구하는 새로운 문학이념과 특히 문단의 지도이념으로서의 비평의 구도는 어떤 것이었는가를 살펴볼 수 있다. 그 다음 3장에서는 본격적으로 새로운 문학이념과 비평의 과제로 제시된 각종 문학론을 검토하고자 한다. 즉 이 당시 새로운 문학이념으로 제시되었던 실존주의론이나 휴머니즘론 등이 어떤 매개를 통해 세계문학에 접근하고 있으며 그 의미가 무엇인지를 살펴볼 것이다. 4장에서는 문학의 보편적 성격의 추구를 통해 세계문학에 접근하고자 했던 노력이 이후 한국적 현실에 대한 각성을 통해 어떻게 전통론 및 민족문학론으로 전개되는지를 살펴볼 것이다. 이러한 고찰을 통해 전쟁 이후의 50년대 문학비평이 60년대 이후의 비평이념과도 밀접히 이어지고 있음을 확인할 수 있을 것이다. 이러한 연구를 통해 50년대 비평의 의미와 문학사적 위상은 어느 정도 밝혀질 수 있을 것이다.

2) 연구방법

비평은 그 어원에서부터 알 수 있듯 철저한 위기의식의 산물이다. 여기서 위기란 세계 속의 '나'가 절체절명의 자리에 이른 것[29] 즉 주체성의 문제에 관련되는 것이다. 뷔르거가 "비평은 대상을 자기 주체적으로 정립하려는 자기화의 과정이 강하다는 점에서 여러 문학 장르 중에서 가장 주체적이면서 이질적인 장르다. 다시 말해 비평은 장르 자체 속에 당대 문학의 현실적 맥락과 특성을 파악할 수 있는 자율적인 질서와 구조를 갖고 있다"[30]고 말하고 있는 것도 동일한 맥락으로 이해할 수 있다. 또한 이러한 위기는 "도덕적 윤리적 위기뿐만 아니라 이 때까지 현실을 보아오는 태도에 대한 비판과 수정을 가하는 결단"까지 가리키는 것으로서, "한 시대의 상상체계가 이미 자기 세대의 상상체계를 파악하는 데 낡아버린 것이라는 자각이 바로 위기를 느끼는 정신"[31]인 것이다. 따라서 비평은 철저한 현실인식을 기반으로 하지 않을 수 없으며 그런 의미에서 비평은 시대정신의 표현이라 할 수 있을 것이다.

식민지 시대 민족주의문학과 프로문학 그리고 모더니즘이 각각 식민지 근대에 대한 대응방식이었으며, 60년대 이후 문학의 성격을 규정하는 것은 본격적인 산업사회의 발전에 바탕을 둔 근대화 담론이라 할 수 있다면, 50년대 비평의 성격을 규명하는 데 있어 우선적으로 제기되는 문제는 50년대의 문학의 성격을 규정짓는 틀은 무엇인가 하는 점이다. 그것은 앞에서 말한 것처럼 비평이 현실인식을 기반으로 한 위기의식의 산물이라 할 때, 50년대 비평은 식민지로부터의 해방과 전쟁

29) 김윤식, 『발견으로서의 한국현대문학사』, 서울대학교출판부, 1997, 457~8면.
30) 페터 뷔르거(김윤상 역), 『지배자의 사유』, 인간사랑, 1996, 144면.
31) 김현, 「한국비평의 가능성」, 『현대한국문학의 이론』, 민음사, 1972, 187면.

그리고 혁명이라는 역사적 경험을 앞뒤로 가진 특이한 시대의 산물이라는 점에서 실로 그 성격을 간단히 규정지을 수 없는 것이기 때문이다. 게다가 이러한 특수한 역사적 경험에도 불구하고 50년대 문학 역시 식민지 시대나 60년대 이후의 문학과 마찬가지로 인류사의 보편적 경험에 바탕을 둔 근대(성)의 문제에서 벗어나지 못하는 것 또한 사실이기 때문이다. 이처럼 인류의 보편적 경험을 강조하는 것은 서구적 근대성 담론을 액면 그대로 받아들이게 될 위험성이 다분하며 또 그런 만큼 우리의 구체적이고도 특수한 역사적 현실에 대한 실천적인 접근을 막을 염려가 없는 것은 아니다. 하지만 식민지 경험이나 이데올로기적 대리전의 성격이 짙은 전쟁의 경험도 실상은 서구에 비해 근대에의 출발이 늦은 후진 국가에서 근대성이 관철되는 한 양상에 불과하다는 점을 생각하지 않을 수 없다. 근대적 민족국가의 회복이 최우선적 과제였던 식민지 시대의 문학이 본격적인 근대문학으로서의 민족문학을 수립하는 것을 자신의 과제로 삼았던 것과 마찬가지로 근대적 민족국가의 수립이라는 역사적 과제를 수행해야 했던 시기였던 50년대의 문학적 과제 역시 근대문학으로서의 민족문학 수립이라는 과제에서 벗어날 수 없었던 것이 사실이다. 이 시기 '근대' 및 '현대'의 개념을 둘러싼 많은 논의가 전개되었던 것은 따라서 당연한 일이라 할 수 있으며 이 '근, 현대'의 개념을 어떠한 역사적 시각에서 해석하는가에 따라 그 문학적 방향 제시가 달라지고 있는 것도 당연한 일이라 할 수 있다.

'근대'는 서구의 역사적 경험을 세계사적 맥락에서 일반화한 개념이다. 따라서 근대는 필연적으로 서구지배의 소산이다. 근대화를 그 이념형으로 보아 민족이라는 동일체감을 국가라는 테두리 안에서 조성하는 것이라 할 때, 우리의 경우 근대화는 그 출발에서부터 국민주권이 상실된 식민지라는 왜곡된 조건 속에서 시작해야만 했다. 이처럼 민족을 단위로 하여 세계사의 한 주체로 나서는 것을 근대의 필요조건으로 생각한다면 우리의 근대화에 대한 검토는 해방 이후를 중심으로 할 수밖에 없다. 그러나 해방을 자율적으로 성취하지 못했기 때문에 우리에게 덧씌워진 서구의 근대성은 계속 질곡으로 남게 된다. 미·소라는 초강대국의 이데올로기 대립의 전초기지이자 자본주의와 사회주의라는 근대의 대표적인 두 발전모델이 경쟁적으로 적용되는 장소가 되었으며, 이러한 대립은 오히려 한반도 전체의 근대를 미완의 과제로 남기고 있는 것이다.

따라서 우리의 근대화가 갖는 성격을 제대로 이해하기 위해서는 이른바 '세계발전의 보편법칙'을 경시해서도 안되겠지만 그렇다고 우리의 특수성을 고려하지 않으면 구미에서 만들어진 일반이론에 우리 현실을 갖다 맞추는 식의 견강부회가 되기 쉽다. 특히 전후 사회는 근대라는 이름아래 실제로 자본주의 체제로의 본격적인 발을 내딛기 시작한 출발점으로서 前근대와의 연속선 위에 그를 부정하는 反근대마저 존재하는 복잡한 양상을 보여주고 있는 점을 생각하지 않을 수 없다.

전쟁으로 폐허가 된 앞에서 이러한 '근대성'을 문제삼는 것은 어떤 의미에서는 당대 사회의 후진성 즉 한국적 근대의 특수성을 제기하는 것이기도 하다. 따라서 이 시기 문학의 성격을 제대로 파악하기 위해서는 요즈음도 핵심적인 쟁점이 되고 있는 식민지 근대 경험에 대한 인식—이러한 식민지 근대의 경험은 문학사적으로는 근대 기점의 문제, 이식문학사 등 오늘날에도 여전히 우리 문학사의 핵심적인 쟁점을 형성하고 있으며 식민지 시대 우리 문학사의 줄기를 형성하고 있는 프로문학, 모더니즘문학, 민족주의 문학 모두 이 근대에 대한 인식이자 대응방식이라 할 것이다—과, 한편으로는 불합리의 극치로서 근대의 파산에 해당하는 것이지만 또 한편으로는 곧 근대의 경험이기도 한 전쟁에 대한 이해가 필수적이다. 특히 이 전쟁은 세계냉전체제의 산물이자 세계 양대 체제의 이데올로기적 대리 전쟁임과 동시에 일종의 내전의 성격도 띤 복합적 성격을 지니고 있다는 점에서, 또 전반적인 산업 시설의 파괴뿐만 아니라 정신적 가치까지도 심하게 훼손시킴으로써 당대인들의 삶의 뿌리를 흔들어 놓았다는 점에서 당대 문학의 형성에 결정적인 영향을 끼친 것이 아닐 수 없다. 따라서 50년대 비평문학의 성격을 제대로 규명하기 위해서는 식민지 근대의 경험과 전쟁의 경험이 전쟁 이후 우리 비평사에 어떻게 투영되고 있는가 하는 점을 핵심적인 사항으로 인식해야만 한다. 50년대에 이루어졌던 신-구세대의 많은 갈등과 대립, 실존주의의 풍미와 수용양상의 차별성, 50년대 문단의 핵심적인 논쟁으로 떠올랐던 전통 논의 등을 당시 비평계의 주조로 파악하는 것은 모두 그 논의의 배후에 식민지 근대의 경험 및 전쟁의 경험에 대한 인식상의 차이를 품고 있기 때문이다. 그러한 인식의 차이는 구체적으로는 근대문학과 현대문학의 차별성의 강조를 통한 근대문학적 전통에 대한 철저한 부정의 모습을 띠는가 하면, 서구사조의 수용을 통한 세계적 동시성의 강조로 나타나기도 하고 휴머니즘 논의를 통한 인간성의 강조와 현실저항의 논리로도 표현되며, 전통계승의 주장을 통해 문학적 주체성의 회복을 주장하는 등 실로 다양한 모습으로 전개된다. 또 민족문학과 세계문학의 상호관계에 대한 논의를 통한 민족문학의 세계성을 주장하는 것으로까지 나아가기도 한다. 따라서 이처럼 다양한 형태로 전개되는 50년대 비평의 논리적 근거와 그 특성을 밝히기 위해서는 이들 비평의 핵심적 근거를 이루고 있는 공통적 기반으로서의 '근대' 및 '현대(성)'에 대한 당대의 인식을 살펴보지 않을 수 없다. 그것은 곧 식민지 근대의 경험과 전쟁의 방식으로 혹은 원조경제의 방식으로 혹은 민족주의의 패퇴와 왜곡된 자유민주주의의 형태로 관철되고 있는 1950년대 사회의 근대성에 대한 인식이라 할 수 있을 것이다.

예컨대 50년대의 서막을 연 6·25전쟁은 세계냉전체제의 산물이라는 이데올로기적 성격을 띰과 동시에 식민지 근대의 물질적 유산인 전반적인 산업 시설의 파괴와 민족 상잔에 따른 정신적 가치까지 훼손시킴으로써 50년대 사회의 성격을 규정짓는 핵심적 조건이 된다. 이에 따라 전쟁은 근대성의 파산으로 인식되고 시대정신의 일시적인 마비와 문예비평에 있어서 지도이념의 공백을 가져오게 된다. 해방공간과 한국전쟁의 경험을 통해 자의식을 형성한 이른바 전후세대에게 있어 이러한 상황은 곧 전후의 폐허를 현대 물질문명의 폐해로 인한 현대사회의 위기라는 서구적 경험과 동일시하게 만들었다. 이에 비해 식민지 시대에 이미 자의식을 형성한 구세대에게 있어 전쟁은 일종의 운명적 재앙과 같은 것으로 시간의 흐름에 따라 그 상처는 치유될 수 있는 일회적 사건으로 비친다. 그런데 문제는 그러한 근대성의 파산이 근대 자신의 손에 의해 이룩된 근대문명의 힘을 빌어 가능했다는 점이다. 그러나 우리의 경우 문제는 여기서 그치지 않는다. 6·25전쟁은 이처럼 근대에 의한 근대의 파산이면서 또 다른 한편으로는 이제 막 식민지로부터 해방된 제 3세계의 일 국가였던 한국의 세계 자본주의체제로의 편입을 완결시키는 근대적 경험의 일환으로도 작용하고 있다는 사실이다. 이처럼 6·25전쟁은 근대의 이중적 성격을 체현하고 있는 동시에 제 3세계 후발 국가로서의 한국적 특수성까지 내포하고 있는 것이다. 이와 함께 전쟁은 농업경제의 완전한 위축과 함께 원조의존적인 공업화가 진행되지 않을 수 없게 만들었는데, 이로써 우리 사회는 세계자본주의 체제 속에 타율적으로 편입하게 된다.32) 이러한 의미에서 전쟁

32) 전후 지식인 사회에서 서구적 민주주의 도입 문제가 활발하게 논의되었던 것은 이러한 경제적 하부구조의 변화에 촉발된 정치적 상부구조의 성격변화 양상이었다고 말할 수 있을 것이다. 그러나 근대적 제도의 바탕이 되어야 할 산업화가 전혀 이루어지지 않은 상태에서 또 근대적 제도를 운영할 주체가 전혀 없는 곳에 민주주의의 이념과 제도는 자리를 잡을 수 없었고, 실제로 당대 사회를 지배한 것은 한국전쟁이 상징적으로 보여주듯이 냉전의식에 기반한 반공이데올로기였다.

의 경험은 실상은 서구에 비해 근대에의 출발이 늦은 후진 국가에서 근대성이 관철되는 한 양상이라고 말할 수 있다. 한국전쟁은 자본주의와 사회주의라는 완전히 이질적인 근대발전의 두 모델의 전면적으로 부딪쳤던 근대 문명의 충돌이라는 점, 그리고 인간 이성의 바탕을 이루는 과학 발전에 의해 가능한 전쟁이라는 점에서 보다 보편적이고 세계적인 성격을 띠지 않을 수 없었다. 따라서 전쟁은 이 시기 세계성을 지향했던 전후세대 문학인들에게 이러한 문명에 대한 위기의식, 즉 근대의 위기에 대한 인식을 불러일으키는 계기를 이루는 것이었다. 하지만 6·25전쟁이 근대 문명의 충돌이며 인간 이성의 바탕을 이루는 과학 발전에 의해 가능한 전쟁이라는 추상적 의미의 전쟁 일반의 개념으로만 받아들여지거나 이데올로기적 대립이라는 성격만이 전면적으로 부각될 경우 그 온전한 의미는 포착되지 못하고 만다. 50년대의 신세대들이 6·25의 세계사적 성격에 주목했고 그 결과 문명에 대한 위기의식과 개인의 실존적 위기의식의 강조로 나아가게 되는 것은 바로 이러한 점을 잘 보여준다.

결국 이처럼 근대문명 그 자체에 대한 회의를 갖게 만드는 계기로서의 전쟁은 동시에 인간 개인의 나약함과 전통의 파괴를 부르는 것이기도 했는데, 근대의 위기와 전통의 파괴라는 이러한 이중적 모순의 상황 속에서 시작된 50년대의 비평은 어떻게 새로운 시대정신을 모색하고 있으며 그러한 모색의 구체적인 표현형태로서의 구체적인 비평론을 확립할 수 있었던가 하는 점을 밝히는 것은 50년대 비평의 특성을 살피는 데 있어 기본적인 요소가 아닐 수 없다.

이처럼 1950년대 비평에 있어서의 제 논의의 쟁점 예컨대 신구세대의 세대론적 대립, 실존주의와 모더니즘의 전개를 통해 추구된 세계적 동시성, 휴머니즘 논의를 통해 제기된 문학의 현실 인식과 지도 이념의 확립 문제, 전통론과 민족문학론의 논의 과정에서 제기되는 민족성과 세계성의 문제 등 모든 논의는 우리 사회의 '근대'와 '현대'의 규정 및 시대정신의 인식이라는 핵심적인 논제를 근거로 삼고 있다. 신세대 비평가들이 구세대문학을 비판하고 그들과 경계짓는 가장 핵심적인 근거가 바로 근대문학과 현대문학의 차별성이라는 논리였다. 실존주의의 수용도 전쟁을 현대성의 경험으로 인식하는 바탕 위에서 가능했던 것이며 이러한 사정에 있어서는 모더니즘도 예외일 수 없다. 전통론과 민족문학론 역시 당대(현대)의 인식을 통한 역사에의 접근이었다는 점을 생각하면 50년대 비평의 체계와 질서를 확립하는 일은 50년대 비평에서의 '근대성'인식에 관한 문제로 귀결될 수밖에 없다. 그것은 50년대의 각 비평론이 자신의 논리를 확립해 나가는 과정은 한국적 현실인식의 이론적 모색 과정과 맞닿아 있기 때문이다.

1950년대 비평에서의 '근대성' 인식의 문제는 따라서 구체적으로 당대 사회에 대한 인식 즉 '근대'와 철저히 구별하고 있는 '현대'(당대)의 특성을 무엇으로 인식하고 있는가 하는 것이다. 또 나아가서는 각 비평론의 경우 그러한 '현대성'을 문학적으로는 어떻게 인식하며 어떤 문학적 장치를 통해 실현하고 있는 것으로 평가하고 있는지를 살펴보지 않을 수 없다. 이를 통해 50년대의 각각의 문학론이 현대성을 무엇으로 인식하고 있으며 그러한 현대성의 실현을 문학적으로는 어떻게 표현함으로써 문학적 이념으로서의 자의식을 확립하고 있는지 알 수 있을 것이다. 실상 '근대성' 혹은 '현대성'에 대한 인식의 문제는 50년대 당대의 문학에 대한 인식 뿐 아니라 근원적으로는 우리 근대문학이 안고 있는 식민지 근대성의 이중적 모순을 50년대의 비평가들이 어떻게 인식하고 있는가 하는 점과도 깊은 관련을 지닌다. 하지만 그 어느 시기의 문학이든 결국에는 우리 문학에서의 '근대성'에 대한 인식은 근대 역사 발전의 보편성이 지닌 이중성 그리고 그것이 구체적으로 우리 역사에서 관철되는 특성을 올바르게 인식하는 것이 관건이다. 그런

면에서 이 문제는 비단 50년대에만 국한될 수 없는 성격을 띤 것이라고 할 수 없으며 오늘날에도 우리 사회의 성격을 밝히는 데 있어 핵심적인 논점이라 할 수 있다. 그럼에도 본 고에서 50년대의 문학비평에 주목하는 것은 이 시기가 한국 현대문학의 본격적 출발점이라는 시기적 중요성뿐만 아니라, 이후 60~70년대에 걸쳐 활발히 전개되었던 민족문학의 성격과 이념의 문제 그리고 문학의 근, 현대성에 대한 논의의 핵심적 개념들이 이 시기에 이미 어느 정도 개진되고 있기 때문이다. 바로 이 지점에서 근대문학으로서의 민족문학 수립이라는 과제에 대한 진지한 고찰의 가능성이 존재하는 것이다.

일반적으로 근대는 지배적 정치세력으로서의 자본가 계급이 자본축적의 기반을 확보하기 위해 국민국가를 통해 정책과 사회운용의 헤게모니를 장악하는 과정과 사회·문화적으로 전근대의 비과학적·비이성적·비합리적 인식체계 대신에 과학과 이성, 합리성이 지배적 가치체계로 자리잡아 가는 과정을 일컫는다. 서구의 근대를 선도한 자본주의는 그 속성상 국민국가의 영역을 넘어서면서 필연적으로 침략과 수탈을 수반했다. 따라서 세계적 차원에서 볼 때 근대의 개념 자체는 침략과 수탈을 포함하며, 따라서 그 산물로서 '원형'과 질적으로 다른 식민지 근대화도 근대의 보편성 속에서 인식해야 한다. 즉 근대가 세계적 차원으로 전개되면서 드러낸 근대의 양면성 자체를 근대의 보편성으로 이해할 수 있는 것이다.[33] 이처럼 근대는 서구의 식민지 개척의

33) 정태헌, 「한국의 식민지적 근대화 모순과 그 실체」, 역사문제연구소 편, 『한국의 '근대'와 '근대성' 비판』, 1998, 249~250면. 윌러스틴은 어떤 유형의 근대화 과정에서 있어서든지 근대성의 중요한 특징은 신뢰와 위험, 기회와 위협, 해방과 방향 상실, 환희와 고뇌의 이중적인 성격으로 드러나게 되는 사실을 지적하고 근대성에 내장된 이러한 이중적 성격을 '기술의 근대성'과 '해방의 근대성'의 협력과 갈등으로 표현한 바 있다. I. Wallerstein(강문구 역), 『자유주의 이후』, 당대, 1996, 177~202면. 그의 자본주의 '세계 체제'라는 용어 역시 자본주의 발전과정을 일국적 관점에서가 아니라 세계 체제에서의 분업이라는 관점에서 바

역사이면서 동시에 반식민지 투쟁의 역사이기도 한 것이며, 타율적 근대전환에 따라 민족문제가 중첩된 우리의 '특수한 근대'야말로 보편성이 결여된 예외적 현상이 아니라 오히려 흔히 보편성의 기준이 되는 서양의 근대를 올바로 이해하고 극복하는 핵심적 현실이라고 할 수도 있는 것이다. 우리의 근대가 一國史的 발전모델인 서구 근대의 단선적 모순 위에 반제반봉건의 과제까지 짊어진 형태로 출발하지 않을 수 없었고, 이에 따라 우리에게는 근대를 성취해야 하면서도 동시에 이를 극복해야 하는 과제가 제기되는 것도 바로 이러한 근대의 양면성에서 기인하는 것이라 할 수 있다.

이러한 근대의 성격에 대한 인식 여부를 살펴보는 것이 50년대 비평을 고찰하는 데 있어 우선적인 과제라 할 수 있다면, 이와 함께 50년대 비평을 고찰하는 데 있어 또 하나의 사상적 배경으로서 살펴보아야 할 것은 이 시대의 문학비평 속에 어떠한 방식으로든 스며들어 문학적 이념의 근거로 자리잡고 있는 '민족' 혹은 '민족주의'에 대한 탐구이다. 민족주의란 긴 근대화과정의 산물이자 근대화 프로젝트와 함께 하는 이념이자 정신이다. 전후 우리 사회는 도시화, 교육의 팽창, 문자 해득률, 언론의 급증에도 불구하고 산업화는 없었던 産業化없는 근대화의 시대였다. 따라서 1950년대에는 근대화나 산업화와 관련된 민족주의의 분출이 제대로 이루어지지 않았다고도 말할 수 있다. 단지 '반공주의' 속에 민족주의가 스며들어가 있는 것이라고도 말할 수 있다. 민족주의는 이후 본격적인 산업화를 추구하는 가운데 '근대화 민족주의'로 그 중심내용을 달리하여 나타나게 된다.[34] 즉 60년대 들어 민족주의는 산

라봄으로써 자본주의 중심국가들과는 다른 주변부 국가들의 특수성을 명확히 할 것을 강조하고 있는 것이다.

34) 산업화 프로젝트는 국가형성에 이은 두 번째 근대화 프로젝트였다고 할 수 있다. 국가가 모든 자원을 독점하였고 선발산업화 국가들에서 부르주아가 했던 역할을 대체했다. 산업화를 주도할 부르주아 계층은 형성되어 있지 않았고 국

업화를 위한 이데올로기적 기제로 동원된다. 이러한 사실은 後發산업화의 길을 걸었던 독일과 일본이 다른 어느 나라보다 민족주의가 강력한 사회였던 점과도 유사하다. 국가는 부르주아는 물론 노동계급이 계급으로서 형성될 조건과 시간을 제공할 여유도 없이 빠른 시간에 압축적 산업화를 이루었던 것이다. 그리하여 모든 계급, 계층적 요구는 국가의 민족주의적, 국가주의적 호소에 효과적으로 포섭되고 근대화, 산업화를 주도할 계급, 계층의 형성이 지연되었다. 강력한 노동계급이 존재하지 않는 조건에서 부르주아 이념만이 발전할 수는 없으며, 급진주의의 도전 없이 자유주의의 독자적 성장과 민주주의에의 기여는 어렵다는 점을 생각할 때, 사회적 근대화를 주도할 계층이 형성되지 않았다는 점은 그러한 계층을 바탕으로 해서만 발전할 수 있는 이념의 발전 또한 이루어질 수 없다는 점을 말해준다.

역사적으로 근대 자본주의의 불균등 발전의 산물인 민족주의는 근대적 민주주의와 내적 긴장관계를 가지게 된다. 그것은 민족주의가 갖고 있는 이중적 성격 즉 대외적인 민족자결을 부각시키는 이념이자 동시에 대내적인 체제유지를 위한 헤게모니 장치라는 점에서 비롯된다. 이에 따라 전후의 민족주의 담론은 서구와는 다른 한국적 전통을 부각시키고 냉전분단체제의 반공주의를 특권화함으로써 서구적 민주주의를 평가절하하고 권위주의적 통치를 정당화하는 이데올로기의 역할을 담당하게 된다.[35]

가는 이른바 부르주아의 '역사적 대체물'이었다. 따라서 부르주아가 주도하는 이념의 형성은 불가능하였다. 초기 산업화 단계에서 한국의 부르주아는 산업화를 위한 국가의 하위동맹 파트너일 뿐이었다. 한국에서 개인주의와 자유주의의 결여라는 조건 위에, 민족주의 역시 자유주의적 민족주의가 아니라 국가 주도의 공식적 민족주의가 강력할 수밖에 없었던 이유의 하나는 여기에 있는 것이다. 박명림, 「근대화 프로젝트와 한국민족주의」, 역사문제연구소 편, 『한국의 '근대'와 '근대성' 비판』, 1998, 329~331면.

35) 김호기, 「박정희시대와 근대성의 명암」, 『창작과비평』, 98년 봄호, 105~6면.

이처럼 민족주의의 고찰에 있어서도 '근대(성)' 개념은 핵심적 요소일 수밖에 없다. 그것은 우리 문학사에 있어 '근대'와 '민족주의'라는 개념 자체가 식민지 지배국 일본이라는 유입 통로를 따라 전해진 '서구적 근대성'[36]의 충격과 그에 대한 탈식민적 대응과정에서 비롯되었기 때문이다. 게다가 우리의 경우 이러한 근대성에 대한 논의 자체가 프로문학에서 볼 수 있는 반(反)서구적 지향에도 불구하고 결국에는 서구적 근대의 인식론적 장치들에 기대고 있기 때문이다. 민족주의가 근대성과 결합하는 것은 바로 이 지점 즉 민족국가의 회복 및 건설이라는 과정 속에서이다. 하지만 근대성과 민족정체성이라는 두 가지 목표를 동시에 달성해야만 했던 식민지 민족주의의 한계가 고스란히 드러날 수밖에 없었는데, 이러한 딜레마는 전후 한국사회에도 그대로 이어진다. 김동리의 민족문학론이 근대성을 외면하고 혈연적 민족주의의 개념으로만 경사된 점이나 정태용, 최일수 등의 민족문학론 논의가 60년대의 군사정부의 애국적 민족주의에 대한 지지로 이어지는 것도 이러한 한계의 표출이라 할 수 있을 것이다.

해방공간에서의 근대민족국가 건설의 과제가 분단과 전쟁으로 인해

36) 여기에서 사용한 '서구적 근대성'이란 개념은 이념적으로는 전통을 강조하는 낭만주의에서 벗어나 서구 합리주의의 과학적 진보적 가치를 수용하는 것, 정서적으로는 낭만적 영웅주의에서 벗어나 일상적 삶의 합리성과 진보를 추구하는 것을 의미한다. 개인의 자율성과 개성을 앞세워 전통을 부정하고 인간의 개별화와 사회의 합리화를 주장하는 것으로 서구문명이 대변하는 보편적 가치로서의 근대를 의미한다. 이와 대비되는 개념으로 '전통적 근대성'을 들 수 있다. 즉 근대성 개념이 민족을 신의 창조물인 유기체적 인격으로 바라보고 언어나 문화 등 민족의 원초적 요소들을 강조하는 민족주의와 결합할 경우, 언어와 문화의 전통적 동질성 위에서 민족적 정체성을 확인하려는 열망으로 나타난다. 이러한 사실은 '전통논의' 과정에서 특히 구세대문학인들의 논리 속에서 찾아볼 수 있다. 이와 함께 임지현은 근대성과 민족적 정체성 사이에서 방황하는 분열된 자의식의 이념적 탈출구로서 비자본주의적 발전의 길로서의 사회주의를 예로 들고 있다. 임지현, 「'전지구적 근대성'과 민족주의」, 역사문제연구소 편, 『역사문제연구』, 2000, 28~35면.

지연됨으로써, 그러한 과제는 50년대에도 여전히 시대적 과제로 제시될 수밖에 없었다. 따라서 50년대의 문학비평 역시 이러한 시대적 과제의 문학적 산물이라 할 수 있을 것이다. 그리고 그 성격은 구체적으로 '근대성'과 '민족주의'라는 두 개념에 대한 인식 및 수용 그리고 그 둘의 결합을 어떤 지점에서 이루어내는가에 의해 결정된 것이라 할 수 있다. 실존주의나 휴머니즘 그리고 모더니즘에 대한 경사는 그러한 시대적 과제를 달성하기 위한 노력의 일환으로서 서구적 근대성을 곧바로 추구하고자 했던 움직임의 문학적 표현이라 할 것이다. 즉 서구세계의 발전을 이루어낸 원동력으로서의 근대성을 현실적 차별성에 관계없이 그대로 수용함으로써 한국 사회와 문학의 근대적 성격을 단숨에 이루어내고자 하는 시도였다고 말할 수 있다. 이러한 시도는 근대사회의 기초가 전혀 자리잡지 못했던 당대 사회에서 곧바로 한계에 봉착하지 않을 수 없었고 그러한 정서는 곧 절망감과 허무의식이라는 시대적 분위기와도 적절하게 맞아떨어지는 것이어서 일대 유행을 이룰 수 있었던 것이다. 이러한 한계에도 불구하고 세계적 보편성에 대한 이러한 열망은 한국전쟁을 통해 우리의 의지와는 상관없이 이미 세계적 자본주의체제 속에 편입되지 않을 수 없었던 당대의 현실을 문학적으로 적나라하게 반영한 것이라 할 수 있다. 이를 두고 '서구적 근대성'에 대한 문학적 지향이라 말할 수 있다면 이와는 대비되는 지점에서 한국문학의 전통성을 강조하는 모습이 당대 문학의 또 하나의 중심적 논리를 이루고 있음을 알 수 있다. 김동리의 '민족문학론'으로 대표되는 이 논리는 특히 근대성 개념을 언어와 문화의 전통적 동질성을 강조하는 민족주의 개념과 결합시킴으로써 그 독특한 논리를 구축하고 있다. 특히 여기서 강조되는 민족주의는 반공주의와 밀접하게 결합함으로써 현실적 지배력을 갖추게 되는데 이는 당시 남한 사회를 지배하고 있던 이승만정권의 지배이념의 문학적 표현이라 할 수 있을 것이다. 민족주의가 이처럼 냉전분단체제의 반공주의와 결합하여 현실적 권력을 획득하는 이념으로써 작용하는 것으로 전락한 것처럼 보편적 가치로서의 자유주의 역시 그것이 지닌 개혁적이고 진보적인 역할을 하지 못하게 되는데 특히 우리의 경우 자유주의 이념을 담당해야 할 세력으로서의 대부분의 지식인들이 식민지 시기 친일협력세력이었기 때문에 대중에 대한 호소력을 갖지 못했다. 이러한 사회적 조건 속에서 형성된 50년대의 문학이론이나 이념에서 관념적이고 추상적인 성격이 두드러지게 표출되는 것은 바로 이러한 시대적 성격과도 밀접한 관계가 있는 것이라 할 수 있다. 하지만 이러한 편향 속에서도 한국적 현실에 대한 각성이 일어나지 않을 수 없었는데 이는 곧 '주체적 근대성'의 실현이라는 이념의 문학적 표현으로서의 의미를 지닐 수 있는 것이다. 즉 시대적 과제로서의 '민족국가의 건설'에 있어 핵심요소로서 보편적 의미에서의 '근대성'과 '민족주의'의 올바른 결합이라는 명제가 문학적 수준에서도 제기되지 않을 수 없었다. 그 과정에서 핵심적인 문제로 떠오른 것이 '전통'의 문제였다. 식민지 시대 제기되었던 임화의 문학사에서도 그러했듯 이 시대에서도 전통의 문제는 근대문학으로서의 민족문학을 확립하는 데 있어 필연적으로 검토하지 않을 수 없는 문제로 제기된 것이다. 이 전통 논의는 이후 60년대 중반까지 지속적으로 이어지는데 그만큼 이 문제는 당대 문학비평에 있어 중요한 전(全)문단적 과제였다 할 것이다. 이처럼 전통논의가 60년대까지 지속적으로 이루어지는 가운데 민족문학론에 대한 문제제기 역시 줄기차게 이어지는데 이러한 지점에서 50년대 문학과 이후 문학사와의 연속성을 확인할 수 있는 것이다.

'민족주의'와 '근대성' 그리고 이 두 개념의 결합으로 이루어지는 근대성의 다양한 양상들을 결코 추상으로서의 근대성 일반의 개념만으로는 포착할 수 없다. 50년대의 비평에서 볼 수 있는 근대성과 민족주의에 대한 주장 역시 이러한 한계에서 벗어나 있는 것이라 말하기는 어려울 것이다. 더 극단적으로 말하자면 세계적 동시성의 주장이란 실상 손창섭의 솔직한 말처럼 서구화=근대화의 논리를 조금도 벗어나지 않는 것이었다고 비판할 수 있을 것이다. 그리고 이러한 인식은 전후사회의 새로움을 주장하던 신인들 거의 모두에게 공통된 것이라고도 말할 수 있을지 모른다. 이들의 논리로서는 김동리, 조연현의 反근대주의의 논리를 극복할 수 없었다. 전통의 창조적 계승과 민족문학의 현대화를 주장하며 이들의 논리를 비판했던 정태용이나 최일수의 경우 분단현실의 특수성에 대한 인식과 강조라는 뚜렷한 차별성을 보여주지만 이들 역시 근대의 우월성과 一國史的 발전 모델의 관념을 완전히 극복하지 못하고 있다. 하지만 이처럼 선명한 차별성을 지니는 문학론들의 상호 대립과 갈등이, 기존의 문학사에서 공백처럼 느껴졌던 50년대 비평의 뚜렷한 실체이며 이후 60년대 문학으로 연결되는 내적 고리를 형성하고 있는 것이다. 50년대 비평의 다양한 분화와 전개양상은 바로 이 '근대'와 '민족주의' 개념에 대한 이해와 인식의 차별성 속에서 이해할 수 있다.

본 고에서는 이처럼 1950년대의 비평의 구체적 전개양상과 그 의미를 고찰하기 위해 당대의 문학론들이 '근(현)대'와 '민족주의'라는 개념을 어떻게 내재화하고 또 그것을 당대의 현실을 극복하는 데 있어 어떻게 기여할 수 있는 것으로 파악하는가를 살펴보고자 한다. 물론 근대(현대)성이라거나 민족주의 개념의 내재화라는 범주 자체가 오늘날에도 여전히 문제되고 있는 것이기도 하고, 또 이러한 작업 자체가 어떤 의미에서는 각각의 비평논리가 지니는 그 특성을 강조하기 어려운 약점을 지닐 수도 있지만, 당대의 다양한 비평논리가 공통적으로 근거로 삼고 있거나 관심을 기울이고 있는 핵심적 개념을 문제삼음으로써 특정한 비평논리에 기울어지지 않고 1950년대의 비평 논리를 전체적으로 조망할 수 있을 뿐 아니라 이후 문학사와의 연계를 찾는 작업의 기초를 마련할 수 있을 것으로 기대한다. 이에 따라 본 고에서는 50년대 비평을 '근대성'과 '민족주의' 개념의 수용 양상에 따라 그리고 각각의 비평논리가 강조하는 핵심적 요소에 따라 '보편성'을 강조하는 논리들과 '한국적 특수성'을 강조하는 논리로 대별하고 그 하위항목으로 실존주의론 및 휴머니즘론과 모더니즘론 그리고 전통론과 민족문학론으로 구분했다. 그리고 필요에 따라 각 항목 사이의 차별성 및 유사성을 강조하고 있어 그 구분이 모호한 경우도 발생할 수 있을 것이다. 각각의 비평논리에 대한 이러한 유형화의 작업은 필연적으로 당대의 모든 논의를 포괄하기 힘든 것이 사실이며 결과적으로도 기존의 연구결과와 비슷한 논의로 끝나는 부분도 있겠지만 당대의 비평논리를 전체적으로 파악할 수 있다는 장점을 지닌다.

2. 1950년대 비평의 형성

1) 1950년대 비평형성 조건으로서의 '전후'의 성격

식민지 시대부터 제기되어 온 자주독립국가의 건설이라는 정치적 요구는 식민지로부터의 독립이라는 민족적 과제의 표현이면서 동시에 정치·사회·문화 생활에서 근대세계의 보편적 생활양식을 획득하자는 근대화 요구의 일환이기도 했다. 식민지시대의 두 개의 주요한 정치적 전통으로서의 민족주의와 사회주의는 모두 근대화와 독립이라는 시대적 요구의 상이한 정치적 표현이었다. 1945년 해방 이후 남과 북에 상이한 정치·사회 체제가 이식되고 제도화됨으로써 두 개의 주체에 의한 두 길의 근대화가 시작되었다. 식민지 전통을 단절하고 사회주의방식을 채택한 북한과 식민지 자본주의의 유제를 그대로 껴안은 채 세계자본주의 체제에 들어선 남한의 근대화 방식은 극단적인 차이를 보이는 것이지만 근대화의 완성이라는 동일한 목표를 추구하는 것이라는 점에서는 차이가 없었다.[37)]

하지만 식민지로부터의 해방 자체가 2차대전에서의 연합국의 승리에 따른 부산물로 주어진 것이었고 해방과 동시에 한반도에 진출한 미·소 양국의 분할 점령 및 그들에 의해 실시된 제반 정책 자체가 그들의 국가이익 중심으로 수행되었기 때문에, 해방시기의 한반도는 미국과 소련으로 대표되는 국제권력관계의 영향을 벗어날 수 없는 역사적 상황에 놓여 있었다. 남북한으로의 분단도 이러한 논리의 연장선상에서 이해할 수 있다. 특히 당시 남한에 진주했던 미군정이 對韓정책의 당면목표를 반공체제 수립에 둠으로써 민족해방과 자주적 민족국가

37) 이종오, 「해방 50년의 근대화 그리고 통일에 대하여」, 『창작과비평』, 95년 가을호, 28~9면.

의 수립이라는 역사적 과제는 여전히 유효한 상황이었다. 게다가 해방공간에서 민족주의 운동세력이 사회주도세력으로 성장하지 못하고 이승만과 한민당을 중심으로 한 보수파의 단정노선이 주도권을 행사하게 되면서 정치, 사회적 정세는 극도의 혼란에 빠져든다. 결국 세계전쟁의 성격을 띤 한국전쟁이 발생하고 본격적인 근대를 시작하기도 전에 근대적 문명과 이성의 불합리성이 낳은 극단적인 폐해를 맛보아야 했다. 이로 인해 식민지 시기부터 시작된 근대민족국가의 회복과 수립이라는 역사적 과제는 다시 한 번 지연되기에 이른다. 50년대의 작가, 비평가들이 문학적 전통의 상당 부분이 단절되어 버린 상태에서 새롭게 시작해야만 했던 어려움은 바로 여기서 비롯되는 것이라 할 수 있다.

50년대 한국사회에 대한 쟁점 가운데 무엇보다 핵심적인 것은 전쟁의 결과 탈계급화되고 탈전통화된 개인들을 전사회적으로 통합하는 문제였다. 이는 곧 '근대적 국가형성'의 문제와 직결되는 것이다.[38] 전쟁과 함께 진행된 한반도에서의 국가건설에 수반된 국민형성은 분단이라는, 상대 국가의 배제와 함께 진행되었다. 이와 함께 국가의 형성, 정치통합의 과정에서 특정 계급이나 계층, 부문에 대한 적대화와 의식적 배제가 수행되었다. 즉 한국의 국가형성은 '남한국가로의 통합'과 '북한국가와의 적대'가 동시에 진행된 과정으로서 하나의 민족 안에서 두 개의 국가와 국민이 형성되는 과정이었다. 이 때 통합의 이념은 자유민주주의였고 '적대'의 이념은 반공주의였다. 그러나 이러한 국가형성의 이념으로 내세워진 민주주의에 대한 새로운 지지세력은 아직 등장하지 못한 상태였다. 점령과 분단, 미국의 압도적인 영향, 분단국가라는 조건에서 운용되는 민주체제의 출발, 즉 분단국가로서 한국민주주의의 구조적 제한요인의 존재는 1948년 국가의 출발과 함께 주어진 유

---

38) 강인철, 「한국전쟁과 사회의식 및 문화의 변화」, 한국정신문화연구원 편, 『한국전쟁과 사회구조의 변화』(백산서당, 1999), 197~8면.

산이었다. 여기에 추가된 선택과 제약의 또 하나의 기회구조 즉 출발조건으로서 한국전쟁의 경험은 무엇보다도 먼저 한국정치와 사회, 이데올로기의 보수화의 계기로 주어졌다. 수많은 죽음과 피해 두려움을 낳은 전쟁은 한국사회의 권위주의화와 우경보수화를 결정적으로 촉진시킨 것이다.[39)]

바로 이 점이 전쟁의 가장 중요하고도 즉각적인 영향이었다고 할 수 있다. 그러나 전후사회의 이념적 재편 특히 민주주의에 대한 영향은 서로 다른 두 방향에서 이루어지는데 하나는 군대와 경찰 등 국가기구의 팽창, 반공주의의 확산에 따른 민주주의에 대한 심각한 위협이었고 다른 하나는 분단질서의 고착에 따른 안정화, 사회의 균등화, 격심한 유동성의 증가로 인한 평등의식의 향상 등 민주주의의 정착을 돕는 것이었다. 전쟁의 종식은 특히 이 가운데서도 분단질서의 고착 즉 분단질서의 상대적 안정의 확보라는 효과를 가져왔다. 전쟁이전의 분단이 잠정적이고 유동적인 분단이었다면 전후의 분단은 항상적이고 고정적인 분단이 되지 않을 수 없었다.[40)] 게다가 한국전쟁의 종전으로 인해 한반도의 휴전체제와 분단질서는 세계 냉전체제의 하위질서로서 국제적 보장을 더욱 확실하게 받게 되었다.

전쟁이라는 엄청난 폭력의 교환으로 인해 가능해진 분단질서의 안정적 담보형태는 전쟁의 재발위협을 결정적으로 약화시켰다. 그러나 분단질서의 상대적 안정은 휴전선의 장벽을 높임으로써 각각의 독자적 발전 추구노력과 내부의 정치갈등, 노선투쟁의 공간을 확장시켜 주었다. 상대방의 침략 위협과 분단질서의 불안정성은 모든 내부갈등을 전

39) 손호철, 「한국전쟁과 이데올로기지형」, 『한국전쟁과 남북한사회의 구조적 변화』 (경남대학교 극동문제연구소, 1991), 26~7면.
40) 박명림, 「분단질서의 구조와 변화: 적대와 의존의 대쌍관계 동학 1945-1995」, 『국가전략』 제3권 1호, 1997년 봄·여름, 53면.

쟁의 위협을 활용하여 억압하는 기제로 활용, 작동할 수 있었으나, 일단 분단의 안정화로 인해 전쟁위협이 줄어들자 양쪽 모두 내부의 사회발전에 관심과 역량을 집중시킬 수 있었던 것이다. 바로 그것이 남한사회 내에서의 권위주의 대 민주주의의 갈등을 불러일으킨 요인 가운데 하나라 말할 수 있다. 즉 분단질서의 안정화가 오히려 좁은 의미의 내부갈등은 더 치열하게 만든 역설적인 현상을 낳은 것이다. 체제선택을 둘러싼 갈등이 종식되자 체제운용을 둘러싼 갈등이 더욱 치열하게 전개된 것이다.

전쟁의 결과는 모든 부문을 황폐화시키는 동시에 한편으로는 반공세력의 기반을 더욱 강화시키는 계기로 작용했다. 반공을 표방하지 않는 한 그 어떤 이념적 색채도 허용되지 않았으며 모든 사회운동단체나 집단의 기반도 조성될 수 없었다. 미국이 공산주의로부터 남한을 수호한 '은인'으로 그 영향력을 절대화할수록 반공이데올로기 역시 절대적인 것이 되었기 때문이다. 이러한 반공 이데올로기는 우리 사회에서 일반적인 식민지해방국가의 지도원리로 작용하는 민족주의의 역할을 대체 수행한다. 이 때문에 자유민주주의 이데올로기는 정부수립 이후 공식적으로 제시된 지배이념이었지만 실상 구체적인 정치행위 속에서는 전혀 찾아볼 수 없다. 1950년대 중반을 넘어서면서 반공주의가 정치탄압과 정권유지의 수단으로 사용됨으로써 또 다른 국가이념인 자유민주주의를 스스로 짓밟게 된다. 이에 '반공독재'가 형성되면서 '자유민주주의'를 둘러싼 전선이 생겨나게 된다.[41] 전쟁을 거치며 반공이데올로기

41) 오유석, 「1950년대 남한에서의 민족주의」, 『근현대사 강좌』 8, 1996.12, 112~3면. 이러한 이데올로기적 왜곡은 당시 청년들에게 극도의 패배감과 환멸을 갖게 만들었는데 그것은 서구적 자유민주주의에 대한 동경을 느끼면서도 한편으로는 한국의 후진성에 대한 자괴감을 갖도록 만들었다. 1961년 고려대학생 377명을 상대로 여론조사를 실시한 결과 86%는 서구민주주의를 한국에 적용할 수 없는 것으로 느끼고 있다. 이들 가운데 40%는 '우리는 준비가 되어 있지 않다'는 답변을 했고 30%는 '한국과 서구간의 사회, 문화적 격차 때문에 민주주의 원칙들

는 다분히 종교적인 성격을 띠게 되었다. 즉 전후의 반공주의는 '터부 혹은 종교 일반과 유사한 성격'[42]을 지니게 되었다는 것이다. 여기에 이 시기의 반공주의는 냉전적 세계질서관, 자유민주주의, 친미주의, 근대화 열망 등과 결합된 독특한 이데올로기 복합체로 볼 필요가 있으며 이 이데올로기 복합체가 다시 국가적 의례체계와 나름의 성스러운 시간과 공간, 인물 등을 창출하고 그와 긴밀하게 결합하는, 하나의 총체적인 제도와 과정으로 이해되어야 한다.

결국 50년대는 이데올로기의 한계성이 정치적인 미래성향이나 발전 지향성을 극도로 약화시켰다고 할 수 있다. 즉 이데올로기의 격렬한 투쟁에 의해 성립된 한국이었고 또 한국정치였지만 일단 이데올로기에 의한 분단이 이루어지고 난 뒤에는 이데올로기적 자기극복이라든가 발전을 모색하기보다는 오히려 무이념적인 양상으로 인한 혼란만을 초래했던 것이다.[43] 대다수 민중들에게 있어 전쟁의 체험은 이성적으로 대면할 수 있는 성질의 것이 아니었다. 반드시 피해를 당하지 않았더라도 동족을 죽이는 일을 '성전'이라고 부르짖어야 하는 현실은 정상적인 인간으로서는 대면하기 어려운 상황이 아닐 수 없다. 이데올로기는 폭력이 되어 그들에게 다가왔고 그들은 우선 생존을 도모할 수밖에 없었던 이러한 경험은 정치·사회현실에 대한 완전한 무관심으로 표출되고, 인간에 대한 불신과 이념에 대한 근본적인 회의가 이들의 사고를

이 한국에서 아직은 실현될 수 없다'고 대답했다. 이처럼 '민주주의는 한국에 적합하지 않다'는 말이 공공연히 나돌 정도에 이르렀다. 이는 곧 한국인들이 민주정치제도를 실행할만한 준비가 아직 되어 있지 않다는 데에 전체적으로 의견이 일치되고 있음을 보여주는 것이다. 즉 당대의 지식인들은 민주주를 반대하지는 않지만 아직은 민주주의가 실천되기 위한 전제조건들을 이행할 수 없을 것이라고 보고 있었다고 말할 수 있다. 홍승직, 「대학생은 무엇을 생각하고 있나」, 『사상계』 62.4, 122면.

42) 김동춘, 「한국전쟁과 지배이데올로기의 변화」, 한국사회학회 편, 『한국전쟁과 한국사회변동』(서울: 풀빛, 1992), 173면.

43) 같은 글, 27면.

지배하게 된 것이다. 50년대에 전반적인 허무와 냉소의 분위기가 만연하게 된 토양은 이처럼 전쟁을 통해 결정적으로 형성되었다. 50년대 문학의 전개는 바로 이러한 허무와 불신을 극복하는 과정의 표현이라 할 수 있다.

2) 비평의 침체와 1950년대 비평의 과제

(1) 전후비평의 구도-지도이념의 공백과 새로운 비평이념의 모색

우리 근대문학의 출발은 봉건적 지배층과의 직접적인 투쟁없이 일본에 의해 전파된 근대적 이데올로기와 제도에 의해 이루어졌다. 이러한 사정은 물론 자율적 근대화를 이루지 못하고 식민지로 전락한 데에서 비롯된다. 이에 따라 서구 시민 계급이 근대쟁취의 과정에서 겪었던 기성사회와의 대립이나 희생의 경험을 하지 못했고 따라서 긍정적인 자기 정체성을 형성하지도 못하게 되었다. 이에 따라 식민지 문학에서 뚜렷한 근대지향성을 드러낸 것은 프로문학과 모더니즘 문학에 이르러서였다. 하지만 이들의 근대 추구는 그 기반 자체가 식민지 자본주의라는 매우 허약한 토대 위에서 이루어진 것이었고 게다가 자신들의 근대적 지향의 모델이었던 일본 자본주의의 파시즘화로 인해 더 이상 나아가지 못하고 좌절되고 만다.

이러한 근대지향적 노력의 좌절은 곧 전통으로의 회귀로 이어진다. 식민지 프로문학과 모더니즘문학의 이념적 바탕을 이루었던 이성중심주의의 자리를 강력한 反근대주의를 표방하는 전통주의가 채우게 된 것이다. 정지용, 이태준 등 <문장>파의 전통주의로의 회귀와 김동리로 대표되는 反근대주의가 시작되는 것은 바로 이 시기부터다. 그런데 이 시기는 이미 '근대주의'가 거의 소멸한 상태였기 때문에 이들의 대립은 해방공간에서 본격적으로 이루어진다. <문학가동맹>의 공식적인 문학론이었던 '인민민주주의문학론'과 <청문협>의 지도자였던 김동리의 '순수문학론'의 대립이 그것이다. 남북한 단독정부의 수립, <전국문화단체총연합회>의 결성(47.2.12) 및 '민족정신 앙양 전국문화인 총궐기대회' 개최, 좌익 작가의 월북과 전향, <한국문학가협회>의 발족[44] (1949.12.17) 등 일련의 과정 속에서 좌익세력이 자연적으로 사라지게 되자 일단의 조직적 정비가 이루어지게 되었다. 그러나 이들의 조직건설이나 문학이념의 형성 모두 좌익에의 대타의식에서 비롯된 것이라 할 수 있다. 이들의 문학론이 그 논리적 전개와는 상관없이 일정하게 생명력을 발휘할 수 있었던 것은 해방공간에서의 좌익과의 투쟁기간이었고 그러한 준거로서의 좌익이 사라진 이후, 이들은 다가올 전쟁에 대응할만한 지적 능력이나 문학적 현실 대응력을 갖출 수 없었다. 즉 조직적인 차원에서의 정비는 문학외적 상황에 의해 자연스럽게 이루어 낼 수 있었지만 문학 내적 논리로 현실을 장악할 만한 논리와 능력은 갖추지 못한 상태였던 것이다.[45] 특히 한국문학가협회의 회장을 맡은 박종화나 <문필협>의 중심멤버였던 이헌구 등의 논지는 어떤 이념도 민족을 초탈할 수 없다거나[46] 민족정신의 앙양을 위한 민족문학의 목표를 공산당의 분쇄[47]라는 식으로 문학과는 분리된 반공이데올로기 표명 차원의 비문학적 선언 수준에서 머물고 있었다. <문협>은 한 손에는 반공주의를 한 손에는 순수문학을 든, 문학적 이념보다는 정치적

---

44) 회장에는 박종화, 부회장에는 김진섭이 취임하였으며, 강령으로 1. 우리는 민족문학 수립의 역사적 사명을 성취하기 위하여 단결 매진함. 1. 우리는 문화운동을 통하여 한국의 국제적 지위향상을 도모함. 1. 우리는 모든 非민족적 반국가적 공식주의를 배격하고 진정한 세계평화와 인류공존에의 공헌을 기함이라는 항목을 채택했다.

45) 서경석, 「전후문단의 재편과정과 그 의의」, 『문학과 논리』 3집 <한국전후문학의 형성과 전개>, 태학사, 1993, 13면.

46) 박종화, 「민족문학의 원리」, 『경향신문』, 1946.12.5.

47) 이헌구, 「민족문학정신의 재인식」, 『백민』, 1948.3.

현실에 의해 이루어진 문단조직이었다.[48] 자신들의 회고에서도 알 수 있듯 <문협>이 조직되었지만 실제로 활동은 거의 없었다.[49] 따라서 이들의 문학적 이념은 김동리, 조연현에 의해 대변되었다. 김동리는 해방 이후 제창된 민족문학을 세 가지로 구분하여 첫째, 한국의 민족문학론은 프롤레타리아 계급의 문학이며 또한 마땅히 프롤레타리아계급의 이익과 승리를 위한 문학이어야 한다는 계급주의적 민족문학론. 둘째, 박종화의 역사소설, 유치진의 史劇, 그밖에 김광섭, 모윤숙, 설창수 등의 詩에 나타난 열렬한 감정 및 사상 혹은 조국애와 민족애를 주제로 한 작품 등 이론보다 주로 작품을 통해 반영되는 민족주의적 민족문학론. 셋째, 김동리 자신이 주장해 온 본격문학으로서의 인간주의적 민족문학론으로 구분하고[50], 이 가운데 자신의 인간주의적 민족문학론만이 진정한 민족문학이라고 주장한다. 이러한 논리는 이후 세계문학의 논리로 발전한다. 언어와 혈통과 국적을 달리하는 세계의 교양있는 대부분의 남녀에 의해 '세계문학'에 해당하는 감동과 수준이 입증될 수 있는 그러한 세계문학의 일환이 될 수 있는 '민족의 문학'이라야 진정한 민족문학이라고 할 수 있으며, 한 민족의 민족문학 수립 여부는 그 민족 고유의 문학을 가졌는가의 문제가 아니라 그 민족이 진실로 자기의 것으로써 세계문학으로 인정받을 수 있는 문학을 가졌느냐 하는 데 있다면서 자신의 인간주의적 민족문학론이 곧 그러한 세계문학임을 주장

48) 문필가협회의 결성작업이 이승만을 위원장으로 하는 '민주의원'의 선전위원회와 동아일보 등 이른바 우익 언론의 직접적 제의로 시작되었던 점(이헌구, 「전조선문필가협회」, 『해방문학 20년』, 정음사, 1966, 138면)이라든지, 김구와 안재홍 등이 그 결성대회의 내빈으로 초청된 사실은 이 단체가 정치적 이념적 대립의 역학 속에서 결성된 것임을 말해준다.

49) 한국문인협회 편, 『해방문학 20년』, 정음사, 1971, 167~8면. 이에 의하면 전쟁 중 피난지 부산에도 1년에 한 차례 하는 정기총회를 통해 임원진을 개선한 것 외에는 아무 한 일이 없다고 적고 있다.

50) 김동리, 「민족문학론」, 『대조』, 1948.8. 여기서 언급한 내용은 이후 「민족문학의 이상과 현실」(『문화춘추』, 1954.2, 66~67면)에서 동일하게 반복되어 주장된다.

한다.51) 김동리는 이러한 자신의 지향을 제 3 휴머니즘으로 대표되는 제 3 세계관에의 지향이라 정리하고 있다. 즉 근대주의의 산물인 과학 만능주의와 물질 지상주의 그리고 기계 문명주의 등은 하나의 근대적 우상이 되어 인간에게 꿈과 신비와 낭만과 그리고 구경적(究竟的)인 욕구를 박탈하게 되었으며 따라서 이 과학주의, 물질주의, 기계주의를 비판하고 초극하고자 하는 새로운 의욕에 도달하게 되었는 바, 이것이 곧 제 3 휴머니즘이란 말로 대표되는 제 3 세계관에의 지향이라는 것이다. 여기서 김동리는 자신의 제 3 세계관이 근대의 초극을 그 내용으로 하고 있음을 분명히 하고 있다. 즉 근대의 모순을 극복하고자 한 유물론적 기획이 그 본질에 있어서는 당연히 양기되어야 할 근대주의의 연장에 불과한 것이라고 지적함으로써 근대로의 두 길을 제시한 사회주의와 자본주의를 모두 초극의 대상으로 삼고 있는 것이다. 이러한 사실은 "제 3 휴머니즘은 이와 같이 자본주의 사회의 모순과 결함을 근본적으로 시정하는 일방, 맑시즘 체계의 획일적 공식적 메카니즘을 지양하는 데서 새로운 고차원의 제 3 세계관을 확립하려는 데에 그 지향이 있다"고 주장하는 데서 더욱 분명해진다. 그러나 이러한 주장은 구체적인 실천의 기획을 지니지 못하고 유물론과의 대립 속에서 하나의 이데올로기로 작용할 뿐이다. 그것은 근대의 본질을 밝히고 그것의 반영으로서의 근대문학의 내용성립과 발전을 둘러싸고 전개되어야 할 해방공간에서의 대립을 현실정치의 영향력에 의해 좌와 우의 이념적 대립의 형식으로 변질시켜 버렸기 때문이다. 따라서 대립의 본질적인 문제라 할 근대의 문제는 부차적인 것이 되고 이데올로기의 대립이 전

---

51) 김동리는 세계문학으로서의 민족문학이 수립되지 못한 원인으로 사회적 요인으로 戰亂상태, 문단 자체의 원인으로 개념과 생명의 괴리, 곧 이론과 생리의 이탈을 들고 이를 언어의 문제요, 전통의 문제라고 말한다. 서구의 작가들은 이미 그들의 전통속에 세계문학을 가지고 있다는 것이다. 김동리, 「민족문학의 이상과 현실」, 『문화춘추』, 1954.2, 69~71면.

면적으로 부상한다. 즉 해방공간에서의 전통주의와 근대주의의 대립은 전통을 통해 근대 이후를 상정했던 전통주의의 입장에서 전통의 긍정적 역할을 찾을 계기를 마련할 수 있었다는 점에서 중요한 의미를 지니지만, 그러한 대립의 본질적 문제인 '전통'과 '근대'의 문제는 이데올로기의 대립으로 귀결되어 버린 것이다. 이러한 논리는 김동리가 해방 후 문학의 과제로 제시했던 '민족적 자각 내지는 민족적 개성의 확립'에서도 엿볼 수 있다. 이는 문학이 나아가야 할 현실적 방향을 가리킨 것으로, 민족간의 대립이 첨예한 상황 속에서 모든 민족 구성원은 단합해야 하며 따라서 내부적 모순은 일단 덮어두어야 한다는 우익 정치세력의 정치적 논리에 닿아 있다. 그가 주장하는 문학의 본령으로서의 휴머니즘은 과학과 물질의 폐해를 극복하는 당면한 역사적 과제로 제시된다. 그리고 이는 휴머니즘을 기저로 한 순수문학의 과제이기도 하다. 그에게 있어 유물사관은 과학에 의한 인간의 기계화가 이른 정점이었던 것이다. 그리고 그의 순수문학론은 이러한 인간의 기계화에 맞서 인간성의 회복을 지향한다는 것이었다. 순수문학이 계급문학의 기계론을 극복하는 것은 따라서 세계사적 흐름에 발맞춘 것으로 주장된다. 이러한 논리를 바탕으로 휴머니즘을 추구하는 순수문학이야말로 민족문학이 될 수 있다고 강조하는 것이다.[52]

1950년 6월 전쟁이 발발하자 곧 <비상국민선전대>가 조직되고, 이어 대전에서 합류한 문인들이 <문총구국대>를 조직하여 정훈국 산하에서

---

52) 이러한 김동리의 논리는 조연현의 '생리론'에서도 확인된다. 조연현에게 있어 생리는 이성이 설명할 수 없는 인간의 '실존적, 심리적 진실'을 의미한다. 이러한 인간의 '실존적, 심리적 진실'은 설명할 수 없고 개선할 수 없는 운명적인 것으로서 절대화되고 나아가 '현실적인 필연성'을 의미하는 것이 된다. (조연현, 「합리주의의 초극」, 『경향신문』, 1947.10.26) 조연현은 이러한 논리를 쉐스토프를 통해 이끌어내고 있는데, 어떠한 변화도 인간존재의 근본적인 비극성을 제거할 수 없음을 강조함으로써, 해방직후의 현실에서 절실히 요청되었던 현실적 실천을 외면하는 논리적 기저로 사용된 셈이다.

활동했다. "국방부 정훈국의 불우한 촉탁 문관에 지나지 않았고 군이 사명을 부여할 필요가 있을 때에만 전시작가였다."[53]는 고 은의 말처럼 이들은 문인이라기에는 생존 자체가 문제인 전쟁의 참상에 허덕이는 생활인이었다. 이들에게 전쟁은 문학의 대상이 되지 못했을 뿐 아니라 오히려 평화로운 문학 활동을 가로막는 장애로 인식되었다. 51년 9·28수복과 함께 일정한 조직과 규모를 갖춘 종군작가단이 결성되고 그것은 그대로 전쟁 중의 문단을 형성했다.

전시하의 문단은 구세대에 의해 주도되었지만, 전쟁의 경험과 충격을 훨씬 고통스럽게 받아들이고 있었던 신인들이 전후문단에 등장함으로써 문단의 성격은 변하지 않을 수 없었다. 이후 문단은 학·예술원 설립과 회원 선출을 둘러싼 문단내분에 휩싸이고 <자유문협>이 <문협>과 분리된다. 피난지 문단은 조그만 문단 권리를 둘러싸고 파벌을 짓고 있었고[54] 『문예』를 비롯한 『신천지』, 『자유세계』, 『문화세계』 등

---

53) 고은, 『1950년대』, 청하, 1989, 81면. 또 고 은은 '종군문인단은 … 철저한 전쟁의식이나 비극적 감각에 의한 것이기보다 갑작스러운 생명의 위난에 대한 보호반응이기 쉬웠던 것이고 … 해방이후 6·25까지의 만 5년동안 지속한 극단적인 테러행위 및 음모와 관련된 민족적 참상의 탄생을 인식할 수 없었다. 다시 말하면 비극인식의 능력이 없었기 때문에 모든 비극에 의미를 부여하지 못'했다고 비판하고 있다. (고은, 같은 책, 41~2면)

54) 백철, 『문학자서전』, 박영사, 1975, 477면.
이러한 파벌은 미처 피난을 가지 못하고 서울에 잔류하여 부역혐의를 받았던 이른바 잔류파와 미리 서울을 떠날 수 있었던 도강파 사이에서도 엿볼 수 있다. 잔류파 문인들은 한동안 금치산자로 살아야 했기 때문에 이에 대한 불만과 분노가 후일 문단의 분열 상태를 이루는 최소한의 발단을 이룬다 (고은, 『1950년대』, 청하, 117면). 이는 특히 나중의 문단 분열이 예술의식에 따른 것이 아니라 일종의 이데올로기적 기준에 의한 것 그것도 자의와는 무관한 상황적 고려없이 일방적으로 적용된 것에 따른 결과물이었음을 말해준다. 또 그러한 문단분열이 감정적 작용의 결과임을 여실히 드러내는 것이기도 하다. 양 쪽 모두 이념이나 사상과는 무관한 행위였음에도 불구하고 이처럼 본능적 생존의 문제가 이데올로기의 차원으로 옮겨간 것은 당시의 분위기와 조건이 어느 정도였는지를 짐작하게 해 준다.
또 곽종원 역시 피난지 부산 문단은 '거리의 고십을 연장시킨 개인공격을 일삼

피난수도 부산에서 발행되고 있던 대중지와 다방은 파벌활동의 장소였다.[55] 문단의 분열이 문학적 경향이나 이념의 차이에서가 아니라 문단에서의 권력획득과 지위유지를 위해 비롯된 것이라는 사실은 <한국문학가협회>[56]로부터 분리된 <한국자유문학자협회>의 독자적 설립에서 이미 드러났거니와 이러한 문단의 내분은 결국 전후시기 구세대문인들의 문학적 좌절의 한 양상이라 할 수 있다.

이처럼 구세대의 문학이 철저히 현실의 힘에 눌려 문학적 지도이념으로서의 제 역할을 못하게 됨으로써 자연스럽게 새로운 문학적 질서와 이념을 요구하는 목소리가 나오게 된다. 곽종원은 문단 부진의 근본 원인을 작품 속에 드러나는 사상, 인물성격, 인생·사회관, 역사적 현실해부 등 총체적인 문학정신의 부진에서 찾고 있다.[57] 그러나 실상 그가 작가들에게 요구하는 것은 전선을 취재한 작품이다. 이를 위해 그는 '인간성이나 인간 전체적 표현을 의도하는 것'으로서의 행동적 휴머니즘을 제시한다. 또 곽종원은 비평문학의 부진 원인을 지나치게 작품만을 염두에 두어왔기 때문이라고 지적하고, 시대정신을 객관화할 아무런 의욕도 없이 태작만 쏟아내는 작가들의 작품의 장단점만을 지적하는 데서 벗어나 현실과 직접 대결하는 비평문학이 되어야 한다고 주장한다. 따라서 비평가들에게는 하나의 뚜렷한 지도이념을 세워야 하는 큰 임무가 주어졌다면서 고 말하고, 평론에서의 그러한 지도이념은 서구적 의미의 앙가주망이 아니라 한국적인 역사적 특수 현실을 자각하는 역사의식에서 우러나온 것이어야 한다고 주장한다.[58] 하지만

는 일군의 신진들의 장난으로 그쳤다'(곽종원, 「還都後에 나타난 문화계의 분포도」, 『해방문학 20년』, 106면 재인용)는 극단적인 비판을 할 만큼 실제로 문단의 내부 분열은 심각한 상황이었던 것으로 말하고 있다.

55) 곽종원, 『해방문학20년』, 정음사, 1965, 107면.

56) 위원장에 김광섭, 부위원장에 이무영, 분과위원장에는 김기진, 모윤숙, 서항석, 이헌구, 이하윤, 정홍교 등 거의 대부분 기존의 <문필협> 멤버들이었다.

57) 곽종원, 「문학정신의 확립」, 『자유세계』, 1952.1, 161면.

여기서 곽종원이 말하는 행동적 휴머니즘이나 역사의식이란 '공산주의에 대한 자유인의 투쟁'[59]이라는 반공이데올로기의 다른 표현에 불과한 것으로 여기서 반공이데올로기와 휴머니즘의 기묘한 결합이 이루어지고 있다. 그가 '생명의 옹호' '자유', '인간의 존엄성'과 같은 용어를 항상 공산주의와 대비되는 것으로만 사용하는 것도 동일한 맥락에서 이해할 수 있다.[60]

이처럼 전쟁에 종군했던 문학인들이 가장 강조한 것은 무엇보다도 '현실에의 주체적 참여', '행동전선상에의 의욕적 참가'라는 전선종군 활동이었지만, 이들이 말하는 '인간정신의 옹호'라거나 '문화의 옹호'라는 구호는 반공 이데올로기의 강조에 불과하여 문학적 지도이론과는 거리가 먼 것이었다. 예컨대 이헌구의 경우 문화인으로서 문화전선을 구출, 강화하고 문화인으로서의 냉철한 자기비판, 자아반성을 강조하

---

58) 곽종원, 「비평문학의 새로운 기능」, 『문화세계』, 1953.7, 36~8면. 곽종원은 다른 글에서 이 시기 문학적 상황을 한 눈에 알 수 있게 정리하면서, 문단 부진의 원인에 대해서는 마찬가지로 역량 부족이나 성실성의 문제 뿐 아니라 전란와중의 현실을 그대로 소화하지 못하는 데 있다고 규정한다. 그는 작품을 일선 전투상황을 취재한 것, 적치하에서 겪은 기록, 일선과 후방이 연속으로 취재되어 있는 작품, 피난생활의 실태를 묘사한 것, 이상의 경향들이 복합적으로 섞인 장편 등으로 구분한다. 일선 전투상황이나 적치하의 기록보다 일선-후방의 연결 작품과 피난생활을 그린 것이 많은 것은 작가들이 쉽게 소재를 획득할 수 있는 세태묘사에 능한 반면 전장의 실상을 파악하기엔 아직 서투르고 기술적으로 부족하기 때문이라면서 한 마디로 '문학정신의 빈곤'이라 규정한다. 곽종원, 「6·25 동란이후의 작단개관」, 『신천지』, 1953.4.

59) 박기준, 「한국작가의 반성」, 『전선문학』, 1952.4, 15면.

60) 임긍재도 기성은 기성대로의 타성과 구실로, 신인은 신인대로의 안가한 문학관으로 모두 불성실하게 문학을 하는 까닭에 오늘의 한국문학계는 저조와 침체상태에서 일보도 전진하지 못하고 있다고 자탄한다. 임긍재, 「회의와 모색의 階梯 - 한국문학계의 현황과 장래」, 『문화세계』, 1953.7, 31면. 한편 전쟁중의 문학적 상황에 대해 김기진은 문학의 전체적 방향은 확립되지 못한 채 절망과 염세, 향락과 자아망실 등의 현상을 드러내고 있으며, 육체적 분위기의 묘사에서 희열과 쾌락을 추구하는 일부의 경향까지 겹쳐, 비평정신을 결여한 비문학정신이 露顯되고 있다고 비판하고 있다. 김기진, 「전쟁문학의 방향」, 『전선문학』, 1953.2, 59~60면.

고 이것은 어디까지나 공산독재자들과의 대립·투쟁을 더욱 공고히 하기 위한 것으로서 의미있는 것임을 말한다. '경계하자 장비하자 / 문화전선에 이상없는가?' 라는 구호로 끝맺고 있는 것처럼 이미 문학으로서의 의미를 잃은, 정치선전에 다름 아니었다.[61] 이처럼 구세대들의 경우 문단 조직에 있어서나 문학적 이념에 있어서나 더 이상 현실적 영향력을 가질 수 없는 상태에 빠졌다. 전쟁 기간 중 작가들에게 외쳐댔던 인간성 옹호나 휴머니즘, 행동주의 등의 구호들은 反共의 다른 이름이었고 또 이들이 요구하는 현실과의 대결이란 전선취재와 종군의 다른 이름이었다. 드디어 문단은 신구교체기, 일종의 지도이념 공백 상태를 맞이하게 된 것이다.

이러한 지도이념의 공백상태는 문단에 서구사조의 유입이 더욱 빨라질 수 있도록 했다. 피난지 다방문단에서 혹은 종군생활에서 전쟁이 빨리 끝나기만을 기다리고 한 때의 불운으로만 여기고 있던 구세대와는 달리 전쟁체험을 통해 자의식을 형성하게 된 신세대들이 대거 등장하게 되면서 문단뿐만 아니라 모든 문학적 조건이 새롭게 형성되어야만 했다. 그리고 그러한 조건의 핵심에는 전쟁체험이 놓여 있다. 특히 근대적 자본주의가 제대로 발전하기 전에 자본주의적 물질문명의 최고의 폐해인 전쟁의 참상을 먼저 체험하게 된 신세대들의 경우, 전쟁이란 근대의 파산이었지만 그 근대의 파산을 가져온 것이 역시 근대라는 이중성을 인식하기 전에 근대의 절망부터 보아버린 것이다. 이처럼 근대 자체의 이중성도 알지 못하고 서구의 근대와 우리의 근대가 다르게 진행된다는 점도 알지 못한 채, 서구와의 동시성을 추구하며 나아가게 될 기반이 마련된 셈이다. 따라서 여전히 서구화=근대화의 공식을 바탕으로 한 논의만이 계속될 수밖에 없었고, 이 공식을 벗어나는 그 어

61) 이헌구, 「문화전선은 형성되었는가」, 『전선문학』, 1952.11.

떤 논의도 제대로 이루어지기 어려웠던 것이다. 결국 전쟁 체험은 곧 기존의 문학적 대상과는 전혀 다른 새로운 문학의 대상을 낳았고 기존의 사유방식으로는 도저히 그려낼 수 없는 대상과 경험을 낳았다고 할 수 있는데 이는 곧 전쟁을 이성적 인식이 아닌 절망적 체험의 차원에서만 바라보았기 때문이라 할 것이다.

결국 해방공간에서 이미 한 차례 정비되었던 문단은 전쟁을 겪으며 다시 재편된다. 많은 작가들의 월남과 함께 전쟁을 전후하여 신인들이 대거 등장했다.[62] 이들 전후세대 문인들은 구세대와 함께 전쟁을 경험했지만 청춘기에 전쟁을 겪었다는 점에서, 일상에 익숙해져 있으며 전쟁으로 인해 파괴된 일상에의 그리움을 간직하고 심지어는 전쟁조차도 일상으로 받아들이고 있던 구세대들과는 달리 전쟁의 충격을 훨씬 고통스럽게 받아들일 수밖에 없었다고 할 수 있다. 이러한 신인들의 문단 등장은 문단의 성격 변화를 요구하게 되는데, 문단의 변화는 학·예술원 설립과 회원 선출을 둘러싸고 노골화된 문단내분과 맞물리게 된다. 전시중인 1952년 8월 7일 공포된 문화보호법[63]을 근거로 1954년

---

62) 황순원, 조영암, 오영진, 최태웅, 유정, 김동명, 임옥인 등이 토지개혁 전에 월남했고 김이석, 강소천, 함윤수, 원응서, 박남수, 양명문, 이인석 등이 1·4 후퇴를 전후하여 월남했으며 구 상도 응향사건 이후 월남했다. 오영수, 김성한, 손창섭, 장용학, 한무숙, 정한숙, 박연희, 손소희 등이 전쟁이전에 『예술조선』, 『백민』, 『문예』, 『신천지』를 통해 등단했으며 전후 『사상계』, 『문학예술』, 『현대문학』 등 및 신춘문예를 통해 이호철, 김광식, 오상원, 서기원, 최상규, 하근찬, 박경리, 송병수, 선우휘, 이범선, 전광용, 정한모, 추식, 강용준, 한말숙, 박경수, 오유권, 곽학송, 조인훈 등이 등단했다.

63) 1952년 8월 7일 법률 제 248호로 공포된 이 문화보호법은 "학문과 예술의 자유를 보장하고 과학자와 예술가의 지위를 향상시킴으로써 민족문화의 창조 발전에 공헌함을 목적으로 한다"는 總則하에 학·예술원의 설치를 규정하고, 예술원 구성은 예술가의 선거를 통해 25인, 예술원 회원의 추천 10인 이내, 예술원 제청에 의한 대통령 임명 5인 이내의 인원으로 구성할 것을 규정하고 있다. 또 제 19조에서는 예술가로서의 자격을 1. 교육법에 대한 대학 또는 이와 동등 이상의 학교를 졸업하고 3년 이상 예술 경력을 가진 자. 1. 기타 예술 경력 10년 이상의 자로 규정하고 있다.

3월 예술회원 선출 과정에서 <문협> 중심의 회원 선출이 이루어진 것에 대한 문총의 불만과 비난이 거세지는데, 이는 예술회원의 명예를 누리지 못하게 된 소외문인들의 그 동안의 불만이 터져 나온 것이었다. 그러나 근본적인 문제에 대한 논의나 토론의 과정으로 나아가는 것이 아니라 법조항의 개선이나 회원수의 확대 등 지엽적인 문제를 중심으로 인신공격적인 비난과 변명의 양상을 보이면서 심각한 내분에 휩싸이게 되고 결국은 문총계와 예술원계로 분리된다. 이러한 내분은 당시 문단의 주도권을 행사하고 있던 문인들이 전쟁을 겪으며 문인으로서가 아니라 생활인으로서 정치인으로서의 경험을 축적한 뒤에 온 것이어서 결코 문학적으로 해결할 수 없는 것이었다.[64)]

이러한 문단의 내분은 결국 전후시기 구세대문인들의 문학적 좌절의 한 양상으로 파악할 수 있다. 해방공간에서부터 전적으로 좌익에 대한 대타의식으로 조직을 꾸려 왔고 좌익의 민족문학론에 대한 이념적 대응물로서 순수문학 혹은 본격문학이라는 이름을 내걸었지만 좌익의 조직과 문학론이 일원론적인 것이었던데 반해 이들의 경우에는 조직의 원리와 문학관이 처음부터 철저히 분리된 것이었다. 그럼에도 공식주의에 반대하는 그들의 문학 역시 지극히 정치적인 것이었다. 이러한 이원론이 계속 유지되고 또 힘을 발휘할 수 있었던 것은 물론 해방공간과 전쟁이라는 현실적 상황이 때문이었다고 할 수 있다. 하지만 전

64) 이러한 문단의 분규는 예술회원 선출이 직접적인 계기가 된 것이었지만 분열의 양상은 전시하에서 이미 나타난 바 있다. 개인의 의지와는 관계없이 시대적 상황이 빚은 도강파와 잔류파 사이의 미묘한 갈등이나 피난지 문단에서의 문인들 간의 알력을 볼 수 있다.
"며칠 있어보니 말대로 부산의 피난문단은 단순하질 않고 여러 개의 세력으로 나눠져서 문단의 권리다툼을 하고 있는 모양이 눈에 띄었다. 나는 그 현상의 이유를 권리다툼이라고밖에 표현할 것이 없다. 분열이나 대립이 무슨 문학적인 유파나 견해의 차이로 온 것이 아니고 그저 피난 중의 조그만 문단 권리나마 누가 그것을 농단하는가 하는 것이 문단의 최대 관심사같이 보였으니 말이다." 백철, 『문학자서전』, 박영사, 1975, 477면.

쟁이 끝나고 더 이상 내부의 결속을 유지할 문학적 논리는 물론 명분조차 사라졌을 때 이들은 내분을 겪고 분열되었으며 문인배출, 상품으로서의 문단유통구조 장악을 기초로 한 기존 문단 권위의 유지, 강화에 몰두하게 되는 것이다.65) 이는 문단이 남한의 자본주의 체제와 원리에 따라 재편성되어 가는 과정이라 할 수 있다.

이처럼 구세대의 문학이 철저히 현실의 힘에 눌려 문학적 지도이념으로서의 제 역할을 하지 못하게 됨으로써 문단은 지도이념의 공백을 맞게 되고 이에 따라 자연스럽게 새로운 문학적 질서와 이념을 요구하는 목소리가 울리게 된다. 전후의 활발한 서구 문화와 사조의 유입은 이처럼 전쟁이 가져온 이념적 공백 상태에서 이루어지게 된다.

전쟁의 상처를 딛고 어느 정도 문단의 형태를 갖추게 된 것은 1950년대 중반에 들어서서였다. 물론 전쟁의 와중에서도 새로운 신진문학가들이 등장했지만 신인들의 본격적인 등장은 50년대 중반 사회의 전 분야에 걸쳐 전후 복구의 기운이 일어나면서 가능했다. 비평분야에서도 1955년을 전후하여 신인비평가들이 대거 등장함으로써66) 문단에서 비로소 비평의 강화 및 평단의 독립이 이루어질 수 있었으며 또한 전후 신세대들의 목소리를 대변할 수 있게 되었던 것이다.67)

---

65) 서경석, 앞의 글, 22면.

66) 조연현, 「비평의 신세대」, 『문학예술』, 1956.3, 159면.
1955년을 전후하여 등장한 신인비평가들은 김양수, 천상병, 정창범, 홍사중, 김종후 (이상 『현대문학」 추천), 최일수(조선일보 신춘문예모집), 이환, 안동민, 윤병로, 이석제 (이상 1회 추천), 김성욱, 정하은 등이었다.

67) 손우성, 「주류의 生成前期 - 제 1/4분기 소설 概評」, 『사상계」 23호, 1955. 6, 206면.
손우성은 휴전성립후 2년이 지나면서 문예활동이 간신히 소생하는 징조를 보여준다면서 1955년을 문단의 전환점으로 꼽고 있다. 그러한 판단의 근거로 『현대문학』지의 창간 및 지속적인 발간으로 그동안 끊겼던 순문예지의 맥이 이어짐으로써 문단의 前途에 서광을 비추어 주었다는 점 말고도, 전쟁이 종식된지 2년이 경과함으로써 이제 정확하게 당시의 사태를 파악할 수 있게 되었다는 점을 들고 있다. 이는 곧 전쟁에 대한 즉자적인 대응과 인식으로부터 벗어나서 특히 『현대문학』과 『자유문학』의 발간 및 『사상계』의 문예면 확충 등 문예지의 맥이 이어짐으로써 문단의 前途에 서광을 비추는 등 문예 활동이 되살아나기 시작했다.[68] 이는 곧 전쟁에 대한 즉자적인 대응과 인식으로부터 벗어나서 전쟁을 하나의 역사적 사실로 객관적으로 인식할 수 있는 정신적 안정감을 되찾았음을 의미하는 것이며, 사회경제적 측면에서 전후 복구기가 50년대의 한가운데인 1955년 무렵부터 시작된 사실과 궤를 같이 하는 것이다. 이에 따라 전쟁과 그 주변의 이야기가 본격적인 작품의 제재로서 다루어지게 된다.

전후 신세대의 등장이 기성세대에 대한 비판으로 시작되고 또 이를

하나의 역사적 사실로 객관적으로 인식할 수 있는 정신적 안정감을 되찾았음을 의미하는 것이며 사회경제적 측면에서 전후복구기가 50년대의 한가운데인 1955년무렵부터 시작된 사실과 궤를 같이 하는 것이다.

조연현은 1955년부터 우리 문학이 본격적인 자세를 취하게 되었다고 설명하고 그 내용으로 첫째, 1955년 이후 신인들이 4, 5백명이나 등장했다는 사실. 둘째, 발표무대의 확장과 역량의 성숙으로 장편소설이 등장하게 된 점 셋째, 거의 주정적 경향 일색이던 시가 다양성을 보인 사실. 넷째, 본격적인 평론이 등장한 점. 다섯째, 전통적 가치를 추구하게 된 점 등을 꼽고 있다. 조연현, 「불모의 문학 20년」, 『사상계』, 1965.8.

반면 아예 신인의 등장이나 신인층의 형성 자체도 인정하지 않으려는 견해도 있었다. 조영암은 신문학의 수입·생성이 불과 40년에 불과하고 아직 유년기를 벗어나지 못한 오늘의 문단에 무슨 舊人이 있으며 여기에 對蹠하는 의미의 신인이 있는가 묻고, 문학적 기술과 사상성의 구현없이 함부로 신인군의 형성되는 데 따른 책임은 문단의 어느 한 그룹, 개인이 아니라 문단 전체가 져야 할 것이라면서 신인의 등장 자체에 의미를 부여하지 않는다. 조영암은 적어도 한 세대에 대해 기대를 품으려면 이광수의 출현, 또 그 이후의 동인, 상섭의 출현 정도여야 할 것이라면서 50년대의 신인들에 대해서는 새로운 세대로서의 신인이 전혀 되지 못하는 것으로 말한다. 조영암, 「신인등장에 대한 문단적 분석 - 濫造의 弊를 제거하기 위한 소론」, 『문화세계』, 1953.7, 48면.

68) 손우성, 「주류의 生成前期 - 제 1/4분기 소설 概評」, 『사상계』 23호, 1955. 6, 206면. 조연현도 동일한 인식을 보여준 바 있다. 조연현 역시 이 때부터 우리 문학이 본격적인 자세를 취하게 되었다고 설명하고 그 내용으로 첫째, 1955년 이후 신인들이 4, 5백명이나 등장했다는 사실. 둘째, 발표무대의 확장과 역량의 성숙으로 장편소설이 등장하게 된 점. 셋째, 거의 주정적 경향 일색이던 시가 다양성을 보인 사실. 넷째, 본격적인 평론이 등장한 점. 다섯째, 전통적 가치를 추구하게 된 점을 꼽고 있다. 조연현, 「불모의 문학 20년」, 『사상계』, 1965.4.

통해 신세대비평의 위치를 확보할 수 있었던 것은 전후의 문단적 조건의 산물이라 할 수 있다. 즉 기존 근대문학의 축을 이루어왔던 마르크스주의문학과 민족주의 문학이 해방공간에서의 대립, 투쟁과 전쟁의 경험 속에서 모두 영향력을 상실했을 뿐 아니라 많은 작가, 비평가의 납·월북 등 전쟁으로 인한 문학사적 단절로 인해 절대적인 비평가의 수가 부족한 상태였기 때문에 전후 많은 수의 작가, 비평가가 1955년을 전후하여 한꺼번에 등장할 수 있는 문단의 조건이 형성되었던 것이다. 말하자면 문단의 위기에서 문단재편의 길목에 들어선 셈이었다. 이 과정에서 문단 재편을 둘러싼 세대간의 갈등과 대립을 드러내게 된 것은 필연적인 일이라 할 수 있다. 이러한 갈등과 대립은 각 세대의 시대인식과 그에 기반한 문학적 감수성, 그리고 지배 담론의 생산과 소유 등에 의해 규정되는 바, 신구세대는 이 모든 점에 있어 인식을 달리하고 있었다. 이처럼 비평계에 대한 불신과 함께 이루어진 1950년대 비평계의 재건 움직임은 신구세대의 대결양상으로 전개되는데, 당시 비평계에 요구되었던 시급한 과제는 새로운 비평정신의 확립과 그러한 비평정신의 확립을 위한 새로운 가치와 기준을 설정하는 일이었다. 전후의 황폐한 삶과 인간 의식의 분열을 반영하는 문학적 현상에 대한 객관적이고 논리적인 해명과 분석을 위한 비평적 기준과 정신이 그것이었다.

백철은 현대의 과도기적 특성을 근거로 불안의 세계와 같이 문학도 고민하고 세계의 불모성에 도전, 탐색을 시도하는데서 역사적인 신영토를 탐색, 개척하려는 '모색하는 현대문학'[69]을 내세우고, 낡고 비생산적인 문단 구조를 개조할 것을 요구[70]하고 있다. 한편 곽종원은 문

69) 백철, 「모색하는 현대문학」, 『수도평론』, 1953.6, 56~7면.

70) 백철, 「문단을 위한 附議 - 그 구성에 대한 일견해」, 『문화세계』, 1953. 7, 42~5면. 당대 문단의 구성은 현대적인 제도와 부합되지 않는 중앙집권적 제도를 취

학활동과 문단 발전의 장애물을 첫째, 문예에 대한 올바른 식견과 이해가 부족한 잡지난립과 그로 인한 작가 난립이라는 작가 주체의 내적인 악조건, 둘째, 발표기관의 위축 또는 정당한 인식의 부족으로 인한 위대한 작품이 나오지 않는 외형적인 악조건으로 꼽고 있다.71) 이 외에도 학예술원회원 선거와 <한국문협>, <자유문협>의 분열로 상징되는 문단의 분열에 대한 김기진72)과 전봉건73)의 비판, 여기에 정신적으로 기성에 대해 배울 것이 없으며 기존의 문단 질서를 인정할 수 없다

하면서 지방에 있는 문인들을 일종의 낙오자로 보는 경향을 지니고 있었는데, 이러한 문단제도의 중앙집권적인 데서 오는 특질적인 결함으로 첫째, 문단세력을 잡은 몇 사람의 특권계급에 의해 문학운동이 좌우됨에 따라 그 문학운동은 墨守하기 쉽고 자기도취와 독선적인 것으로 떨어지기 쉬우며, 둘째, 중앙집권의 제도에선 문학이 자연 광범한 시대적 민중적 생활토대와 유리된 향락형식화한 문학으로 떨어지기 쉽다고 백철은 지적하고 있다. 특히 백 철은 부산 피난지의 중앙문단의 문학경향이, 일부 戰亂을 주제로 한 작품을 제외하면, 대체로 독선적인 자기취미의 세계나 또는 기교나 언어의 면에 기울어져 있는 것은 다방을 중심으로 한 중앙문인의 생활이 너무 消閑 기생적인 것과 적지않은 관련이 있다는 점을 지적하고 있다.

71) 곽종원, 「문단의 정화와 그 권위의 확립」, 『신천지』, 1953.8, 24~5면.

72) 김팔봉, 「문예시감 - '권위'의 문제」, 『사상계』 24호, 1955 7, 172면.

73) 전봉건, 「문학계 분열의 양상 - 이념·사조·민족성에 있어서의 필연성」, 『자유세계』, 1956.11, 259~262면. 전봉건은 두 개의 문학단체의 분열은 이념이나 사조의 차이로 이루어진 것이 아니기 때문에 이들에게서 이념적 논쟁을 기대한다는 것은 어리석은 일이라고 말하고 그것은 이들이 갈라설 때 발표한 선언이 충분히 증명한다고 지적한다.

"공고 / 한국문학가협회 / 右단체는 본회칙 제9장 제30조에 의하여 제명처분을 결의하고 玆以공고함 / 단기4288년 6월 7일 / 전국문화단체총연합회 최고심의위원"

자유문협측은 이러한 공고를 신문지상에 발표함과 함께 <자유문협> 창립취지도 공포했는데, <한국문협>의 제명처분과 <자유문협>의 창립취지의 원인을 1. <한국문협>이 인류의 적 공산주의로부터 우리의 민족문학을 수호함으로써 세계문학의 일환으로서의 임무를 다하는 일에 소홀했고 2. 과거 2년간 회기를 무시하고 총회조차도 갖지 못한 채 동면상태에 빠졌고 3. 따라서 <한국문협>은 북진통일의 문화전선의 대열에서 낙오될 가능성이 있을 뿐 아니라 4. <한국문협>은 전문학인의 집적체이어야 할 것인데 수 개인의 것이기 때문이라고 밝히고 있다. 하지만 그 어디에서도 문학이념이나 사조에 대한 것은 찾을 수 없는 것이 사실이다.

는 모더니스트들의 불신[74] 등 문단은 가치판단의 기준을 상실한 모습을 보여주고 있었다. 따라서 이러한 혼란은 곧 새로운 문학이념에 대한 절실한 요청으로 나아가지 않을 수 없었다.

(2) 비평의 기능과 역할에 대한 반성

신세대의 기성세대에 대한 불신과 부정 그리고 신세대의 새로움을 둘러싼 신구세대의 논란과 함께 당대 문단의 혼란함을 직접적으로 보여준 것은 비평 및 비평가에 대한 불신의 표출이었다. 특히 추천제도의 추천위원, 각종 문학상의 심사위원 및 문예잡지 편집자 자리는 거의 대부분 구세대 평론가들이 차지하고 있었기 때문에 이 때의 비평불신론은 어떤 의미에서 구세대에 대한 비판과도 일맥상통하는 것이었다. 이러한 비평계에 대한 불만은 작가 뿐 아니라 신세대 비평가들에 의해 주로 제기되었는데, 이는 곧 당대의 비평계가 문단에 대해 그 어떤 지도적 역할도 수행하지 못함을 보여주는 것으로 문단을 이끌 새로운 정신을 요구하고 있었음을 단적으로 보여주는 사례라 할 수 있다.

누구보다도 강력히 당대의 비평계에 대한 비판을 가하고 있는 사람은 실존주의의 소개, 수용에 앞장서고 있던 손우성이었다. 그는 특히 비평가와 국문학자에 대해 원색적인 비판을 가하여 "…비평가가 심판관이 되며 문학자들을 연구하는 학자의 지위를 굉장히 주장하며 그 작품을 제작하는 작가들을 마치 자기가 부리는 직공인 양 천시한다. 국문학자는 지난날의 유치하기 짝이 없는 稗史類를 끌어내어 註釋 敷衍하기에 몰두하며, 지금 당대의 작가들의 활동은 마치 어린애들의 장난인 냥 경시하고 외국문학자라면 남의 나라 무덤 속에 이미 백골이 된지 오랜 인간들의 사색을 뒤집어보며, 학자의 긍지를 삼키기로 배를

74) 김경린, 「선배에게 하고 싶은 말」, 『신천지』, 1953.10, 246면.

불리고 있다."[75]면서 철저히 작가의 편에 서서 비평계를 공격한다. 그런데 이러한 비판이 "자기가 작품을 쓸 기회 또는 역량 없음의 서운한 마음은 감추어 두고 그저 내가 문학의 주인이라 뽐내려는 것"이라든지 "찾기 어려운 새 사상을 현대에 찾아 볼 자신이 없어서 그저 현대를 무시하고 이미 남이 찾아놓은 과거의 실적을 뒤지며 혼자 잘난 체 하는 것" 그리고 예술은 어떠한 공식도 초월하는 것이어서 이론상 절대적 정확성을 가진 비평은 있을 수 없기 때문에 비평만큼 무의미한 문학행위는 없다는 인식에 이르면, 당대의 비평가에 대한 비판을 넘어서서 비평 자체의 무의미함과 무가치성에 대한 비난으로 이어지고 있음을 볼 수 있다. 그럼에도 불구하고 현대에 이르러 비평의 위치가 점차 무게를 더해 가는 것은 비평이 그 본질을 벗어나서 비평의 의미 밖으로 작용해가기 때문이라는 점, 즉 당대 비평가들의 문단정치적 행태 때문이라는 점을 강조한다. 현대에 있어서의 비평의 중요성을 언급하면서도 비평의 판정의 태도와 비평의 의미 밖에서의 작용이라는 이유를 들어 비평 그 자체까지도 부정하는 이러한 모습은 당시 문단의 주요기관들 즉 예술원이나 주요 문예지들을 장악하고 있는 구세대 문인들에 대한 노골적인 불만의 표시로서, 당대에 비평이 어느 정도로 불신 받고 있었던가를 짐작하게 해 주는 것이 아닐 수 없다. 하지만 그 자신 외국문학 전공자로서 강한 서구문학에의 경사를 보여주고 있을 뿐 아니라, 비평의 특성과 문단적 역할마저도 완전히 무시하게 됨으로써 새로운 시대정신 모색의 길까지 막아버리는 오류를 범하고 있는 것이 사실이다. 또 비평가에 대한 비난에 멈추지 않고 국문학자들까지도 지난날의 유치하기 짝이 없는 稗史類를 끌어내어 註釋 敷衍하기에 몰두한다고 비판함으로써, 국문학이나 문학적 전통에 대한 인식을 갖추

75) 손우성, 「비평의 위치」, 『문학예술』, 1956.3, 150면.

지 못한 채 국문학은 곧 낡은 것이며 서구문학은 새로운 것이자 선진적인 것이라는 성급한 서구화론의 공허한 우월감을 보여주기도 한다. 이러한 인식은 윤병로, 윤고종 등에게서도 동일하게 나타난다. 먼저 윤병로는 당대의 비평이 저널리즘의 요청에 순응한 창작월평과 신간소개, 동인변호와 대립파 공격, 창작에 종속되어 있는 비평 등으로 이루어지고 있다고 비판하고 이를 지양하기 위해서는 현대문학 사조에 대한 비판이나 지도를 통해 적극적이고 건설적인 문화비평이 개척될 수 있도록 해야 할 것이라 주장한다.[76] 한편 윤고종의 논리는 서구화=근대화의 논리가 문학적으로 적용된 단적인 예를 보여준다. 그는 우리 문단과 문학이 문학적 후진국의 수준일 수밖에 없는 결함을 산문문학의 정신과 본질이 파악되지 못한 사실에서 찾고 이러한 문학의 부진을 匡正하려면 무엇보다 사실주의문학을 중심으로 한 산문문학의 구체적 상모를 우리 문단에 하루 바삐 도입 소개하는 것이 필요하다고 주장한다. 결국 윤고종의 결론은 서구사조를 제대로 알고 제대로 배우자는 논리로 귀결되고 만다.[77] 이처럼 서구사조의 올바른 도입과 연구만이 문단의 부진과 비평의 불신을 해소할 수 있는 유일한 해결방법으로 제시되고 있는 것은 당시 신세대 문인들의 의식상태가 어떠했는지를 잘 보여주는 것이 아닐 수 없다.

이에 비해 볼 때 홍사중은 비평의 부진을 우리 비평의 문화비평적 성격에서 찾고 있어 대조적이다. 엄밀한 의미에서 볼 때 당대까지의 한국문단에 있어서의 비평활동은 時評이나 總評을 제외하고는 대개 사회비평, 문화비평에 가까운 것이었으며, 이는 비평이 완전한 장르로서의 확립을 보지 못하고 따라서 순수한 형태의 비평의 전통이 형성되지 못했을 뿐 아니라 비평정신 그 자체가 충분히 성장할 수 있을만한

76) 윤병로, 「비평의 사명」, 『현대문학』 29호, 57.5.
77) 윤고종, 「창작방법의 제문제」, 『자유문학』, 1956.8, 12~4면.

장소를 발견하지 못했기 때문이라는 것이다.[78] 이처럼 비평정신이 형성될 수 없었던 이유는 신문학 초창기부터 우리 문학의 개념 속에는 항상 계몽주의적 요소가 자리잡고 있었던 점, 그리고 20년대 이후에는 이데올로기 중심의 논쟁이 진행됨에 따라 비평정신이 왜곡되었기 때문인데, 이 시기의 비평이 현실적 욕구와 의욕을 대변하는 사회비평, 문화비평으로 형성된 것도 바로 비평이 사회생활의 성질에 의해 제약된 결과라는 것이다. 비평 부진의 원인 분석에 있어 다소의 차이는 보이지만 결론적으로는 비평이 시대적 상황에 따른 정치적, 권력적 성격에 빠져 있는 점을 비판하고 있음을 알 수 있다. 게다가 이를 시정하기 위해 그가 강조하고 있는 비평의 과학성이나 그러한 과학성을 바탕으로 한 인간 존엄성의 회복이라는 대목은 앞선 비평가들의 서구 문예사조의 도입과 수용의 다른 표현에 불과하다.[79] 이처럼 외서를 먼저 읽음으로써 최단의 비평가가 되고 유식한 현대인이 된 것처럼 가장하는 비평정신의 경박한 '페단티즘'을 비판하면서도, 새로움 앞에서 본능적으로 반발만 일삼고 과거의 하잘 것 없는 울타리 안에서 웅크리고 나오지 않으려는 우둔하고 무식한 비평정신이 더 위태로운 문제라고 비판하는 논리를 통해 전통의 부정으로 나아가는 모습도 발견된다.[80] 즉 외국사조의 수용을 거부하는 이유를, 열등감을 감추기 위해서이며 더 배우고 발전하려는 노력이 싫고 또 그럴 능력이 없는 까닭이라는 것이다. 결국 서구문학의 수용은 개척과 진취적 정신에 비유되고 전통계승

---

78) 홍사중, 「문학비평의 위치」, 『문학예술』, 1956.6, 183~4면.

79) 홍사중 역시 이후 월평에 대한 강력한 비판을 제기한 바 있다. 그는 언제부터인지 비평하면 의례 월말창작평을 연상시키고 있는데 이러한 월평 또는 <이 달의 성과와 결함>식의 비평은 이른바 우리 문학의 근대화를 위한다는 계몽주의적 사고에 기반한 가치판단을 위주로 하는 비평의 첨단으로서, 답안을 채점하는 대학교수같은 권위를 마음껏 누려보려는 것에 불과하다는 혹평을 가한다. 홍사중, 「비평의 영토 (上) - 비평문학의 한계성」, 『사상계』 96호, 1961.6.

80) 박이문, 「비평의 질서」, 『문학평론』, 1959.1.

의 주장은 과거의 대중적 지위를 확보하기 위해 회고취미의 문학 속에 은둔하려는 것으로 부정되는 논리에 이르면, 처음에 제기했던 서구문학의 비판적 수용을 통한 정확한 비평정신, 비평방법의 확립이라는 명제는 사라지고 전통계승론에 대한 일방적인 비난만이 남게 된다.

한편 정태용[81]은 평론가들의 집필방향이 월평이나 시평처럼 작품을 다루는 방향으로 가지 않고 오히려 무엇을 본격적으로 연구하려는 태도로 나가는 경향이 두드러진다는 점 즉 창작월평이나 시평 등 구체적인 비평활동의 부진을 이유로 들고 있다. 그가 보기에 대개 月評과 時評을 반대하는 사람은 작가나 시인으로서 자기작품에 대한 毁逼이 못마땅해 반대하는 것으로, 매 월 걸작을 낼 수 없는 만큼 작품 하나 둘쯤 가지고 작가의 기분을 상하게 하는 경우가 있을지라도 월평이나 時評은 왕성하게 있어야 한다는 것이다. "하나의 소설이나 비평이 물의를 일으키면 일으킬수록 문학상에는 그만치 손실보다도 소득이 오는 것이다. 설령 논쟁의 상대자들이 무식한 언사만 교환할지라도 그것으로서 大方의 문학인들은 그 평문과는 관계없이 眞僞를 판단하는 능력과 기회를 갖게 될 것이기 때문"[82]이라면서 적극적으로 월평, 시평의 역할을 강조한다. 따라서 월평이나 시평 또는 작가론 등에 이용하지 못하는 문학의 원리, 원칙 같은 추상론은 畵中之餠과 같이 소용없는 것이며 이러한 월평이나 시평이 활발하게 전개되지 않는다면, 그것은 이미 비평의 쇠퇴를 의미하는 것으로서 문단의 무원칙적이고 무조류적인 분산만을 결과하게 되어 결국에는 비평문학 뿐 아니라 창작을 포함한 문학 전반적인 쇠퇴로 귀결된다고 강조한다.

이러한 비평무용론에 대해서, 비평이 아주 횡포를 부리거나 무능할 때 發해지는 이러한 말들은 일면의 현실적인 타당성을 가지면서도 비

---

81) 정태용, 「비평가의 위치」, 『자유문학』, 1958.6.
82) 위의 글, 225면.

평을 포함한 모든 문학작품과 그 활동이 인간정신의 고귀한 美와 에너지임을 망각한 데서 비롯된 것이라 비판하는 이러한 태도는 여타의 비평가들과 마찬가지의 태도이지만, 시평의 필요성을 강조하는 것은 정태용의 특이함을 보여주는 것으로서 이는 흔히 時評의 폐해로 지적되고 있던 파당성의 발로라는 측면에서 볼 때 정태용의 경우 결코 중심적 역할을 담당할 만한 자리에 있지 않았기에 가능했다고 말할 수 있다.

문덕수는 비평관에 대한 반성이 태동하고 있다면서 이러한 비평관 내지 비평적 신조의 확립에 있어서는 특히 비평관의 기초 문제가 대단히 중요한 문제임을 제기한다. 그는 비평관을 확립하는 데에는 '자기의 인생관'을 기초로 하느냐 '기성의 비평형식'에 의존하느냐 하는 근본적인 두 가지 태도가 있는데, 전자는 비평관의 확립에 앞서 인생문제의 결단이라는 심각하고 곤란한 생의 체험을 치러야 하고 후자는 자기의 지식과 약간의 관심으로 얻을 수 있다고 설명한다. 그런데 비평은 단순한 작품해석에 머무는 것이 아니므로 지식만으로는 비평이 되지 않으며 당연히 자기의 인생문제의 결단에 의해 가능하다는 결론을 내린다. 이러한 주장을 흄이나 엘리어트의 비평문이 단순히 그들의 비평관만을 보여주는 것이 아니라 그대로 인생관을 시사해주는 것이라고 뒷받침하고 있다.[83] 결국 자기의 생의 문제를 결단한다고 하는 것은 동시에 자기의 비평관의 선택이 되는 것이며, 또 비평관 확립에 앞서

83) 문덕수, 「비평관의 문제 - 비평은 지식의 문제가 아니라 생의 문제이다」, 『현대문학』 44호, 1958.8. 190~191면. 문덕수는 특히 모더니즘을 위시한 서구의 문예사조를 소개, 수용하는 과정에서 사조를 기법으로 인식하는가 아니면 태도, 인생관의 문제로 인식하는가 하는 문제의 중요성을 제기하는데, 이는 곧 생의 문제와 관련되기 때문이라고 말한다. 이를 분명히 하지 못했기 때문에 문예사조를 미자각적인 상태로 계속 수입해 왔고, 당대의 '모더니즘'시도 서구의 모더니즘을 단순한 방법상의 문제로만 이해한 결과 우리의 혈육이 되지 못하고 있다는 것이다.

는 생의 문제는 결국 문학이전의 영역으로서 철학적 부분이 되는 바, 생의 근원적 체험으로서의 철학을 한국 문단이 절실히 필요로 하는 까닭도 여기에 있다는 것이다. 결국 문덕수는 모더니즘 뿐 아니라 문예사조 전체에 있어 思潮를 기법으로 인식하는가 아니면 태도, 인생관의 문제로 인식하는가 하는 문제를 제기하고 있는 것이다.[84)]

비평에 대한 극심한 불만은 작가들에 의해 더욱 노골적으로 드러난다. 서기원[85)]은 작가의 비평에 대한 태도를 첫째는 무관심, 그 다음은 묵살, 그 중 下策으로 어떤 반응을 표시하는 것의 세 가지로 구분하며, 비평의 자격을 갖추지 못한 평론이 문학비평이란 간판을 높이 달고 행세하고 있는 풍경을 새삼스레 말하기 위해 감히 下策을 발표한다면서 비평에 대한 불만을 노골적으로 드러낸다.

그는 먼저 비평의 자격이란 무엇인가 하는 질문을 던지고 남의 작품을 비평하기 위해서는 첫째, 무식해서는 안될 것(까닭도 없이 함부로 인용, 주석을 다는 구역질나는 평론은 무식의 소산). 둘째, 분명한 문장을 사용해야 할 것. 셋째, 방만해서는 안될 것. 비평이 흡사 한 단 높은 위치에서 작품을 내려보는 행위처럼 착각해서는 안 된다는 것이라고 말한다. 그런데 특히 신예평론가의 경우 추천소감을 말하기 바쁘게 월평, 시평에 손을 대어 무식하고 문장도 분명치 않으며 방만한 인상을 풍기는데 심지어는 선배평론가들 중에서도 그러한 평론가가 있다고 하

84) 이미 문덕수는 보다 노골적인 목소리로 비평불신론에 대한 비판을 가한 적이 있다. 그는 지금 우리 문단에 몇 신진 비평가들의 난폭한 도전과 방만으로 인한 난데없는 문학폭행이 성행하고 있다고 지적하고 그처럼 문단을 소란하게 만든 인물들로 이어령, 이인석, 천상병, 전봉건을 거명하고 있다. 그는 특히 이어령에 대해 지식만이 비평하는 것으로 착각하고 있다면서, 그러한 예로 '독설과 매도와 만용'으로 가득찬 <우상의 파괴>를 들고 있다. 문덕수, 「비평의 모랄 - 일부 신인의 난폭에 대하여」, 『현대문학』 23호, 1956.11.

85) 서기원, 「한국평단에 한 마디 - 비평의 자격이란 무엇인가?」, 『사상계』 101호, 1961.11.

면서 백 철을 거론한다.

그는 백 철이 年前 신문에 발표한 일련의 월평(월작품 베스트의 순위)에서 개개의 작품을 검토한 결과 그 평가를 등급으로 표현하고 있다면서 과연 그런 등급 표현 수단이 가능한지? 또 가능하다고 해도 어떤 이론적 근거와 비평기준에 입각하여 그런 수단을 채택하고 있는지 질문한다. 백 철의 많은 평론 중 이론적 구명을 시도한 것은 「뉴크리티시즘의 제문제」(『사상계』, 58.1) 정도를 지적할 수 있는데, 이 논문은 뉴크리티시즘에 대한 비평과 반성을 소개하고 신비평의 한계를 강조하여 지나친 과오의 전철을 밟지 않도록 경고하고 있기는 하나, 대체로 그 논문의 골자는 문학적 내적 조건을 대상으로 하는 신비평이론을 실천적 비평면에 우선 적용함으로써 후진적인 한국비평의 수준을 끌어올리자는 것이라 말할 수 있지만, 왜 우리가 뉴크리티시즘을 받아들여서 적용해야 되는지 하는 핵심적 과제는 제쳐놓고 있어 궁극적으로 보여주는 것은 외국유행을 쫒는 신기취미, 페단틱한 취미, 무능력밖에 없다고 비판한다. 즉 백 철이 주장한 뉴크리티시즘이론이 실제 월·시평활동상에서 적용, 반영되고 있는 것을 전혀 볼 수 없는 것은 그의 비평이 이론적 근거와 유리되어 있다는 사실을 말해준다는 것이다. 문단분열과 인신공격이 어느 정도인지를 보여주는 좋은 예는 런던의 세계작가회의에 참석하여 보내온 이무영의 글에 대한 곽종원의 비난에서 찾아볼 수 있다. 곽종원은 우선 이무영의 통신[86]을 언급한 다음, 그가 최근 3년 동안 비평불신에 대한 글을 계속 써 왔지만 그 내용이 지나친

86) 이무영, '세계작가회의통신 - 런던에서 제 2 信', 동아일보, 1956.7.27.
글의 요지는 런던에서 평론가의 위치에 대해 논의되고 있는데 역시 평론가는 작가와 독자의 연락장교의 임무가 중대하며 그러기 위해서는 작품을 우선 잘 이해해야 한다는 것. 그리고 자기류의 주관을 휘두르는 비평가는 악덕배라는 것, 작품을 무시한 비평은 있을 수도 없고 존재한다 해도 유해하다는 것을 런던에서의 회의 참관의 형식을 빌려 이야기하는 것이다.

넌센스이기 때문에 아무도 거기에 대해 일언반구 응답을 하지 않고 묵살해 왔지만 국제무대에서까지 상식이하의 문제를 신이 나서 이야기함으로써 한국문학자의 수준을 저하시키고 있다고 비난한다. 그런 다음 이무영은 작품의 良否와 장단점을 지적하는 작품비평만이 비평가에게 지워진 임무의 전부인 것처럼 착각하고 문학론이나 문예원론에 대해서는 아무 것도 모른다는 식의 비난을 가하고 있다. 하지만 이러한 곽종원의 비난은 거의 대부분 문맥 속에서 읽어야 할 구절을 앞 뒤 맥락을 다 잘라버리고 비판을 위해 자의적으로 취사선택하는 것을 바탕으로 삼고 있다. 예컨대 이무영이 "비평은 주관일 수밖에 없습니다. 그렇다고 이 주관이 일 비평가만의 주관일 수는 없지 않겠는가"라고 말하면서 비평가의 주관이란 비평가의 개성이자 뚜렷한 자기의식을 말하는 것이요 일 개인의 주관일수만은 없으며 그러한 비평가의 생각이 받아들여지기 위해서는 객관적 근거위에 서야 한다는 것을 강조하는 대목의 경우, 곽종원은 비평가의 주관이라는 표현을 문자 그대로 해석하여 이무영이 주관성을 강조하고 또 바로 객관적 근거를 언급한다면서 스스로 모순에 빠져 있다는 식의 강변을 하고 있다.[87)]

이러한 작가들의 비평불신, 비평무용론에 대해 비평가로서 최일수는 먼저 문학비평은 작품 소개나 강평에서 더 나아가 작품이 지닌 역사적 사회적 가치의 판단과 재현작용을 통하여 문학운동의 새로운 방향을 제시함으로써 비평자체가 지니는 독특한 언어형상의 창조적 영역을 문학적 장르로서 가지고 있어야 한다면서 무엇보다도 비평의 창조성을 강조한다. 이처럼 문학의 과학성과 문학의 예술성을 언급하면서, 최근의 비평무용론은 이런 본질적인 문제에서 일탈된 문단적 견해로서 문학비평이 불필요하다고 생각하거나 문학론과 동일시해버리는 경향은

87) 곽종원, 「작가와 비평가의 위치 - 이무영씨의 '세계작가회의통신'을 읽고」, 『새벽』, 1956.9, 78~9면.

창작만이 예술이라고 생각하거나 아니면 자신의 분야만의 우월성을 맹신하는데서 오는 잘못이라고 비판한다. 이와 함께 비평에 대한 불신과 비평무용론이 나오는 것은 꼭 작가만의 잘못이라고 할 수는 없는 일로, 그것은 시, 소설보다 한결 첨예하게 새로운 세대를 감각하고 새로운 방향을 발견하고 제시하여야 할 비평 자체가 제 역할을 하지 못하기 때문임을 비판한다. 즉 작품의 우열을 저울질하는데 그칠 뿐 아니라 작품의 근원적 사상의 세계에까지 파고들지 못하며 심지어는 비평정신 자체에 대한 무성실이기도 한 재단비평과 인상비평만이 횡행하는 것도 그 까닭이라는 것이다.[88] 이는 곧 당대의 많은 문인들이 지적한 바 있는 월평, 시평에 대한 비판과 닿아있는 것이다.

여기서 최일수는 젊은 세대의 작가, 비평가 사이의 불화를 '모더니즘'에 대한 이해력의 빈곤에서 찾고 그 구체적 원인의 해명을 시도한다. 그가 보기에 최근의 문학인들은 모더니즘 자체가 지니고 있는 내면편향과 主知 일방의 치명적 결함을 엄정하게 비판하지 못하고 있으며 자유시와 현대시를 혼동하고 모더니즘과 시의 현대성을 구별하지 못할 뿐 아니라 또 소설의 경우에는 심리주의소설과 소설의 심리분석을 동일시하며 니힐리즘과 니힐의 차이를 구별하지 못하고 있다는 것이다. '모더니즘'과 '모더니티', '니힐리즘'과 '니힐'과의 사이에는 '휴머니즘'과 '휴머니티'와의 구별처럼 근대와 현대라는 커다란 역사적 差質이 가로놓여 있다는 것이 바로 그의 설명이다. 하지만 이러한 그의 설명 역시 추상성을 면치 못한다. 그가 강조하는 비평문학의 현대성이란 "오늘날 우리가 이어받아야 할 전통을 비판적 위치에서 엄정하게 선택하는 규준을 밝히는 동시에 새로운 전통을 형성하면서, 하나의 주체성을 확립시키는데 있어 基底가 되어야 할 문학정신"[89]이라는 모호

88) 최일수, 「비평의 문학성과 현대성」, 『현대문학』 21호, 1956.9, 174~8면.
89) 위의 글, 182면.

한 문구로 이루어져 있을 뿐이다. 그 까닭은 이러한 당위적 결론을 이끌어내기 위해 규정하고 있는 현대성의 근본특질 즉 오늘의 역사적 시대상황에 대한 규정 자체가 극히 추상적이기 때문이다. 즉 오늘의 시대적 상황을 민족성의 회복과 해방으로부터 새로운 민족성을 형성하는 시기이자 나아가서는 새로운 사회건설이 행동적으로 요청되는 시대라는 규정만으로는 새로운 민족성이나 새로운 사회건설의 방향성이나 구체성이 드러나지 않기 때문이다.[90]

기성 문단에 대한 불신을 특히 크게 표출한 쪽은 단연 모더니스트들이었다. 김경린은 우선 "문단이란 정신 분야를 바탕으로 형성되어 있는 막연한 테두리이니만치 선후배에 대한 일정한 구획선이 뚜렷이 그어져 있지 않기 때문에 말할 대상의 초점을 잡을 수가 없다"는 말로 선배를 인정할 수 없다는 점, 특히나 모더니스트들의 경우 보고 배울 선배가 없다는 점, 기존의 문단 질서를 인정할 수 없다는 생각, 정신적으로 기성에 대해 배울 것이 없으며 조금도 후배이고 싶지 않다는 심정 등을 드러내며[91] 그 주된 원인은 문학적 세계관의 차이에 있다고 지적한다. 따라서 문단은 선후배가 아닌 '낡은 문학과 새로운 문학'으로 이루어져 있으며, 현대는 이론의 시대인 만큼 이론 없는 막연한 문학관을 고집할 시대가 아니라면서 이론적 배경 없는 기성들에 대한 비판의 목소리를 높이고 있다. 이처럼 모더니스트의 경우 기성 문인과 문단에 대한 강한 단절의식과 함께 이론적 우월성을 강조하고 있는데,

---

90) 여기서 그가 강조하고 있는 아시아의 민족성 회복의 주장이나 새로운 사회 건설에의 희망의 구체적인 함의가 무엇인지 이 글에서는 분명하게 나타나지 않는다. 이것이 어느 정도 구체화되는 것은 60년대 들어서인데, 그러나 이 때는 이미 전후비평가로서의 최일수의 문학사적 역할을 끝난 시기였다고 말할 수 있다. 60년대 최일수 비평의 근거가 되는 민족주의적 성격은 50년대에 이미 배태되어 있었다고 말할 수 있을 것인데, 그 민족주의적 성격은 군사정부가 말하는 민족주의와 경제개발정책을 근저로 한 새로운 사회 건설과 유사하다.

91) 김경린, 「선배에게 하고 싶은 말」, 『신천지』, 1953.10, 246면.

이는 새로운 시대의식은 새로운 문학이론, 기술의 형태로만 담아낼 수 있음을 강조하는 것이다. 이들이 특히 신인추천제란 답안채점 정도에 지나지 않는 것이라며 강한 비판의식을 드러내고[92] 동인활동을 강조하는 것도 그런 까닭이라 할 수 있다.

문단의 분열과 주조의 혼돈은 50년대 말에 이르러서도 계속된다. 식민지시대부터 활동해왔던 구세대로부터 이제 막 등장하기 시작한 신진세력에 이르기까지 각기 다른 세 세대가 공동적인 참여정신에 따라 문단의 주조를 모색하기보다는 무조건 배격하거나 등한시하는 동상이몽의 상태가 계속되었는데, 이는 각 세대가 이해하는 문단의 主潮가 현저히 다른 데서 기인하는 것이었다. 예컨대 젊은 세대는 센티멘탈을 실존주의로 착각하는가 하면 구세대는 실존주의를 이기주의 또는 방종주의로 오해하는 등 동일한 문예사조에 대한 이해에서도 서로 인식을 달리하고 있었다. 이는 곧 각 세대가 공히 동감할만한 시대정신의 확립이 전혀 이루어지지 못하고 있었던 것을 의미하는 것이 아닐 수 없다.[93]

여기서 비평의 반성과 과학성의 문제를 둘러싸고 유종호와 김우종의

---

92) 신인추천제도에 대해서도 대체로 부정적 입장을 취하는 문인들이 많았는데, 특히 이어령의 경우 눈에 안보이는 봉건적 전제가 남아 있으며, 이후의 활동에 있어서도 특히 신인평론가들의 경우에는 문인의 활동공간 자체가 좁은데다 편집책임자나 관계자의 눈치까지 보아야 한다며 비판적인 입장을 견지하고 있다. 정실평론이 지속적으로 생겨나게 되고 각 신문의 '신간평'이 '廣告用評' 같은 것도 이 때문이라 설명한다.
<鼎談> 백철, 곽종원, 이어령, 「문단산보」, 『신태양』, 1959.1, 242~3면.
한편 각종 시상제도 역시 유행적인 것으로, "엄격한 기준에 의한 심사에서라기보다 안면박대 못한다는 격의 배급식"이었고 "정계의 감투마냥 배급식이 되고 보니… 그러한 공평(?)한 문단의 배급식 시상에도 불구하고 시상에 앞선 심사원 구성부터 불을 뿜는 포문이 열리는 것이다. …'여' '야'의 이름만이 안붙었을 뿐 또는 주류파 비주류파의 지칭만이 없을 뿐 정계의 생태와 비슷"하다는 비판을 듣고 있었다. 김남중, 「문화적 변태」, 『자유문학』, 59.7, 260면.

93) <鼎談> 백철, 곽종원, 이어령, 「문단산보」, 『신태양』, 1959.1, 236~7면.

논쟁이 전개됨으로써 비평 기능과 역할에 대한 진지한 원론적 접근이 이루어진다. 논쟁의 발단이 된 유종호의 「비평의 반성」[94]은 유종호가 '나의 비평방법의 설정을 위한 노력'이라고 말하고 있는 것처럼 자신의 비평관에 대한 진지한 모색과정의 첫 발을 내딛고 있는 글이다. 이에 대한 김우종의 비판이 계기가 되어 비평의 과학성이란 명제를 둘러싼 논쟁이 전개된다.

유종호는 여러 사회과학의 학문적 성과를 바탕으로 예술작품을 분석, 고찰함으로써 예술작품의 발생학적 설명에 있어 精緻를 기하고 또한 예술상의 본질적인 문제에 대해 많은 통찰적 시사를 던져주는 과학적 비평의 경향이 최근에 이르러 눈에 띄게 된 것은 문예비평의 다양한 발전을 위해 반가운 일이지만, 이러한 방법은 관찰의 편협성과 개성의 밀도를 무시한다는 맹점을 가지고 있다는 점 즉 개성의 심저부에 대한 의식적인 혹은 불가피한 외면이 과학적 비평의 숙명적 한계점이며 바로 이 점에 문학상실의 위험성이 있다고 지적한다. 또 주관적이며 자아도취적인 인상비평에 대한 안티테제로서 출발한 분석비평은 그 의욕에도 불구하고 언어의 근본성격에 대한 지적인 투시나 기타 사회과학의 적극적인 적용이라는 원래의 모습을 보여주지 못하고 또 다른 형태의 인상비평의 양상을 띠게 되었다고 비판한다. 많은 李箱論의 예에서 보듯 분석비평은 작품의 분석과정에 있어 각자의 방법론으로서 언어의 성격에 대한 지식을 최대한도로 응용하고 있어 외관상으로는 과학적 방법처럼 보이지만 실제로는 비평자의 의식내용을 보다 많이 투영한 극히 주관적이고 독단적인 해석이 되는 결과를 낳게 된다는 것이다. 이러한 분석을 통해 비평가가 작품을 해석하는 과정에서 향락할 수 있는 자유란 극히 제한된 자유, 아니 보다 더 굴종 속에서의 자유

94) 유종호, 「비평의 반성」, 『현대문학』 40-41, 1958. 4~5.

라고 규정하게 된다.

김우종은 우선 모든 비평은 원칙적으로 주관비평이어야 하며 그러한 주관적인 가치가 선명하고 정확한 이론으로 사상화되고 타인에게 共鳴될 때 그것은 비로소 객관적인 가치로 발전할 수 있다면서 비평의 기준을 제시한다. 그가 말하는 주관적인 가치규준의 설정은 먼저 자기자신에 대한 정확한 이해와 비평가의 양심이다.[95)]

김우종은 "비평가가 작품을 해석하는 과정에서 향락할 수 있는 자유란 이와 같은 극히 제한된 자유, 아니 보다 더 굴종 속에서의 자유"(「비평의 반성」, 『현대문학』, 58.5)라는 유종호의 발언을 비평가 자신에 의한 비평부정론으로 간주하고 자가당착적인 모순에 빠져있다고 비판한다. 그는 우선 "첫째, 문학이란 특히 시란 B를 의미하기 위해 A를 표면에 내세운다는 속성을 지닌다. 따라서 표면상으로 A를 사용했다고 해서 A만을 분석해 가지고는 작자가 의도한 B는 끝내 포착되지 못할 경우가 있다. 말하자면 A는 B를 위한 단서에 불과하다."[96)]는 유종호의 발언을 문제삼아, 언어를 표현수단으로 하는 문학인이 언어에 대한 해석이 부족한 데서 오는 언어의 마술성에 대한 규정으로 간주

---

95) 김우종은 이러한 비평의 주관적 성격과 비평가의 자세(양심)문제에 대해 자신의 등단평론에서부터 언급하고 있다. 비평이란 모두 주관임을 면치 못하며, 주관적인 비평을 인정하는 한에서 작품의 가치는 그 작품을 형성한 개개 언어단위와 조직방법에 대한 평가에서 드러나는 것으로서 결국은 수사법적인 검토라고 주장하고 있다. 한편 비평가의 자세 문제를 언급하면서, 일부의 비평태도를 보면 작품을 형성하는 과정에서 작가가 경험한 세계의 질량을 알아 맞추는 것을 일삼는 경우가 있지만 작품형성과정에서 작가가 무엇을 경험하였는지는 아무도 알 수 없는 일이며, 작가의 고백으로 논증되기 전에는 비평가는 자신이 발견한 작품의 가치를 추측하는 것만이 가능할 뿐이라고 말한다. 이광수, 김동인, 이효석, 현진건 등 이미 세상을 떠난 작가들의 작품연구는 비교적 활발하지만 여전히 활동하고 있는 염상섭의 작품에 대한 연구는 놀랄만큼 미온적이라는 사실은 아직 염상섭이 현역작가로 활동하고 있다는 이유 외에도 비평계의 어떤 일면을 암시해주는 것이라 비판하면서 비평가의 자세 문제를 꼬집고 있다. 김우종, 「은유법 논고 - 비평의 일방법론으로서」, 『현대문학』, 1957.3, 222~3면.

96) 유종호, 앞의 글.

한 다음, 이는 결국 아무도 진의를 해석할 수는 없다는 말로서 비평의 가능성을 부정할 뿐 아니라 모든 문학의 부정론에까지 나아간 것이라 비판한다.[97] 또 김우종은 비평가가 창조적 작업에 참여하면서도 그 자유를 상실한 것은 시인, 작가가 비평에 대해 그러한 작업을 기대하지 않았다는 것, 그리고 비평가 자신이 그런 기능을 망각하고 타인들이 요구하는 한계내에서 움직여 왔기 때문이라면서, 이는 비평의 창조성에 의해서만 극복이 가능하다고 주장한다. 이러한 비평의 자유를 실천하는 방법론으로 김우종은 분석과 결합을 내세운다.

이러한 김우종의 비판에 곧바로 유종호의 반박[98]이 전개된다. 그는 김우종이 자신의 글 「비평의 반성」의 논지를 전후 문맥를 절단시키고 오독 내지 왜곡하고 있다면서 김우종의 비판의 요지를 다음과 같이 정리한다. 첫째, 그(유)는 전통적 비평부정론의 영향을 받아 작가들의 모욕적인 비평가관을 신봉하고 있다. 이런 모욕을 감수하고 비평행위를 실천하려하니 괴테가 말한 '내쫓아야 할 개'와 같은 존재가 아닌가, 둘째, 언어를 수단으로 하는 문학인은 언어에 대한 해석력이 부족할 때 이것을 언어의 마술성이라고 규정해버리고 언어마술론을 신앙하고 있는데 그(유)도 이러한 '샤머니즘'의 신도이다. 이로써 비평의 가능성은

97) 김우종, 「비평의 자유」, 『현대문학』 46호, 1958.10. 234~5면.
김우종은 문학의 표현수단인 언어는 개인의 창조가 아니라 사회적인 공동약속인 것이므로 이러한 성격을 무시하고 혼자 창안해 낸 언어는 언어가 아니기 때문에 그것으로 형성된 문학은 또한 문학이 아니라고 규정한 다음, 언어의 마술성을 인정하게 되는 것은, 문학이 단순한 개념의 나열만으로 이루어지는 것이 아니며 사전적인 의미의 해석만으로는 완전한 의미를 해석할 수 없는 미지의 어떤 부분이 있는 바, 이 미지의 부분이 언어의 마술적 효과로 이루어졌다고 말할 수 있기 때문이라고 설명한다. 또 언어가 그처럼 미지의 부분을 형성하는 까닭은 모든 최소언어단위들이 구체적인 언어활동에서 개념(主意)만이 아닌 또 하나의 의미(副意)를 지니기 때문이며 이러한 主意와 副意 사이의 유추, 유추를 가능하게 하는 직관능력 등에 의한 것이라고 설명하고 있다.

98) 유종호, 「비평의 잡문제」, 『현대문학』 48호, 1958.12.

물론 문학의 존재 가능성까지 부정하고 있다. 셋째, 그(유)는 분석비평의 개념을 오독하고 있으며 실증이 없고 설명이 없기 때문에 가장 위험한 독단비평의 발상지인 인상비평을 신봉하고 있는 비평에 있어서의 인상주의라는 것.

유종호는 먼저 '전통적 비평부정론'은 실제 존재하지 않으며 따라서 그런 유령의 영향을 받은 일도 있을 수 없다면서, 김우종이 예를 들고 있는 비평 및 비평가에 대한 부정적, 회의적 발언의 거의 전부가 전반적 비평과 비평가 일반에 가해진 것이 아니라 특정한 비평가에게 가해진 독설이며 어떤 특정한 작가에 대한 부정적 발언이 문학부정론이 될 수 없는 것과 마찬가지로 특정한 비평가에 대한 회의적 발언이 비평부정론이 될 수 없다고 비판한다. 그런 다음 문제가 된 어구 "비평가가 작품해석에 누리는 자유란 극히 제한된, 아니 보다 굴종 속에서의 자유"라는 구절은 전후맥락 속에서 파악되어야 하는 것으로서, 자신의 말하고자 하는 바는 작가에 대한 굴종이 아니라 해석과정에 있어서의 작품에 대한 굴종임을 말하고 있다. 이처럼 작품해석의 엄밀성을 강조한 '굴종 속에서의 자유'란 말을 김우종은 자기 문맥 속에서 억지로 해석하여 '비평가의 굴종의 自認'으로 읽고 있다면서 그것은 추상의 레벨의 혼동이자 착오라고 비판한다.

계속해서 언어의 마술성에 대한 지적은 원시인들처럼 원시적 신앙을 가지고 있거나 언어를 신비화하는 습성을 가지고 있어서가 아니라, 언어가 가지고 있는 미묘한 기능이나 그 효과를 비유적으로 말한 것일 뿐으로, 표현의도와 표현 결과 사이의 끊임없는 괴리가 있음을 주장한 것이지 해석대상에 대한 편의적인 처리와 蒙昧의 위장을 위해 언어의 마술성을 말한 것이 아니하는 점을 강조하고, 이에 대한 김우종의 비판은 평론에 있어 암시적 문자를 전적으로 배제하고 직선적 문자를 써야 한다고 주장하고 싶은 것인지도 모르지만 오히려 그러한 길이 문학

부정론으로 가는 길일 것이라고 비판한다.

50년대 후반 유종호와 김우종 사이에 있었던 이 논쟁은 비평의 과학성이라는 명제에 대한 접근인 동시에 당대 비평계 전체에 대한 점검의 의미를 지니는 것이기도 하다. 특히 구세대와 특히 그들의 비평에 대한 신세대의 불만을 단순한 문단적 권력에 대한 불평으로 그치지 않게 하는 과학적 문학방법의 모색으로 나아갈 수 있게 하는 역할을 한 것이기도 하다. 이로써 이들의 논쟁은 세대와 상관없이 상대편의 의견을 존중하지 않고 인신공격을 일삼는 문단 일각의 풍토에 대한 간접적 비판의 의미를 지니게 된 것이다. 결국 이들의 논쟁은 50년대의 비평정신을 모색하는 과정에서 비평의 방향성을 가늠하는 중요한 계기를 마련한 것이라 할 수 있다. 그것은 이 논쟁이 그 성과 여부에 관계없이 비평의 기본적인 문제들을 정리하고 반성하고자 하는 신세대비평가의 진지한 모습을 보임으로써 당대의 비평가들로 하여금 비평의 반성에 대한 자각을 가지게 하는 계기가 되었기 때문이다. 이로써 신세대들의 비평논리는 비평의 과학화를 추구하는 한편, 불안의식으로서의 비평에서 보편적 휴머니즘의 추구에 이르기까지 다양한 양상으로 전개될 수 있는 근거를 확보한 셈이라 할 수 있다.

(3) 신세대비평의 특성–불안의식의 표현 및 휴머니즘의 강조

한 세대의 특성은 특정한 역사적 체험의 공동 경험을 통해 그 기초가 마련된다. 물론 등단시기나 체험의 공유가 결코 세대의 문학적 정체성을 규정하는 결정적인 조건이 될 수는 없는 일이며 세대론에 대한 인식상의 차이는 궁극적으로 50년대 문학 전반에 대한 인식의 차이로 연결되는 것이지만, 6·25전쟁의 경험을 통해 허무와 불안이라는 동질적 정서를 갖게 된 전후세대의 구세대에 대한 비판과 부정의 양상으로 드러나는 이 시기의 세대적 대립은 뚜렷한 역사적, 정치적 의의를 지닌 것이라 할 수 있다. 그것은 이들의 대립, 갈등이 특정한 인물간의 대립이라기보다는 그 세대만의 전형적 성격의 대립으로 이루어진 갈등이기 때문에 그러한 세대의 특성이란 사회적, 역사적 차원에서 논의될 수밖에 없기 때문이다.

신세대 비평가들은 기성 문단과의 차별성을 강조하고 기성 문인에 대한 불신을 드러내는데 이처럼 전후 새로운 세대의 등장과 그에 따른 신세대비평이 자신의 고유한 위상을 갖추기 위해서는 일정한 시대적 조건과 기반을 필요로 했다.

그것은 첫째, 해방공간과 전쟁으로 인한 문학사적 단절에 따른 전후의 문단적 조건을 들 수 있다. 즉 절대적인 비평가의 부족으로 55년을 기점으로 많은 수의 비평가가 한꺼번에 등장할 수 있는 문단적 조건이 형성되었던 사실이다. 문단이란 문학의 실제 담론 공동체이자 담론간 권력관계를 구성하는 일종의 제도의 형태를 지닌다. 문단의 위기에서 문단재편의 길목에 들어선 셈이었다. 특히 당시의 비평계는 미약하기 이를 데 없는 지경이었다.[99] 이러한 평단의 부진과 함께 신세대비평가의 등장을 부채질한 것은 당시 문단에 전반적으로 특히 작가들에게 퍼져있던 비평에의 불신이었다. 정실비평과 특히 월평의 폐해를 지적하는 비판의 목소리가 끊임없이 터져 나오고 있었다. 여기서 요구되는 것이 비평정신의 강화였고 이러한 비평에의 불신과 부진을 씻고 비평

99) 조연현, 「비평의 신세대」, 『문학예술』, 1956.3, 159～160면. 여기서 조연현은 현역으로서 활발히 활동하는 백철, 곽종원은 문학활동보다는 단체활동에 더 많은 의미와 정열을 가지고 있고 팔봉, 홍효민 등은 비평에의 정열보다도 역사소설의 번안이나 집필에 더 주력하고 있으며 그 외 손우성, 이헌구 등은 대체로 評筆에서 손을 뗐거나 그렇지 않으면 이미 비평적인 권위나 문학적인 영향력을 상실함에 따라, 이처럼 비평활동이 없거나 있어도 그 영향력이 전혀 없다고 할 수 있는 비평가들의 존재를 제외하면 評壇은 불과 3,4명의 현역비평가들에 의해 유지되고 있다고 말하면서 무엇보다도 신진비평가의 충원이 요망됨을 강조한다.

정신의 강화를 위한 새로운 비평가의 등장이 요구되었던 것이다.

둘째, 대학 전문교육을 받은 비평가들의 대거 등장[100]으로 기본적인 문학이론의 교육을 받게 되었던 점과 신문, 잡지의 등 매체 확산에 따른 지면이 일정 정도 확보될 수 있었던 점이다. 문단 기존의 권위가 흔들리고 위기 상황에 직면하면 새로운 권위의 터전이 생기기 마련인바 이는 곧 문단 위기의 타개를 위한 모색으로 이어진다. 이처럼 비평계에 대한 불신으로부터 시작된 전후비평계의 재건 움직임은 구세대 비평가들의 의도와는 달리 새로운 권위의 창출 즉 새로운 권위의 터전이 신세대비평가들로 옮겨지게 되었던 것이다.

이들 신세대비평가들에게 요구되었던 비평계의 시급한 과제는 새로운 비평정신의 확립과 그러한 비평정신의 확립을 위한 새로운 가치와 기준을 설정하는 일이었다. 전후의 황폐한 삶과 인간 의식의 분열을 반영하는 문학적 현상에 대한 객관적이고 논리적인 해명과 분석을 위한 비평적 기준과 정신에의 요구였다. 새로운 가치창조의 모색으로 나아가지 않을 수 없었던 것이 신세대들의 비평의 조건이었다. 이러한 새로운 가치창조의 모색은 곧 삶의 문제와 연관된 것이다. 말하자면 전후의 비평이란 단순한 문학적 지평에서가 아니라 삶의 지평 혹은 인간의 지평에 대한 물음에서 출발하지 않으면 안 되는 것이었다.[101] 따라서 이들의 비평은 인생비평, 사회비평의 차원으로 나아가야만 했고 그러기 위해서는 비평에 고유한 기능과 방법을 발전시키는 동시에 사회과학적 방법과 성과를 조직적으로 적용하면서 문학의 근저에까지 파

---

100) 50년대에는 학교, 학생 수, 취학률 등이 급증하였는데, 특히 대학교육도 양적으로는 급격하게 확대되었다. 해방 당시 대학출신 숫자는 8천여 명에 불과했는데 전쟁 중에 오히려 급격하게 증가하는 기현상이 나타났다. 임대식, 「1950년대 미국의 교육원조와 친미 엘리트의 형성」, 『1950년대 남북한의 선택과 굴절』, 역사문제연구소 편, 1998, 139~140면.

101) 전기철, 앞의 글, 78면.

고들어 과학적 객관성을 확보하는 것이어야만 했다.

이러한 전제하에 볼 때 신세대의 특성은 이봉래와 손창섭이 전형적으로 보여주고 있다. 이봉래는 하나의 세대가 문제성을 지니기 위해서는 사고방식이나 시대감각의 이질성을 지니고 있어야 한다면서 신세대의 특징을 식민지와 해방후의 혼란, 전쟁 속에서 정신적 발육기를 보낸 만큼 현실거부 또는 현실도피의 방향을 취하고 있다고 말한다.[102)] 특히 이러한 현실도피나 불안의 감정은 인간이 제도와 기계에 예속된 오늘날에 있어서는 더욱 절박한 것이 되어 그들이 느끼는 허무와 절망의 의식은 결코 관념적인 유행어가 될 수 없으며, 知性보다 感性이 理智보다 肉體가 먼저 그러한 허무와 절망을 느끼게 된다고 설명하고 있다. 장용학은 신진층[103)]의 특성을 고립성으로 규정하면서 한국문학사와 단절된 세대로 인식한다. 따라서 한국문학사의 유산을 거의 물려받은 것이 없다고 주장한다. 그는 신진들이 기성을 불신하는 것은 능력의 문제가 아니라 그 의욕의 문제 곧 신인군을 각기 자기들의 영향하에 끌어들이려는 반동적 경향을 보여주는 데 있다고 비판한다.[104)] 그 중심 인물로 '순수여명파'와 '카프잔류파'의 수장인 김동리, 백 철을 꼽고 이들은 신진들의 새 조류를 막으려는 불순한 의도를 지녔다고 비판한다. 이들은 여러 가지 차이점에도 불구하고 자연주의라는 공통의 터전을 가지고 反자연주의에서 출발한 신세대를 비판하고 있다면서, 신·구세대의 대립이 단순한 감정의 대립이 아니라 자연주의 대 反자연주의라는 문학관의 대립이라는 점을 분명히 한다. 서구의 모방

102) 이봉래, 「신세대론 - 작가를 중심으로 한 試論」, 『문학예술』, 1956.4, 132~4면.

103) 장용학, 「감상적 발언」, 『문학예술』, 1956.9, 170면. 장용학은 당시 문단을 3세대로 분류하여 전쟁이 준 압력을 감당하지 모하고 지친 기성층(해방전후 세대), 동란을 응시하며 동란과 함께 전진한 신진(전쟁전후세대 - 김성한, 손창섭, 장용학, 곽학송, 정한숙, 유주현, 한무숙, 강신재 등), 자아가 눈뜨기 전에 전쟁에 휩쓸렸던 신인군(전쟁후세대) 으로 파악하고 있다.

104) 위의 글, 171면.

이라는 구세대의 비난에 대해 장용학은 이미 사회 자체가 서구화되었다는 사실, 즉 한말이래 개화란 정직하게 말해 서양화라는 뜻이었고 오늘날에도 그 방향은 조금도 달라지지 않았다는 것을 강조함으로써 신세대의 서구지향성을 분명히 드러낸다. 이러한 의식은 신인들의 企圖는 인간의 구원에 있다는 점 즉 '합리적' 메카니즘의 '인간성'에서 '인간'을 구원하는 것이어야 한다고 강조하는 데서 더욱 분명해진다.

이처럼 신세대의 특성이란 곧 현대사회의 폐해로부터 벗어나려는 도피의식, 허무와 절망의 감정 그리고 그러한 절망을 낳은 합리적 메카니즘으로부터의 인간구원 즉 휴머니즘의 논리로 기울어지고 있다. 그리고 그 실현은 서구화 즉 서구 현대사회와의 동시성을 추구하는 것으로 나타난다. 이들이 주장하는 서구와의 동시성 달성이란 곧 서구문학의 수용을 통한 문학적 보편성의 획득이다. 여기에서 이들의 한계가 노출된다. 그것은 곧 한국의 현실에 대한 인식의 결여를 의미한다. 보편성이란 구체적이고 특수한 형태를 통해서만 발현되는 것이기 때문이다. 물질적 조건이 전제되지 않은 정신만의 보편성 추구란 따라서 공허할 수밖에 없다.

따라서 이들에 대한 구세대의 비판이 있었던 것은 당연한 것처럼 보이기도 한다. 「신진작가군」, 「개척되는 신영토」, 「신인과 신세대」 등 일련의 평론을 통해 신인에 대한 관심을 기울인 바 있는 조연현은 신인들의 특성을 첫째, 기성세대에 대해서는 정열적인 비판을 가하면서도 그들 자신의 세대에 대한 설명과 해석에는 무관심한 점. 둘째, 기성세대에 대한 비판의 구체성은 보이지만 그것을 극복하는 이념이나 방법에 있어서는 모두 추상적인 모호성을 면치 못하고 있다는 점, 그리고 가장 중요한 세 번째의 공통성으로 휴머니즘에 대한 열렬한 신뢰와 지지[105]로 규정한다. 그리고 신진평단의 사상적인 지향을 대표하는 그 중심적인 논거가 모두 휴머니즘에 대한 새로운 자각으로 나타나 있다는 것은, 어떠한 시기 어떠한 환경에 있어서나 휴머니즘이 인류의 기본적인 노선이라는 것을 다시 한 번 재확인한 것에 지나지 않으며 너무나 원칙적인 것이기 때문에 오히려 안이한 정신의 결론일 수도 있다고 지적한다. 결국 평단의 신세대가 기성적인 것에 대한 비판적인 관심을 떠나서는 신세대로서의 특성을 확립하고 있지 못하다는 것은 신인들의 등장이 아직은 신세대로서의 자기정체성을 확립하지 못한 것이라고 규정한다. 백 철 역시 신세대의 활동이 분산적이라는 점, 신구세대의 생리 체질이 다를 뿐 구세대 문학을 비판할 본격적인 문학의식의 공통성이 없다는 점을 비판하며 조연현의 견해에 동조한다.[106] 그런데 신인작가의 문제는 "단순한 신인 이야기보다는 신세대적인 논의가 되어야" 한다고 강조함으로써 세대론적 시각을 강조한다. 백 철이 이처럼 신인작가들의 문제를 신세대적인 것으로 파악하고 또 그 공통적 지반을 파악해야 한다는 주장을 하는 것은 해방 이후 10 여년간의 문학이 기성문인들에 의해 계속 유지됨으로써 해방이라는 역사적 새로움에도 불구하고 해방전의 문학과 유사하거나 그 연장에 불과하고 질적으로도 전혀 높아지지 않았다는 인식을 지니고 있기 때문이다. 물론 해방이후의 사회적 혼란이라는 외부환경적 조건이 문학의 발전을 가로막은 것은 분명한 사실이지만, 보다 중요한 책임은 문학예술가와 그 단체에 있음을 지적하고 문학적 예술적 '주체 조건'을 개편해야만 할 것을 강조하는데 주체 조건의 개편이란 결국 기성 세대의 권위와 문단권력을 유지하고자 하는 이른바 '문협정통파'에 대한 비판이기도 하다.

이러한 구세대의 비판에 대한 신세대들의 대응은 다양하게 나타난다.

---

105) 조연현, 『신인과 신세대』, 162면. 정창범의 「현대정신과 카토리시즘」, 김종후의 「위기의 해명과 그 극복」, 홍사중의 「현대의 지성과 신에의 접근」, 최일수의 「문학에 있어서의 신인의 위치」 등 대부분의 논리적 근거가 구체적인 신념위에 기초한 것이 아니라 불명확한 관념위에 기초되어 있다고 지적한다.

106) 백철, 「신세대적인 것과 문학」, 『사상계』 19호, 1955.2.

신세대의 특징을 식민지와 해방후의 혼란, 전쟁 속에서 정신적 발육기를 보낸 만큼 현실거부 또는 현실도피의 방향에서 찾은 바 있는 이봉래는, 이러한 현실도피나 불안의 감정을 바탕으로 한 허무와 절망의 의식을 문학에 반영하고 있는 작가로 손창섭, 장용학, 김성한, 곽학송 및 김광식, 오상원, 전광용, 정한숙 등을 들고, 이들의 공통성을 실체적 자아와 자의식을 해체하고 거기서 얻은 강렬한 反俗정신을 허무적인 철학성 위에 두고 있다는 점, 문학적 수법이 소박한 '리얼리즘'(자연주의)을 거부하고 있다는 점으로 꼽는다. 그러나 이들의 현실불신, 현실거부는 오히려 현실에 밀착하기 위하여 시도하는 현실 저항을 의미하는 것이며 그것은 따라서 무의지, 무목적인 것이 될 수 없는 것이라 규정한다. 이처럼 이봉래는 신세대의 특징을 해방공간과 전쟁체험에서 오는 현실거부, 이성이 아닌 감성으로 파악한 허무와 절망의 의식과 이러한 특성으로부터 나오는 반리얼리즘의 태도로 파악하고 있다. 그리고 그 논리적 근거로 제시하는 근대의 부정성 즉 인간의 기계와 제도에의 예속을 들고 있다. 이러한 지적은 당대 유행사조로서의 실존주의에 기울어져 있던 신세대의 특성을 정확히 지적하고 있는 것이라 할 수 있다. 이미 자기 정체성이 확립되어 있던 구세대와는 달리 신세대의 경우 전쟁체험을 통해 심한 주체적 상실감을 느끼지 않을 수 없었고, 그러한 주체적 상실감은 존재의 의미를 묻는 실존주의 철학의 근원적 물음과 상통하는 것이었기 때문이다. 전쟁은 자신의 존재와 존재방식에 대한 심각한 질문을 던지는 것이었다. 전쟁 체험은 이들로 하여금 삶은 목적이 없고 인간은 영원히 존재적 불안과 공포 속에서 헤어날 수 없다는 인식을 갖게 했다. 이에 따라 자신의 불안과 절망을 존재 보편의 문제로 환원시키게 되고 그 속에서 자신의 삶과 자신이 처한 시대의 역사적 의미를 찾게 된다. 이로써 실존주의는 전후의 절망의식에 대한 적절한 지적 대안으로 작용할 수 있었던 것이다. 결국 전후 신세대들은 이러한 실존주의에의 경사를 통해 자신들도 세계적 보편성 속에 몸담게 되었으며 세계적 수준의 지적 흐름에 동참했다고 믿게 된다. 이들 신세대가 빠져들었던 실존주의론은 존재에 대한 사유를 통해 '나'에 대한 인식을 불러일으키는 것이었지만, 구체적인 문학적 체험과 탐구에서 이루어진 것이 아니기에 존재적 사유와 의식이 지닌 불확실성만큼이나 허무한 것이기도 했다. 그 결과 신세대 문인들은 전후 현실이라는 구체적인 존재적 기반을 인식하지 못한 채 보편적이고 본질적인 존재의 천착에만 매달리는 모습을 보이게 된 것이다. 특히 당시의 실존주의는 다분히 분위기와 감상의 수준에서 수용됨으로써 전쟁의 위기감과 절망감을 서구의 문명비판적 위기 사상으로 치환시키는 성급함을 드러낸다. 그리고 곧 신세대문학가들은 구세대가 전쟁의 세계사적 성격, 현대적 성격을 인식하지 못하고 변화된 역사성과 사회성을 받아들이지 못한다고 비판하고 우리문학의 과제를 근대문학을 벗어나 서구와 같은 문학의 현대성을 획득하는 것이라 주장한다.

신세대로서 구세대에 대한 비판과 동시에 자신들의 입장을 가장 명확히 밝힌 것은 작가 장용학이었다. 장용학은 문단을 3세대로 나누어[107] 자신이 속해 있는 신진층의 특성을 '고립성'으로 규정하고 그것은 한국문학사와의 단절 즉 기성세대와의 단절로 나타나는 것으로 파악한다. 먼저 세대간의 단절은 현실에 대한 태도에서 기인하는 것으로 파악된다. 신진세대들이 현실에서 절망과 불안을 느끼고 있다면 구세대 중 순수파는 그러한 현실을 외면하고 있으며 카프 잔류파[108]는 현

---

107) 장용학, 「감상적 발언」, 『문학예술』, 1956.9, 170면. 장용학은 당시 문단을 전쟁이 준 압력을 감당하지 못하고 지친 기성층(해방전후 세대), 동란을 응시하며 동란과 함께 전진한 신진(전쟁전후세대 - 김성한, 손창섭, 장용학, 곽학송, 정한숙, 유주현, 한무숙, 강신재 등), 자아가 눈뜨기 전에 전쟁에 휩쓸렸던 신인군(전쟁후세대)의 3세대로 분류, 파악하고 있다.

108) 장용학은 당시 문단을 지배하는 2대 세력으로 '순수여명파'와 '카프잔류파'를 꼽고, 그 수장으로 김동리와 백철을 든 다음 이들은 한국문학을 위하는 것이

실에 대한 자신감과 자만심으로 이성의 역사를 과신하고 있다고 비판함으로써, 구세대와의 단절은 현실 인식의 상이함에서 비롯되는 것임을 밝히고 있다. 또 백 철과 김동리를 중심으로 한 기성세대들이 1년 내내 침묵을 지키다가도 연말총평이나 신춘현상 문학상 시즌이 오면 활개를 치는 것은 신인군을 각기 자기들의 영향하에 끌어들이려는 반동적 경향의 표현으로 그 구체적인 증거가 신춘문예현상의 결과[109]라고 지적한다. 따라서 신·구세대의 대립은 단순한 감정의 대립이 아니라 문학관의 대립이라는 점을 분명히 하고 있다. 자연주의라는 공통의 터전위에 있는 구세대가 反자연주의에서 출발한 신세대를 비판하는 것이 신구세대 대립의 핵심이라는 것이다. 이처럼 구세대의 특성을 자연주의로 파악하는 것은 신세대의 공통점인데 이들은 근대의 특성을 이 자연주의와 관조에서 찾는다. 구세대의 특징을 자연주의에서 찾는 것은 이들 구세대가 전쟁을 일시적인 재난, 운명으로 여기고 있는 것과 무관하지 않다. 내용이 새롭지 않다는 것, 서구의 모방이라는 것, 그리고 난해하다는 것, 이 세 가지로 요약되는 신세대에 대한 구세대의 비난에 대해 장용학은 난해하다는 비난은 고려의 여지가 있지만 새롭지 않다는 것과 서구의 모방이라는 것은 설사 그렇다 해도 전혀 문제가 되지 않는 비본질적인 것이라고 반박한다. 서구의 모방이라는 비난에 대해 장용학은 이미 사회 자체가 서구화되었다는 사실, 즉 한말

아니라 자신들의 지위를 유지시키기 급급하다고 비판한다. 따라서 신진들이 기성을 불신하는 것은 능력의 문제가 아니라 그 의욕의 문제라고 말한다. 이는 곧 세상에 대해 마음의 문을 잠궈버린 순수파의 좁은 아량에 대한 부정이며 역사를 두려워 할 줄 모르는 카프잔류파의 사고방식에 대한 불신이라는 것이다.

109) 1956년 신춘문예현상 결과를 보면, 장용학은 백철이 54년 말 신구교체를 처음으로 발설하고 55년 말에는 '질보다 양의 1년'이라는 평가를 통해 반동의 기세가 세력과 형태를 갖추어 나타나게 되었으며 그것이 하나의 결실처럼 이루어져 나타난 것이 신춘문예현상의 결과라고 지적한다. 따라서 이러한 기성층의 반동이 기성층에 대한 신진들의 불신에서 유래한 것이라 할지라도 그것이 새 조류를 막으려는 의도를 지닌 것이라면 중요한 문제가 아닐 수 없다고 강조한다.

이래 개화란 정직하게 말해 서양화라는 뜻이었고 오늘날에도 그 방향은 조금도 달라지지 않았다는 것을 강조한다. 또 일상적인 의복에서부터 민주주의적 사상, 심지어는 민족주의 사상 역시 서구적 사고방식의 산물이라는 점을 강조한 뒤 '양복에 갓 쓴 돈키호테'라는 비난에 대해 독서가들의 손에 들려있는 책은 다 '양복'인데 소설가들의 글만은 '바지저고리'여야 한다는 논리라고 비판한다. 그리하여 진정한 민족문학은 서구적 사고방식과 민족정서의 결합 그 조화에서만 가능하며 또 세계문학으로서의 민족문학이 될 수 있다고 강조한다. 그러한 반박의 핵심은 신인들의 포부나 긍지는 기성의 것과 다르다는 점 즉 자신들의 문학은 세계적 보편성을 지향한다는 점에 있다.

김양수는 신세대에 대한 논의에서 문제는 신세대의 새로움이란 어떤 것인가 하는 점이지만 그 전에 왜 새로운 것이 필요한가 하는 문제를 추구해야 한다고 말한다. 그에 의하면 역사의 전진을 위해서 새로운 것은 생겨나야 하며 새로운 것이 생겨나기 위해 낡은 것이 축적되어야 하는데 이러한 논리를 통해 그가 말하고자 하는 것은 새로움 그 자체를 확고히 하기 위해서는 과거를 가지고 있어야 한다는 사실이다.[110] 이처럼 과거의 축적물을 강조하는 것은 신세대를 인정함과 동시에 그 바탕으로서의 구세대의 중요성을 환기시키려는 논리적 전제라고 할 수 있다. 구세대의 전통을 인정하고 김동리의 순수문학론을 옹호하는 김양수의 시각이 드러나는 지점이다.

그런 다음 김양수는 새로움을 위한 '과거'로서의 식민지시대의 문학에 대해 설명한다. 동인지를 중심한 자연주의, 사실주의, 낭만주의, 퇴폐주의, 프롤레타리아문학 등 식민지시대의 문학은 무비판적인 수입방법이 초래한 형식적인 모방의 유희만을 보여주었을 뿐이며, 20년대 문

---

110) 김양수, 「신세대론에의 부언」, 『현대문학』 21호, 1956.9, 162~3면.

학들의 소시민적인 안이와 嗟嘆과 感傷과 시정인의 풍속묘사, 지식인의 심리유희 묘사 등의 소극성, 30년대 문학이 보여준 자의식의 과잉, 자의식의 비극 그리고 자기해체와 자기폐기와 허무의식 '인간'이 들어있지 않은 주의와 사상이었다고 비판한다. 즉 그러한 관념들은 서구처럼 우리의 전통에 기반하고 있는 관념이 아니었다는 것이다. 게다가 봉건적 사회와 식민지로 이어지며 자유와 언어를 가질 수 없었다는 역사적 조건이 그 원인으로 작용함에 따라 정상적인 문학을 해 나가는 것은 불가능했으리라고 말한다. 해방과 동란을 겪고 난 이후의 실존주의문학이나 혹은 다른 구라파문학자들의 작품경향을 시험, 모방한 것도 역시 지난 날 선배들의 전철을 밟는 것이었다고 주장한다. 이처럼 문학사에 대한 장황한 비판 뒤 김양수가 내리는 결론은 과거의 뼈저린 느낌 속에 인간성 탐구의 결핍을 관찰함으로써 '민족정신의 자각에서 이루어진 인간정신'을 획득하는 것이다. 이는 인간성 탐구의 전통, 곧 민족주의문학의 전통의 계승을 의미하는 것이다.

이처럼 김양수가 구세대 특히 김동리의 문학론을 답습하고 있는 것과는 달리, 신세대가 갖추어야 할 특성을 가장 날카롭게 논하고 있는 것은 최일수의 논의이다. 그는 문학에 있어 신인의 위치는 주어진 시대의 전망과 방향을 설정하는 문학운동에 있어서의 새로운 문제를 어떻게 제시하느냐에 따라 정해지는 것이므로, 신인의 본질은 그 신인군의 작품 내에 흐르고 있는 시대의 특질이 어떤 문제를 제기하고 있는가를 정확히 분석할 때 파악할 수가 있음을 주장한다. 진정한 의미의 신인이란 기성 선배의 작풍이나 그 세계에 충실한 것보다 그와는 질적으로 구별되는 새로운 세대의 특수성을 지녀야만 한다는 것이다.[111] 이에 따라 신인과 기성세대의 차이는 이처럼 당대를 체계화하느냐 당

111) 최일수, 「우리 문학에 있어서 신인의 위치 - 민족문학의 현대화를 중심으로」, 『문학예술』, 1956.2, 114면.

대를 비판하고 지양하여 새로운 방향과 전망을 세우느냐에 따라 나누어지는 것이지만, 근래에 와서 신인의 위치가 문학사적인 위치보다도 문단적인 풍조에 의하여 가려지고 문학적 세대를 배경으로 하기보다는 일반적인 참신성과 신입생적인 문단생리로서 그 위치가 대체되고 있다고 비판한다. 최일수는 이러한 현상의 원인을 신인들이 前세대작풍을 그대로 답습하고 있는 것과 문단의 핵심체가 신인의 문학적 역량을 길러주는 모태로서의 기능을 하지 못하고 있는 데서 찾는다.[112)]

신세대의 특성에 대한 비판은 오히려 그들 세대에 의해 더욱 명확히 이루어진다. 홍사중의 경우 해방 후 10년은 충분히 새로운 세대를 형성하고도 남을만한 시간이지만 신구세대를 명확하게 구별할만한 차이를 양 세대의 문학정신이나 창작방법에서 사실상 발견할 수 없다는 점에서 신세대의 특권이라 할 문학에 있어서의 '새로움'도 부정할 수밖에 없다고 비판한다.[113)] 특히 그는 신세대문학의 특징으로 '위기'와 '불안'의식을 말하고 이를 서구에서의 위기의식과 동일하게 파악하려는 시각을 부정하며 불안을 의식적으로 문학 속에 집어넣으려는 신세대와 불안을 의식적으로 배제하려는 구세대의 차이는 있을 망정, 두 세대 모두 문학의 현실성에 대한 관심을 기조로 삼고 있는 사실 즉 현실에 대한 양자의 자세가 동일하다는 점에서 신세대의 문학이라 이름할만한 것을 어디서도 발견할 수 없다는 것이다. 그것은 서구에 있어서의 위기가 단순히 현실사회의 구조적 변화의 부산물이 아니고 모든 기존의 가치기준을 상실한 데서 온 것이지만, 우리의 위기의식은 경제와 사회제도의 왜곡된 근대화, 타율적 근대화과정으로 인해 봉건적이면서도 식민지적인 이중의 정치적, 경제적 제약을 안게 됨으로써 사회적·의식적으로 근대화를 이룰 바탕을 이루지 못한 데서 나온 것이기

---

112) 위의 글, 117면.
113) 홍사중, 「근대적인 것의 한국적 구조」, 『현대문학』 15호, 1956.3, 180면.

때문이라는 것이다.

이처럼 홍사중이 서구와 우리의 차별성을 한국 사회의 식민지적이면서도 봉건적인 왜곡된 근대화에서 찾고 이를 근거로 신세대의 특성을 부정하는 반면, 최일수는 신인의 본질은 그 신인군의 작품 내에 흐르고 있는 시대의 특질이 어떤 문제를 제기하고 있는가에 있는 것으로 파악한다. 그래서 진정한 의미의 신인이 기성 선배와는 질적으로 구별되는 새로운 세대의 특성으로 지향해야 할 방향은 무엇보다도 현대의식과 전통계승을 밀착시키는 데 있다고 강조하고 그 구체적인 정신을 인간옹호의 정신이라 할 수 있는 새로운 형태의 휴머니즘이라 규정한다.[114]

이러한 휴머니즘은 극한상황 속의 인간을 그리는 전쟁문학의 경우 필연적이라 할 것인데, 이러한 주제의 심화를 위해서는 기법의 새로운 조작이 필연적인 현상으로 동반된다. 전쟁이나 행동에 뛰어드는 결단의 인간상과 내면적 의식을 그리기 위한 의식의 흐름이나 내적 독백, 극한상황 속의 인간의 왜소화는 풍유적 혹은 우화적 방법. 주제와 기법이 대응관계에 놓인다는 사실을 가장 선명히 보여주는 것을 전후문학의 새로운 국면으로 파악할 수 있다.[115] 이런 의미에서 전후 신세대 비평가들이 사상성 그 자체보다는 문학의 새로운 기법과 언어의 측면에 주목하며 평론을 시작한 것은 그들의 새로운 세대다운 특성을 잘 보여 주는 점이라 할 것이다.[116] 하지만 문제는 이러한 기법과 주제의

---

114) 최일수, 「우리 문학에 있어서 신인의 위치 - 민족문학의 현대화를 중심으로」, 『문학예술』, 1956.2, 114면.

115) 김윤식, 앞의 책, 55면.

116) 백철은 이어령의 평론 등단 연한은 낮지만 평론가로서의 위치는 결정적인 자리에 올랐다면서, 추천형식을 받은 <비유론>은 그의 비평가로서의 새로운 위치를 효과적으로 명시한 것으로서 또 근래의 비평적인 하나의 전환점을 가리키고 있다고 지적하여 이어령의 특성을 정확히 포착하고 있다. 또 백철은, 비평가로서 처음부터 '언어'에 대한 명백한 의식을 갖고 등장한 것은 이어령이 처음이라면

대응관계가 우리의 문학적 풍토 속에서 자생적으로 발생한 것이 아니라 어디까지나 서구의 문학을 수입한 데서 나온 결과라는 사실이다. 이는 곧 신세대비평의 목표가 '세계의 동시성' 117)추구 즉 보편성에의 지향에 놓여 있었음을 말해주는 것이다. 하지만 한국의 특수성을 생각하지 않는 보편성이나 동시성의 강조는 필연적으로 한계에 부딪힐 수밖에 없다. 전후 비평가들의 방향이 이후 달라지는 것은 이러한 보편성에의 지향이라는 동일한 출발점에서 한국적 특수성에 대한 이해방식이 달라지는 데서 오는 것이라 할 것이다. 그것은 첫째, 한국적 특수성에 대한 인식이 결여된 추상적 세계성에의 지향으로 일관한 휴머니즘론으로 표현되기도 하고 둘째, 한국적 특수성을 일종의 후진성으로 파악하여 새로운 근대성의 창출을 시도한 저항문학론118)으로 나타나기도 했으며 셋째, 실존주의 문학론으로 대변되는 일련의 현상으로 나타나

서 이것은 자신와 같이 근대적 체계에 서서 문학의 의미와 작품의 가치를 그 배후적인 관련에서 추상하고 독단하는 것과 달리, 문학의 조건을 직접적으로 파고 드는 20세기적인 비평방법이라고 극찬한다. 백철, 「반항과 공동의 의식 - 친애하는 이어령군에게」, 『자유문학』, 1958.12, 132면.

117) 동시대성이란 '전후'라는 시대적 상황의 동일성을 전제로 한 서구 지식인들의 대응 방식을 그대로 수용함으로써 서구적 지성과의 동질감을 느끼려 한데서 비롯된다. 즉 전후 문인들은 자신들이 처한 상황을 서구의 2차대전 이후의 상황과 동일시하고 서구 지식인들의 행동양식을 모방함으로써 세계와의 동시대성을 추구할 수 있다고 생각했다. 세계사적 의의를 강조하는 비평문이 특히 많이 씌어졌던 것도 이러한 사정 때문이었다. 따라서 이들의 의식 속에서 한국전쟁은 세계사적 동시대성을 추구하는 결정적 계기로 인식된다. (이로써 6·25가 지니는 분단의 의미 등 구체적 현실성은 사상되고 추상적 보편성만이 자리하게 된다) 문혜원, 한국 전후시의 실존의식 연구, 서울대 박사학위 논문, 1996, 23~4면.

118) 이 경우 문제가 되는 것은 그 저항의 대상과 주체의 문제이다. 이어령의 경우 전쟁으로 모든 것이 폐허가 되었다고 선언한 후에도, 끊임없이 구세대에의 저항을 시도하는 모습을 보여준다. 이는 문학론에의 도전인 동시에 권위에의 도전이고 권력에의 도전이기도 했다. 그러니까 여전히 구세대의 현실적 권력과 문단권력은 문예지의 장악과 추천제도, 문학상의 제정 등에서 알 수 있듯이 강력히 작동했음을 의미한다. 이 점을 보다 분명히 밝혀준 것이 김현승과 유종호를 통해 제기된 감각어, 토착어 문제에 대한 지적이다.

기도 했고 넷째, 한국적 특성을 발견하여 이를 우리 문학의 새로운 발전방향으로 제시하려는 모습으로 나타나기도 했는데 전통론과 민족문학론의 제시가 바로 그것이다.

신세대의 특성을 둘러싼 신구세대의 논란은 당시 지식인사회에서 큰 논쟁을 불러일으켰던 세대론과 밀접하게 관련되어 있다. 세대론은 당대 지식층의 사회에 대한 일종의 자의식의 표현으로, 올바른 문제제기가 된 논쟁은 아니었다 해도 지성의 사회참여의 단초를 마련한 것이었다고 할 수 있다.[119] 그것은 해방후 혼란과 전쟁의 시기를 활동력과 사상성이 가장 왕성한 20세 전후에 보낸 이른바 전후세대가 가장 비참한 운명 속에 가장 많은 희생을 겪은 비극적 세대로서 불안, 혼란, 증오, 전쟁 속에서 청소년기를 보냄에 따라 '이즘'에 대한 무조건적 회피경향을 지니며, 다양한 서구사조의 수용으로 이지적 판단력을 갖추고 있으면서도 불의에 항거할 용기는 상실한 한국적 비트 제네레이션의 특성을 갖추고 있었기 때문이다. 세대문제가 두드러진 사회적 문제로 되는 계기는 역사적 변혁과 사회적 동요와 분열 즉 세대 상호간에 있어 가치체계와 행위규범의 기대가 무너짐에 따라 발생하는 아노미적 상황이다. 전후세대는 스스로를 상실의 세대라 규정할 만큼 극심한 사회혼란과 체제 변화, 전쟁에서 희생을 감수해야 했던 세대였다. 따라서 이들의 경우 원론적 측면에 있어서는 서구적 지식의 도입으로 일정한 기준을 세울 수 있었지만 우리 사회의 모순을 해결하기 위한 방책 앞에서는 사고의 단절이라는 한계를 드러낸다. 신인들의 구세대에 대한 비판이 전혀 비판으로서의 의미나 가치를 지니지 못한 무조건적인 부정의 태도를 보이는 경우도 없지 않았다.[120]

---

119) 송건호, 「세대론 - 4·19, 5·16에 나타난 세대의 단층과 그것의 분석 비교」, 『사상계』 115호, 1962.12.

120) 예컨대 이영일의 경우 백철의 「전형기의 문학」과 「자연주의 뒤에 오는 것」을

이후 신세대에 대한 논의와 비판은 50년대 말 이후까지 세대론의 형태로 이어지는데, 이미 이 시기는 문단 자체가 상당한 변화를 겪은 상태였고 문인들의 구체적 현실에 대한 인식도 어느 정도 이루어진 이후였다. 이에 따라 세대론 자체가 무의미하다는 견해가 제출되기에 이른다. 전후세대는 이미 자신들의 의식과 경향에 따른 문학적 방향성을 결정하고 기존의 문단에 거의 동화됨으로써 신세대로서의 성격을 상실했기 때문이다. 뿐만 아니라 문단은 또 다른 기준에 따른 분열의 조짐을 드러냄으로써 기존의 신구세대의 갈등 자체가 무의미해졌기 때문이기도 하다. 하지만 이러한 한계에도 불구하고 구세대의 문단적 권위에 대한 비판으로부터 비롯된 신세대들의 비평은, 불안의식의 표현으로부터 전후 사회의 극복이념으로서의 휴머니즘의 추구에 이르기까지 다양한 모습으로 전개될 수 있었다.

두고 지금껏 자신이 본 비평 중 가장 타협적 상식적 교양적 개념적인 비평의 수준에 머물고 있으며, 이러한 태도는 현대작가들의 피어린 작업을 '방관'만 하려고 하기 때문이며 또 책임지려 하는 주체성이 없기 때문이라고 비판하는 동시에 김팔봉과 이무영의 신윤리주의문학론에 대해서도 별 분석없이 오늘의 세계의 외계적 현상에 대한 혐오감을 표시한 것일 뿐이라고 비판하는 등 구세대 전체에 대한 불신을 드러내고 있다. 이영일, 「역사적 경험과 문학 - 작가정신과 그 책임에 대하여」, 『시와 비평』, 1956.1, 29~30면.

3. 새로운 시대정신의 모색

1) 세계적 동시성의 추구-실존주의론

(1) 실존주의의 역사적 배경과 수용양상

50년대의 문학과 비평을 특징지을 수 있는 중요한 경향으로 실존주의의 풍미를 들 수 있다. 실존주의의 소개가 처음으로 이루어진 것은 30년대 중반이지만 50년대 실존주의의 수용은 각별한 의미가 있다. 이 시기 실존주의의 수용 양상과 의미에 대해서는 지금까지 많은 논의[121]가 있었는데, 이들의 논의는 모두 1950년대 사회의 삶과 정신의 문제 특히 이 시대 지식인들에게 있어 실존주의가 가장 중요한 요소로 작용하고 있음을 지적하고 있다. 즉 전쟁과 전후의 상황이 눈앞의 현실을 이해하고 자신들의 정신적 분위기를 대변해 줄 가장 획기적인 사상으로 실존주의를 받아들이도록 했음을 강조하고 있다. 이처럼 전쟁 후 문인들로 하여금 실존주의를 가장 유효한 인식틀로 내세우게 한 것은 전후의 참상, '뿌리뽑힌 자'로서의 자각, 내던져진 존재 의식 등으로 절망, 허무, 불안, 공포, 부조리, 구원 등의 관념으로 대표되는 의식적 분위기와 '전후'라는 시대적, 정신적 친근성이었다.

우리의 문학사, 정신사에서 실존철학과 실존주의 작가에 대한 소개는 1930년대 초부터 시작되었다고 할 수 있다.[122] 물론 우리 문학인들

---

121) 김용직, 「생 또는 존재 방식의 탐구」, 김용직 외 『한국문학사』(한국예술원, 1982) ; 김윤식, 『한국현대비평사』(서울대 출판부, 1982) ; 임헌영, 「실존주의와 1950년대 문학사상」, 『한국현대문학사상사』(한길사, 1988) ; 구인환, 「한국문학과 실존사상」(『현대문학』, 1990.5) ; 이 외에도 최혜실, 한수영, 정현기, 전기철의 앞의 논문을 들 수 있다.

122) 1934년에는 신남철의 글 「나치스의 철학자 하이덱겔」(『신동아』, 1934.11)와 이헌구의 평론 「앙드레 지드의 인간상적 방랑」(『신동아』, 1934.11)을 볼 수 있으며, 이후에도 김광섭에 의해 「산·덱트쥬페리의 소설 南方飛行便」(1935)이 소

이 3, 40년대에 이룩하고 내보인 실존의식을 완전히 서양으로부터 차용하거나 영향받은 것으로만 설명할 수는 없다. 즉 식민지 시기 詩에서의 이 상, 박용철, 윤동주, 소설에서의 이 상, 이태준, 최명익, 박태원 등 30년대 후반 모더니즘 시인, 작가들의 작품에서 자생적 실존주의의 흔적을 엿볼 수 없는 것은 아니다. 그것은 1930년대에서 40년대에 걸친 시기는 한국인 전체가 식민지 본국의 억압과 전쟁의 공포 속에 삶과 죽음 앞에서 운명을 내맡겨야 했던 실존적 상황에 놓여 있었기 때문이다. 하지만 이들 작품을 온전히 자생적 실존주의의 범주에서 논하기는 어렵다. 이들의 사고를 지배했던 것은 국가라는 전체로서의 사고였으며 이들이 희구했던 것도 집단적 동질성의 회복이었기 때문이다. 이러한 측면에서 이들 식민지 문학인들의 작품에서 나타나는 실존의식은 서구 실존주의사상의 핵심적 사유틀이라 할 수 있는 개인의 주체성의 강조와는 일정한 거리가 있는 것이라 하지 않을 수 없다. 따라서 이 시기에 수용, 소개된 실존주의 논의는 서구의 새로운 사상을 소개하는 것에 초점이 놓여 있었던 것으로 판단할 수 있다.

이후 해방공간에서의 실존주의에 대한 관심과 수용은 한 마디로 사르트르에 집중되고 있는 것을 볼 수 있다. 그런데 이는 주로 남북한 단독정부 수립 이후의 일이며 그 이전에는 극히 단편적인 프랑스 문단에 대한 소개에 그치고 있다. 그것도 주로 미국을 통한 重譯의 형태였다. 주로 양병식에 의해 소개된 사르트르의 이론과 문학 전반에 걸친

개되었고 최재서에 의해 앙드레 말로의 소설 『정복자』, 『인간조건』 등이 분석되기도 했다(「현대소설 연구 5」, 『인문평론』, 1940.7). 또 이 시기에 앙드레 말로의 「문학과 정치」가 번역되고(『사해공론』, 1936.8, 전원배 역), 박종홍에 의해 야스퍼스와 하이데거의 철학사상이 소개되었으며(「현실파악의 길」, 『인문평론』, 1939.12), 하이데거의 「존재와 시간」에 대한 해제까지 있었던 사실(박상현, 『인문평론』, 1940.1)은 번역과 논설 및 해제의 형태를 통해 명시적으로 실존철학과 실존주의 문학에 대한 소개가 이루어졌음을 말하고 있다. (「좌담: 한국문학과 실존사상」, 『현대문학』 90년 5월, 40～1면)

소개[123] 및 박인환의 「사르트르의 실존주의」(『신천지』, 48.10) 등 작가론과 문학론의 형태, 소설 번역(안응렬에 의한 「전원교향악」, 전창식이 번역한 「벽」 등) 및 외국의 평론을 번역 소개하는 경우도 있었다. 해방공간에서의 우리 문단은 극심한 좌우의 이념적 대립 상태 하에서 양쪽 모두 민족국가의 수립이라는 민족적 과제의 문학적 표현으로서의 민족문학의 확립을 문학적 과제로 제시한 바 있다. 이에 따라 당시의 문학적 주제는 새로운 사회 건설과 민족문제의 해결에 집중되어 개인의 내면세계의 문제는 관심의 대상이 되지 못한 것이 사실이다. 또 해방공간이라는 특수한 역사적 상황 아래에서 민족문학의 건설이라는 문학적 과제 역시 정치적, 이데올로기적 색채를 농후하게 띠지 않을 수 없는 시기였다. 이러한 시대적 성격은 개인중심적이고 내면회귀적이며 형이상학적 성격이 강한 실존주의 문학이 정착할 수 있는 토양이 되기 어려웠다. 즉 문학외적인 이념적 갈등이 사회의 중심에 자리잡음으로써 개인의 실존이나 불안, 죽음의식, 허무감 등을 중심으로 한 개인의 의식을 문제삼는 실존주의문학이 설 자리를 확보하기란 실로 어려울 수밖에 없는 것이었다. 특히 해방공간의 역사적 의미가 식민지로부터의 해방과 새로운 민족국가의 건설이라는 미래지향적 성격을 띠는 것이었기에 실존주의가 표상하는 불안이나 허무의 감정과는 어울리지 않았다. 결국 해방공간에서의 실존주의(특히 사르트르)의 수용은 정신사적으로나 문화·사회적으로 실존의식을 통해 삶을 투시할 수 있는 여건이 갖추어지지 않은 상황에서 사르트르의 목소리가 아득한 메아리처럼 들려올 뿐 그것을 내면화하여 삶을 투시하고 형상화할 수 있는 공

123) 대표적으로 『신천지』 48년 10월호에 발표된 '사르트르의 사상과 그의 작품'과 같은 글 등. 그런데 양병식에 의한 소개도 주로 일본을 통해 이루어진 것이었다. 그는 일본에서 학교를 다닌 불문학 연구자로서 일본문학회에 출입하며 일본에 수입되어 있던 실존주의를 국내에 소개했다.

간이 아니었던 것이다.124)

실존주의가 우리의 정신사에서 主潮로 정착한 것은 전후 현실에서였다. 우선 무엇보다도 그 이전의 실존주의 수용이 단편적 양상에 그쳤던 데 반해 수용 범위가 훨씬 넓어졌고 수용 방법에서도 보다 전문화되고 심화되어 갔다. 사르트르나 카뮈, 말로 등 실존주의 작가들의 작품이 손우성, 김붕구, 양병식, 이환 등 영문학자와 불문학자들에 의해 본격적으로 소개되기 시작했고, 니체, 하이데거, 야스퍼스 등 실존주의 철학자들에 대한 소개는 박종홍, 조가경, 김기석, 고범서 등 국내 철학자들에 의해 이루어지게 되면서125) 실존주의작가들의 소설, 희곡

---

124) 구인환, 조남현, 최동호, 「<좌담> 한국문학과 실존사상」, 『현대문학』 90년 5월, 46면.

125) 철학자들에 의한 실존주의의 소개와 수용은 실로 다양하게 전개된다. 박종홍은 야스퍼스, 키에르케고르, 사르트르, 마르셀 등의 실존철학 전체를 일관하고 있는 기본사상은 성실성으로 파악하고 "사르트르의 실존사상은 실존이 본질보다 앞서며 선택과 행동의 자유에 대한 책임을 생각하여야 되는 것이 때문에 성실하게 살아야 한다는 것"을 의미한다고 강조한다. 또 그는 실존철학은 처음에는 실존을 고독한 자기의 내면적 성실에서 찾으려 했지만 마르셀, 사르트르에 이르면 고독을 넘어 사회가 문제되고 연대책임가지 생각하는 단계에 이르렀다면서 실존철학의 참여적 성격을 긍정적으로 평가하고 있다. 박종홍, 「실존철학과 동양사상: 특히 유학사상과의 비교」, 『사상계』 61호, 1958.8, 40면.
이종우는 실존철학의 소개에서 특히 인간은 미리 정의될 수 없는 것이며 오직 자기를 스스로 만들어 나간다는 '주체성'의 표현을 강조하고 있다. 이종우, 思想史로서의 戰後世界 - 구체적인 인간과 사회의 이해를 위해, 『사상계』 119호, 1963.3.
한편 신일철은 현대와 전후사상의 근저에는 보다 근본적인 사상적 딜레마가 있다고 지적하고 그 실체를 兩次 대전의 폐허 위에서 허망한 삶을 영위하게 된 인간들이 절감하지 않을 수 없는 허무와 무질서, 자신을 자신이 살고 있는 세계의 이방인으로밖에 볼 수 없는 사실, 개성을 상실한 모습인 '匿名性', 즉 '인간의 자기소외'라고 규정한다. 그리고 바로 이러한 인간의 자기소외가 전후 실존철학을 발생시킨 기본적 무드이며, 이성과 형식을 거부하려는 생의 충동이 '진정한 실존'에까지 발전한 것이라 할 수 있다면서 따라서 전후의 실존주의는 오늘날의 인간소외 의식을 반영하고 있는 것이며 그것의 회복을 위한 몸부림이라고 말한다. 특히 이러한 인간소외의 가장 극단적인 양상은 전쟁에서 나타난다고 지적하고 전후의 인간들이 자기 행동의 참다운 의미를 발견하지 못하는 것도 바로 이러한 이유에서이며 전후의 실존주의가 인간소외를 극복하려는 사

작품들에서부터 에세이, 철학이론, 문학론 등 다양한 방법으로 수용되기에 이르렀던 것이다.

실존주의에 대한 소개는 양병식, 손우성, 이 환 등 외국문학 전공자들에 의한 프랑스문학 및 실존주의문학 전반에 관한 소개 및 수용[126], 철학자들에 의한 실존철학사상의 소개 및 수용[127], 실존주의에 관한

상으로서 등장하는 계기도 여기에 있음을 말한다. 신일철, 전후사상의 변모-역사. 인간. 언어에 대한 사상의 모험, 『사상계』 119호, 1963.3. 이만갑 역시 실존주의자는 사회해체에서 벌어지고 있는 허다한 악에 환멸을 느끼고 사회 속에서 실존할 수밖에 없는 개인을 사회로부터 단절시키고 있다고 비판하며 실존주의에 대한 부정적 인식을 보여준다. 이만갑, 「사회해체와 인간의 실존-모든 인간의 노력은 그 실존을 위해 베풀라」, 『사상계』 119호, 1963.3.

한편 고범서는 실존철학은 보편 타당한 객관적인 진리를 문제삼지 않고 구체적인 현실인의 魂속에 깊이 찾아 들어가 본연의 주체성을 확보하려는 것이자, 개인의 보편에의 일치보다는 개별자가 보편을 관통하여 신, 죽음, 超越者와의 대결 및 결단을 감행함으로써 본연의 자아를 탈환하자는 것이므로, 이러한 결단의 마당에서 知는 객관적 부분적인 것이 아니라 知가 곧 行이며 行이 곧 知가 되는 것이며 이러한 의미에서 실존주의 혹은 실존철학은 그 근저에 윤리성을 가진다고 설명한다. 고범서, 실존철학의 윤리성, 『사상계』 30호, 1956.1. 마르크스주의적 실존주의는 50년대에는 비판의 대상으로서만 언급되다가 4·19 이후에 조가경에 의해 자세하게 소개된 바 있다. 조가경, 맑시스트의 실존주의관, 『사상계』 95호, 1961.6.

126) 이환, 「실존주의문학의 철학적 기반」, 『문학예술』, 1956.1.
이환, 「휴머니즘과 실존주의-지성과 심정」, 『문학예술』, 1956.7.
李彙榮, 「현대불란서문학」, 『자유문학』, 1956.7.
이교창, 「실존주의문학의 내용과 형식」, 『문학예술』 1957.4.
洪淳旻, 「세계문학과 행동성-현대불문학을 중심으로 한 소고」, 『자유문학』, 57.11
남평우, 「레지스탕스문학과 그 작가들-작가의 몸가짐을 중심해서」, 『사상계』 59호, 58.6.
조홍식, 「역사적 현실의 자각-오늘의 불문학 경향」, 『자유문학』, 1959.1.

127) 박상현, 「실존과 철학」, 『사상』 2호, 1952.10.
박종홍, 「실존철학과 동양사상: 특히 유학사상과의 비교」, 『사상계』 61호, 1958.8.
河岐洛, 「실존적 불안의 극복-하이데거와 야스퍼스의 이론」, 『사상계』 82호, 1960.5.
김하태, 「신을 향한 자세-싸르트르와 틸릭의 위치에서」, 『사상계』 82호, 1960.5.
이동식, 「실존주의와 정신분석학」, 『사상계』 82호, 1960.5.
조가경, 「현대적 인간의 신화-실존적 인간에 관한 선존재론적인 證文들」, 『사

외국의 글을 번역한 것[128], 혹은 구체적인 서구 실존주의 문학에 대한 글[129] 등 몇 갈래로 구분해 살펴볼 수 있다.

실존주의 철학은 '불가지론'이라고 할만큼 다양성과 포괄성을 지닌다. 용어의 난해성은 물론, 개별 사상가의 숫자만큼이나 다양한 철학적 사상의 모습을 보여준다. 이러한 다양성 가운데서도 실존주의의 중심

상계』 82호, 1960.5.
조가경, 「맑시스트의 실존주의관」, 『사상계』 95호, 1961.6.
안병욱, 「필연과 자유의 대화 - 야스퍼스의 역사관을 중심으로」, 『사상계』 138호, 1964.9.
조요한, 「실존주의」(정착못한 서구사조, 실존주의), 『사상계』 165호, 1967.1.

128) 「야스퍼스, 현대질서의 위기」, 『신천지』, 1952.3.
헨리.페레, 「현대불란서 실존주의 작가들의 문학과 철학」, 『신천지』, 1952.3.
E.뛰엣세, 「까뮤의 사상과 작품」, 『신천지』, 1952.3.
알베르 까뮤, 「부조리와 인간」, 『신천지』, 1953.8.
S. 간도(구 상 역), 「실존주의 전망」, 『시와 비평』, 1956.1.
죠프리 브레르튼(김용권 역), 「20세기 불란서 소설」, 『사상계』 33호, 1956 4
알베르 까뮤, 「소설과 철학」, 『자유문학』, 57.8.
알베르 까뮤(홍순민 역), 「부조리의 벽」, 『자유문학』, 58.1.
P. H. 씨몽(정명환 역), 「실존주의와 휴머니즘」, 『지성』, 1958.6.
부레라톤(노재봉 역), 「현대프랑스문학의 전망 - 베르그송철학 이후의 문학과제」, 『시와비평』, 1956.2.
토마스 만(유종호 역), 「끊임없는 조화의 탐구 - 앙드레 지이드 소묘」, 『현대문학』, 1957.7.

129) 양병식, 「최근 불문학의 제문제 - 정치와 행동문학」, 『신천지』, 1952.1.
손우성, 「현대불문학의 방향 - 세대의 파동」, 『문예』, 1953.2.
양병식, 「싸르트르의 철학과 문학 - 선택, 책임, 자유를 중심으로」, 『신천지』, 1953.4.
정하은, 「문학이전 - 싸르뜨르를 중심하여」, 『현대문학』 16호, 1956.4.
오현우, 「전후 불란서 문학사조의 주류」, 『사상계』 31호, 1956.2.
양병식, 「작가의 책임의식 - 최근의 불란서문학의 동향과 신 '리아리즘'」, 『자유문학』, 57.9.
김붕구, 「사조. 데카당. 청빈 - 불문학산책」, 『신태양』, 57.11.
이교창, 「인간존재의 탐구 - 싸르트르의 <구토>론」, 『문학예술』, 1956.12.
손우성, 「부조리인간 - 까뮤의 사상적 출발」, 『자유문학』, 58.1.
장백일, 「반항적 인간의 자유 - 카뮈를 위한 노트」, 『자유문학』, 1958.8.
조용만, 「사회의식과 종교의 문학」, 『사조』, 1958.9.
손우성, 「질서와 자유에의 길 - 카뮈의 사상을 넘어서」, 『사상계』 82호, 1960.5.

사상은 인간 존재에 대한 근원적인 물음과 관련되며, 자유와 불안 및 한계상황, 죽음의 문제 등을 그 중심테마로 삼고 있음을 볼 수 있다. 특히 2차 대전은 산업혁명 이후 이룩해 온 근대문명의 발전 및 르네상스 이후 서구의 지성사를 지배해 온 인간 이성에 대한 신뢰를 붕괴시킴으로써 존재의 현존성을 위협하기에 이른다. 이러한 실존상실의 위기에서 허무와 불안의 요소를 주체성의 의지로 극복할 것을 강조하는 실존철학과 특히 세계에 대한 인식의 보편성을 강조하는 문학예술상의 행동주의 혹은 실존주의 문학의 등장은 충분히 당대인의 관심을 끌 수 있는 것이었다. 이에 따라 실존철학에 대한 소개, 수용에서 가장 두드러지는 것은 '세계사적 현실'의 강조이다. 또 '행위'라는 명제로 세계사의 이념을 함께 할 것을 강조하는 등 세계사적 현실을 지향하고 그 이념을 받아들일 것을 강조하는 것을 볼 수 있는데,[130] 이러한 모습은 당대 지식인들의 궁극적인 지향점이 서구적 근대로의 길에 있었음을 말해준다. 이러한 실존주의 철학을 문학에 접맥시킨 것은 사르트르와 까뮈이다. 사르트르는 문학이란 세계를 현시하는 것이며 이는 행동을 전제할 때만 가능한 것임을 강조한다. 앙드레 말로 역시 전후의 절망적 상황에서 주체적 행동의 의지를 강조한다. '반항'의 형태를 동원한 까뮈의 문학은 더욱 적극적인 성격을 지닌 것이다. 이 가운데서도 특히 사르트르와 까뮈의 실존주의문학이 집중적으로 소개되는데 이들의 문학이 어떻게 소개되었는가를 살펴보는 것은 따라서 50년대의 실존주의를 파악하는 중요한 요소가 될 것이다.

전쟁이 가져온 이념적 공백 상태와 기존의 문학에 대한 신인들의 전면적 부정의 자리는 가장 먼저 실존주의의 수용을 통해 채워진다. 실존주의가 전후 대표적인 사조로 떠오르는 것은 근대문학의 중심을 이

130) 박상현, 「실존과 철학」, 『사상』 2호, 1952.10.

루었던 마르크스주의문학과 민족주의 문학이 해방공간과 전쟁을 거치며 지도이념으로서의 위치를 상실한 상황 속에서였다. 서구에서 실존주의는 만연된 비인간화, 무관심 등으로 특징지을 수 있는 관료화된 대중 사회가 인간을 기계의 부속품으로 전락시키고 인간의 개성, 자유, 쾌락 등을 빼앗아 감으로써 무목적성, 익명, 불안 등에 대한 인식이 고조되면서 태동했다. 이후 실존주의 사상은 나치 점령군에 반대하는 레지스탕스 운동에 참가하고 해방의 기쁨과 제 4 공화국에 대한 환멸을 동시에 체험했던 프랑스의 급진적 지식인들에 의해 대중적으로 표현된다. 특히 2차대전을 종식시킨 수소폭탄은 인류 사회의 만성적 위기를 인류의 존폐위기로 바꾸어 버림으로써, 인간의 욕구를 충족시키기 위해 인간의 재능에 의해 고안된 과학기술과 문명이 최대의 파괴의 도구로 변하고 이러한 부조리와 불합리 그리고 無에 대한 전망과 만나게 되면서 실존주의는 그 기반을 확산시키게 된다.[131] 이처럼 실존철학은 그 발생 자체가 이성에 대한 부정에 근거하고 있는 것이어서 식민지 시기의 한국 근대문학을 이끌었던 이성중심주의에 기반한 문학적 사유를 부정하던 신인들의 인식과 그 성격을 같이하고 있었으며 특히 전쟁의 참상으로 인해 전후 지식인들 사이에 만연했던 절망과 허무주의가 자아낸 정신적 혼란과도 상통하는 것이었다.

전후 신세대들에게 있어 전쟁 체험은 기존의 문학적 대상이었던 일상적 경험과는 전혀 다른 새로운 체험이자 새로운 대상이었고 이는 곧 기존의 사유방식으로는 도저히 그려낼 수 없는 대상과 경험으로서 새로운 문학정신과 사유방식을 모색하게 만든 것이었다. 이러한 과정에서 새로운 문학정신으로서 그리고 새로운 문학기법으로서 받아들여졌던 것이 바로 실존주의였다. 실존주의는 철학에 있어 극도의 합리주의

---

131) G. 노바크(김영숙 역) 편, 『실존과 혁명』, 한울, 14~5면.

적 경향과 인간 삶에 있어서의 기술적 합리적인 사유의 지나친 중시에 대한 비판적 사상이다. 인간은 객관적 知의 확실성 가운데 안온하게 살아가는 존재로서가 아니라 예컨대 불안, 절망, 우려, 죽음의 확실성, 고독감, 부조리 등 기본적인 기분, 감정, 정서적인 근본경험에 동요되는 존재로 표현된다. 이러한 불안, 절망, 죽음, 부조리 등의 관념은 전후의 참상으로 인해 절망과 허무의 늪에 빠져있던 전후 지식인들의 정신적 분위기를 대변하는 것이 될 수 있었던 것이다. 이로써 실존주의는 전쟁과 전후의 상황이 눈앞의 현실을 이해할 수 있는 전후 문단의 중심적인 사상으로 받아들여진 것이다.

짐머만은 실존은 순수 현사실로서 인간의 어떤 본질 규정보다 앞서 놓여 있으며, 바로 이 본질 규정이 문제가 될 때에 비로소 실존은 경험된다고 말한다. 따라서 실존에 대해 개념적 논의는 본질 규정을 부정함으로써 시작되거나(키에르케고르) 또는 어떤 한 특정한 실존 이행 및 그에 상응하는 근본 분위기와 상황에 대한 기술(카뮈)로 이루어지게 된다는 것이다. 결국 하이데거가 말하듯 인간의 실존을 규정하는 것은 어떤 사실적 내용을 제시함으로써 되는 것이 아니라 인간이 존재하는 가능한 방식들을 해명함으로써 이루어지는 것이다.[132] 이러한 실존의 이행 과정에서 맺는 나와 세계와의 관련에 의해 상황이 구성되는데, 상황은 그때 그때의 실존의 이행 안에서 일어나고 있는 나 자신의 일차적인 '세계 내 존재'의 양상이며, 나에 대한 이 세계 내 존재의 구체적인 형상이다. 실존은 항상 '상황'속에서 이행되며, 실존은 이 상황으로부터 벗어날 수가 없다. 실존이 상황에 얽매여 있다는 사실은 유한성의 표현이다. 유한성은 소위 '한계상황' 속에서 비로소 절대적으로 두드러지며, 극단적인 한계 상황은 죽음이다. 이처럼 실존은 끊임없이

132) F. Zimmerman(이기상 역), 『실존철학』, 서광사, 1987, 42면.

맺는 죽음과의 관련이라 할 수 있다.[133]

실존주의에 주목하지 않을 수 없는 것은 우리의 '전후문학'이 전쟁 속의 인간의 극한 상황을 드러내는 것을 문학의 주요 과제로 삼게 됨에 따라 이러한 실존주의의 논리에 곧바로 연결되기 때문이다. 이처럼 실존주의가 1950년대 지식인들의 의식과 지적 요구를 사로잡을 수 있었던 요인은 죽음의 부조리와 생존의 우연성 그로부터 싹튼 이성적 현실관의 붕괴와 깊은 관계가 있다. 그러나 무엇보다 중요한 요인은 전후의 극한 상황에서 삶과 자기 존재의 실체를 확인해 보지 않을 수 없었던 절박함과 지향의식이 절대적으로 작용한 데 있다. 이러한 지향이 인간 존재의 해명이나 생존의 지표를 찾아가는 인간 구제의 사회적 대응 형태의 양상을 띠게 한 것이었다. 실존주의는 본질보다 존재를 앞세우고 있었기 때문에 현존재로서의 인간에게 중요한 것은 '상황 논리'와 '선택'의 문제였던 것이다. 실존주의와의 이러한 관련성은 특히 서구 '전후문학'과의 세계적 동시성을 확보하기에 이르렀다고 인식하게 만든 근거가 되고 있다.[134] 실존철학과 문학의 소개, 수용에서 특히 세계사적 현실의 동시성을 강조하고 이를 통해 세계사의 이념을 우리의 이념으로 받아들일 것을 강조하고 있는 것도 당대 지식인들의 궁극적인 지향점이 어디에 있었던가를 잘 말해주는 것이다.

한편 실존주의가 전후 지식인들 사이에서 풍미한 것은 해방 이후 이데올로기의 대립에서 오는 환멸로부터 벗어나 이를 초극하고자 제 3의 방법으로 모색되었기 때문이기도 하다. 즉 실존주의가 50년대 비평의 중심적 사상으로 자리잡을 수 있었던 것은 일체의 이념적 논의가 존재하지 않았던 전후시대의 특성 즉 전후의 불안과 허무감으로부터 탈출할 수 있는 사상적 계기가 필요했기 때문이라 할 수 있는 것이다.[135]

---

133) 위의 책, 44~5면.
134) 김윤식, 『한국문학의 근대성 비판』, 문예출판사, 1993, 176면.

실존주의사상 그 자체의 어려움과 인류 역사의 이성적 발전을 거부하는 비합리성의 강조는 전쟁체험을 통해 이성의 파괴를 경험한 한국 지식인들에게 매혹적인 요소로 작용할 수밖에 없는 것이었다. 세계적 동·서 진영의 대리전쟁의 성격을 띠었던 6·25전쟁은 무수한 인명의 살상 특히 이념적 대립과는 아무런 관련도 없는 민간인의 엄청난 피해, 거기에다 동족간의 살상이라는 참혹한 결과를 낳음으로써 많은 지식인들로 하여금 이념 그 자체에 대한 엄청난 회의를 갖게 만들었던 것이다. 이러한 상황에서 루카치의 지적[136]처럼 성공 여부와는 상관없이 '유물론과 관념론 모두를 뛰어넘으려는' 제 3의 방법으로서의 실존주의가 갖는 매력은 다른 어떤 것에도 비길 수 없는 것이었을 수밖에 없다. 실존주의의 중심 논의가 철학적 존재론보다는 후기로 갈수록 휴머니즘론으로 기울어지고 특히 사르트르와 카뮈의 분리 수용이 이루어졌던 것도 이러한 시대적 특성과 관련을 지니는 것이라고 할 수 있다. 해방공간에서 사르트르가 활발하게 수용된 이래 50년대 후반으로 갈수록 카뮈가 실존주의의 대표자로 수용되기에 이르는데, 그 핵심적 이유는 카뮈가 사르트르보다 이성적이라고 파악된 데 있다. 카뮈의 부조리 인간은 인생의 '목적'을 거부하지만 인생을 단념하지 않으며, 인생의 불만족을 인식하지만 쓸데없는 불만에 잠기지 않는다는 것이다. 이 점 역시 근대 문명의 폐해를 외치지만 오히려 문명의 결핍으로 고통받던 한국적 현실에 부합되었던 까닭이라 말할 수 있다. 그런데 이보다 더욱 직접적인 원인은 사르트르의 마르크스주의에로의 접근에 있다. 카뮈는 마르크스주의의 역사적 결정론을 전면적으로 비난한 반면 사르트

135) 임헌영, 「실존주의와 1950년대 문학사상」, 『한국현대문학사상사』, 한길사, 1988, 70면.

136) L. 루카치, 「실존주의냐 마르크스주의냐」, G.노바크 편(김영숙 역), 『실존과 혁명』, 한울, 1983, 138면.

르는 마르크스주의의 실천 개념을 매개로 조화를 시도했던 것이다. 사르트르 역시 마르크스주의가 또 다른 의미에서 인간을 억압하는 것이라 비판한 바 있다. 즉 그는 당대의 많은 마르크스주의자들이 마르크스의 이론을 형식화하고 왜곡함으로써 '그 결과 개별적인 것이나 특수한 것을 위한 어떤 공간도 마르크스 이론 내에 남겨두지 않았다고 비판한다. 뿐만 아니라 사르트르는 역사적 필연성을 포함한 마르크스의 기본 원리를 받아들이면서도 '주관적 자유'라는 그 자신의 이념을 포기하지 않은 채 여전히 간직하고 있었다. 그럼에도 사르트르의 경우 적극적인 사회참여를 주장함으로써 이데올로기적 억압에 눌려 있던 50년대의 한국적 상황에 적용되기 어려운 특성을 지니고 있었던 것이다.137)

실존주의 수용에 있어서의 어려움을 잘 지적하고 이로부터 휴머니즘론을 끌어내어 강조한 것은 조연현이었다. 조연현은 실존주의는 2차대전 이후 누구도 무관심할 수 없게 된 가장 유력한 유행적인 사조로서 현대인의 한 숙명이라고 말하고, 하지만 많은 사람이 실존주의를 말하면서도 실존주의에 대한 명확한 해석이나 설명을 하지 못하는 것은, '실존주의는 설명할 수 없는 것'이라는 사르트르의 말처럼 실존주의 그 자체가 설명하기 어려운 난해성을 지닌 때문이 아니라 실존주의를 설명할 수 있는 언어가 아직도 충분히 발견되지 않고 있기 때문이라 설명한다.138) 실존주의가 오늘 처음 발견된 새로운 사고내용이 아

137) 이러한 입장은 김붕구가 가장 뚜렷이 드러낸다. 김붕구는 카뮈와 사르트르의 실존주의가 인간운명에 대한 증언이며 적극적으로 인간을 파멸에서 건져내고 인간의 품위를 회복하려는 휴머니즘을 지향한 것으로서, 카뮈의 경우 세계의 지점인 '나'의 눈이 넘을 수 없는 벽에 부딪히자 나의 내면으로 향하게 됨으로써 내면적, 詩的 실존의 방향으로 넘어갔다면 철두철미하게 산문적이고 투쟁적인 사르트르는 역사적이며 사회적인 방향으로 넘어가게 됨으로써 결국은 문학까지 상실할 정도에 이른다고 비판한다. 김붕구, 「실존주의문학」, 『사상계』 61호, 1958.8, 72면.

님에도 실존주의를 설명하는 모든 용어가 우리에게 익숙하지 않은 것은 단지 그것에 익숙할 만큼 관심이 그곳에 집중되어 오지 않았기 때문인데 즉 하이데거, 야스퍼스 이래 실존주의가 우리 의식의 일부가 되었으면서도 정작 실존주의를 말하게 된 것은 사르트르의 『구토』와 카뮈의 『이방인』을 보고 나서였기 때문이라는 것이다.

그는 실존 개념을 '인간의 특유한 혹은 인간의 본성적인 존재 방식', 좀 더 분명한 개념으로 하이데거의 설명을 빌어 '누구에게도 인도될 수 없고 그것으로부터 벗어날 수도 없는 자기의 독특한 존재가 있다는 사실'로 규정하고 실존주의는 그런 '실존을 주제로 하고 나아가서 자기 자신의 존재를 진실로 실존적인 것이 되게 하려는 입장 혹은 주장'이라고 규정한다. 계속해서 실존의식 그 자체와 혼동되고 있는 무목적, 부조리, 허무, 고독, 불안 등은 실존 그 자체, 본질이 아니라 실존의 속성일 뿐이라는 점, 또 실존은 누구에게도 인도될 수 없고 그것으로부터 벗어날 수도 없는 자기의 독특한 존재가 있다는 그 사실성에 있는 것이지 그것의 속성에 있는 것이 아니라는 점, 그리고 '본성적', '특유한'이라는 개념을 인간의 개별의식과 연결시켜 실존이란 보편적인 인간의 실존을 말하는 것이 아니라 '개별자로서의 자기' 혹은 '단독자로서의 자기'가 존재한다는 사실을 가리키는 것이라고 설명하고 있다. 그러나 다른 한편 실존의식의 속성은 무목적, 부조리, 허무, 고독, 불안 등으로 그치는 것이 아니라 '휴머니즘'을 그 본질로 하고 있는 바, 이는 인간 사고의 핵심이 휴머니즘의 근원으로부터 출발하고 있기 때문인 것으로, 카뮈를 '역사에 대한 방관자'라고 공격한 '장송'의 비판을 실존주의자에 대한 인류의 변치 않는 기본적인 요구의 한 표현이라고 말하고 있다. 따라서 인류의 역사를 오늘까지 이어온 휴머니즘을 바탕

138) 조연현, 「실존주의 해의」, 『문예』, 1954.3, 175~6면.

으로 한 실존의식은, 현대인이 그로부터 출발해야 할 한 숙명적인 기점이며 실존주의는 그 절망적 비극적 속성으로부터 다시 발전하지 않으면 안된다고 결론짓고 있다.

이러한 장황한 실존주의에 대한 해설에서 눈여겨볼 점은 조연현이 실존주의를 현대인의 숙명이라고 받아들이고 있는 사실, 그리고 그 특성을 휴머니즘에서 구하고 있다는 사실이다. 이는 그가 실존주의를, 합리주의의 산물인 '메카니즘'에 대한 불신을 그 핵심으로 하는 현대의 니힐리즘의 문학적 표현으로 인식하는 데 근거를 두고 있다. 일체의 허무 속에서도 허무한 자기가 존재하고 있다는 것, 바로 이로부터 실존주의가 출발하는 것인 이상 실존주의는 현대의 니힐리즘으로부터 출발하는 것이 아닐 수 없으며 이로 인해 실존주의는 더욱 절망적인 것이지만 그러나 다른 한편 실존주의는 휴머니즘에서 출발하고 있기 때문에 또 한층 희망적인 것이라고 설명한다.[139] 이러한 사실은 구세대 문학인의 대표자로 여겨지던 조연현 역시 실존주의에 대해 초기에는 어느 정도 긍정적으로 받아들이고 있음을 의미하는 것으로 당시 실존주의가 어느 정도로 당대 문인들의 의식을 사로잡고 있었던가를 짐작하게 해 준다. 하지만 조연현의 실존주의 이해의 수준이 일종의 소개 수준을 넘어서지 못한다는 점을 알 수 있는데, 하이데거, 사르트르, 마르크스주의자인 장송 등 실존주의에 대한 다양한 입장에 대해 별다른 차별적 이해 없이 포괄하고 나열하고 있는 점에서 쉽게 드러난다. 하지만 실존주의의 핵심을 휴머니즘으로 파악하고 이를 긍정적으로 받아들이고 있다는 사실은 그가 실존주의의 한 특성을 잘 포착하고 있는 것으로 이해할 수 있다.

1950년대 실존주의 문학의 수용에 있어 그 중심을 이루고 있는 사르

---

139) 조연현, 「현대문학과 니힐이즘」, 『현대공론』, 1954.8, 56면.

트르와 카뮈의 사상에 대해 가장 적극적인 논자는 손우성과 김붕구로 대표된다. 손우성[140]은 실존주의가 과연 우리의 사상감정에 혁명을 일으킬 진정한 사조인지 유보적인 입장을 취하면서도 사르트르의 소개 및 수용에 주력하고 있는데, 사르트르는 '존재는 본질에 선행한다'는 제언을 실존주의의 출발점으로 삼아 이성 중심 사유의 정당성에 反問을 던짐으로써, 인간 지성의 중심을 '존재'에로 다시 끌어오려고 시도하고 있다고 파악한다. '실존주의는 휴머니즘'이라는 명제도 이런 기도에서 나온 것이라고 소개한다. 계속해서 사르트르는 인간의 궁극의 자유를 찾아 절규하였으며, 그가 극좌익사상가로 지목되는 동시에 공산주의의 최대의 적이 된 사실은 그의 철학이 전체주의의 노예가 아니며 또한 살아있는 인간성을 찾으려는 노력에서 비롯된 것이라고 평가한다. 이처럼 손우성은 실존주의 수용 초기에 사르트르의 철학이 단지 사회주의적 성격을 지향했을 뿐 아니라 한편으로는 공산주의의 최대의 적으로 인식되었다는 사실을 지적하고 있으며, 또한 그의 철학의 핵심을 인간성 옹호와 '자유'에서 찾고 전체주의와는 상극이라는 점을 밝히면서 사르트르의 실존주의를 매우 높이 평가하고 있다. 결국 실존주의는, 인생 자체의 무가치를 발견하거나 또는 순수예술을 찾아 초현실 속에 비굴한 도피를 꾀하기도 하고 그렇지 않으면 부조리 속에 절망해야만 했던 19세기후반 이후의 문학사조로부터의 탈출이자 반역이며 여기에 실존주의의 의의와 가치가 있다는 평가로까지 나아가는데[141], 이러한 평가는 당대의 문단 특히 구세대문인들에 대해 극단적인 비판의식을 가지고 있던 그의 인식을 그대로 반영하고 있는 것이기도 하다.

이러한 손우성과는 달리 사르트르에 대해 가장 부정적인 견해를 피력한 논자는 김붕구였다. 그는 논의에 앞서 '실존주의'문학에 대한 논

140) 손우성, 「현대불문학의 방향 - 세대의 파동」, 『문예』, 1953.2.
141) 손우성, 「실존문학으로의 과정」, 『현대문학』 2호, 1955.2.

의의 곤란함을 첫째, 구체적 작가와 작품을 통해 그 문학 속에 직접 참여함으로써 그 문학세계를 열어 보여야 한다는 점, 둘째, '실존철학'과 '실존주의문학'을 구분하여 현대문학의 가장 지배적인 특성으로 실존철학의 영향을 말할 수 있지만 '실존주의'문학이라면 문제는 달라질 수밖에 없는데, '실존주의'를 主義로 내거는 철학자 혹은 문학자들은 자기네 철학에서 어떤 실천적 주장과 행동요령을 내세우고 투쟁하는 일파(이를테면 사르트르派)로서 극히 제한된 그룹에 불과하다는 점, 게다가 김붕구 자신은 이 제한된 그룹에 특별한 관심과 연구를 기울인 적도 없으며 별로 좋아하지도 않기 때문에, 넓은 의미의 '실존문학'과 그 대표로 카뮈를 좁은 의미의 '실존주의'문학과 사르트르를 대비하는 방식을 통해 실존주의 문학을 다룰 것이라고 밝히고 있다.[142]

그는 먼저 전후 프랑스에 실존철학, 실존문학이 화려하게 등장하기 이전, 절망에서 출발한 행동주의가 문학을 실내에서 넓은 세계로 해방시켰을 뿐 아니라 역사적 조건－레지스탕스 저항운동－으로 인해 끊임없이 인간의 근본조건과 운명에 대면하는 문학의 성격을 띰으로써 미학적 위안이나 흥미거리가 아닌 인간총체에 대한 산 '증언'이라는 문학사상 획기적인 전환을 가져왔음을 상기시킨다. 이는 곧 그들의 문학이 인간운명에 대한 증언이며 적극적으로 인간을 파멸에서 건져내고 인간의 품위를 회복하려는 휴머니즘을 지향한 것으로서, 이러한 현실과 의식의 긴장된 대면에서 실존문학이 비로소 생겨날 수 있었다고 한다. 그리하여 실존문학은 허망한 인간조건(운명)에 대한 집념과 막연한 불안과 空虛의 몸부림에 적절한 진단을 내렸을 뿐 아니라 철학의 이름으로 인간의 存在態와 의식의 근본구조에서 그 불안과 虛妄을 병리학적으로 구명해 준 것이 될 수 있었지만, 거기서는 해결과 구원이 있을

142) 김붕구, 「실존주의문학」, 『사상계』 61호, 1958.8, 72면.

수 없으며 단지 虛妄에 부딪힐 뿐이라는 것을 인식하게 되면서 실존문학은 피안으로 눈을 돌리는 기독교적인 방향과 인간을 초월한 어떠한 존재도 없다는 唯人最貴의 입장을 취하는 말로, 사르트르, 카뮈의 세계로 갈리게 된다는 것이다. 그런데 실존주의는 일체의 명령과 규범에서 인간을 해방시키기는 했지만 그것은 정당화할 수 없는 무의미한 인생의 저주받은 자유에 불과했고 여기서 주저앉던가 뛰어 넘던가 해야 할 벽에 다시 한 번 부딪히게 되었는데 카뮈와 사르트르가 갈리게 되는 지점이 바로 여기라는 것이다. 즉 카뮈의 경우 세계의 지점인 '나'의 눈이 넘을 수 없는 벽에 부딪히자 나의 내면으로 향하게 됨으로써 내면적, 詩的 실존의 방향으로 넘어갔다면 철두철미하게 산문적이고 투쟁적인 사르트르는 역사적이며 사회적인 방향으로 넘어가게 됨으로써 결국은 문학까지 상실하지 않을까 싶을 정도에 이른다는 것이다.

이처럼 김붕구는 카뮈와 사르트르를 넓은 의미의 실존문학, 좁은 의미의 실존주의문학의 대표자로 거론하며 양자의 견해를 소개하고 있는데, 당대의 논자 중 가장 깊은 이해를 보여주고 있다. 아직까지는 사르트르에 대한 본격적인 비판이나 카뮈를 적극 수용할 것을 주장하고 있진 않지만 사르트르에 대해 철저히 현실적이며 투쟁적 산문적이어서 문학을 잃어버릴 듯 싶다는 부정적 견해를 피력함으로써 이후 김붕구가 어느 쪽으로 기울어질지를 짐작하게 해 준다.

이처럼 실존주의 수용의 경로가 미국과 일본을 통한 重譯의 형태에서 실존주의의 본고장인 프랑스로부터의 직접적 수용이 이루어지게 됨으로써 실존주의에 대한 이해와 인식이 더욱 심화될 수 있었다. 그러나 이러한 다양한 경로와 수용방법의 확장에도 불구하고 실존주의 이해의 중심은 여전히 사르트르나 카뮈의 문학작품에 두고 있었으며, 특히 해방공간에서의 실존주의의 수용이 주로 사르트르에 집중되었던 것과는 달리 50년대 후반으로 갈수록 카뮈에 대한 관심으로 기울어지게 되는데, 이러한 현상은 이후 실존주의에 대한 편향적 이해를 부채질하여 발전을 가로막는 장애 요인이 되기도 한다.

그런데 이처럼 실존주의가 일종의 유행처럼 폭발적 인기를 누리며 수용될 수 있었던 것은 전후의 정신적 토양이 실존주의의 시각과 논리를 받아들일 수 있는 전후상황이라는 특수성 속에서 형성되고 있었기 때문이다. 즉 비극적 전쟁의 체험은 인간불신, 이념에 대한 증오, 허무의식과 불안감 등의 정신적, 감정적 분위기를 형성하기에 충분했던 것이다. 게다가 실존주의 자체가 생소한 철학이론으로보다는 사르트르와 카뮈라는 세계적 문학가의 작품과 이론을 통해 수용되었다는 점도 지적하지 않을 수 없다. 이러한 사실은 특히 이미 자기 정체성이 확립되어 있던 구세대와는 달리 특히 신세대 문인들의 경우, 전쟁 기간 동안 상실했던 존재의식의 회복 즉 주체적 상실감의 회복이라는 철학적 차원에서 실존주의에서 강조하는 존재의 절대성에 이어지는 것이었다. 전쟁 체험은 지식인들로 하여금 존재의 불합리성과 불안과 허무라는 시대의식을 갖게 만들었고 이러한 불안과 절망의식을 자신의 문제를 넘어선 존재 보편의 문제로 환원시키게 만들었다. 그리고 그 속에서 자신이 처한 시대의 역사적 의미를 찾게 된다. 이리하여 50년대의 실존주의는 전후 지식인의 절망의식에 대한 적절한 지적 대안이 되기에 이른 것이다.[143] 이로써 전후 지식인들은 자신들도 세계적 보편성 속에 몸담게 되었으며 세계적 수준의 지적 흐름에 동참했다고 믿게 되었던 것이다.[144] 이런 의미에서 50년대 실존주의는 역사적 조건 속에서

143) 정희모, 『1950년대 한국문학과 서사성』, 깊은샘, 1997, 274~6면.

144) 이런 의식은 50년대 후반 집중적으로 논의되었던 '현대성'논의에서 잘 드러난다. 그들이 느끼는 현대는 불안과 절망의 시대였다. 게다가 서구의 현대를 그대로 이식함으로써 우리의 전쟁과 전후 현실을 자신들의 구체적 삶의 조건으로 인식하지 못하고, 서구문학의 이념을 그대로 수용하는 관념적 한계를 노출하게 된 것이다.

시대적 분위기를 띠며 형성된 것이라고 말할 수 있다. 하지만 50년대의 실존주의는 개인이 처한 불안과 절망을 그대로 인간의 존재양식으로 절대화함으로써 존재적 불안을 운명적인 것으로 돌리는 유행적 사변의 수준에서 머물고 만다. 당대의 실존주의가 다분히 분위기와 감상의 수준에서 수용된 것이라는 비판은 이를 가리키는 것이다.

실존철학과 실존주의문학의 수용이란 측면에서 50년대의 문학을 바라보는 시각과 함께 시대적 상황에 대한 응전논리라는 시각에서 실존의식을 다룬 우리문학을 바라봄으로써 이 시기 문학의 실존주의적 성격을 살펴보는 것도 가능하다. 50년대의 실존문학은 실존과 응전하여 자유의 상황에서 행동하는 장용학의 경향과 기성가치를 부정하면서 소외 속에 이행으로서의 실존적 의미를 추구하는 손창섭의 경향으로 나눌 수 있다. 장용학은 그 자신이 말하듯 사르트르의 『구토』의 영향 하에 현실적 상황과 그러한 상황에 응전하는 삶의 실존적 현실과 자유를 토끼의 우화를 빌려 묘사한 『요한시집』에서부터 관습이나 제도 혹은 현대사회의 메카니즘에 의한 비인간화의 모습을 그림으로써 현대인의 비극을 말하는 『비인탄생』과 『현대의 야』 등에 이르기까지 인간의 실존적 의미와 자유, 행동을 투시하는 작용으로 실존문학의 영역을 구축했고, 손창섭은 등단작인 『공휴일』에서부터 『혈서』, 『미해결의 장』, 『인간동물원초』 등 모멸과 자조의식의 표현을 통해 인간 실존의 상황을 드러내기도 하고 『잉여인간』, 『낙서족』 등을 통해서는 무능력과 소외의식이 빚는 인간적 비극과 부정과 회의에서 실존적 삶에 대결하는 모습 등을 그려내기도 했다.

한편 시에서는 서구 실존주의의 수용과 전쟁 체험을 통해 실존적 자의식이 다양한 양상으로 표명되는 것을 볼 수 있는데, 통칭 모더니즘적 경향으로 불리는 일군의 시인들에게서도 도시적 감각과 감상적 분위기의 묘사에 치중했던 박인환, 현실의 부조리에 대한 인식을 현실참여적 성격의 시로 표현했던 김수영이나 신동문, 구상, 김춘수 등이 집착했던 존재론적인 경향의 시, 전봉건이나 조향 등이 보여준 초현실주의적 경향 등 실로 다양한 모습으로 전개된다. 이러한 양상을 두고 직접적인 실존주의의 표명이라 하기는 힘들다 해도 실존주의적 영향력이 얼마나 다양하게 받아들여졌던가를 짐작하게 해 주는 부분이라 할 것이다.

50년대 실존주의 수용에서 주목되는 현상은 철학적 기반에 대한 해명보다는 번역자, 소개자의 취향과 편의에 따른 이론과 특히 문학 작품 중심의 소개가 이루어졌다는 사실이다. 이에 따라 실존주의 철학 및 사상에 의거한 우리 작품에 대한 구체적인 분석을 거의 볼 수 없다. 즉 수입된 실존주의 이론과 한국적 적용의 현실성 사이에 상당한 괴리가 있었던 것이다. 이는 곧 실존주의의 수용이 전후의 분위기에 어울리는 하나의 포즈로서 유행적 성격을 벗어나지 못함을 증명하는 것이다. 이에 따라 실존주의는 절실한 삶의 문제를 인식하고 해결하기 위한 철학적 사조로서 수용되었던 것이 아니라 전후 폐허를 장식하는 지식인들의 다방문화로 전락하고 말았던 것이다.145)

실존주의가 당대 지식인들의 의식과 지적 요구를 사로잡을 수 있었던 요인은 죽음의 부조리와 생존의 우연성 그로부터 싹튼 이성적 현실관의 붕괴와 깊은 관계가 있다. 그러나 무엇보다 중요한 요인은 전후의 극한 상황에서 삶과 자기 존재의 실체를 확인해 보지 않을 수 없었던 절박함과 지향의식이 절대적으로 작용한 데 있다. 이러한 지향이 인간 존재의 해명이나 생존의 지표를 찾아가는 인간 구제의 사회적 대응 형태의 양상을 띠게 한 것이었다. 실존주의는 본질보다 존재를 앞세우고 있었기 때문에 현존재로서의 인간에게 중요한 것은 '상황 논리'

145) 실존주의의 이러한 전락에 대해서는 고은(『1950년대』, 청하, 1989)이 신랄한 냉소를 던지는 가운데 비판한 바 있다.

와 '선택'의 문제였다. 여기서 탄생한 것이 휴머니즘이다. 그리고 이를 비평의 영역으로 끌어들여 저항, 행동, 모랄, 책임 등 새로운 가치 창조와 행동 지향의 근거로 삼은 것이 참여와 저항의 문법으로 발현된다. 이어령의 참여와 저항, 최일수의 저항정신, 이철범의 역사적 체험과 앙가주망, 김붕구의 증인의 문학 등은 실존주의의 또 다른 표현인 휴머니즘을 근거로 한 비평적 발언이었다. 이 때문에 실존주의는 현실 참여와 현실 묘사의 역할을 맡고 있었으며[146] 그것은 '전후문학에서 기존의 민족문학을 순수·참여 문학으로 나누는 갈림길 역할'을 했다고 말할 수 있는 것이다. 그러나 50년대의 문학과 비평에서 실존주의의 특징은 그 이해의 수준이나 구체적 적용의 문제에 있는 것이 아니라 당대 문인들의 전반적인 의식 구조를 지배하고 있었던 점에 있다. 그리고 그러한 의식의 지배가 이론적, 철학적 규명을 통한 것이 아니라 보편적 정서의 차원에서 이루어졌다는 사실이다. 또 전후의 보편적 정서로 작용했던 이러한 실존에 관한 논의를 신세대가 독점함으로써 세대간 세력관계의 재편을 가져올 수 있었던 것[147]도 그들의 삶과 현실이 정서적으로 치환된 실존주의에의 심리적 경사로 인해 가능했다. 이러한 실존주의의 본격적 수용과 유행은 다분히 분위기적인 것이었지만 한편으로는, 서구 실존주의의 중심적 사상을 형성하고 있던 저항정신이나 사회참여의 정신을 수용함으로써 구체적인 우리 현실에 대한 인식의 계기로 작용한 것만은 분명한 사실이라 할 수 있을 것이다.

(2) 실존주의 문학비평의 전개양상

전후 실존주의가 문제적인 것은 이성중심주의를 문제삼는 본래의 성

146) 최혜실, 앞의 글, 147면.
147) 김건우, 「한국 전후세대 텍스트에 대한 서론적 고찰」, 『외국문학』 1996.겨울, 41면.

격에 따라 객관적인 대상(세계)보다도 주체성을 강조하는 가운데서도 객관적 사회 즉 세계를 문제삼고 이에 저항하는 역할을 동시에 하지 않을 수 없었던 사실이다. 즉 전후 실존주의는 전후의 모더니즘과 그 성격을 공유하면서도 실존주의의 중심적 특성을 이루었던 휴머니즘, 앙가주망의 흐름을 통해 현실참여와 묘사의 성격을 띠게 된 것이다. 전후 실존주의 문학이 50년대 문학에서 중요한 의미를 지니는 것은 바로 이 지점에서라 할 수 있다.

실존주의적 휴머니즘론은 사르트르의 견해를 통해 뚜렷이 드러난다. 사르트르는 마르크스주의에서의 휴머니즘론이 인간을 고립된 개별자가 아닌 사회적 관계로서의 인간으로 파악하는 것과는 달리 인간을 고립된 존재로 본다. 그리고 이 고립된 인간이 집단행동을 하게 되는 것은 자기존재와 자유의 부정인 불가능한 현실을 더 이상 불가능으로 坐視할 수 없을 때, 즉 극한상황의 경우라고 설명한다. 실존주의가 전후에 일대 유행을 이룰 수 있었던 이유도 한국전쟁을 사르트르가 말하는 의미와 비슷한 극한상황으로 간주했기 때문이다. 이러한 실존주의 특히 휴머니즘 앙가주망이 50년대에 사회의 중심사상으로 자리잡을 수 있었던 것은 전후라는 상황 자체가 주는 분위기 특히 이데올로기를 허용하지 않는 시대적 상황 속에서 택할 수 있었던 일종의 대안의 의미를 지닌다. 즉 현실의 총체적 재현이 불가능하며 극히 폭이 좁은 현실참여를 내세울 뿐인 휴머니즘 앙가주망이 근대이후 우리 문학사의 한 기둥을 이루어 온 리얼리즘의 역할을 떠맡았던 것이라 할 수 있다. 당대의 비평가들이 사르트르의 초기 실존주의철학과 휴머니즘론을 분리해서 수용하게 된 것도 바로 이러한 이유 때문이었다고 말할 수 있다.148)

148) 최혜실, 「실존주의 문학론」, 구인환 외, 『한국전후문학연구』, 삼지원, 1995, 148~9면.

이러한 실존주의적 특성을 가장 뚜렷이 보여준 사람은 이어령이었다. 이어령은 구세대에 대한 전면적 반항과 부정의 근거를 실존주의의 앙가주망에서 마련한다. 그는 '상황'을 통해서만 사물을 내다 볼 수가 있고 '상황'을 통해서만 우리는 우리들 자신 즉 인간을 인식할 수 있다면서, 오늘날 작가는 역사에 대한 관심과 자각, 인간이 인간을 사랑할 수 있도록 하는 애정의 창조, 적과 벗의 명확한 구별 등을 뚜렷한 신념으로 삼아야 할 것을 강조한다. 이어령이 강조하는 상황에 대한 인식과 그로부터 우러나는 작가의 역사적 책임은 곧 사르트르의 실존주의 사상에 이어져 있는 것이다. 이러한 인식은 사르트르의 사상을 관념적이고 사변적인 존재개념에서 벗어나 현실적 삶을 향한 선택과 책임을 요구하는 윤리적인 사상으로 파악할 때 가능하다. 이어령이 휴머니즘의 문제를 사회 참여나 저항의 문제로까지 확장할 수 있었던 것도 이러한 인식을 바탕으로 하고 있었기에 가능한 것이었다. 결국 이어령의 참여 문학 주장은 50년대의 관념적이고 추상적인 실존 문학 논의에 구체적인 현실성을 부여하고 있는 셈이다. 당시 많은 문학가들이 실존주의를 휴머니즘으로 파악하고 있는 것은 이런 맥락에서 이루어진 것이라 할 수 있다. 이러한 실존주의의 휴머니즘을 기저로 한 현실참여문학은 60년대에 들어 문단의 뚜렷한 한 세력으로 자리를 확보하게 된다.

이어령과 마찬가지로 반항의식에 대한 강조는 김병걸에게서도 드러난다. 그는 「순수와의 결별」[149]에서 획일주의에 대한 적극적인 의식의 역동을 주장하며 반항의식으로의 방향 전환을 강조한다. 특히 주체성의 확립 곧 인간의 회복이 사회기구의 절대화에 반작용하는 의식의 필연적인 자기 강화임을 강조하고 있다. 여기서 김병걸은 말로, 카뮈 입

149) 김병걸, 「순수와의 결별」, 『현대문학』 106호, 1963.10.

장에서의 사회에 대한 반항과 인간성의 규격화에 대한 거부를 표명하고 실존주의적 參與論을 위한 철학적 논의를 통해 참여의 철학적 근거를 논증해 나가고자 시도하고 있지만 문학의 참여 문제 자체에 대해서는 거의 논의하지 못하고 있다.150)

하지만 실존주의에 대한 불신과 비판의 시각 또한 만만치 않았던 것이 사실이다. 실존주의를 "원칙적인 거점이 없고 판단의 중지 곧 모든 객체에 대한 목적과 가치추구를 전연 포기하고 우선 행동하자는 만용의 나열" 그리고 性慾의 만족과 식욕의 충족을 인간의 도덕보다 훨씬 더 문제로 삼는 등 것으로 규정151)함으로써, 인간의 더러운 면, 부정한 면, 파렴치한 면만을 표현하고 있다는 실존주의에 대한 카톨릭파의 비판152)의 논지를 그대로 답습하고 있는 것에 불과한 것에서부터, 그 허무주의적 경향과 인생을 냉소하는 철학적 태도로 인해 실존주의는 벌써 지식인의 인기를 잃어버린 것으로서 통일된 철학이 아니라 否定을 일삼는 혼합된 사상이자, 인간의 능력에 대해 부정적이며 인간에게서

150) 그가 실존주의를 현실참여의 근거로 삼는 것은 한참 나중의 일이다. "실존과 앙가주망에 관해 이 사조의 皮相면을 혐오하는 나머지 이 사조 자체까지를 혐오한다면 그것은 도리어 우리의 경박한 소행을 드러내는 것이다. … 실존적 자각이란 사회에서 소외된 자기를 의식하며 자기의 밑바닥에 허무의 구렁텅이를 보며, 그 때 우리가 체험하게 되는 통절한 고뇌를 통해 인간존재의 근거를 밝혀내는 동시에 인간의 주체성을 회복하려는 각성인 것이다. 실존의 입장은 또한 정치와 권력의 비호 하에 자행되는 갖가지의 사회비행과 우리를 굴욕시키는 오만과 대결하는 한편, 인간 상호간의 성실한 이해와 관용을 표방하면서 스스로 자유의 증인이 되는 휴머니즘이기도 하다. 그러므로 실존에의 성실이야말로 변화하는 역사 안에 있는 변하지 않는 최후의 입각점이다. 그런데 문제는 실존에 대한 지식이라기보다는 실천이다. 그러므로 역사적 현실에 필연적으로 직면해야 하는 오늘의 문학은 이 역사의 상황 가운데서 인간존재의 주체적 행위를 가능하게 하는 실천적인 의미에서의 형이상학을 立脚點으로 삼아야 할 것이다." 김병걸, 「문학과 오리엔테이션」, 『현대문학』 125호, 1965.5.

151) 손동인, 「예술이전의 영역 - 절필한 R형을 대신하여」, 『문예』, 1953.10, 69면.

152) 장 폴 사르트르(방 곤 譯), 『실존주의는 휴머니즘이다』, 문예출판사, 1981, 8~9면.

목적을 없애버린 냉정하고 비인간적인 사상이라고 비판[153]함으로써 실존주의가 인간을 절망에서 오는 정적주의(靜寂主義)속에 빠지도록 만든다고 비난[154]하는 공산주의적 입장을 기반으로 삼은 논리까지 다양한 수용이 이루어지고 있었음을 볼 수 있다. 이로써 사르트르가 『실존주의는 휴머니즘이다』에서 실존주의를 비난하는 대표적인 두 입장이라고 예를 들었던 기독교 측의 비판과 공산주의 쪽의 비판 모두가 매우 거친 모습이긴 하지만 이미 소개되었던 점을 볼 수 있다.

실존주의에 대해 가장 비판적인 입장을 견지하는 대표적인 평론가는 정태용이었다. 정태용[155]은 실존주의의 특성 예컨대 존재에의 질문, 한계상황 속에서의 실존 등에 대한 소개와 설명을 하는 가운데 특히 실존의 본질은 無이며 따라서 인간은 살아있다는 그 자체가 불안한 것이라는 점에 대해 강조한다. 그에 의하면 이 불안은 개개의 심리적인 공포의식과는 달리 존재 그것에 전체적으로 관계되는 것으로서 인간의 세계에 대한 관계가 부조리이기 때문에 근원적으로 따르는 인간의 조건이다. 따라서 실존이란 설명할 수 없으며 다만 주체적으로 선택하고 행동함으로써 실존에 부딪혀 그것을 인식하고 자각할 수밖에 없는 것이라고 설명한다. 요컨대 실존주의는 근대적 인간의 불안감정에서 출발하여 존재의 心理主義적이고 개인주의적인 형이상학을 만들었을 뿐, 불안의 극복과 합리적 생활의 건설에의 노력은 소외시켜 버린 가치관념에 지나지 않는다는 것이다. 따라서 실존주의를 모방하여 부조리와 대결하고 사회참여를 하자고 떠드는 것은 그 어떤 것에 대한 선택의 의미도 지닐 수 없으며 또 아무 것도 제거할 수 없는 것에 불과하다고 비판한다.

---

153) 「실존주의의 몰락」, 『사상계』 20호, 1955.3.
154) 장 폴 사르트르(방 곤 譯), 앞의 책, 8~10면.
155) 정태용, 「실존주의와 불안 - 불안의 심리적 형상과 극복」, 『현대문학』 58.9.

원형갑 역시 실존주의문학에 대한 비판적 입장을 표명한다. 원형갑의 비판은 사상으로서의 시, 사상으로서의 소설 경향을 외세의 直譯적 영향이라고 비판한다. 원형갑은 이처럼 문학을 문학으로서가 아니라 사회적 실천의 한 방법으로 선택한 대표적인 사람이 사르트르라고 하면서 그야말로 세계문학을 위협하고 문학을 타자에 넘겨준 장본인이라고 비판한다.156) 원형갑은 이후 본격적으로 실존주의의 앙가주망을 비판하는 장문의 평론157)을 선보이고 있다. 특히 여기서 원형갑은 사르트르와 하이데거의 실존주의를 구분하여 하이데거의 형이상학적 성격을 받아들이고 사르트르의 사회참여적 성격에 대해서는 극단적인 비판을 가한다.

50년대 후반 당대 사회의 대표적 지성지였던 『사상계』 역시 실존주의를, 전쟁을 계기로 2차대전후 서구에서 유행했던 '위기와 절망의 문학·철학'을 지식인계가 수용한 것이라고 비판한다. "근래 歐美의 일부 人士들이 危機와 絶望이라는 '敗者의 哲學'을 高唱함으로써 自由世界의 知性을 좀먹어 들어가는 것은 진실로 有感된 일이 아닐 수 없습니다. … 우리는 盲目的으로 이 '敗者의 哲學'을 받아들여서는 안되겠습니다. 더구나 힘과 抱負에 차야 할 젊은이들의 마음속에 이러한 씨를 뿌린다든지, 젊은이들 자신이 盜聽塗說로 그 一端을 窺知하였다하여 이로써 唯一無二의 眞理로 삼고 제자리에 주저앉아 退嬰無爲의 生活에 젖어 버린다면 이보다 한심스러운 일은 다시없는 줄 압니다. 저들은 危機니 絶望이니 하여도 그것은 오직 觀念上 내지 理念上의 戱弄에 불과합니다."158) 이처럼 실존주의를 세계대전 이후 서구를 풍미하던 위기와 절망의 허무주의 사조로 비판하고, 남한사회가 위기와

156) 원형갑, 「앙가쥬망과 신비적 체험」, 『현대문학』 51호, 1959.3.
157) 원형갑, 「실존과 문학의 형이상학」, 『현대문학』 56호, 1959.8.
158) 『사상계』 1959년 8월 호 권두언.

절망에 빠진 것은 분명하지만 여전히 역사발전의 필연성을 신뢰해야 한다고 강조한다. 이러한 견해는 이성의 발전과 합리성을 바탕으로 한 계몽주의를 신조로 삼고 있는 『사상계』 지식인의 의식을 잘 보여주는 것이다. 『사상계』가 反이성과 합리성에 대한 거부를 그 바탕으로 삼고 있는 실존주의를 거부한 것은 바로 이 때문이었던 것이다.

1950년대 후반으로 갈수록 실존주의에 대한 이러한 부정적 시각이 지배적인 경향으로 자리잡게 된다. 그런데 대부분의 비판은 실존주의에 대한 본격적인 탐구에 따른 것이라기보다는 50년대 문학의 성격을 비판하는 연장선상에서 서구 사조에의 지나친 경사를 비판하는 하나의 방편으로 이루어지는 경우가 많았다. 예컨대 신동한의 경우 50년대 후반의 문학 중 소위 순문학이라는 작품들은 추상소설, 관념소설, 난해시가 그 본령이나 되는 듯 알 수 없는 넋두리를 늘어놓고 있는데, 이 사조는 외국사조—실존주의—의 영향을 받은 것으로 문화적인 풍토가 다른 한국에서 아무리 그 모방을 일삼는다 할지라도 어설픈 연기에 지나지 않는 것[159]이라 비판하는 것을 볼 수 있다. 당대의 실존주의적 경향의 작품이나 논리가 실제로 관념적인 성격을 일정하게 띠고 있었고 또 이 글이 실존주의 비판에 중점을 두기보다는 50년대 문학 전체의 현실도피적 성격을 비판하고 아직은 문학이 계몽의 역할을 담당해야 한다는 논리를 펼치는 연장선상에서 이루어진 비판적 발언이지만, 이러한 비판은 50년대에 실존주의 문학이 갖는 성격을 제대로 이해하고 있지 못할 뿐 아니라 어떤 의미에서는 이해하려는 의도조차 없는 것이기도 하다. 윤병로의 경우에도 비슷한 인식을 보여준다. 오늘의 한국문학은 주체성을 상실하고 한갓 모방문학으로 타락해 버렸는데, 많은 신인 작가들이 무작정 사르트르나 카뮈의 실존세계를 흉내냄으로써 서구

159) 신동한, 「생활조직으로서의 문학 - 고답과 번뇌의 폐풍을 없애자」, 『현대문학』 통권 70호, 1960.10.

적 지성이나 사상을 송두리째 모방해 보자는 심사를 보여준 결과 조작적인 인공소설로 떨어짐으로써 대중과는 동떨어진 문학세계를 형성하게 되었다는 것이다.160) 하지만 이러한 비판은 실존주의의 도입 당시 비판적 시각에서 받아들인 것이라기보다는 4·19에 의해 역사적 상황의 변화가 진행되고 난 뒤 결과론적으로 내리는 해석의 성격이 크기 때문에 다분히 사후적 비판의 성격을 띠는 것이라 할 수 있다.

실존주의에 대한 구세대의 비판은 김동리의 『실존무』를 통해 볼 수 있다. 이 작품은 전쟁의 혼란 속에서 새 출발을 해야 하지만 그 방향을 찾지 못하는 구세대의 의식을 실존주의 비판과 연결시켜 희화적으로 그리고 있다. 김동리는 『실존무』에서 박운삼의 죽음이 대변하는, 기성의 도덕과 사회적 질서로는 더 이상 유지될 수 없는 절망적 삶의 양상을 인정하면서도, 전후세대가 제기하는 실존주의라는 대안 역시 한갓 허무주의거나 찰나주의에 지나지 않는 만큼 진정한 새 출발의 대안일 수 없다는 것을 강조하는 것이다. 이러한 인식 속에는 현실은 사상과 무관할 뿐 아니라 6·25란 근본적으로 한갓 우발적인 사건에 지나지 않는다는 생각이 들어있다. 일종의 천재지변과 같은 것이어서 어쩔 수 없는 운명으로 받아들이지 않을 수 없다는 것이다. 남는 것은 그 천재지변의 순간이 지나고 정상으로 되돌아오기를 기다리는 것뿐이다. 이는 철저히 현실적 삶에 충실한 인식으로서 당대의 실존주의에 대한 구세대의 인식이 정확하게 드러나는 지점이라 할 수 있다.

전후 실존주의에 대한 구세대와 신세대의 이해의 수준을 보다 극명하게 보여주는 것은 조연현과 정명환의 논쟁 및 김동리와 이어령 사이에 벌어진 논쟁이다.

김동리와 이어령 사이에 벌어진 실존주의 논쟁161)은 구세대와 신세

160) 윤병로, 「표현의 해방 - 모방에서 자율로」, 『현대문학』 83호, 1961.11.
161) 논쟁의 진행은 김동리의 창작평에 김우종이 반박을 하고 이에 대한 김동리의

대를 대표하는 인물들 사이에서 구체적 작품을 놓고 논쟁이 전개되었다는 점에서 관심이 집중된다. 김동리가 한말숙의 『신화의 단애』와 추식의 『인간제대』에 대해 '실존성' 및 '극한상황'이라는 실존주의적 용어를 사용하여 긍정적으로 평가하자,[162] 김우종[163]이 이에 대해 비판을 가하고 다시 김동리가 김우종에 대한 비판[164]을 가하게 되었는데, 이 때 이어령이 김동리를 재차 비판하고 나선다. 이에 대해 김동리는 한말숙의 『신화의 단애』에서 '실존성'을 그리고 추식의 『인간제대』에서 '극한상황'을 인정할 수 있다고 반박한다.

이에 이어령은 문제의 두 작품을 분석하고 이들 작품은 김동리가 말한 '실존성'이나 '극한의식'과는 무관한 것이라고 비판한다.[165] 논쟁의 첫 번째 쟁점은 추식의 『인간제대』가 과연 극한의식을 표명하는 작품인가 하는 문제였다. 이어령은 이에 대해 실존 개념을 명확히 이해하지 못한 데서 온 '실존성'이라는 조작어를 사용하고 있다고 비판하고 김동리는 '실존성'의 출전을 밝힘으로써 대응한다. 두 번째 쟁점은 한말숙의 『신화의 단애』에서 '실존성'을 발견할 수 있는가 하는 문제였다. 이어령은 서구의 문화적 문맥 위에서나 사용할 수 있는 '극한상황'은 '인간의 궁극에 있어서 마주치는 하나의 벽을 의식하는 상황'으로서 객관적으로 파악하는 것이 아니라 존재의 자각으로서만 느낄 수 있는 문제이므로 이는 어디까지나 형이상학적 문제임을 강조하고 동물이

답변에 다시 이어령이 문제를 제기하면서 시작된다. 논쟁은 이어령의 「영원한 모순」, 김동리의 「좌표 이전과 모래알과」, 이어령의 「논쟁의 초점」, 김동리의 「초점, 이탈치 말라」, 이어령의 「희극을 원하는가」, 김동리의 「눈물의 의미」 등으로 이어진다. 그러나 논쟁은 후반부로 가면서부터는 인신공격으로 진행되고 애초에 제기되었던 실존주의의 근본문제에 대한 내용은 없어지고 만다.

162) 김동리, 본격작품의 풍작기, 서울신문, 1959.1.9.

163) 김우종, 「중간소설을 비평함 - 김동리씨 발언에 대하여」, 『조선일보』, 1959.1.23.

164) 김동리, 「논쟁조건과 좌표문제」, 『조선일보』, 1959.2.1~2.

165) 이어령, 「영원한 모순 - 김동리씨에게 묻는다」, 『조선일보』, 1959.2.9~10.

나 일상적 생활에만 젖어있는 사람에겐 '극한의식'은 있을 수 없다."고 단정한다. 이에 대해 김동리는 "한국적인(유씨의 경우와 비슷하게) 그리고 추씨적인 극한의식이 도사리고 있는 것"이라 반박한다. 결국 논쟁은 실존주의의 근본적 사상과 그 사상의 적용 대상인 우리 현실에 대한 천착으로 나아가지 못하고 '실존성' '극한의식'이라는 용어를 둘러싼 지식 자랑의 수준에 멈추고 말았는데 이는 실존주의에 대한 철학적 이해가 이루어지지 않은 상태에서 관념적이고 주관적인 용어 해석을 통한 비판과 공격을 하고 있기 때문이다. 결국 이들의 논쟁은 '세대의 차에서 온 언쟁의 수준이지 실존주의와는 상관없다'[166]는 지적처럼, 인간존재의 구조와 사유방식의 탐구라는 실존주의의 핵심에 다가가지 못한 채 개인적 감정의 분출로 끝나고 만다. 이어령이나 김동리 어느 쪽도 실존주의에 대한 깊이있는 논쟁을 이끌어 갈 만한 이론적 바탕이 없었음이 논쟁의 전개과정에서 드러난 것이다. 신구세대를 대표하는 두 사람이 그러했다는 것은 곧 당시 문단 전체의 수준이 어느 정도인가를 말해주는 것이기도 하다. 그러나 정작 이 논쟁에서 눈여겨볼 것은 신구세대를 대표하는 두 사람의 논쟁 태도이다. '신세대의 기수'로서 구세대에 대한 강렬한 부정의 정신을 내보이던 이어령은 그러한 부정정신의 원천이었던 사르트르보다는 하이데거와 야스퍼스의 존재론적 실존주의로 기울어져 있다. 인간의 내면세계를 탐구하는 형이상학 쪽으로 달려간 것이다. 이로써 이어령은 부정의 비평의식이 자신의 삶과 밀착된 신념으로부터 비롯된 것이 아니라 단지 구세대와 그 문학의 부정을 위한 방편으로 사용되었음을 밝히고 말았다. 한편 실존이나 극한상황이라는 실존의식은 서구의 문화적 맥락 위에서만 가능하며 우리의 문화적 맥락에서는 그러한 실존의식을 느낄 수 없다는 생각은 그의

166) 이철범, 「언쟁이냐 논쟁이냐 - 김동리씨와 이어령씨의 논쟁을 보고」, 『세계일보』, 1959.3.28.

구세대문학에 대한 인식을 엿보게 해 주는 것이 아닐 수 없다. 곧 우리의 문화적 전통에서는 그러한 정신적 축적이 없다는 것을 말한다. 이로써 그의 구세대문학에 대한 비판과 부정은 정당화된다. 한편 김동리는 이어령과의 논쟁에서 실존주의란 다만 유행사조로서의 시류적인 것의 일종에 지나지 않는다는 시각을 보여준다. 따라서 시대적 변이상의 설명 방편으로 이용하면 되는 것이어서 그 철학적 본질이라든가 그러한 주의, 주장이 등장하게 된 배경을 소상히 아는 일은 별개의 과제로서 설정될 수 있을 뿐[167]이며 실로 중요한 것은 그러한 의식을 한국적인 것으로 파악하는 것이 중요하다는 현실적 입장을 드러내는 것이다. 이러한 인식은 전쟁을 '전후문학'의 원천적 경험으로 삼고 있는 전후세대와 전쟁을 단지 일시적 재앙으로 시간이 지나면 곧 치유될 상처로 파악하는 신구세대의 시대인식의 차이에서 기인한다. 이들의 논쟁이 구체적 작품을 매개로 하고 있으면서도 실존주의 사상의 본질 해명으로 나아가지 못하고 용어사용의 정확성을 둘러싼 입씨름으로 빠져버리고 만 것, 그리고 문단 헤게모니를 둘러싼 신구세대의 감정적 대립으로 그쳐 버리고 만 것도 애초부터 논쟁의 초점을 달리하고 있었기 때문이다.

정명환과 조연현의 논쟁 역시 크게 다르지 않다.

정명환이 조연현의 「실존주의 해의」를 비판하고 이에 조연현이 반박하면서 논쟁이 전개된다. 정명환[168]은 평론계에 대한 문단의 불신임을 논의하는 가운데 작가와 비평가의 대화가 단절되는 이유 중의 하나로 비평가의 정실적인 언사와 독단, 부정확한 개념의 남용 더 나아가 비평정신도 갖추지 못한 비평가의 의식적으로 아는 척 하려는 弊風을 들고 그러한 구체적인 예로 실존주의에 대한 조연현과 정태용의 논의를

167) 김윤식, 『한국근대문학사상연구2』, 아세아문화사, 1994, 193~208면.
168) 정명환, 「평론가는 이방인인가」, 『사상계』 114호(문예특별증간호), 1962.11.

들어 비판한다. 즉 실존문학의 의미는 여건과 의욕의 근본적인 모순을 인식하고 그런 인식의 토대 위에서 삶의 뜻을 찾아보려는 현대의 스토이시즘이라 할 수 있는데, 우리 나라에서는 실존주의가 부정만능주의의 대명사처럼 擬古되어 있으며 그 개념들이 이들 평론가에 의해 우리 작가들의 작품을 논하는 자리에서 그대로 사용되고 있다는 것이다. 이러한 비평계의 현상을 빚어낸 근본적인 원인에 대해 정명환은 비평가 자신의 철학 즉 내적 요구로서의 탐구정신이 없기 때문이라 비판한다. 정명환의 이러한 논의는 평론계에 대한 불신임의 원인과 그 해결방안의 모색이라는 주제 자체로서는 그다지 문제될 것이 없을 뿐 아니라 훌륭한 작품의 부재와 평론가의 비평정신의 부족이라는 지적 역시 50년대 중반 이후 많은 작가, 비평가에 의해 끊임없이 제기되어 온 사항이라는 점에서 별로 새로울 것도 없는 것이었다. 그러나 비평정신의 결여를 지적하는 과정에서, 실존주의가 본격적으로 소개될 무렵에 나온 조연현의 글 「실존주의 해의」(1954)를 문제삼음으로써 조연현의 반박을 불러일으키게 되었고, 그에 대한 反비판으로 이어지는 실존주의 논쟁을 불러일으키게 된 것이었다.

조연현은 정명환의 글이 바로 우리 평단에 대한 일반적인 불신임의 근거가 된다고 지적한다. 마르크스주의자인 프란시스 장송의 견해를 빌어 카뮈를 비판했다고 해서, 또 '실존주의가 절망적이며 비극적인 속성으로 정지된다'는 말을 두고 실존주의에 대한 근본적 무식을 드러낸다고 공격하지만, 장송을 존슨으로 표기한 것은 誤記이고 장송의 견해를 빌었다고 해서 마르크스주의의 실존주의 비평을 수용했다고 볼 근거는 없으며 실존주의가 정씨와 같은 불문학자의 전매물이 아니라는 점에서 조연현 자신은 자신대로 실존주의에 대해 해석할 권리를 갖고 있다고 반박한다. 또 자신은 실존주의가 절망적이며 비극적인 속성을 극복하기 위한 노력을 방향으로 갖고 있다는 것을 강조했을 뿐이라 해명하고 있다.[169] 그러나 이러한 조연현의 해명이나 반박은 자기변명의 수준을 넘지 못하고 있다. 조연현은 정작 정명환이 비판하고 있는 내용에 대해서는 전혀 구체적인 반박을 하지 못함에도 불구하고 그 목소리는 정명환 이상으로 강경하다. 정명환과 조연현의 논쟁에서 실제로 주목해야 할 부분도 바로 이 대목이라 할 수 있다. 즉 논쟁의 구체적인 내용보다는 논쟁에서의 자세와 태도의 문제에 대해 더욱 주의를 기울일 필요가 있다. 자신의 실존주의 이해가 정확한가의 여부보다는 문단의 핵심적 인물로서 문단의 권위자로서의 지위에 도전하는 신세대비평가에게 조금도 질 수 없다는 것, 논쟁의 내용에 관계없이 무식하고 오해의 천재라는 불명예스러운 소리는 들을 수 없다는 생각의 근거는 바로 문학관의 문제, 문학하는 자세의 문제와 연결되는 것이었다.

그래서 조연현은 본격적인 실존주의사상에 대한 구체적 반박이나 논쟁으로 나아가지 못하고 "정씨는 비평을 암호의 해독이라고 했다. 암호란 이미 약속된 한정된 의미를 가지고 있다. 그러나 문학은 작가 자신에 의해서도 다 해석될 수 없는 암호 이상의 것이다. 비평을 암호의 해독으로 천진하게 생각하는 천진성은 부러운 것"이라면서 무식과 오해의 문제에 대한 역공세를 취한다. 하지만 정명환이 문학을 암호로 생각했을 리 없다는 것은 두말할 필요가 없다. 또 조연현이 이를 모를 리도 없다. 그럼에도 이를 당당하게 중심 주제로 끌어내어 비판하는 것은 곧 문학과 삶의 태도의 문제를 말하고자 하는 것이며 전후 신구세대의 차별성과도 연관 깊은 문제이다. 즉 자신의 무식과 오해를 비판하는 정명환에 대해 자신의 오해는 전혀 문제삼지 않는 것은 한편으로는 실제 자신이 일정하게 오해한 내용에 대한 더 이상의 언급을 하지 않음으로써 문제의 내용을 피해가는 것이기도 하며 다른 한편으로

169) 조연현, 「문학은 암호 이상의 것이다」, 『현대문학』 97호, 1963.1.

는 그렇게 오해했다면 어쩔 것인가, 절대의 해석은 없으니 그것은 문제가 안된다는 식의 일종의 무시이기도 하다. 오히려 조연현은 비평은 암호의 해독이라는 문구를 문제삼고 "인생이라는 것이 암호의 해독처럼 해석되어진다면 인류의 고민이나 고독은 얼마나 가벼워질 수 있을까" 다만 그 천진성을 부러워할 뿐이라는 조소를 보냄으로써 인생으로서의 문학, 삶으로서의 문학을 추구하는 근본주의적 비평가로서 또 해방공간과 전쟁이라는 역사적 시련 속에서 문단의 권위를 유지해온 대가로서 서구문예이론으로 무장한 전후의 젊은 비평가들의 비평관 자체를 문제삼는 것이다.

이러한 조연현의 태도에 대해 정명환은 그것은 비평을 포기한 자세라며 즉각 재비판[170)]을 시도한다. 조연현은 (평단에 대한) 불신의 원인이나 근거가 무엇이며 그 원인이나 근거는 얼마나 신임받을 수 있는가 하는 데 문제가 있다는 논리를 전개하면서도 정작 그런 문제를 밝히는 데는 흥미가 없다는 것 즉 초미의 문제인 비평문학의 근본적 결함을 어디서 찾아야 할 것인가 하는 점에 대해 대표적 평론가로서 관심의 대상으로 삼고 있지 않다고 지적하고, 흥미 유무의 문제는 비평이전의 태도일 뿐 아니라 지성 이전의 소리라고 비판한다. 그는 실존문학을 중심으로 비판을 한 다음 논쟁의 표면적인 대립점을 형성했던 문학 암호론에 대한 비판에 나선다. 그는 먼저 조연현이 自己流의 독창적인 오해론을 기초 삼아 자신이 사용한 암호라는 말을 문맥과 상관없이 도마에 올려 트집잡기에 나섰다면서, 자신이 사용한 암호란 개념이 '우리의 해석을 기다리는 미지의 것'이라는 뜻이며, 따라서 암호를 해독한다는 것은 이 미지의 것을 해석한다는 의미로서 이 해독을 위한 열쇠는 입장과 견해를 달리하는 각 비평가의 수중에 있는 것이라는 설명

170) 정명환, 「비평이전의 이야기 - 조연현씨의 평문을 반박한다」, 『사상계』 117호, 1963.2.

을 덧붙인다. 그러나 사실 이런 것을 잘 알고 있을 조연현이 자신의 말을 곡해하여 문학이 암호이상의 것이라고 주장을 하는 것은, 어떤 고충에서 비롯된 것으로 문학이 암호이상의 것이라고 해야 조연현 자신의 감응력 표현자유설과 오해론과 고독론이 성립되기 때문이라고 비난한다.

정명환의 이러한 비판은 논리적 우위성의 확보를 근거로 조연현의 실존주의에 대한 이해의 얕음을 드러낼 수 있었고 또 조연현의 비평관을 체념의 철학이라고 공박할 수 있었지만, 조연현이 자신만만하게 정명환의 천진성이 부럽다는 조소를 보내고, 인류의 고민과 고독의 무게를 느낄 줄 아는 것이 인생이고 그것을 온 몸으로 담당하는 것이 문학이며 자신이야말로 그러한 삶으로서의 문학을 해 왔다는 조연현의 자부심에 대해서는 조금도 손상을 줄 수 없는 것이었다. 이는 이제 더 이상 신구세대의 문학적 논쟁이 불가능한 지경에 이르렀음을 말해주는 것으로서, 전후 문단에서 많은 논쟁을 통해 부딪쳤던 신구세대의 갈등이 더 이상 문학사적 대립이나 갈등으로서의 의미를 지닐 수 없는 것을 말해주는 것이다. 이러한 대립과 갈등이 우리의 것을 둘러싸고 전개되는 전통논의에서는 계속될 수 있었지만 서구의 문학이론이나 지식을 필요로 하는 여타의 논의에서는 더 이상 이루어질 수 없다는 것이 실존주의논의를 둘러싼 정명환과 조연현의 논쟁에서 확연히 증명되고 있는 것이다.

이상에서 보았듯이 실존주의의 수용과 그 논리의 전개는 각 논자에 따라 매우 다양하게 이루어지고 있다. 먼저 실존주의에 대한 부정적 입장을 피력하는 경우에도 실존주의의 감상적 분위기, 그것의 계급적 성격에 대한 비판, 예술방법으로서의 한계 등 실존주의에 대한 다양한 비판이 가해지고 있지만, 이 경우에도 실존주의에 대한 종합적 의견을 반영한 것이라기보다는 실존주의에 대한 각 논자의 이해방식을 실존주의 전체에 적용시킨 것이거나 무분별한 서구사조의 수용에 대한 비판의 예로서 이용한 것이라 할 수 있을 것이다. 그러나 이런 가운데서도 실존주의가 지닌 주관주의적 경향 등에 대한 지적이 이루어지고 있었던 사실은 어떤 의미에서는 당대의 서구 사상의 수용이 맹목적인 것만은 아니었음을 짐작하게 해준다. 한편 이러한 부정적인 견해와는 달리 주로 서구문학 전공자들에 의해 이루어진 적극적인 실존주의의 수용도 그 한계가 뚜렷한 것이었다. 그것은 서구 실존주의 논의의 소개 및 이론 자체에 대한 수용자 나름대로의 해석은 어느 정도 이루어질 수 있었지만 실존주의 이론의 내재화를 통한 구체적 비평활동은 이루어지지 못한 점에서 쉽게 알 수 있다. 이는 특히 실존주의 자체가 당대의 문학인들에게 있어 시대적 과제를 헤치고 나갈 철학적 사상으로서가 아니라 사르트르나 까뮈의 작품을 통한 시대적 분위기의 표현으로 받아들여졌기 때문이라고도 할 수 있을 것이다. 하지만 실존주의에 대해 어떤 입장을 견지하고 있든 이들의 실존주의 논의는 모두 휴머니즘론으로 귀결되고 있음을 볼 수 있다. 이는 이른바 '전후문학'의 보편적 특성을 분명히 반영하고 있는 것으로서 당대의 문학이 지향하고 있었던 방향성을 여실히 보여주는 것이다. 이로써 50년대의 비평문학은 구세대의 문학적 권위에서 벗어날 뿐만 아니라 단순한 불안의식의 반영으로부터 벗어날 수 있는 새로운 출구를 마련한 셈이었다. 이어령의 저항문학론이나 김붕구의 행동적 휴머니즘론 등이 모두 이러한 인식의 산물이라 할 것이다.

2) 지성의 위기와 보편적 인간성의 추구-휴머니즘론

50년대 비평의 중심을 형성했던 휴머니즘의 문제는 전후 신세대비평의 일종의 탈출구 역할을 한 것이다. 휴머니즘론이 한국문학이 나아가야 할 새로운 방향으로서 거론되었던 것은 문단 분열 및 신구세대의 대립으로부터 비롯된다. 즉 각종 문예지와 문학조직의 실권을 장악하고 있던 문단의 중심 세력으로서의 구세대들은 이미 문단권력이 아닌 문학론을 통한 문단의 구심점으로서의 역할을 할 수 없는 상태였고, 이들의 문학을 전면 부정했던 전후세대 역시 특별한 문학이념이나 그에 근거한 문학론적 대립을 추구할 만한 이론이 없었던 상태에서 휴머니즘을 전면에 내세웠던 것이다. 그리고 이를 통해 세계문학에 다가설 수 있다고 본 것이다.

휴머니즘론은 실존주의의 수용에서 출발한다. 사르트르는 '세계 내 존재'로서 인간이 초월성과 관련을 맺는 주체성을 휴머니즘이라 하는데 이는 자유와 선택, 그에 대한 책임이라는 모럴론으로 드러난다. 카뮈는 역사의 현장에서 견디며 살아가고 그 속에서 창조하야 한다는 것 즉 현장에서 부조리를 발견하고 그 부조리를 벗어날 수 있는 힘으로서의 반항을 그려야 한다는 의미에서의 휴머니즘을 말한다. 한국에서의 휴머니즘은 이러한 실존주의적 휴머니즘과 연관되어 있는 것이지만 전후 한국에서의 실존문학사상은 프랑스나 독일의 실존문학사상에서 보여주는 죽음이라든가 존재의 철학적 논리로서보다는 불안과 위기를 극복해 줄 수 있는 상식적인 차원의 사상이었다.

사르트르는『실존주의는 휴머니즘이다』에서 고전적 휴머니즘은 결국 파시즘으로 귀착하는 것으로 규정하고 실존적 휴머니즘을 내세우고 있다.

"인간은 끊임없이 자기 밖에 있으며 자기 외부로 스스로를 투사하고 스스로를 잃어버림으로써 인간을 존재하게 하는 것이다. 인간이 존재할 수 있는 것은 초월적인 목적을 추구함으로써 가능하다. 그처럼 인간은 이러한 초월이며 초월과의 관계에서만 사물을 파악할 수 있기 때문에 그와 같은 초월의 한복판 즉 가운데에 있다. 인간의 우주, 즉 인간의 주체성의 우주 이상의 다른 우주가 있을 수 없다. 초월, 인간을 구성하는 것으로서의 초월—신은 초월적이라고 할 때의 의미에서가 아니라 자기 이상의 것으로 향하는 것이라는 의미에서—과 인간은 그 자신 안에 갇혀있는 것이 아니라 항상 인간적 우주 속에 현존하고 있다는 의미에서의 주체성과의 결합을 우리는 실존주의적 휴머니즘이라고 부르는 것이다."[171]

이러한 사르트르의 실존주의적 휴머니즘을 두고 손우성은 "인간의 지성이 부당히 간과하려는 중요성의 중심을 <존재>에로 다시 끌어오려는 것이며, 모든 현상이 인간성에 만족을 주지 못하는 사태를 인식하며, 지성이 자칫하면 인간성에 굴레를 씌워 불행으로 끌어가려는 弊를 시정하고자…"[172]한 것이라 설명하고 실존주의가 인간의 존재 의식을 중점으로 한 인간의 진정한 자각을 목표로 한다는 점을 강조하여 실존주의와 휴머니즘의 밀접한 연관을 강조하고 있다. 특히 손우성은 정신과 육체의 이분법을 넘어 그러한 육체와 정신을 야기하는 근본으로서의 생명을 중시하고 이를 위한 올바른 지식을 추구해야 함을 강조한다. 이 지성에 의해 인간은 자신이 가고자 하는 길을 스스로 찾으려는 의욕을 가지게 된다는 것이다. 그리고 이러한 종합적 생명에 걸맞는 지식의 추구 즉 인간창조의 길을 찾는 데서 휴머니즘사조가 생겨나게 된다고 강조한다.[173] 하지만 손우성은 휴머니즘을 당대의 문학이 특별히 나아갈 길로 제시하는 것에 대해서는 회의적이다. 그것은 현대의 휴머니즘은 진실로 인간의 본연을 찾고 있다는 것을 강조할 뿐, 그 이상의 아무 것도 없기 때문이라는 것이다. 즉 인간사회의 위기란 인간이 자아의 위치를 생각한 때는 언제든지 느껴온 현상으로 이전에도

---

171) 사르트르(왕사영 역), 『실존주의는 휴머니즘이다』, 청아출판사, 1995, 54~5면.
172) 손우성, 「현대불문학의 방향 - 세대의 파동」, 『문예』 15, 1953.2, 19면.
173) 손우성, 「현대적 사색과 지식인의 위치」, 『사상계』 33호, 1956.4.

항상 휴머니즘을 벗어난 적이 없었다는 것이다.[174] 실존주의와 휴머니즘에 대한 손우성의 이러한 견해는 불문학을 전공한 학자로서 실존주의가 서구의 합리적 객관주의에 대한 비판의 의미를 지니는 것이면서 동시에 그것이 극히 주관적인 것임을 지적하는 것이다. 이러한 비판은 이후 50년대 후반으로 갈수록 주관주의적 경향에 기울어지는 실존주의에 대한 비판을 담고 있는 것이며 그러한 주관과 객관 그리고 육체와 정신의 종합적 사고를 바탕으로 할 때 진정한 휴머니즘 사조가 탄생할 수 있음을 강조하는 것이다.

이러한 손우성과는 달리 조연현은 실존의식은 휴머니즘을 그 본질로 하고 있지만 아직 완성된 형태의 휴머니즘이라 할 수는 없기에 그것을 휴머니즘으로 발전시키는 것이 현대인에게 주어진 과제라고 하여 실존의식을 미완의 휴머니즘으로 파악한다. "실존의식은 현대인이 그것으로부터 출발해야 할 숙명적인 기점일 뿐이다. 우리가 그곳까지 도달하지 않으면 안될 실존의식이 上記한 것과 같은 절망적이며 비극적인 속성으로서 나타난다면 하이데거의 말처럼 자살이나 희생으로서 그것으로부터 초월할 것이 아니라 그 모든 비극적 절망적 속성으로부터 휴머니즘의 옳은 속성으로 돌아갈 수 있는 길을 찾지 않으면 아니될 것이

174) 좌담회 「현대적 인간의 올바른 자세와 올바른 이념」, 『사상계』 47호, 1957.6. 이 좌담회에서 최재서 역시 문학하는 사람들의 입장은 언제나 완전한 인간성을 찾는 휴머니즘의 입장을 가지기 마련이며 휴머니즘은 무슨 이론적 체계를 갖는 이데올로기가 아닐 뿐 아니라 사상체계라기보다는 그 기준을 '완전한 인간성'에 두는 일종의 비평정신임을 강조한다. 안병욱도 메카니즘에 대한 인간의 깊은 자각에서 실존주의가 탄생했으며 이 실존주의는 곧 휴머니즘이라고 강조한다. 하지만 박종홍은 서구의 휴머니즘, 실존주의에 대해 서구와 같은 느낌을 가지고 대할 수 있는지 의문이라면서, 서양인들이 근대과학문명에 대비 인간의 본래적인 모습으로 돌아가자는 것에서 실존주의가 요구된 것이라면 그만한 과학문명도 합리적 이론도 가져본 일이 거의 없는 우리의 경우 비록 실존주의에 공명되는 바가 있다해도 좀 다르게 생각해야 할 것이라면서 휴머니즘의 무조건적인 수용에 부정적 입장을 표시하고 있다.

다."[175]

홍사중과 정창범은 신에의 접근이나 초월성으로 허무를 극복하고자 했다. 현실을 허무로 규정하고 그 극복 방식으로 서구의 지성을 도입하고자 했는데 홍사중이 카프카를 통해 초월을 지향한다면 정창범은 카톨릭시즘으로 허무를 극복하고자 한다. 홍사중은 인간옹호의식, 인도주의라는 평이한 뜻으로서의 휴머니즘을 제기하고 서구 현대문학에서 그 모범을 구한다. 한편 정창범은 카톨리시즘의 모랄을 통해 윤리의 회복을 모색한다. 홍사중이나 정창범의 경우 결국 서구문예사조에 대한 견해를 내보인 것들에 불과하지만 초월적인 구원의 문제가 당시에 하나의 방법으로 수용되었음을 말해주는 것이라 할 수 있다. 이영일은 전후세대의 자의식을 강하게 부각시켜 불안시대의 작가정신의 의미를 구세대와 변별적으로 추구한다. 작가적 책임과 작가정신을 상황인식과 관련시키고 있는 것이다.

모럴로서의 휴머니즘은 모순과 불안 속에서 인간이 주체적으로 현실에 대응하는 '윤리적 현실'의 문제로 발전해간다. 이러한 실존적 윤리의식은 작가의 모럴을 탐구하기 위한 하나의 방법일 수 있으나 야스퍼스의 '윤리적 현실'이라는 관념이 있을 뿐 실제적인 현실에 대한 탐구가 거세되어 지식인의 관념적 고통이 나타나 있지 않다. 이는 서구의 현대와 한국의 현실을 동시에 포착해보려는 과정에서 지적 위치를 서구의 현대에 놓은 데서 나온 발상이기 때문이다. 신동한의 경우 세대적 의미를 통해서 역사성과 사회성을 중시하는 작가의 모럴을 설정하고 있다. 그는 휴머니즘의 본질을 인간의 주체성을 확립하고 인간이 인간답게 하는 사상에 앞선 태도로 규정하고 이 주체성을 회복하기 위해서는 조국애와 민족애가 그 전제조건이 되어야 하며[176] 인간의 행동

175) 조연현, 「실존주의 해의」, 『문예』 21, 1954.3, 183면.
176) 신동한, 「휴머니즘과 작가정신」, 『자유문학』, 1959.3.

에 있어서는 '인간의 양심'이라는 윤리관이 기준이 되어야 한다고 강조한다. 그리고 작가정신을 '휴머니즘'의 기반 위에 세우기 위해 윤리성의 문제, 저항정신, 새로운 인간형의 창조라는 세 가지 각도에서의 논의의 필요성을 언급한다.177) 하지만 그가 제시하는 저항정신이나 새로운 인간형의 창조란 휴머니즘을 기조로 한 작가정신의 모색이라는 극히 평범한 의미를 넘어서지 못한다. 이철범은 역사적 체험을 실존적 행동이나 앙가주망으로 전화시킨다. 그러나 그의 경험이란 과장해서 보면 실존의 문제이지만 사실상은 구체적 현장 체험이라는 상식적 수준의 것에 불과하며 다만 실존이나 의식의 개념을 끌어들여 분석하고 있을 뿐이며, 서구 '전후문학'의 분위기를 역사적 체험으로 간주한 뒤 그 다음에 한국전쟁이 역사적 체험으로 다가온 것이라 할 수 있다.

윤병로178)는 인류사가 시작된 이래 휴머니즘은 관념형태나 수단방법을 변천하면서도 그 기본정신을 잃지 않고 있으며, 현대의 기독교, 메카니즘, 실존주의에 있어서도 여전히 공통의 저류로 흐르고 있다고 설명한 뒤, 현대의 휴머니즘은 고대에 대한 동경이나 고전의 부흥을 문제삼을 것이 아니라 '인간성' 회복의 주장을 통해 본래의 휴머니즘과 연결시켜야 할 것이라 주장한다. 그것은 현대의 휴머니즘에 의해 해방을 절규하지 않으면 안될 만큼 현대사회의 대중이 신음하고 있기 때문이라면서 따라서 지금 우리에게 역사적으로 부여된 휴머니즘의 구체적 내용은 모든 진실한 생활을 부당한 지배로부터 옹호하고자 하는 저항정신이어야 할 것이라 말한다.

---

177) 신동한, 앞의 글, 323면. 여기서 신동한은 싸르트르의 실존주의는 휴머니즘이다라는 주장을 실존주의에 배태되어 있는 퇴폐적 요소를 합리화하기 위해 내세우는 것에 불과하다고 비판하고 있는데, 이러한 비판은 사르트르가 그의 『실존주의는 휴머니즘이다』의 첫 마당에서 반박하고 있는 기독교측의 실존주의 비판을 그대로 반복하고 있는 것이라 할 수 있다.

178) 윤병로, 「휴맨이즘의 역사적 이해」, 『현대문학』 31호, 1957.7.

최일수는 서구의 주조적 정신을 현대의 불안과 동요를 극복하기 위한 하나의 방편으로서의 '니힐'에의 초극에서 찾고 있다. 그는 이러한 초극의 주체가 신이 아닌 인간 자신이라는 점을 강조함으로써 니힐리즘을 휴머니즘의 범주에서 해석한다.[179] 계속해서 그는 20세기 후반에 등장한 문학적 니힐은 파시즘과의 대결을 통해 획득한 저항정신을 토대로 '단순한 인간성의 회복이나 인간성의 해방이 아니라 새로운 인간을 형성하는 것'이어야 하며 또 '그러기 위해서는 새로운 사회의 건설을 필요로 하게 되고 또한 그것은 행동적인 것으로서 요청되는 그러한 문학에 있어서의 휴머니티의 요소를 발현하기에 이른 것'[180]이라고 말함으로써 현대의 주조로서 적극적 대결정신을 강조한다.

그는 이러한 휴머니즘론을 우리의 상황에 접합시켜 이후 민족문학론으로 발전시키게 된다. 서구의 문학이 파시즘과의 대결을 통해 휴머니즘에 이르렀듯이 우리의 경우에도 일제에 저항하던 민족의 전통을 토대로, 자각있고 의식있는 주체성의 확립을 통해 세계문학을 비판적으로 섭취할 수 있는 새로운 민족문학의 형성기에 들어섰다는 판단아래 또 전쟁 이후의 문학에 현대의식과 전통의식을 밀착시켜야 한다는 의식[181]을 휴머니즘의 강조를 통해 '민족문학'의 발전이란 형태로 발전시키고 있는 것이다. "이 새로운 형태의 '휴머니즘'이란 민족과 인간이 밀착된 가운데 이루어져야 할 인간옹호의 정신을 말하는 것이다. 그리고 그것은 무엇보다도 분단된 국토에 삶을 영위하는 우리 민족이 통일을 갈망하는 현대적인 민족 정신과 융합되는 것이며 또한 현실의 부조리를 극복해낼 수 있는 행동적인 감성이 과학적인 이지 속에서 계기적으로 성장해가는 새로운 인간성의 창조적 근원의 계기를 계시해 주는

179) 최일수, 「니힐의 본질과 초극정신」, 『현대문학』, 1955.10, 171면.
180) 최일수, 「비평의 문학성과 현대성」, 『현대문학』 1956.9, 182~3면.
181) 최일수, 「우리문학에 있어서 신인의 위치」, 『문학예술』 11, 1956.2, 117면.

유일한 정신이라고 믿는다."[182] 이처럼 최일수는 서구의 문학정신에서 배운 보편적 인간 옹호의 정신을 분단의 현실과 통일이라는 민족적 염원과 접합시킴으로써 휴머니즘을 우리 문단의 상황에 창조적으로 수용한 경우라 할 수 있을 것이다.

한편 이러한 휴머니즘론에 대한 부정적 견해 또한 제시되고 있다. 정태용은 오늘날의 불안의 원인을 사회적 빈곤, 이상의 결여, 정치적 제도적 억압 내지는 불합리 등의 외부적 사회적 원인과 근대적 인간의 분열로 인한 주체 상실이라는 주관적 상황에서 오는 내부적 원인으로 구분하고, 기성층의 불안은 외부적인 요인에서 신인층의 불안은 내부적인 조건에서 유래되는 것이라고 설명한다. 하지만 그 근원은 동일한 문제라고 할 수 있으므로 이 불안을 극복하는 금후 문학의 과제는 이 내, 외부의 상황을 어떻게 정리하는가에 달려 있다고 강조한다. 이러한 과제해결을 위해 일부 젊은 세대가 실존주의의 용어를 빌어 저항정신이니 사회참여니 하는 말들을 유행시켰지만 그들은 문학의 사회참여를 통한 저항에 필요한 질서의식 즉 모럴의식은 어떠한 것이어야 하는지 제시하지 못함으로써 혼란과 불안만을 조장했다고 비판한다. 그들은 휴머니티의 옹호를 위한 것이라고 말하지만 휴머니티의 옹호란 질서의식이 확립되지 않는 한 이루어질 수 없다는 것이다.[183]

이처럼 정태용은 신구세대의 불안의식을 해결할 열쇠를 모럴의 확립을 통해 찾고자 한다. 그래서 기성에 대한 저항과 사회에의 적극적인 참여를 바탕으로 한 신세대의 모럴의식은 個我를 전체와의 조화 속으로 끌어올리고 또 個我에 대한 전체의 압박을 최대한 제거하는 작업이어야 하며 문학은 이러한 질서의식을 일상생활 속에서 어떻게

182) 위의 글, 117~8면.
183) 정태용, 「1958년 소설총평 - 두 세대와 딜렘마의 세계」, 『현대문학』 49호, 1959.1, 289~290면.

존재하는가를 추구하는 것이라고 한다. 그리고 그것은 바로 동양적 질서의식을 바탕으로 한 개인과 전체의 조화를 추구하는 것임을 강조한다. 이러한 인식은 실존주의에 대한 그의 부정적 인식과 궤를 같이 하는 것으로서 그의 전통계승론과 민족문학론의 토대를 이루는 것이기도 하다.

60년대에 들어 사회적 변화를 겪은 후 휴머니즘의 한계가 지적된다.

먼저 정명환[184]은 현대에 있어 휴머니즘이라는 말은 단일적이며 구체적인 뜻을 잃고 상이하고 심지어는 모순되는 여러 개념들을 나타낸다면서, 각종각색의 휴머니스트들 사이에서 구태여 무슨 공통성을 찾아내자면 그것은 다만 인간을 구제해야 한다는 의욕뿐이라고 말한다.

유종호[185] 역시 휴머니즘을 정의함에 있어 어떠한 철학체계도 행동강령도 없으며 다만 통념에 의지하여 추출한 공통인수로 이른바 르네상스 휴머니즘 이후의 인간성에 대한 장밋빛 염색, 인간 존엄성의 절대적 승인, 인간소외에의 항거 등으로 집약시킬 수 있다고 말한다. 그렇다면 인간탐구와 인간현실의 탐구를 주성분으로 하는 근대소설의 작가치고 휴머니스트가 아닌 작가가 있었을까 하는 생각을 할 수 있지만, 그것이 우리의 출발점은 될 수 없는 것은 휴머니즘이 상당한 다양한 면모를 지니고 있기 때문이라 설명한다. 즉 지금까지 소위 한국휴머니즘문학은 첫째, 인간에 대한 애정을 환기시키는 동정의 미학. 둘째, 부정적 인간의 고발. 셋째, 선인→탈선→참회의 과정을 보여주는 회귀형 혹은 갱생형의 유형으로 이루어져 온 것을 볼 수 있는데, 이에 따라 한국적 휴머니스트는 인정주의자를 넘어서지 못하고 있다

184) 정명환, 「사실과 가치: 싸르트르의 휴머니즘이 남기는 문제」, 『사상계』 111호, 1962.9.

185) 유종호, 「한국문학에 있어서의 휴머니즘: 그 意匠에의 의혹」, 『사상계』 111호, 1962.9.

는 것이다.

이처럼 휴머니즘론은 메카니즘적 태도를 드러내는 등 힘을 잃게 되는데 그것은 휴머니즘론의 이론적 모색이 더 이상 이루어질 수 없을 정도로 시대적 상황이 변모했기 때문이기도 하며 이러한 휴머니즘 논의 자체가 실상 서구 휴머니즘論의 소개 혹은 수용의 단계에서 크게 벗어나지 못하고 있기 때문이다.[186)]

하지만 50년대 휴머니즘론의 의의는 바로 휴머니즘론을 통한 세계문학에의 접근이라는 점에서 찾을 수 있다. 몇몇 비평가들 예컨대 신동한, 홍사중, 이영일 등에 의해 모럴론으로 구체화되기도 하고 정태용과 같이 서구적 현실과의 차별성을 통해 한국적 현실의 위기를 강조하며 보편적인 휴머니즘론 자체에 대한 불신을 보이기도 했지만, 이어령의 논리에서 드러나듯 불안의식과 그에 대한 저항정신을 보편적인 정서로 받아들이고 그 극복을 시도하는 등 다양한 양상을 띠고 전개된다. 하지만, 근본적으로는 휴머니즘이라는 인류적 보편성의 명제를 곧바로 문학의 보편성이라는 명제로 이동시키고, 이를 통해 우리 문학의 세계문학에의 연관성을 강조하는 지점으로 나아가고 있는 것으로 파악할 수 있다. 이를 가능하게 한 것은 바로 전쟁의 경험이었다. 전쟁경험은 일거에 우리의 상황을 2차대전후의 서구와 동일한 수준에 있는 것으로 생각하게 만든 것이다. 그러나 그 전쟁은 미·소 양대 강국과 세계적 냉전체제의 결과로 빚어진 대립으로 주체는 우리 자신이 아니었다는 점, 가장 많은 피를 흘리면서도 전쟁을 인식하고 설명할 이론적 인식 능력이 부족했다는 점, 서구에서 실존주의의 부흥을 가져왔던 2차대전이 파시즘에 대항하는 과정에서 자연스럽게 인간의 문제를 제기할 수 있었던데 비해 6·25의 경우 이데올로기 대립의 성격이 전면에 부각됨

---

186) 오세영, 「한국 현대문학과 휴머니즘」, 서울대인문학연구소 편, 『휴머니즘 연구』, 1996, 28면.

으로써 오히려 인간 말살로 치달렸던 점 등 세계 대전과는 그 성격에 있어 현저히 다른 특성을 지닌 것이었다. 그리고 이러한 전쟁에 대한 대응방식에 있어서도 사르트르의 경우 제국주의에 저항하는 레지스탕스 운동을 통해 휴머니즘 사상을 내세웠다면, 우리 종군문인의 경우 전쟁 그 자체의 비인간적 성격을 문제삼는 것이 아니라 철저히 정부의 입장을 대변하는 이데올로그에 불과했다. 철저한 반공이데올로기에 입각한 일방적인 이데올로기 선전이나 전쟁의 참상을 늘어놓거나 북진통일을 소리 높여 외치는 가운데 '행동적'이라는 수사를 붙여 휴머니즘을 운운하는 한갓 구호의 차원을 넘지 못하는 것이 사실이었다. 휴머니즘론이 인간에 대한 옹호라는 이름아래 이데올로기 비판의 수단으로 이용되면서 휴머니즘의 속화가 이루어지게 된 것이다. 휴머니즘론의 이러한 속화는 앞서 언급했던 정명환과 유종호의 비판에서 쉽게 짐작할 수 있다.[187)]

휴머니즘 논의에 있어 가장 독특한 입장을 보인 것은 최일수라 할 수 있다. 그는 자신의 '독자적인' 근/현대의 구분에 따라 근대의 휴머니즘을 르네상스 시기 고전적 교양에 의해서 자기의 인간성을 회복하려 했던 귀족주의적 휴머니즘으로 규정하고, 현대의 휴머니즘은 근대의 문화주의적 요소에서 벗어나 대중을 기초로 하면서 단순한 해방에 그치지 아니하고 모든 질곡으로부터 인간을 해방하고 새로운 인간을 옹호, 형성하기 위해서는 현대문학의 근본정신이라 할 저항정신을 구

---

187) 휴머니즘론 자체의 메카니즘적 태도에 대한 비판은 김상일에 의해 적극적으로 이루어진다. 즉 그는 메카니즘에 대한 반항을 표방하는 휴머니즘 역시 메카니즘적 태도를 드러낸다고 비판한다. 특히 휴머니즘이 일종의 이데올로기로 변주된 것을 지적하고 로고스=신=인간의 메카니즘을 비판하고 있다. 이러한 태도는 휴머니즘론의 이데올로기화 가능성을 지적하고 비판한다는 점에서는 일정한 의미를 지닐 수 있는 것이 사실이다. 하지만 이를 통해 휴머니즘론이 지닌 인간성 회복이라는 휴머니즘 자체의 긍정성마저도 버리는 결과를 낳고 만다. 김상일, 「현대문학의 맹점 - 휴매니즘은 살인사상이다」, 『현대문학』 94호, 1962.10.

현해야 한다고 주장한다. 즉 휴머니즘 시대는 역사적으로 지나갔으며 오늘날의 휴머니즘은 하나의 '이즘'으로서가 아니라 '휴머니티'라는 역사적 유산으로서 현대 정신 속에 지양되고 전통화되어 계승되고 있다는 것이다. 그리고 이런 저항정신을 휴머니즘으로 오인하고 있는 것이 오늘날의 휴머니즘론이라 비판하고 따라서 현대문학은 문학적으로 근대문학이라는 낡은 인습을 강력하게 지키려는 국수적 파시즘문학으로부터 인간성을 옹호하려는 저항문학이어야 할 것을 강조한다.[188] 이러한 그의 논리는 아주 독특하면서도 나름대로 설득력을 갖고 있지만, 문제는 그의 논리가 매우 주관적이라는 사실이다. 우선 그의 시대구분 자체가 주관적인 것일 뿐 아니라 휴머니즘이나 휴머니티라는 용어에 대한 개념 규정도 자의적인 혐의를 지울 수 없다. 특히 그는 실존주의와 그로부터 비롯된 휴머니즘론의 논리 가운데 핵심적 요소라 할 불안이나 부조리의 개념을 불투명한 것으로 비판하고 한국적 상황 속에서의 '저항정신'을 강조하고 있지만 그의 개념 역시 모호하기는 마찬가지이기 때문이다. 게다가 한국적 특수성에 대한 인식을 강조하는 그의 논리가 60년대 이후 군사정부의 보수적 전통성으로 이어지고 있는 점은 그러한 혐의를 더욱 짙게 만든다.

실존주의의 가장 핵심적인 근거로서의 현대세계에서 오는 불안과 부조리를 가장 보편적인 관점에서 이해하고 이를 문명비판이라는 서구적 관점에 입각하여 적용시킨 비평가는 이어령이었다. 실존주의는 인식대상으로서의 세계 즉 '현대'를 인식할 수 없는 상태에 있음을 강조하고 이와 함께 주체의 문제를 강조한다. 실존주의의 핵심적 개념으로 내세우는 불안, 부조리는 곧 현대 문명에 대한 비판으로 나타난다. 여기서 바로 휴머니즘이 도입되는데 이어령은 이러한 휴머니즘을 문명에 대한

188) 최일수, 「현대문학의 근본특질(하) : 정의를 세우기 위한 논쟁을 전개하면서」, 『현대문학』 25호, 57.1, 71~3면.

비판의 차원으로 옮겨 이해한 것이다. 이후 불안, 부조리라는 용어는 점점 표면에서 사라지게 되고 '문명 비판'이 주류를 이루게 된다. 이것이 더 나아가서 저항문학론으로 연결된다. 50년대 휴머니즘론의 핵심 주제로서의 '인간성 옹호'가 세계문학에의 접근이라는 의미를 지닐 수 있는 점도 바로 이 지점에서이다. 즉 휴머니즘 논의의 핵심 주제를 형성하는 '인간성 옹호'는 곧 현대 사회의 소외의 문제나 기계문명에의 인간의 예속으로부터의 인간성 회복 혹은 인간성 옹호라는 현대 사회의 보편적인 과제와 동일시되면서 이를 통해 우리 문학의 세계문학에의 연관성을 강조하는 지점으로 나아가게 되는 것이다.

전후 기성문학에 대한 가장 강렬한 반발을 보이며 전후 신세대비평의 기수로 등장했던 이어령은 '상황의식'으로부터 '문학과 비평이란 무엇인가'라는 물음을 통해 작가적 책임과 문단적 저항을 주장한다. 「현대작가의 책임」, 「작가와 저항」, 「무엇에 대하여 저항하는가」, 「작가의 현실참여」, 「사회참가의 문학」 등 이른바 '저항의 문학'을 대표하는 비평문에서 이어령은 참여와 저항을 역사와 현실의 성찰 나아가 현실과 사회개조의 한 형식으로 의미를 부여한다. 이를 위해 현대적 상황을 투철히 인식하고 글쓰기를 통해 문학자로 살아가는 것에 대한 책무를 강조한다. 이어령의 참여의 주장은 이처럼 현대상황과 자기책무에 대한 인식에서 비롯된다. 그는 과학과 문명에 대한 비판적인 인식을 내보이며 현대의 상황을 우울하고 비극적인 것으로 파악하고 있다.[189] 현대에 대한 이러한 진단은 현대에 대한 위기의식의 표현이다. 이러한 위기상황의 진단에서 현대작가의 책임을 제기한다. 현대작가의 책임은 이러한 현실을 외면하지 않고 충실하게 바라보는 데서 시작된다는 것이다. 따라서 그가 작가에게 외면하지 말고 바라보아야 한다고 주장하

189) 이어령, 「현대작가의 책임」, 『자유문학』, 1958.4.

는 것은 타인의 악과 불행이며 이를 정직하게 바라보고 드러내는 것이 작가의 생명이라고 주장한다."[190] 이어령의 초기 비평에는 문학의 내적 구조나 형식을 탐구하면서 문학성을 강조하는 '내재적 비평'과 문학의 가치를 역사와 현실에 두고 작가적 모럴과 책임을 강조하는 '참여와 저항의 비평'이 상호 공존하고 있다. 이는 이어령이 비평의 기준을 환경과 인성의 상호 변증법적 함수관계에서 파악하고자 했던 비평적 균형감각에 의해 가능했다. 그런데 이후 문학의 자율적인 영역을 확보하려는 경향과 환경(시대, 역사, 현실)의 비판적 기능으로 작용하려는 경향 사이의 대립에서 문학의 자율성을 강조하는 쪽으로 급격히 기울어지며 균형적 비평감각을 상실하고 만다.[191]

이어령이 문학과 작가의 현실참여를 강조하는 근원에는 비평적 자의식과 함께 실존적 주체로서의 전쟁 체험이 깔려 있다. 그런데 그러한 체험은 철저히 정서적인 수용방식으로 이루어지고 있다. 현실에 대한 선언적, 감상적 폭로나 비유적 현실 표현은 여기에서 비롯된다. 이는 비단 이어령만의 한계가 아니라 시대적 한계이기도 할 터인데, 이로 인해 그 자신이 강조하고 있는 충실한 현실인식은 객관적 시각을 확보하지 못한 채 비참한 경험의 공유를 담보로 한 비참한 현실에 대한 선언적, 감상적 폭로를 넘어서지 못한다. 이러한 정서적 수용과 그에 따른 문체는 이어령 비평의 핵심을 이루는 사항이다. 이에 따라 그가 보는 현실은 항상 비유적인 현실로 표현된다. 즉 이어령의 현실은 그 자신의 독특한 주관적 인상과 반응으로 재구성된 현실이다. 비유적인 표

190) 이어령, 「저항의 문학」, 『저항의 문학』, 경지사, 1959, 79면.

191) 이어령 비평의 이러한 모습에 대해 강경화는 비평의 속성상 '지켜야 할 대상'과 '부정의 대상'이 바뀐 것으로 파악한다. 즉 초기비평에서 지켜야 할 대상은 '인간성'으로 인식하고 있었기 때문에 부정의 대상은 인간성을 억압하는 제반 외부조건이었지만 60년대 중반 이후에는 일부 경직된 參與論에서 파생된 심각한 문학의 위기의식으로부터 지켜야 할 대상이 '문학성'으로 바뀌게 되었다는 것이다. 강경화, 앞의 논문, 51~5면.

현으로 현실의 민감한 성격을 정서적으로 표현하고 그것을 상황의 핵심이자 본질로 치환시킨다. 그런 까닭에 그가 제시하는 현실의 고통은 격앙된 감정으로 들떠 있으며 비유적이며 추상적이다. 이러한 성격은 그의 비평적 담론의 특징인 수사적 문체에 의해 더욱 강화된다. 그것은 정서적 동일화의 효과를 상승시키는 역할을 담당한다. 이는 논리와 관점을 전달하기 위한 것이 아니라 정서적 분위기의 고양을 위하여 선택된 것이다. 그리고 이는 수사적 문체에 의해 더욱 강화된다.[192)]

그런데 이어령이 강조하는 이 참여와 저항의 중요한 의미는 단순히 현대의 기계문명에 대한 항의라는 점에 있는 것이 아니라 그의 저항이 근본적으로 인간적 저항에 의한 인간 구원의 작업이라는 의미를 지닌다는 데 있다. '상황을 통해 보고 상황에의 참여'라는 작가적 책임은 전쟁의 狂暴와 그것의 정서적 내면화를 거친 세대만이 가질 수 있는 '인간에의 저항'이라는 근원적인 휴머니즘의 형태로 발현된다. 그는 새로운 인간성의 의미를 탐색하기 위한 결의와 저항을 통해 새로운 인간이 탄생할 수 있다고 파악한다. 이어령은 세대를 뛰어넘어 일정한 규약을 정해놓은 선입견적 휴머니즘을 '안티 휴머니즘'이라 규정하고, 그것은 인간을 긍정적으로만 파악하려는 불가변의 시각으로 고정되어 인간 조건을 명확하게 해명하지 못하는 기만적 행위라고 비판한다. 그가 파악하는 현대적 휴머니즘은 인간 존재의 의미와 가치, 인간성의 실재를 추구하려는 정신이다. 따라서 무조건적인 인간긍정이나 인간애는 진정한 휴머니즘이 아니며, 휴머니즘은 인간에 절망하는 것으로 인식된다. 절망 속에서 태어나고 새로 탄생한 인간은 다시 절망하고 또다시 탄생하는, 이 절망과 탄생이 수시로 움직이는 휴머니즘의 리듬이며, 시대마다의 인간 조건에 의해 수시로 변해 가는 인간정

---

192) 위의 글, 69~70면.

신의 현상화와 그 리듬이 진정한 휴머니즘이라는 것이다.[193] 이는 사르트르의 휴머니즘을 그대로 반복하고 있는 것이라 할 수 있다. 그럼에도 실천적 행동이 아니라 문학적 저항에 그의 특색이 있다는 것은 무슨 까닭인가. 이는 실존주의에 대한 그의 이해에서 비롯된다. 즉 이어령은 하이데거의 존재론적 실존주의를 받아들이고 있는 것이다. 이에 따라 이어령의 저항의 논리의 특색은 인간의 行動性을 강조하면서도 '실천적 행동'이 아니라 문학적 언어의 가능성을 강조하게 된다. "작가란 어쨌든 실천적 행동이 아니라 언어 그것을 선택한 사람이기 때문에 커다란 의미에서 보면 문학 그것이 이미 도피라 볼 수 있다. 그러나 작가는 언어를 무기로 하여 싸울 수 있다. 그것을 가지고 인간성을 변형하고 인간의 인식을 변화시킬 수가 있다. 또한 감정을. 그렇다면 멸망을 향해 묵묵히 타락하는 인간의 역사를 사회의 운명을 언어에 의한 호소 그 고발로써 막을 수 있다. 여기에 작가의 책임이 있고 死灰 속의 문학, 그 전망이 트이게 될 것이다. 그럴 때 문학은 '실천적 행동' 이상의 行動性을 발휘할 수 있을 것이다."[194] 그는 문학의 창의성이 발휘될 수 없는 억압성을 정치·사회적인 상황에서 찾지 않는다. "독자를 '로고스'에 의해 정복하는 것이 아니라 '파토스'로서 움직이게 하는 것" "그럴 때만 작가가 제시한 행동의 모랄은 산다"[195]는 것이 그의 참여의 원칙이다.

이어령의 참여의 한계는 조급한 근대에의 욕망과 실천 주체의 부재에서 비롯된다. 그가 문제삼고 있는 현대의 상황은 곧 세계 일반의 상황이었으며 세계적인 조건의 문제였다. 그리고 그가 제시하는 인간의 위기 역시 보편적 인간의 위기일 뿐 구체적 한국의 인간을 의미하는

193) 이어령, 「아이커러스의 패배」, 『저항의 문학』, 경지사, 1959, 39~40면.
194) 이어령, 「현대작가의 책임」, 『저항의 문학』, 경지사, 1959, 88면.
195) 위의 글, 87면.

것은 아니었다. 이는 곧 한국의 삶 한국의 현대를 세계와 같은 위치에 올려놓고 파악하려는 조급한 근대주의의 발상에서 비롯된 것이 아닐 수 없다. 기성 문학과 전통에 대한 거의 무조건적인 부정도 이런 맥락에서 이해할 수 있다. 문학적 언어에의 관심도 구체적인 한국의 모습과 역사가 제거된 문학 일반의 언어였던 점을 이와 관련이 있는 것이다. 이와 함께 그는 저항해야 할 대상, 현실, 상황에 대해서는 명확히 규정하고 또 그러한 저항정신을 강조하지만 그가 말하고 있는 억압받는 인간, 작가, 새로운 세대 등의 주체란 定向되지 않은 일반적 수사에 불과하다. 보편적 인간과 체험의 보편성에 기대고 있을 뿐 개별화되고 구체화된 자기의식을 지니지 못하고 있는 것이다. 60년대 이후 구체적 현실이 문제된 상황에서 이제 '지금 이곳'의 구체적인 상황 아래서 현실의 주체로 살아가야 할 역사적 전환기에서 자기 세계를 확보하지 못한 '주체'가 현실의 실제적 움직임을 창출하지 못하고 무력함을 드러내는 것은 당연한 일인 것이다. 여기서 이어령의 저항의 문학, 參與論은 더 이상 의미를 지니지 못하게 된다.[196)]

결국 이어령의 구세대에 대한 비판은 철저히 문단 권력에 대한 도전의 의미가 강하다. 이어령은 전후의 현대적 상황의 황폐함을 곧바로 구세대 문학의 황폐함으로 전환하여 담론적으로 재구성한다. 즉 전후의 사회적 상황을 문화적 상황으로, 문화적 상황을 문학적 상황으로, 문학적 상황을 세대적 문제로 환치시키는 담론 전략을 구사하는 것이다. 구세대 문학의 최소한의 공적마저도 부정하는 철저한 배제의 담론적 전략. 즉 그의 비평에는 현대인간이 놓인 상황과 전후현실을 외면했다고 판단되는 구세대 문학을 담론적으로 통제하려는 억압의 기제와 권력의 욕망이 발현된다. 구세대 문학에 대한 이러한 태도는 신세대문

196) 강경화, 앞의 논문, 62~3면.

학의 의의와 결의를 선양하는 대비적인 전략 속에서 더욱 강화된다. 신구세대를 명확히 구분하여 그 사이에 분명한 경계를 지우고 한 쪽은 배제의 대상으로 다른 한 쪽은 선양의 대상으로 규정함으로써 위계질서를 확립하고자 하는 것이다. 궁극적으로 이러한 전략이 지향하는 것은 문단 권력의 장악이다. 이런 의미에서 이어령의 글쓰기는 문단 권력에의 도전이었다고 할 수 있는 것이다.[197]

이어령의 이러한 휴머니즘이 철저히 사르트르의 실존주의를 근거로 하고 있는 것이라면 김붕구의 경우 「증인문학」, 「증언으로서의 문학」, 「작가와 증언」[198] 등 일련의 비평을 통해 철저히 카뮈의 문학을 따르고 있다. 그는 무엇보다 구체적이고 개인적인 체험을 강조한다. 「증언으로서의 문학」이란 위안과 타협의 문학을 배격하고 끊임없이 현실과 대면하여 인간에 관한 궁극적인 질문을 던지고 현실과 대결하는 문학을 의미한다. 그리고 이러한 문학을 창조하는 증인으로서의 작가는 이론이나 사변에 대해 저마다 뼈저리게 체험하고 제 눈으로 목도한 자로서 현실을 있는 그대로 투철히 파악하고 속임 없이 발언할 수 있는 공정성과 용기를 갖춘 작가여야 함을 강조한다. 이러한 작가가 '증언으로서의 문학'을 통해 증언해야 할 것은 사회적 허망과 부정에 대한 증언이다.

그는 또 '의식'의 주체성을 강조할수록 분열과 고립에의 방향으로 나아가도록 만드는 객관적인 현실에서 어떻게 휴머니즘의 길을 열 것인가 하는 질문을 던지고, 최소한 인간이 서로 어떤 점에서 공통의 거점 위에 서고 있다는 인간의 어떤 본성을 인정하는데서 휴머니즘의 기

---

197) 미셸 푸코(홍성민 역), 『권력과 지식』, 나남, 1995, 175면.

198) 김붕구, 「증인문학 - 앙드레.말로의 경우」, 『사상계』 29호, 1955.12 ; 「증언으로서의 문학」, 『사상계』 82호, 1960.5. ; 「작가와 증언 - 「증인의 문학」 「증언으로서의 문학」에 이어서」, 『사상계』 137호, 1964.8.

반을 찾을 수 있다는 것을 강조한다. 그는 이러한 기반을 앙드레 지드의 대화 정신, 카뮈의 반항정신에서 구하고 있다. 부조리를 부조리로 받아들이고 이를 직시하는 증인이 되는 길 즉 시대의 인간조건을 체험을 통해 증거하는 것을 강조하는 김붕구의 증인문학론은 프랑스에서 문학 학습을 통해 얻은 시대적 모럴의식과 카뮈의 부조리문학에 대한 승인을 근거로 한다. 부조리라는 인간조건의 벽을 넘어 실존을 깨닫고 행동적 휴머니즘으로 나아가는 말로나 그 부조리를 직접 체험하여 인간조건에 반항하는 카뮈의 사상을 바탕으로 삼고 있는 것이다. 따라서 마르크시즘적 실존주의로 기울어가는 사르트르보다는 존재론적 휴머니스트로서의 카뮈를 높이 평가하는데, 어디까지나 의식의 문제와 부조리성의 발견에 초점을 맞춘 가운데, 행동에서 출발하여 실존적 부조리의식을 통해 증인이 된 현대문학이 어떻게 고립적 주관주의로 떨어지지 않고 휴머니즘으로 나아갈 수 있을까 하는 것을 문제삼기 때문이다. 따라서 김붕구는 부조리를 은폐한 음험한 권력이나 혁명의 폭력이라는 갖가지 신화를 거부하고 부조리를 자아의 삶의 의식으로 수용하기를 요구하며 카뮈적인 개인의 자유를 최고의 가치로 생각한다. 그리하여 작가 개인의 사회참여의 의미를 구명하는데 노력하게 된다. 그러나 김붕구는 단지 '증언'만 해야 할 뿐 결코 '참여'로 나아가서는 안 된다는 것을 강조한다. 특히 그는 4·19와 5·16 등 급격히 변하는 60년대 초반을 지식인들의 빼저린 반성의 시기로 규정하면서, 인텔리의 책임과 역할에 대한 반성이라는 이름으로 지식인의 참여에 대해 극단적인 냉소를 보낸다.[199] 그는 지식인의 참여에 대해 극소수의 핵심분자와 그에 뇌동하여 이용당하는 쁘띠 인텔리들. 자학적인 도취증세. '진보적'이라는 관형사 앞에 맥을 못추고 '보수적'이라는 표식에 대한 공

199) 김붕구, 「한국지식인의 생태 - 인텔리의 앙가쥬망과 정치」, 『사상계』 98호, 1961.9.

포증, 역사를 창조한다는 것은 과대망상 등의 극단적인 용어를 총동원하여 비판한다. 계속해서 4·19 이후 지식인의 참여를 야당 '근성'과 트집주의의 발로라고 비난하고 진보적 인사들을 공산주의자로 몰고 간다. 결국 군사혁명이 선의와 정의감에서 출발하여 과감하게 부패와 舊惡을 소탕하고 개혁을 진행중이므로 기한을 명시한 2년간의 인텔리들의 딜레마쯤은 민주한국의 기사회생을 위해 감당 못할 바 아니라고 발언하기에 이른다.

이처럼 휴머니즘론은 특히 신세대 비평가들로 하여금 자신의 입장을 드러내게 만든 당대의 뚜렷한 쟁점이었지만 그 한계 또한 분명하다. 그것은 이들 비평가가 바라본 현실적 상황의 위기는 관념과 의식상의 위기였고 따라서 그 극복 방안 역시 가장 선진적이라고 생각했던 서구의 논리를 그대로 수용하는 데서 모색했던 데서 단적으로 나타난다. 이처럼 상황 인식 및 그 극복방안 모두를 서구의 사상에서 찾게 된 근원적인 이유는 당대 현실을 곧 서구 문명사회의 위기를 강조했던 '현대성' 개념을 그대로 수용한데서 비롯된다. 이러한 한계의 원인으로 현실적으로는 민족주의 개념이 보수화되고 여기에 반공주의가 결합하여 구체적 우리 현실에 대한 탐구 자체를 어렵게 만든 상황적 논리가 그 주요 원인으로 지적될 수 있지만 근본적으로는 근대성의 실현과 정체성의 회복이라는 두 가지 과제를 동시에 달성해야만 했던 역사적 한계의 투영이기도 하다. 하지만 무엇보다 중요한 것은 이들이 이러한 의식적 혼란 가운데서도 선진적인 서구의 논리를 익히고 적용하는 과정이 곧 참여론의 과정으로 이어지고 이후 60년대의 문학론으로 이어지고 있다는 점이다. 뿐만 아니라 이 과정을 통해 본격적인 비평의 가능성을 열어놓았다는 점은 신세대 비평가들의 뚜렷한 공이 아닐 수 없다.

3) '현대' 인식의 추상성-모더니즘론

전쟁으로 빚어진 새로운 상황에서 세계와의 동시성 추구를 선명히 기치로 내건 쪽은 모더니즘 문학이었다. 전쟁의 경험을 곧 현대성의 경험으로 인식한 이들 모더니스트들은, 해방공간에서 문단을 장악한 전통지향성의 일방적인 경향에 대립하여 모더니티 지향성의 새로운 운동을 펼친다. 김경린, 임호권, 박인환, 김수영, 양병식 등에 의해 『새로운 도시와 시민들의 합창』이라는 앤솔러지가 간행되고 이후 전쟁 중 피난지 부산에서 <후반기> 동인의 결성과 함께 환도후 본격적인 모더니즘 운동을 펼친 것이다.

이들 모더니스트들은 그 이념적 기반이나 사상적 측면에서 비록 일치된 것은 아니었지만 '새로운 시'에 대한 강한 의욕 즉 '새로움의 추구'라는 공통의 기반 위에 있었다.[200] 이러한 새로움은 시의 세계에 있어 언어를 상징으로서만이 아니라 사고의 수단으로 간주하는 언어에 대한 실험정신의 추구, 현실의 관찰을 통해 획득되는 이미지[201]로 요약된다. 그리고 그런 실험정신과 현실적 이미지의 바탕에는 새로운 시대감각이 요구될 수밖에 없는데 이를 위해 '언어의 과거에 있어서의 모든 약속을 파괴 또는 재인식'을 내세우고 있다. 이러한 최소한의 근거를 마련해 준 것은 말할 것도 없이 전쟁의 경험이다.

이들 모더니스트들의 정신적 지향점은 김경린에 의해 선명히 드러난다. 김경린은 전쟁 전의 사화집인 『새로운 도시와 시민들의 합창』의 선언서에서 무엇보다도 현대시의 세계적 동시성 확보를 과제로 내세우고 있었다. 이러한 정신적 지향은 서구를 향한 것일 수밖에 없다. 우리

200) 윤정룡, 「전후모더니즘 시론의 새로운 양상」, 한계전 외, 『한국현대시론사 연구』, 문학과지성사, 1998, 254~5면.

201) 김경린, 「현대시와 언어」, 『경향신문』, 1949.4.23.

의 구체적 현실은 현대문명이 빚은 참상에 불과했고 그 위에 존재하는 것은 전통적 서정시들의 감성뿐이었던 것이다. 이들 모더니스트는 전통적 토속성의 문학과는 결별하고 건강한 시민정신에 입각하여 타락한 사회와 맞서 싸울 새로운 시정신을 필요로 했지만, 그러한 시민정신이나 사회와의 대결은 직접적인 사회참여나 시작품을 통한 사회적 참여의식의 강조를 의미하는 것은 아니라 현대문명의 비극성과 정신적 황량감을 시를 통해 극복하고자 하는 것이었다. 결국 이들이 물질문명에 대해 표명한 불안의식이란 피상적이고 분위기적인 서구 모더니즘의 수용을 벗어나지 못하는 것이었다.[202)]

이처럼 물질문명에 대한 거부감, 불안의식을 드러내면서도 또 사회와 맞서 싸우고자 하는 결의에도 불구하고 현실적인 사회참여나 작품을 통한 참여의지의 표명을 드러내지 않았던 것은 이들이 파악한 '현대'의 성격 때문이다.

이봉래는 현대를 '근대 계승자로서의 현대'와 '당대라는 뜻으로서의 현대'라는 두 가지의 의미로 구분하고, 보통 '현대'에 살고 있다는 의식은 당대라는 뜻으로서의 현대에 살고 있다는 막연한 의미에 불과하며, 진정한 의미에서의 '현대'는 어디까지나 '근대의 계승자로서의 현대'라고 주장한다. 그러나 우리가 살고 있는 이 '현대'가 과연 '근대의 계승자로서의 현대'인가 더 나아가 과연 우리가 근대를 가졌던가 하는 점에 대해서도 묻지 않을 수 없다면서, 이성에 의한 합리주의를 근대정신이라 한다면, 우리는 이런 근대정신을 가지지 못한 채 껑충 '현대'라는 복잡괴기한 역사의 흐름 속에 몸을 던지고 있다고 말한다. 우리가 '근대'를 가졌다면 그것은 '근대정신'을 삭제해버린 형태만의 '근대' 즉 식민지하에서 생장한 '왜곡된 근대' 그것도 일본의 '왜곡된 근

---

202) 오세영, 「후반기동인의 詩史的 위치」, 『문학사상』, 1981.1, 332~6면.

대'의 영향 밑에 형성된 '근대'였다는 것이다.[203] 따라서 '근대 계승자로서의 현대'는 존재하지 않는다는 결론을 이끌어 낸다. 그런데도 한국의 모더니스트들은 이런 현상적인 사실만을 가지고 '현대'를 척도하고 논의하기 때문에 관념적 '메카니스트'라는 비난을 받지 않을 수 없었다고 비판한다. 또 그들은 근대정신의 세례를 받지 못했으며 수동적으로 현대에 도달하게 된 한국의 역사적 현실에 대해 충분한 검토 및 이해를 가지지 못했으며 왜곡된 근대와 오늘의 현실 사이에 어쩔 수 없는 단층이 발생하고 있다는 사실에 대해서도 이해가 부족하다고 비판한다.[204]

결국 김기림, 이상에서 시작되어 그 진실한 계승자를 얻지 못한 채 해방을 맞게 된 '모더니즘'은 1·4후퇴 이후 부산에서의 <후반기> 동인에 의해서 하나의 문학운동으로서 문단에 등장할 수 있었지만 이들은 자신들의 신조와 시정신을 뚜렷이 하지 못한 채 태도보다는 기술을, 내용보다는 형식에 치우쳐 있으며 유행성을 쫓는 경박한 인상을 보여주고 있어, 일시의 유행문학에 그치고 말았다고 비판한다.[205]

그는 이처럼 모더니즘이 일시적 유행으로 그치고 말았으며 그들의 세계적 동시성의 추구 역시 공허할 수밖에 없는 원인을 식민지 시대의 왜곡된 근대에서 찾는다. 왜곡된 근대에서는 근대 정신이 성장할 수 없기 때문이다. 그러나 이러한 이봉래의 현대 인식 역시 문제적이다. 그가 비판하고 있는 <후반기> 동인들의 서구 지향성과 마찬가지로 그 역시 서구성=근대성이라는 인식에서 전혀 벗어나지 않고 있다. 그에게도 마찬가지로 한국의 근대는 후진적이다. 왜곡된 근대라고 지적하면서도 그러한 왜곡의 원인이나 구체적 조건에 대한 탐구는 전혀 이루어

---

203) 이봉래, 「한국의 모더니즘(上)」, 『현대문학』 16호, 1956.4, 86~7면.
204) 위의 글, 89면.
205) 이봉래, 「한국의 모던이즘(下)」, 『현대문학』, 1956.5, 219~220면.

지지 않고 있다. 이는 곧 이봉래 역시 여타의 모더니스트들과 마찬가지로 서구 현실과 우리 현실을 근대-비근대로 파악하고 그 내용을 선진-후진의 관계로 인식하는 것이다.

근·현대문학의 특성에 대한 총체적인 검토는 최일수에 의해 본격적으로 이루어지고 있다. 그는 이봉래가 현대를 근대의 단순한 계승자로 파악[206]하고 있다면서 이봉래의 근대계승론은 현존하는 현재를 현대라고 파악하는 비역사적이며 평면적인 견해를 넘어선 것은 분명하지만, 근대의 계승이라는 막연한 시대적 칭호보다는 현대의 역사적 내용의 특질이 문제된다는 점을 생각하면 '계승론'은 현대를 단순히 근대와 구별해 놓았을 뿐 역사적 내용인 특질에 대해서는 아무 추구가 없이 단순히 현재적 시간의 평면적 흐름에다 근, 현대를 갈라놓고 계승이라는 이름으로 연결해 놓은 것일 뿐이라고 비판한다. 따라서 내용이 捨象되어 버린 이 계승론은 과거와 현재에 대한 역사적 계기과정을 일반적 시간지속의 개념으로 평면화시켜 버리고 만 것으로서, 결국에는 엘리어트의 시니컬한 정의처럼 현대를 황무지라고 규정하여 하나의 과도기라는 결론에 도달하게 된다고 비판한다.[207] 이러한 비판 후 최일수는 현대문학은 과도기의 문학이 아니라 형성기의 문학이라고 주장한다. 즉 우리 문학의 현대성은 제대로 발현되지 못하고 있으며 아직까지 근대이전의 계몽문학과 민족주의 문학 그리고 근대적 리얼리즘과 로맨티시즘 이상주의 등 전세대의 문학적 경향들이 집단적으로 지배하고 있는 실정이라는 것이다. 따라서 서구문학에서 현대성을 받아들이

206) 이봉래, 「한국의 모더니즘」, 『현대문학』 56.4. 및 「전통의 정체」, 『문학예술』 56.8. 이봉래는 현대를 '근대 계승자로서의 현대' 및 '황무지로서의 과도기'(「전통의 정체」)로 규정하고 있는데 최일수는 이를 '근대의 단순한 계승자'로 자의적으로 규정하고 있다.

207) 최일수, 「현대문학의 근본 특질 - 정의를 세우기 위한 논쟁을 개시하면서」, 『현대문학』, 56.12, 191~2면.

려는 시도는 우리 문학의 단계와 특성을 통찰하지 못한 데서 나오는 견해라고 비판하는데, 그것은 서구의 현대문학이 근대 과학문명의 불합리한 현상에 대한 반항 즉 전세대에 대한 극단적 반항성이 지배적인 반면 우리는 근대의 불합리에 대한 민족적 저항성이라는 근대적인 것과 현대적인 것이 밀착된 특수한 상태에서 하나의 비약과정으로서 문학의 시대적 과제를 수행하고 있기 때문에 서구가 겪는 그대로의 경로를 모방할 수 없는 역사적 현실에 놓여 있다는 것이다. 그리고 최일수는 근·현대문학의 특질을 정적 관조성과 동적인 행동성으로 구분하고 이 행동성을 기반으로 한 저항정신이 곧 현대문학의 정신이라고 주장한다. 최일수의 이러한 저항정신은 그 자신이 서술하고 있는 파시즘으로부터의 민주주의의 옹호, 독점적 통제로부터 자유와 계획경제의 옹호, 시민의 평등한 지위 보장, 민족간의 차별과 인종차별의 철폐라는 근대 민주주의 사상을 고스란히 현대문학의 성격규정으로 옮겨 놓은 것이다. 이처럼 최일수는 서구적 현실과 한국적 현실의 차별성을 강조함으로써 모더니즘의 서구지향성을 비판하고 있다.

식민지 시대의 모더니즘이 식민지 자본주의의 토대를 바탕으로 그 기반을 형성했지만 왜곡된 근대성에 의해 처음부터 생산성과 부정성을 결여하고 있었던 것처럼, 전후의 모더니즘 역시 전쟁을 '현대성'의 극단적 경험 즉 근대적 기획의 파산으로 받아들임으로써 서구 모더니즘의 단순한 수용 이상의 수준을 넘지 못하고 말았다. 특히 이들은 전쟁 체험을 받아들이는 데 있어 파괴의 결과만을 의식했을 뿐 전쟁 자체가 과학의 산물이라는 점, 즉 전쟁 자체가 근대성에 의한 근대성의 파괴일 뿐만 아니라 한편으로는 50년대의 한국사회를 세계자본주의 체제 속으로 편입시키는 근대 출발의 성격까지 지니고 있는 점에 대한 인식을 하지 못하고 있는 것이다.

전후 모더니즘의 이러한 한계는 한국 자본주의의 파행적인 정착과 발전과 상응하는 것이라 할 수 있다. 한국 사회는 50년대에 급속한 도시화를 이루었지만 이는 '산업화'가 수반되지 않은 사회적인 현상으로 모더니스트들이 그리고자 했던 도시문명과는 아무런 관계도 없는 것이었다.[208)]

전후문학의 특성 중 하나는 극한상황 속의 인간의 의식과 행동이라는 주제를 표현하는 데 있어 주제와 기법이 대응관계에 놓인다는 사실을 선명히 보여주고 있다는 점이다. 모더니즘 문학 역시 마찬가지인데, 미증유의 참상인 전쟁의 한 가운데서 결단하고 행동하는 인간의 모습과 그 내면적 의식을 그리기 위한 의식의 흐름이나 내적 독백의 방법을 도입했고, 극한상황 속에서 무기력한 인간양상을 그려내기 위한 효과적 방법으로 풍유적 혹은 우화적 방법을 채택하기도 했다. 이 경우 문제가 되는 것은 그러한 기법과 주제의 관계가 자생적인 과정의 소산이 아니라 서구 전후문학의 방법론에 직접적으로 연결되어 있다는 점이다.[209)] 즉 이러한 서구문학과의 연결은 단순한 수용이나 영향의 수준에 그치는 것이 아니라 세계문학과의 동시성을 주장하는 근거가 되고 있으며, 그러한 주장은 세계적 보편성이나 동시성만을 강조할 뿐 한국의 특수성을 전혀 생각하지 않음으로써 필연적으로 한계를 안고 있었던 것이다. 이런 사실은 이후 전후 문학의 전개에 있어 우선적으로 고려해야 할 사항이 아닐 수 없는 데, 특히 전후비평의 각종 논쟁

---

208) 오유석, 「1950년대 남한에서의 민족주의」, 『근현대사 강좌』 8, 1996.12, 117~9면. 그러한 원인은 첫째, 교육의 확대가 이루어짐으로써 근대적인 경제적 문화적 혜택을 접할 수 있는 도시지역으로의 교육받은 人口층의 유입이 가속화되었고 둘째, 농촌 빈곤화로 인한 농촌 인구의 도시로의 이농현상의 급증, 셋째, 전쟁으로 발생한 많은 越南者들이 피난민들과 함께 주로 도시에 정착하게 되었기 때문이다. 이처럼 산업화가 수반되지 못한 급격한 도시화 현상은 '생활고'를 더욱 가중시킴으로써 현실을 더욱 부정적으로 바라보게 만드는 원인을 제공했다.

209) 김윤식, 『한국현대문학사』, 일지사, 1983(증보판), 55면.

이나 문학론 예컨대 휴머니즘론이나 전통론 등의 논의는 실상 이 보편성과 우리 역사의 특수성을 둘러싼 논의의 표현이라 할 수 있기 때문이다. 신구세대의 대립 갈등 역시 문단권력의 획득이라는 문제가 내재되어 있는 것이긴 하지만 바로 이 세계적 보편성의 달성 여부를 둘러싼 주장의 대립이기 때문이다. 55년을 전후해 한꺼번에 등장했던 많은 신세대 비평가들의 방향이 기성문학과 전통에 대한 부정 그리고 서구적 보편성의 지향이라는 동일한 기반에서 출발하면서도 이후 다른 방향으로 나아가게 되는 이유도 바로 이 세계적 보편성의 문제를 어떻게 구체적인 우리 현실과 접맥시켜 읽어 내는가 하는 문제였던 것이다.

하지만 식민지 시대의 모더니즘이 식민지 자본주의의 토대를 바탕으로 그 기반을 형성했지만 왜곡된 근대성에 의해 처음부터 생산성과 부정성을 결여하고 있었던 것처럼, 전후의 모더니즘 역시 전쟁을 '현대성'의 극단적 경험 즉 근대적 기획의 파산으로 받아들임으로써 서구 모더니즘의 단순한 수용 이상의 수준을 넘지 못하는 한계를 드러내고 있다. 그러한 전후 모더니즘의 한계는 한국 자본주의의 파행적인 정착과 발전 즉 자본의 원시적 축적이 자본주의의 내적 발전 법칙에 따라 이루어지는 것이 아니라 원조에 의해 외부로부터 주어졌던 1950년대 한국자본주의의 성격에 상응하는 것이다. 이 때문에 전후의 모더니즘은 그 자체로서 미적 근대성의 획득을 성취할 수 있는 사회적 기반을 갖지 못한 상태였다고 말할 수 있다. 한국전쟁을 현대성의 경험으로 인식하고 이를 통해 서구와의 동시성을 주장하는 것이 단지 전통과의 단절을 강조하는 것에 그치고 자신들의 새로운 문학적 전통을 산출하지 못한 것은 그 뚜렷한 한계를 증명해 주는 것이다. 미적 주체를 중시하고 관습과 전통에 대한 반항정신을 내세우면서 새로운 질서를 형성하기 위해 노력했지만, 실상 부정해야 할 현실이 존재하지 않는 상황 즉 근대의 과잉으로 인한 근대의 파산이 아니라 근대의 미달로 인해 고통받는 현실 앞에서 현대성의 경험을 바탕으로 한 전후 모더니스트들의 주장은 공허할 수밖에 없었다.[210)]

전후의 모더니즘문학에 대한 이러한 비판적 인식은 이미 이봉래에 의해 드러난 바 있는데, 최일수는 이러한 모더니즘 시에 대한 더욱 강한 비판을 제기한다. 그는 시에 있어서의 순수성의 추구는 본질적으로 시 자체가 불필요하게 되어버리는 그러한 절대의 경지 그리고 현실격리와 연관된다는 것을 지적하고, 이러한 순수성의 본질에 대한 인식은 순수성 자체 내에서도 근대와 현대라는 시대적 차별성을 정확히 인식할 때 가능할 것이라면서 근대시와 현대시에서의 순수성에 대한 분석을 시도한다.

그는 먼저 근대시에 있어서의 순수성은 어떠한 의의 전달이나 산문적 요소를 지니는 것을 거부하는 것, 즉 설교적 관념이나 공리적인 목적 등을 捨象하고 순백한 경지에서 우러나오는 감동의 미를 추구하는 것이었다고 규정한다. 그런데 현대시 특히 모더니즘에 있어서의 순수성 추구는 이와는 전혀 달리 재래의 인습적 논리형식이나 의미 또는 사물에 대한 '이미지' 상호간의 연결을 대담하게 단절시켜 버림으로써 거기에 전개되는 진공의 공간에서 우러나오는 영상이나 사실의 감각적 미의 세계를 추구하는 것으로 파악한다. 이처럼 양자의 사이에는 음률적 감동과 영상적인 감각의 차질이 놓여 있으며 그 배후에는 음악성과 주지성의 분열이 있다는 것이다. 그럼에도 양자사이에는 현실격리의 순수성 추구라는 공통성이 일관하고 있다고 지적하고[211)], 청록파와 후반기시인이 각각의 경향을 대표한다고 말한다.

이러한 최일수의 논리는 순수시, 현대시의 개념을 각각 근대의 운율

---

210) 구모룡, 25~30면.
211) 최일수, 「현대시의 순수감각비판-55년도의 시집을 중심으로」, 『문학예술』, 1956.4, 148~9면.

을 중심으로 한 전통적 시, 모더니즘시의 의미로 사용하는 개념적 자의성의 측면에서 많은 문제를 지니고 있다. 이로 인해 개념적 혼란성에 대한 신세대의 비판을 초래하기도 한다. 특히 근/현대 개념의 사용이 최일수 자신의 주관적 규정에 의거하고 있는 문제를 지적하지 않을 수 없다.

이후 최일수는 다시 한번 모더니즘과 실존주의 문학에 대한 비판을 시도한다. 그는 1, 2차 세계대전을 거치는 동안 형성된 위기의식은 극단적인 상황 속의 절망을 인식하는 가운데서도 고독과 허무에 사로잡혀 버렸을 뿐 그러한 절망적 상황을 꿰뚫을 만한 철학적 의식과 세계관을 형성하지 못했다고 비판한다. 이로 인해 1차 대전을 거쳐 오늘의 후반기 현대에 이르는 반세기 동안 모든 것에 대한 불신과 조소, 자아에 대한 집착력을 바탕으로 한 하나의 유형적인 사이비 현대(인)의 풍조가 형성, 유행하게 되었는데, 이러한 풍조가 문학에까지 밀려 와 유사현대문학을 만들고 무수한 주의와 유파까지도 빚어내게 되었다는 것이다. 그리고 우리 문학의 경우에도 6·25전쟁을 전후하여 그러한 양상이 나타나기 시작했다는 것이다.[212)]

그의 논지에 따르면 전후 모더니스트들과 그가 과도기적 반항파 혹은 절망파라 명명한 손창섭, 장용학, 김성한 등 이른바 실존주의작가 모두 유사현대문학으로 비판의 대상에서 벗어날 수 없다. 그는 먼저 50년대 모더니스트들을 식민지 시대의 李 箱과 같은 수법으로 시적 훈련을 받았던 사람들로 파악하고 특히 이 상의 시에 대해 비판을 가하고 있다. 이 상의 시는 이미 존재하고 있는 규범이나 모럴을 획일적으로 부정하고 기존세계가 모조리 해체되고 몰락해 버린다는 데카당스의 논리를 바탕으로 하고 있으며, 현실 자체를 어떤 신비적인 것 또는 인

---

212) 최일수, 「擬현대 類似현대문학(上)」, 『현대문학』 102호, 1963.6.

간 이상의 것, 그리고 불가해한 것으로 인식하는 초현실주의로 파악한다. 따라서 이 상은 모든 현실 즉 파시즘이나 일본 식민주의까지도 자신의 정신 속에서만 존재할 수 있는 것으로 생각하는 상상의 자유만을 말했을 뿐이라고 비판하고, 기성가치와 교양 또는 문법과 언어의 파괴 작업으로 표현된 그의 반항이라는 것도 진정한 반항을 외면하고 현상적인 반항으로 이를 대체해 버림으로써 자기합리화를 꾀한 것에 불과한 것으로 파악한다. 결국 이 상의 문학은 니힐리즘에 입각한 초현실주의 문학이라 할 수 있지만 그렇다고 해서 진정 니힐에 철저한 것이라고 말할 수도 없으며, 단지 니힐에 대한 자아의 변명이며 역설적인 합리화에 불과했던 것이라고 결론짓는다. 따라서 이 상의 문학은 반항의 문학이 아니라 도피의 문학이며 자조의 문학이 될 수밖에 없는데 그의 반항은 어디까지나 절망과 공포 속에 자조하고 자탄하던 나머지의 반항이지 결코 진정한 반항은 아니었기 때문이라는 것이다.213) 마찬가지로 6·25 전후에 잠시 나왔다가 성급하게도 사라져버린 모더니스트들 역시 이 상과 같은 수법을 벗어나지 못했다고 비판한다. 김규동의 「진공회담」, 김경린의 「빛나는 광선이 올 것을」, 박인환의 「장미의 온도」 등 이 상의 후예들은 역설적인 시적 사고로서 미래파처럼 과감하게도 과학용어를 즐겨 쓰는가 하면 진퇴양난에 빠져 논리를 상실하고 과학문명의 눈부신 속도에 지쳐버리는 모습을 볼 수 있다는 것이다.

결국 이들 신세대 비평가들은 현실적 부정성을 바탕으로 그들의 문학을 전개했지만 그들이 부정한 것은 우리의 현실이 아니라 추상적 현실 일반에 불과했다. 따라서 그들의 문학이 구체성을 지니지 못한 추상적 휴머니즘이나 아니면 모더니즘 문학과 같은 국적불명의 용어 나열에 그치는 것은 어쩌면 당연한 것이었다고 말할 수 있을 것이다. 이

213) 최일수, 「擬현대 類似현대문학(下) - 종착역의 사이비풍조에 대하여」, 『현대문학』 104호, 1963.8.

들이 부정할 현실적 대상의 근본적 토대 즉 자본주의적 발전으로 인한 폐해가 거의 없었다는 사실은 60년대 들어 본격적인 경제 개발이 실시되면서 이들이 문학적 기반을 잃고 문학사의 무대에서 사라지게 되는 점을 통해 증명된다. 이들이 비판하듯이 발달된 자본주의로 인해 고통받는 것이 아니라 실제로는 그 반대로 자본주의가 발달하지 못해 고통받는 것이 현실이었다. 그들의 비판은 서구와의 동일시를 통한 추상적, 관념적인 자의식이었던 것이다.

세계의 동시성을 추구함이란 곧 근대(현대)에의 지향이다. 이들 모더니스트들의 인식의 핵심 열쇠는 바로 이 근(현)대의 인식에 놓여 있다. 실제 당대 지식인들의 '현대'에 대한 인식을 살펴보면, 자본주의와 사회주의를 모두 낡은 利의 체제로 인식하고 이 두 체제 모두를 넘어서는 새로운 시대로서의 '현대'를 준비해야 한다거나[214], 우리 사회의 이념적 준거로 자유주의적 자본주의 경제에 기초한 건강한 부르주아에 의한 모범적 시민사회의 건설을 주장[215]하고 있는 사실을 알 수 있다. 이는 곧 이 당시 지식인들의 지향점이 어디에 향해 있었던가를 말해주는 것이기도 한데, 부정부패나 독재에 대해서는 그토록 항거하면서도 경제적 근대화 논리엔 별다른 저항을 보여주지 못하는 것이 좋은 예다.

---

214) 김기석, 「신세대의 도덕」, 『사상』 4호.
이태영도 근대적 사상으로서의 자본주의와 사회주의는 2차대전까지의 사상을 의미하고 지금은 미국을 중심으로 한 새로운 현대가 열리고 있다는 인식을 보여준다. 즉 근대적 사상은 세계대전과 함께 파탄했고 현재는 전환기이며, 현대는 앞으로 다가올 시기라고 주장한다. 그리고 현대를 지배할 새로운 윤리는 부정이요 초극이며 無我라고 주장하고 이러한 윤리를 바탕으로 한 윤리사관적 국가와 세계가 이루어져야 할 것임을 강조한다. 이태영, 「사상적으로 본 역사적 현실」, 『사상』 4호.

215) 이러한 주장은 특히 당대의 가장 진보적 잡지로 알려진 『사상계』를 통해 제기되고 있음을 볼 수 있다. 자세한 사항은 이용성, 「한국 지식인잡지의 이념에 대한 연구 - 『사상계』를 중심으로」(한양대 대학원 박사학위논문, 1996) 참고.

4. 역사에의 접근과 민족문학론의 전개

1) 한국문학의 특수성에 대한 인식-전통론

1950년대 비평의 전개과정에서 실존주의와 휴머니즘 그리고 모더니즘에 이르기까지 모두 신세대 문인들 의해 주도되었던 것이 사실이다. 전후세대들은 이들의 문학사상이 모두 전후 서구사회의 문명적 위기를 비판, 극복하려는 의도에서 제출되었던 점을 그대로 수용하여 전쟁 이후 한국 사회의 정신적 위기를 극복할 수 있는 문학사상으로 인식하고 있었다. 하지만 이러한 신세대들의 의식적 노력에 대해 이미 문단적 지위를 확보하고 있었던 구세대들은 별 반응을 보이지 않았고 실존주의나 휴머니즘 사상은 전반적인 분위기의 형성에도 불구하고 당대 문학의 방향을 지시할 만큼의 중심사상으로 자리잡지는 못했다. 물론 그 과정에서 비평계 전체에 대한 반성과 자각이 생겨났고 비평의 과학화를 위한 노력을 기울이는 가운데 60년대 이후 한국 문학 특히 학계의 중심으로 자리잡게 되는 뉴크리티시즘에 대한 인식 등 일정한 성과를 보이기도 했지만, 여전히 해방공간 및 그 이전 문학사와의 연속성을 확인하고 이후 문학 발전의 계기를 확보하는 데까지는 나아가지 못한 것이 사실이다. 그렇지만 '현대성'에 대한 인식 및 세계문학과의 동시성 확보라는 명제는 필연적으로 '전통'에 대한 인식을 요구하게 됨으로써 과거에 대한 인식과 함께 미래의 방향성에 대해서도 의식하지 않을 수 없게 만드는 계기가 되었다. 비평의 과학화 및 휴머니즘론의 확대와 함께 전통논의가 50년대 비평의 중요한 현상으로 지적되는 것은 이러한 의미를 지니고 있기 때문이다. 특히 이 전통론은 '이식문학론'이라는 우리 문학사 최대의 쟁점에 연결되어 있는 것으로서, 보편적인 차원에서 말한다면 문학의 보편성을 논하는 가운데 한국적 특수성이라는 명제를 해명할 수 있는, 우리 문학사의 특성을 보다 구체적으로 검토할 수 있는 지점이기 때문이다. 한국 문학사에서 전통 논의가 특히 의미를 지니는 것은 한국사의 특수성 즉 식민지체험과 해방공간의 혼란, 전쟁 및 남북분단이라는 특수한 배경이 한국문학의 전개에 있어 전통에 관한 문제를 부각시키고 있기 때문이다. 그것은 왜곡된 과거의 역사 자체가 미래의 방향 설정에 있어 중요한 관건으로 제기되지 않을 수 없게 되고 이것이 곧 전통론으로 이어지게 되는 것이다. 게다가 전통 논의가 50년대 중반 활발하게 논의된 것은 당시 본격적으로 이루어지기 시작했던 문학사 집필과도 관련되어 있다. 문학사 기술에 있어 전통은 첫째의 고려 요인이 될 수밖에 없기 때문이다. 그것은 어떠한 문학사가도 역사이해의 기본 요소로서 민족문학사적 특수성을 생각하지 않을 수 없기 때문이다.

전통 개념과 전통계승 및 단절을 둘러싸고 전개된 논의는 단순히 세대적, 연령적 대립을 이루지 않고 신구에 관계없이 각자의 문학관과 역사관의 차별성을 드러내는 모습을 보여준다. 신구세대의 갈등과 대립을 명확히 드러냈던 실존주의 논의와는 달리 전통론의 전개과정에서는 신구세대의 대립은 물론 특히 신세대 내에서의 다양한 차별성을 드러내고 있는 것이다. 50년대 중반 문단이 어느 정도 자리를 잡게 되면서부터 약 10 여 년 동안 실존주의 및 휴머니즘에 대한 논의와 함께 전통 논의가 계속되면서 자신들의 입장을 정리하게 되었기 때문이다. 55년을 전후해 본격적으로 등장한 신세대가 구세대 문학의 부정을 통해 자신들의 입지를 마련한 것은 사실이지만, 구세대 문학의 부정에 동원된 실존주의나 현대성에 대한 인식은 아직은 추상적 차원을 벗어나지 못한 것이었으며, 이러한 대립의 성격을 분명히 해 준 것은 전통을 둘러싼 제 논의였다고 말할 수 있다.

전통론을 촉발시킨 보다 직접적이고도 근본적인 이유는 압도적인 서구문화의 유입 속에서 주체성에 대한 점검이 요구되었기 때문이라 할 수 있다. 즉 1955년을 전후하여 문단이 어느 정도 제 모습을 복구하게 되면서 문화적 지배력을 발휘하는 서구문학에 대한 주체적인 대응이 시급히 요청되었고 그러한 주체적 대응의 일환으로 무엇보다도 먼저 전통에 대한 재점검이 필요했던 것이다. 특히 실존주의는 전통적인 모든 것을 부정하고 오직 현존하는 존재적 상황을 강조함으로써 기존의 가치체계를 전면적으로 거부하는 모습을 보인다. 이러한 실존주의적 존재의식은 자연스럽게 많은 문인들로 하여금 주체의 위기의식을 불러일으키는 계기로 작용하게 된다. 이에 1955년 1월 『조선일보』에서 전통에 대한 저널리즘적 관심을 모은 후에 『사상계』, 『현대문학』, 『자유문학』 등 당대의 중심 잡지들이 경쟁적으로 전통문제를 특집으로 다루며 전통 논의를 문단의 중심 과제로 부각시키기에 이른다.

문단에서의 본격적인 전통 논의의 시발은 55년초 『사상계』의 「한국문학의 현재와 장래」라는 좌담회를 통해 이루어진다. 한국문학 전반에 관한 점검을 하는 가운데 백철이 소박한 전통계승론을 펼치고 이에 이무영이 지지하고 있는 한편 김기진과 손우성은 전통계승에 부정적 입장을 보이면서 침체된 문단에 활력을 불러 넣어줄 문단의 쟁점으로 제시되기 시작했다. 이처럼 전통논의는 문단이 전쟁 직후의 혼란과 침체에서 벗어나 본격적인 궤도에 오르는 시점에서 처음으로 전 문단적으로 관심을 기울일 수 있게 된 주제로 부각될 수 있었다. 전통론의 의미가 더욱 각별한 것이 되는 이유가 여기에 있다.

이후 전통의 개념 전통의 계승과 단절을 둘러싼 본격적인 논의는 먼저 전통부정론이 제기되면서 이루어진다. 한교석은 전통을 르네상스 이후의 것이며 휴머니즘으로부터 개성의 해방으로 향하는 근대에 있어서 個我에 대립하는 것으로 생긴 관념이라고 말한 뒤 "유교의 윤리가 생활을 지배하는 정신의 型이 되어 온 이래 한 번도 이렇다 할 내부로부터의 반성이나 비판을 받은 일이 없고 외부로터의 강력한 대립자와 깨끗이 맞서 본 적이 없이 맹목적인 답습"[216]만을 해 온 것이 우리의 생활이었기 때문에, 이처럼 자의식과 민족의식이 없는 곳에서는 전통을 생각할 수 없다면서 전통에 대해 부정적 인식을 개진한다. 결국 전통의식은 근세 個我의 자각과 민족의식과 연관된 소산이라고 할 때, 個我의 자각과 민족의식을 일으킬만한 자주적인 사적 모멘트를 갖지 못한 우리에게는 전통이란 말조차 어색하다는 것이다. 전통 부재의 원인을 민족적 자의식의 부재에서 찾는 이러한 의견은 우리 역사의 식민지적 특성 즉 자율적인 근대로의 진입을 하지 못한 채 식민지로 전락한 역사를 근거로 한 것이라 볼 수 있다. 이봉래의 경우에도 한교석과 다를 바 없는 역사 인식을 보여주는데, 이러한 역사발전에서의 후진적 상황은 곧 문학적 후진성으로 연결된다는 인식을 드러낸다. 이로써 명확한 전통부정론의 근거를 마련한 이봉래는 먼저 전통 개념에 대한 인식 자체를 문제삼고 있다. 그는 모든 질서의 혼란과 부조리로 규정되는 현대의 특성은 가치기준의 혼란과 비평정신의 빈곤에 기인하는 것이라면서 오늘날 우리 문단의 침체와 빈곤의 원인을 비평문학의 혼란에서 찾고 있다.[217] 즉 비평은 비교 즉 일정한 가치판단의 기준에 의해 이루어지는 것이고, 그러한 가치판단에 있어 기준은 과거를 떠나 존재할 수 없는 것이므로 현재의 가치는 과거의 가치와 비교함으로써 결정되는 것이라 주장한 뒤, 일반적인 비평정신을 곧 문학비평의 정신으로 치환시켜 우리의 비평문학은 이 일정한 가치판단의 기준 즉 전통을 세우지 못한 채 오늘에 이르고 있다는 것이다. 따라서 그가 보기에 핵심적인 문제는 '가치판단의 기준'이 무엇인가 하는 데 있고 여기서

---

216) 한교석, 「전통의식과 창작 - 근작 몇 편을 읽고」, 『사상계』 통권 25호, 1955.8, 74면.

217) 이봉래, 「전통의 정체」, 『문학예술』, 1956.8, 148~9면.

전통의 문제가 제기된다는 것이다.

그에 의하면 현재 문단에서는 낡은 전통을 타파하자는 젊은 세대와 전통의 육성을 주장하는 보수적 경향의 두 파를 볼 수 있는데, 따라서 낡은 전통을 타파하자는 젊은 세대나 전통의 육성을 주장하는 보수파 모두 전통 자체에 대한 올바른 개념을 가지지 못했다고 비판한다. 즉 전통타파론자들은 전통을 '고정화된 형식적 관습과 보수적인 儀式에 가득찬 과거의 문화적 유산에 불과'한 것이라는 공식적 규정을 내리고 있으며, 전통 육성을 주장하는 보수파는 전통을 '오랜 역사의 집적에 의하여 이룩된 민족 고유의 문화적 감정'으로 '지속적 價値를 포함한 과거적인 유산이기 때문에 절대적인 가치를 가진 것'으로 해석한다는 것이다. 그래서 진정한 전통이란 '과거에서 현재에 통하는 가치가 아니라 오히려 미래에서 현재에, 현재로부터 과거에 통하는 영속적인 가치'라고 할 때 이봉래 자신이 보기에 우리 문학에 전통은 없다는 것이다. 그것은 '낡은 문화형태에 가치의 잔영을 남기고 있는 소위 문화적 유산'이나 '끈기'와 '멋'처럼 그 개념도 불투명하고 초시간적 초세속적인 풍류감정을 전통이라 할 수는 없기 때문이라는 것이다. 결국 전통이 없는데 그 없는 전통을 타파한다고 덤비는 것도 우스운 일이며 없는 전통을 덮어놓고 육성하자고 부르짖는 일도 또한 넌센스가 아닐 수 없다며, 이러한 자가당착적인 모순된 주장이 나오는 것은 바로 한국 문학의 후진성을 말해주는 것이라고 비판한다.218) 이처럼 이봉래는 전통 문제에 있어서도 여전히 신구세대의 대립이라는 관점에서 파악하고 있는데 이는 당대 문학계의 기본 구도를 인식하는 이봉래 자신의 관점이 세대론적 대립의 틀을 벗어나지 못하고 있음을 증명하는 것이다.

이에 대해 최일수는 우리 문학에 전통이 없다는 가정 밑에서 서구문

218) 위의 글, 153면.

학에서 현대성을 받아들이자 하는 견해는 우리 문학을 존 더 깊이 있게 통찰하지 않은 데서 나오는 것이며, 나아가서는 진정 우리 문학의 주체적 위치를 망각해버리고 서구문학이 겪은 현대적인 경로를 그대로 답습하려는 경향[219]이라면서 전통부정론을 비판한다. 이러한 지적은 이봉래와 같은 전형적인 서구적 근대성론자에 대한 정확한 비판이라 할 수 있다. 즉 서구화=근대화의 논리가 빠질 수밖에 없는 논리적 함정을 비판하고 있는 것이다. 이러한 비판과 함께 그가 제기하는 것은 서구문화의 비판적 수용 그리고 그 과정에서 제기될 수밖에 없는 주체성의 문제이다. 그가 보기에 우리 문단의 문제는 '서구의 현대문학을 어떻게 주체적인 위치에서 정비하여 받아들일 수 있는가 하는 비판적 섭취의 기준을 세우는 일'로서 그러기 위해서는 무엇보다 주체성의 확립이 시급한 과제인 바 그러한 주체성의 확립은 전통의 올바른 계승을 토대로 해서만 가능[220]하다는 주장이 바로 그것이다. 이처럼 올바른 민족문학 수립을 위한 두 개의 요소로서 서구문학의 비판적 섭취와 전통의 올바른 계승을 통한 주체성의 확립을 제시함으로써 초기 전통 논의에 있어 일정한 방향성을 제시하고 있는 것이다.

이 외에도 직접적인 전통논의를 펴는 것은 아니지만 고전과 현대의 접합 및 현대의 고전으로의 회귀를 주장함으로써 전통계승론의 입장을 취하고 있는 정병욱[221], 비록 신문학 이후의 우리 작품이 서구문학을 아무 비판이나 절차없이 그대로 옮겨 놓은 이식문학에 불과하고 그로

---

219) 최일수, 「현대문학의 근본 특질(下)」, 『현대문학』 1957.1, 497면.

220) 최일수, 「우리문학의 현대적 방향 - 전통의 올바른 계승을 위하여」, 『자유문학』, 1956.12, 170면.

221) 정병욱, 「고전과 현대문학의 제 문제」, 『자유문학』, 1956.12. 이 외에도 정병욱은 「고전의 현대화 논의」(『사상계』, 57.6)라는 글에서 을 통해 고전의 현대화 작업이 일부 작가에 의해 이루어지고 있지만 민담이나 야담의 복사 혹은 소재화하는데 그칠 뿐이거나 인습의 계승에 불과하다고 비판하면서 고전의 현대화가 어떻게 이루어져야 하는가를 모색하고 있다.

인해 자기의 기존 문학에 대해 유산이나 전통이라는 의식은 거의 등한시했으며 심지어는 의식적으로 거세하는 정도에까지 이르렀지만, 내용으로서의 한국적인 현실, 작품저류에 흐르는 한국적 정조, 그 분위기 속에서 움직이는 한국적 인간상의 창조 속에서 전통적 가치를 발견할 수 있을 것이라는 전광용[222], 고전전통의 문제가 제기되고 있는 것은 신문학 50년간의 비민족적인 무주체성의 모방문학사에 대한 문학사적 반성과 검토의 의미를 지니는 것으로 "무의식적, 자연발생적이 아니고 의식적으로 고전 전통을 추구하는 문학운동을 전개하자는 것"이며 지금이 바로 고전 건설의 환경을 개척하는 적극적인 태도가 요청되는 시기라는 주장을 통해 전통계승론을 펴는 백철[223] 등의 논의가 있었다.[224]

---

222) 전광용, 「유산 계승과 창작의 방향」, 『자유문학』, 1956.12.

223) 백철, 「고전부활과 현대문학」, 『현대문학』 25호, 1957.1.

224) 이 외에도 전통논의와 관련하여 고전문학과 대학강의에 관한 앙케이트(『현대문학』, 1956.10), 이병도 등 역사학자와 고전학자들의 글이 실린 『조선일보』 55년초 신춘특집, 백철의 「고전 섭취에 방법론이 요구된다」(『조선일보』 신년), 이태극의 시조부흥론과 정병욱의 반박, 그리고 송욱, 김종문, 이은상, 김우종 등에 의해 논의가 계속되었다.
한편 신세대의 전통부정론의 한계에 대한 신세대들의 비판은 이철범(「시와 시적 작용」, 『자유문학』, 59.9)(「시적 경험과 전쟁의 현실」, 『자유세계』, 1957.7)(「순수시와 현대시」, 『자유문학』, 1959.2), 정창범, 고석규(「현대시의 심연」, 『예술집단』, 1955.12) 등에 의해 이루어진다. 이철범의 경우에는 엘리어트의 역사의식을 기반으로 전통시와 모더니즘 시 양자를 비판하고 전통과 모더니티의 동시적 극복이 필요하다고 주장한다. 정창범의 경우 전통시에는 현실대결 정신이 없고 모더니즘시에는 예술정신이 전무하다는 비판 하에 양자의 통합의 필요성을 제기하고 있으며, 고석규는 양자의 기계적인 종합이 아니라 부정성과 초월성을 매개로 전통시와 주지시를 종합하려는 시도를 보여주고 있다. 특히 그는 전통시에 내재하는 대결정신을 통해 동시대의 현실과 인간 조건에 대한 실존적 대결과 초극이 가능함을 강조하고, 기존의 전통시와 모더니즘 시를 종합한 '전체시(All Poetry)'를 통해 근대성의 위기를 초극하고자 시도했다. 즉 이러한 전통과 모더니티의 종합을 통해 혼란한 전후 현실 속에서 분열된 자아의 실존적 위기로부터 벗어나 존재론적 초월을 모색한 것이다. 그러나 고석규는 전후라는 시대적 한계와 개인적 실존 의식의 과잉으로 인해 전통을 현실 초월에 대한 주관적 전망에 제한시킴으로써 근대의 위기에 스스로 매몰되고 말았다. 이에 대한 논의는 남기혁,

이들의 논의에서 무엇보다 눈여겨보아야 할 점은 전통 논의를 크게는 한국 문학의 후진성 그리고 직접적으로는 당대 문단의 침체를 벗어나고 새로운 문학 건설의 계기로 삼고자 했다는 점이다. 이는 전통론이 문단이 본격 정비기에 들어간 50년대 중반에 시작된 사실과도 관계있는 것으로 전쟁으로 인해 침체된 문단 활성화 작업의 일환으로 생각할 수 있다. 이러한 사실은 전통부정론을 표명했던 이봉래나 전통계승론을 주장했던 최일수, 정병욱 백 철 등 전통 논의에 참가했던 대부분의 논자들에게서 확인된다. 또 중요한 사항은 전통론의 출발과 함께 식민지 시대이래 국학연구의 차원에서 지속되었던 국문학 연구의 중요과제로서 문학 유산 계승의 문제가 전통론의 항목으로 제출되었다는 사실이다. 따라서 전통론이 '과거와의 단절을 강조하고 새로운 것, 현대적인 것을 주장하기 위해 내세워졌다'[225]거나 '전통단절의 확인을 통하여 서구사조의 수입의 필연성을 강조하는 차원에서 논의가 진행'[226]되었다는 견해는 전통론의 이러한 측면을 보지 못한 데서 나온 단편적 견해라 할 수 있다.

이와 함께 당대의 전통 논의를 더욱 활발하게 이루어질 수 있도록 만든 것은 엘리어트의 전통론의 적극적 수용이다. 이는 많은 논자들이 전통 논의의 근거로 엘리어트의 논의를 제시하고 있는 점에서 확인된다. 이 시기 엘리어트의 전통논의가 적극적으로 수용될 수 있었던 것은 당대의 위기의식과 미래에 대한 방향감각의 상실에 따른 새로운 질서의 요구가 있었기 때문이었다. 이러한 위기의식은 당대의 문학인 모두가 지니고 있던 보편적인 것이었기에 엘리어트 전통론의 수용은 전통 논의에 있어 극단적 대립을 이루었던 모더니스트나 전통주의자들

1950년대 시의 전통지향성연구, 서울대박사학위논문, 1998, 54~6면 참고.

225) 최유찬, 앞의 글, 17면.

226) 박헌호, 앞의 글, 235면.

모두에게 나타나는 것을 볼 수 있다. 엘리어트의 전통론을 수용하는데 있어 핵심적인 개념은 '몰개성'과 '역사의식'이라는 것이었다. 엘리어트의 역사의식은 과거의 과거성에 대한 인식 뿐 아니라 과거의 현재성에 대한 인식도 포함한다. 작가를 전통적으로 만드는 것은 바로 이러한 인식인데, 이를 통해 작가는 자신의 시대의 현대성까지 예민하게 의식할 수 있다는 것이다.227) 바로 여기서 당대에 엘리어트의 전통론이 적극적으로 수용될 수 있었던 까닭을 알 수 있는데 그것은 '현대'의 본질이 무엇인가 하는 질문의 답을 구하기 위함이었던 것이다. 이런 의미에서 볼 때 문덕수의 전통 논의는 엘리어트의 전통논의가 어떻게 수용되어 표현되는지를 잘 보여준다. 문덕수는 전통에 대한 논의를 '특정민족의 구체적인 전통론'과 '전통 일반론'으로 구분, 구체적 전통론은 많았지만 전통 일반론은 거의 없었으며 특히 전통에 대한 '자아의 주체적 태도' 문제는 전통론에 있어 원론적이면서도 가장 중요하고 시급한 과제임에도 한 번도 논의된 적이 없었다면서 전통을 찾고 계승, 창조하는 것은 학문이 아니라 자기의 생의 문제인 이상, 자아의 주체적 태도를 몰각한 전통이란 있을 수 없다고 말한다.228) 즉 전통에 대한 모색은 무엇보다 먼저 자아의 주체적 태도의 확립이 선행해야 할

---

227) T.S. Eliot(이경식 역), 전통과 개인적 재능, 범조사, 1983, 13면. 엘리어트는 전통은 역사적 의식을 포함하고 있는 것으로서 여기서 역사적 의식이라고 하는 것은 과거가 과거로서만 존재하고 있을 뿐만 아니라 그것이 현재에도 존재하고 있다는 의식을 포함하고 있다고 말한다. 즉 역사적 의식은 한 작가로 하여금 글을 쓰게 할 경우 자기 자신의 세대가 자신의 골수 속에 존재하고 있을 뿐 아니라 호머 이후의 유럽 문학 전체와 그 속에 있는 자기 나라의 문학 전체가 동시에 존재하고, 또한 동시적인 질서를 형성하고 있다는 것을 강하게 느끼게 한다는 것이다. 결국 이 역사적 의식은 시간적인 것인 동시에 초시간적인 것에 대한 감각이며, 또한 초시간적인 것과 시간적인 것이 합쳐진 감각이며, 이것이 작가를 전통적으로 만들고 있는 것으로서 이것은 동시에 작가로 하여금 시간 속에 있어서의 자신의 위치와 자신이 속하고 있는 시대성을 더욱 더 명확하게 의식하도록 만들고 있다고 말한다.

228) 문덕수, 「전통과 자아」, 『현대문학』 54호, 1959.6. 206면.

것이며 자아와 전통의 자각적 긴장관계의 유지 속에서만 가능하다는 것이다. 그리고 그 때에야 전통은 '역사적 현재성'을 가질 것이며 고갈과 쇠퇴를 면하게 된다고 주장한다. 이처럼 문덕수 역시 전통 논의에 있어서의 주체의 중요성을 강조하고 있는데, 이후 그는 전통에 대한 자아의 태도를 전통에 대해 '반발'하는 낭만적 태도와 '순응'하는 고전적 태도로 나누고 이를 곧 세계관의 표현으로 인식하고, 이처럼 문학관이나 전통에 대한 주체적 태도를 결단한다는 것은 문학상에 국한되는 것이 아니라 동시에 자기 생의 결단을 의미하는 것 즉 자기 삶의 문제로 파악하고 있다. 하지만 이러한 주장은 구체적인 우리 현실에 대한 인식에서 비롯된 것이라기보다는 엘리어트의 전통이론을 되풀이하고 있는 것이라 할 수 있다.[229)]

이처럼 역사의식으로 대표되는 엘리어트의 전통 논의의 수용은 전통주의자들이 더욱 적극적이었다. 이들의 문제의식은 엘리어트의 방법론을 통해 우리의 전통을 어떻게 수용하며 이를 현대적 관점에서 어떻게 해석할 것인가 하는 데 있었다. 이들의 전통 논의 역시 전후 현실에 대한 시대적 성격의 파악이라는 현실적 필요성에 의해 제기된 것이라 할 수 있다. 그리고 이러한 인식은 곧 '현대'의 본질에 대한 물음으로

---

229) 문덕수 이외에도 김종문의 「T.S. 엘리오트의 전통정신 - 문학이 문학을 생산한다」(『문학예술』, 1957.6), 김용권, 「전통 - 그 정의를 위하여」(『지성』, 1958.6) 등이 엘리어트의 견해를 빌어 전통 문제를 논의하고 있다. 이들과는 달리 원형갑은 엘리어트의 역사적 의식은 보다 포괄적이고 완전하지만 그렇기 때문에 오히려 이렇게도 되고 저렇게도 되는 불완전성을 지닌 것이며, 따라서 이러한 역사적 의식을 통해 전통의 존재이유를 찾으려는 노력은 추상성을 발견할 뿐 하등의 구체성도 얻을 수 없는 것이며, 그가 말하는 '영원'도 불가변의 보편타당성이며 움직일 수 없는 원리를 의미하는 것이기 때문에 결국 그가 말하는 전통은 보편성, 원리, 형이상학 등과 같은 구체적인 내용은 아무 것도 추출되지 않는 추상적인 것이라고 비판하고, 우리의 문제는 전통에서 어떠한 구체성을 획득할 수 있는가 하는 문제라고 주장한다. 원형갑, 「표상성과 전통의 문제」, 『현대문학』 41호, 1958.4, 254면.

이어지게 된다. 전후 현실은 무엇보다도 전쟁으로 인해 야기된 인간존재에 대한 질문과 그러한 질문을 낳게 만든 현실의 본질 즉 근대(현대)의 본질에 대한 질문으로 특징지을 수 있는 시기였다. 그것은 곧 현실과 인간존재에 대한 위기의식의 표명 그리고 그러한 위기를 헤쳐나갈 수 있는 새로운 질서의 모색을 낳지 않을 수 없다. 실존주의가 이러한 위기의식 및 그 해결방책으로서 제출된 하나였지만 이는 원래 인간존재에 대한 근원적 질문으로 나아가지 않을 수 없는 것이기에, 전쟁이라는 보다 보편적인 범주에서의 새로운 질서 모색이라는 의미를 지닐 수 있었지만 구체적으로 한국에서 발생한 6·25의 특수성 및 이후 분단현실에 대한 인식으로까지 나아갈 수는 없는 것이었다. 바로 이 지점에서 제출된 것이 한국적 현실의 위기에 대한 해결방식의 모습을 띠고 나타난 것이 바로 전통론이라 할 것이다. 그리고 그러한 전통론의 핵심에 놓여 있는 것이 바로 현대에 대한 정확한 규정의 필요성이었다. 이러한 규정 즉 현대의 본질은 무엇이며 미래의 방향은 어떠해야 하는가 라는 물음에 답하기 위해서는 무엇보다도 현재와 미래에 대한 해석의 기준으로서 과거에 대한 탐구가 요청되지 않을 수 없었던 것이고 그것이 곧 전통론이라 할 수 있을 것이다. 이러한 점은 정병욱의 논의가 가장 잘 보여주고 있다. 정병욱은 현대를 과거의 특정한 문화원리가 상실된 전환기로 인식하고 이러한 전환기에는 고전이 신문화 창조를 위한 필수불가결한 요소임을 지적하면서 의식적이고 비판적인 고전부흥의 과업을 수행해야 한다고 주장한다.[230] 그는 고전을 단지 현대에 대한 해석의 차원에서 그치지 않고 이를 미래에 결부시키고 있는 것이다. 이처럼 그는 고전의 현대화의 의의를 과거를 현재의 활발한 재건설을 위한 모델로 보자는 것, 그리고 이를 미래에 대한 선취가능

---

230) 정병욱, 「고전의 현대화 논의」, 『사상계』, 1957.6.

성으로 연결키고자 하는 데서 찾는 것이다.[231)]

이처럼 전통론은 본격적인 문단의 과제로서 제기되어, 전통부정론과 단절론 및 전통계승론의 중요한 쟁점 이를테면 전통유무의 문제, 외국문학 수용의 문제, 전통론의 논리적 근거로서의 엘리어트의 전통론 등을 논제로 제시한다. 특히 최일수, 전광용 등 전통계승론자들에 의해 전통과 유물 혹은 유산의 구별이 이루어지고, 그 결과 문단의 활성화와 새로운 문학의 건설을 위해서는 현재의 새로운 문화창조에 기여할 수 있는 새로운 '전통' 확립의 필요성에 대한 공감대를 마련하는 등 일정한 진전을 이루게 된다. 하지만 여전히 한국문학에 대한 서구문학의 우월성이라는 기본적인 인식은 그대로였고 전통부정론과 단절론 및 전통계승론의 주장이 서로 대립상태를 이루었을 뿐, 전통론의 현실적 의의 즉 시대정신과의 관련성이나 왜곡된 근대사회로서의 한국적 특수성에 대한 인식으로까지 나아간 것은 아니었다.

특히 이들 논리의 대립은 기존의 문학유산에 대한 태도에서 분명히 드러난다. 전통부정론을 가장 선명히 내세우고 있는 이봉래의 경우 새로운 전통의 수립은 기존의 문학유산을 통해서는 이루어질 수 없다고 생각한 반면, 최일수는 문학유산의 새로운 해석 즉 고전 문학유산의 온존과 계승을 주장하는 기존의 전통주의와는 달리 새로운 문학창조에 기여할 수 있는 새로운 해석이 필요하다고 강조하고 있다. 최일수는 그러한 문학적 전통의 실체를 이봉래가 비판한 바 있는 '맛', '멋', 시조부활운동 등 낡은 문화적 유산이나 초세속적 풍류감정이 아닌 『춘향전』 등의 평민문학에 나타나는 저항정신 등에서 찾아야 한다는 주장을 통해 전통부정론을 반박하고 있다. 즉 우리 문학의 민족적 저항정신과 유럽 현대문학의 인간옹호정신이 저항정신을 그 근본으로 하고 있는 점

231) 송기한, 『한국 전후시와 시간의식』, 태학사, 1996, 76~80면.

에서는 일치하지만 그 주체적인 형식에 있어서는 질적으로 다른 성격을 띨 수밖에 없는데, 그것은 우리 문학에 있어서는 분단된 민족을 통일하려는 정신이 기본정신이 되어야 하기 때문이라는 것이다.232) 최일수는 식민지 시대의 근대문학이 저항정신을 근본특질로 삼지 못하고 半협력半저항의 유사전통만을 형성하거나 내면적으로 반항하는 소극적 전통밖에 형성하지 못함으로써 이런 유사전통을 오늘날 진정한 전통으로 삼으려는 보수적 경향이 지배하게 되었다고 말하고 진정한 민족적 저항정신의 전통을 『춘향전』 등의 고전에서 찾는다.233) 전통을 둘러싸고 벌어진 신구의 세대적 대립도 전후의 젊은 작가들이 유사전통만을 부인하는 것이 아니라 진정한 전통을 이루는 저항정신까지 모두 부인해버리고, 우리 문학의 전통보다는 서구문학의 교양만을 우리 현대문학의 바탕으로 생각하는 데서 비롯된 것으로 파악할 수 있다는 것이다. 즉 이러한 세대적인 대결은 저항정신에 바탕을 둔 문학정신이 왜곡되어 기형적으로 성장한 데서 온 주체성의 빈곤에 기인하는 것이 아닐 수 없다는 것이다.234) 뿐만 아니라 이러한 전통의 계승과 함께 점차

232) 최일수, 「문학의 현실. 우리의 悲願」, 『지성』, 1958.12, 120~1면.

233) 위의 글, 122면.

234) 이 저항정신 혹은 '반항정신'의 문제는 전통론의 하나의 쟁점을 형성한다. 특히 이에 대해서는 김우종이 비교적 상세하게 자신의 견해를 피력하고 있다. 김우종은 이 반항의 정신이 단지 일시적인 어떤 문예사조가 아니라 인간의 근본적인 존재형식이라는 점은 서구의 근대적 경험을 통해 인식된 것임을 강조한다. 즉 인간은 반항하지 않고 어떤 풍속과 사회질서 또는 어떤 관념에 대하여 그대로 복종할 경우 자신의 존재가 무의미해질 수밖에 없는데, 한국사회의 전통에서는 이러한 존재형식을 모색해 온 흔적을 볼 수 없고 운명에의 복종만이 두드러진다는 것이다. 그리고 이러한 복종이 한국사회의 전통적인 풍속으로서 계승되어 왔다는 것은 대부분의 고전 소설에서 예컨대 서구어에 비해 지나치게 많은 경어와 비어 등 쉽게 찾아볼 수 있다고 비판한다. 김우종, 「복종과 반항 - 전통에의 재인식을 위한 小考」, 『현대문학』 49호, 1959.1. 하지만 김우종은 서구의 역사와 한국의 역사를 오직 반항과 복종의 역사만으로 단순화시키고 있는데, 이러한 인식은 보편적 근대의 양면을 이루는 서구의 직선적인 발전의식과 그러한 서구의 발전과정에서 필수적 요소가 되었던 아시아에의 침략을 각기 반항과

개인주의적, 내면적으로 흐르고 있는 서구의 현대문학도 비판적으로 섭취해야 함을 강조함으로써 전통부정론의 논거까지 아우르고 있다. 이러한 논리는 전통을 '고유한 것'이나 '과거적인 것'으로 한정하지 않고 동시대의 경험적 현실에 대한 대결정신과 현실극복의 실천 원리로서 제시하기에 이른다. 그리하여 '민족과 인간이 통일된 그러한 현대적 민족정신'을 형성해야 할 것을 강조함으로써 우리의 현대문학의 궁극적인 과제를 제시할 수 있었고 더 나아가 이를 민족문학론으로까지 연결시킴으로써 해방공간의 치열한 모색이후 그 맥이 끊겨 버린 민족문학론에 대한 논의를 환기시킬 수 있었다. 이봉래 자신이 비판하듯 전통부정론이나 단절론이 전통을 '단순한 인습' 정도로 치부해 버렸던 데 반해, 또 전통주의자들이 무조건적으로 과거의 유산을 전통으로 받아들이고자 하는 데 반해, 최일수는 전통논의를 펼치는 데 있어 무엇보다도 문화창조의 바탕이 될 당대의 민족현실에 대한 구체적인 인식을 바탕으로 삼고자 했으며 또 이러한 현실인식을 바탕으로 '민족문학의 현대화'라는 미래적 방향 설정을 시도함으로써 전통 논의를 단순한 작품해석이나 유산의 문제로 해석하는 것을 넘어서고 있는 것이다.

그런데 최일수의 전통 논의가 민족문학의 현대화라는 지향점을 뚜렷이 하고 있으면서도 더 이상의 진전을 보지 못하는 것은 그의 논의가 지니는 추상성 때문이다. 즉 그는 한국적 현실의 특성을 '민족분단의 현실'이라 지적하지만 단지 지적에 그치고 있을 뿐 분단의 성격이나 원인 그리고 그러한 분단에 따른 인식상의 제약 등에 대해서는 아무런 규정도 내리지 못하고 있다. 이러한 추상성은 곧잘 그의 비평문에서 난삽한 문장과 애매한 용어의 사용으로 나타난다. 그러나 무엇보다도

복종의 역사로 치환한 것에 불과하다. 결국 이를 바탕으로 반항은 창조와 복종은 겸양과 동일시한 다음, 반항과 복종의 적당한 절충이 인류 복지 형성의 원천이 될 것이라고 주장하기에 이른다.

최일수의 논리적 한계를 노출시키는 것은 근/현대 시대구분 및 그 특질에 관한 인식이다. 당대가 근대 이후인 현대라고 파악하고 주장하면서도 근대 및 현대의 특성을 관조정신과 저항정신이라는 한 마디 규정으로 대신하고 있어, 그의 의지와는 관계없이 근/현대의 구분이 연대기적 순서 이상의 의미를 크게 넘어서지 못하고 있으며[235], 이에 따라 서구의 근대문학과 현대문학의 구분 및 그 특성에 대한 판단도 단순한 연대기적 구분에 따른 문학적 분류 이상의 의미를 발견하기 힘든 것이 사실이다. 이러한 여러 가지 약점에도 불구하고 최일수의 전통 논의는 한국의 구체적 현실에 대한 인식 없이 서구 현대문학의 수용을 통한 새로운 문학 건설을 주장하는 전통부정론에 대한 비판을 통해 민족사와 세계사의 연관성에 대한 인식의 편린을 앞서 보여주고 있는 것으로서 50년대 전통 논의의 구체적인 한 성과라 할 수 있다.

이봉래와 최일수의 논의가 전통론이 이루어진 초기의 중심논의로서 전통론의 핵심적 사항을 담고 있는 것이었다면, 이들의 논의 직후 혹은 거의 동시기에 제출된 조연현과 이어령의 논의는 당대 문단의 중심으로서 헤게모니를 장악하고 있던 문협정통파의 전통론에 대한 전후세대의 도전 및 그에 대한 비판으로서 중요한 의미를 지닌다.

조연현은 먼저 세계의 정치적 긴장상태, 경제적 공황, 사상적 혼란으로 표현되는 현대사회의 불안의 원인을 전통 가치와 권위의 동요에서 찾고, 이는 곧 전통적 가치가 현대를 지배할 힘을 상실하고 있다는 것을 의미하며 그런 의미에서 현대는 전통의 위기가 그 어느 시대보다 두드러지는 시대라고 인식한다. 하지만 이러한 전통의 위기가 반드시 전통에 대한 부정이나 불신을 의미하거나 혼동되어서는 안 된다고 주장하는데 따라서 전통의 동요는 현대가 아직도 일종의 과도기인 데서

235) 신두원, 「전후 비평에서의 전통논의에 관한 시론」, 『민족문학사연구』 9호, 1996, 263면.

오는 것으로 해석할 수 있다고 말한다. 즉 현대가 과도기인 것은 현대가 고대나 중세, 근대에 비해 시간적으로 짧은 기간에 지나지 않는다는 것, 또 시대적인 통일된 목표가 확립되어 있지 않다는 점에서 그러하다는 것이다. 따라서 현대의 전통적인 것에 대한 동요와 위기는 전통 그 자체에 대한 불신이나 부정이 아니라 전통에 대한 가장 강렬한 반성이며 새로운 전통에의 모색이라 할 수 있으며 그런 의미에서 전통문제는 현대의 가장 중요한 과제의 하나라고 주장한다.[236] 이러한 조연현의 주장 가운데 눈여겨 볼만한 것은 근대와 현대의 구별 및 과도기로서의 현대 규정이다. 이러한 인식은 그의 문학사 서술에서도 동일하게 나타나는 논리로서 그 자신의 문학적 입장을 정당화는 데 매우 중요한 역할을 하고 있다.[237] 조연현은 전통의 구체적인 면모를 민족적인 특성에서 구하고 있는데 그 이유를 첫째, 전통은 개인적인 소산이라기보다 집단적인 소산이기 때문이며 둘째, 민족은 인류를 형성하는 종족적 운명공동체적인 기본적 집단이기 때문이며 셋째, 이러한 민족적 특성만이 전통의 구체적인 세력이자 그 내용이기 때문이라 설명한다. 그리고 이처럼 전통의 구체적 면모를 민족적 특성 위에 둘 때 제기되는 민족적 특성과 인류적 보편성의 문제를 서정주와 김동리의 작품을 통해 설명한다.

조연현이 보기에 서정주와 김동리는 전통에 대한 태도에 있어 그 문학적인 출발은 행동적, 육감적, 반윤리적, 반도덕적인 것으로 전통적이기보다는 서구적인 『화사집』, 取材의 민속성(『무녀도』)과 傳說性(『황토기』), 작품 속의 주요 등장인물들이 모두 전형적인 한국사람인 점, 전형적인 한국적 현실의 제시(한국적인 貧窮의 형태)를 잘 보여주는 『무녀

236) 조연현, 「민족적 특성과 인류적 보편성 - 서정주와 김동리의 전통에 대한 태도를 중심으로」, 『문학예술』, 1957.8, 174~5면.

237) 이에 대해서는 이후 문학사 서술 부분에 대한 설명 참고.

도』와 『황토기』 등에서 알 수 있듯이 각각 反전통적 입장, 전통적 입장으로 서로 상반되지만, 8·15를 전후해서 이전과는 다른 모습으로 변화하고 있다고 설명한다. 서정주의 경우, 주로 人事에서 중요한 題材와 주제를 구하던 데에서 8·15 이후에는 자연에서 그 제재와 주제를 구하고 개인적 감정에 기초해 있던 데에서 한국적·동양적 정서나 사상으로 변모하는 등 서구문학적 전통에서 동양문학적 전통으로 변화하고 있으며, 김동리의 경우에는 민속적·전설적인 것에서 현실적으로 바뀌었고 또 전형적인 한국적 인물의 등장에서 보편적 인물을 등장시키고 있는 점 등 민족적인 특성에서 출발하여 인류적인 보편성을 지향하고 있다고 설명한다.[238] 그런 다음 서정주의 전통으로의 회귀는 전통의 재인식을 의미하는 것이며, 김동리의 변모 역시 인류적 보편성이라는 특히 현대에 요구되는 가치를 획득하고 있다면서 고평한다. 또 이들이 지향하는 세계는 외면적인 것과는 달리 서로 상반되는 것이 아니라 동일한 세계라고 설명한다. 즉 서정주의 경우 출발점은 형식에 있어서는 反전통적(이를 반한국적, 반동양적인 것으로 바꾸어 말하고)이었지만 내용상으로는 인류적 보편성을 지향한 것이었으며, 김동리의 문학적 출발은 민족적 특성 위에 있었지만 이후 인류적 보편성으로 지양되었다고 설명한다. 왜 그렇게 변하였는가, 어떻게 그렇게 귀결되었는가에 대답은 '가장 민족적인 것은 가장 세계적인 것이며 가장 세계적인 것은 가장 민족적인 것이다'는 괴테의 말을 인용하는 것으로 대신하고, 결론적으로 "서정주와 김동리는 그 문학적 출발에 있어서나 현재의 지향에 있어서나 서로 상반된 것이 아니라 동일한 노선 위에 있었던 것임을 알 수 있게 된다. 이것은 곧 민족적인 특성은 그대로 인류적인 보편성에 통하는 것이며 인류적인 보편성의 구체적인 내용이 민족적 특성임

238) 조연현, 앞의 글, 183~4면.

을 증언하는 것"[239]이라고 주장한다.

서정주와 김동리의 작품이 민족성과 인류적 보편성의 통일을 이룬 세계문학적 경지에 올랐음을 주장하고 또 그러한 경지를 조연현 자신만이 밝힐 수 있음을 표명한 이러한 논리는 문협정통파의 대표적 이론가인 조연현이 그들의 문학적 논리를 압축적으로 표현하고 있는 것으로서, 전통논의에 대한 이들 문협정통파의 본격적인 이론적 대응이라 할 수 있다. 그 동안 전통논의에 참여하지 않고 있던 문협정통파의 이론가 조연현이 이 글을 통해 단호하게 전통부정론을 비판하고 나선 까닭은 무엇보다 문협파의 김동리를 중심으로 한 구세대문학인들을 시대착오자라 비판하면서 신세대 문학인들에게 이들 우상을 파괴할 것을 외친 이어령 등 강력한 전통부정론이 제출되었기 때문이라 할 수 있다. 구세대 문학에 대한 부정은 필연적으로 우리 문학의 전통에 대한 전면부정과 맥을 같이 하는 것이다. "우리 문학이 다 같이 의지하고 다 같이 느낄 수 있는 커다란 정신의 지주가 과연 우리들의 혈맥 속에 존재하였던가? 말하자면 우리들에게 전통이라는 사상적 표준어가 존재하였던가? … 우리들에겐 돌아갈 전통도 없다. 당면한 시대의, 문화를 비판하고 규제하는 전통 그것이 없다."[240] 이러한 전통부정론과 구세대문학에 대한 전면 부정에 대해 조연현이 생각한 가장 효과적인 반박은 이들의 글에 대한 직선적인 공격이나 대응보다는 문협파의 문학적 논리를 강력히 옹호하는 것이었을 것이다. 즉 김동리와 서정주의 작품이 민족적, 전통적 세계에서 출발하여 보편적 세계로 나아가거나 보편적 세계의 추구에서 다시 전통적 세계로 변모하는 정반대의 길을 보여주지만 궁극적으로는 둘 다 정당한 길이며 동일한 노선 위에 있는 것으로서 훌륭한 세계문학의 경지에 올라섰다는 것 그리고 그것은 이들 문

239) 같은 글, 185면.
240) 이어령, 「신화없는 민족」, 『저항의 문학』, 경지사, 1959, 27면.

학이 전통성을 바탕으로 삼고 있기에 가능했다는 것을 강조함으로써 전통을 부정하고 구세대의 문학을 부정하는 신세대에 대해 엄중한 경고를 보낸 것이라 할 수 있다. 즉 조연현은 이 글에서 전통적인 가치와 권위가 근본적으로 동요하고 있으며, 그리하여 전통적인 것이 현대를 지배할 힘을 상실하고 있지만 이것이 곧 전통에 대한 부정이나 불신과 혼동되어서는 안되며 오히려 이것은 '전통에 대한 가장 강렬한 반성'으로 또 '새로운 전통에의 열렬한 모색'으로 해석되어야 한다고 주장한다. 그러나 실상 조연현이 말하고자 하는 것은 서정주와 김동리의 문학세계가 전통의 계승을 통한 세계적 보편화가 성취되었음을 즉 전통의 계승과 현대 서구문학의 섭취를 통한 한국의 현대문학이 성취되었음을 주장하는 것이다. 이는 바로 최일수가 우리의 과제로 제시한 바 있는, 전통의 새로운 해석과 서구문학에 대한 비판적 섭취를 통한 우리 문학의 후진성 극복과 새로운 주체의 확립을 통한 민족문학의 현대화를 서정주와 김동리의 문학에서 성취되었음을 말하는 것이다.

이처럼 이어령의 일련의 구세대 문학에 대한 부정[241]과 이에 대한 조연현의 비판에 이르러 전통 논의는, 전통부정론을 통해 구세대 문학을 부정하고자 한 신세대들과 전통계승론을 통해 문단을 장악하고 있는 현재를 정당한 것으로 인식시키고자 한 문협파의 대립 양상으로 비화된 것이라 할 수 있다. 이러한 조연현의 논리에 이어령은 조연현이 서정주와 김동리의 작품세계의 변화를 무리하게 동일시하고 있으며 조연현이 말하는 전통이란 결국 향토성이나 풍속성, 지방주의에 지나지 않는다고 비판한다.[242]

이처럼 이어령과 조연현 사이에 이루어진 전통 논의는 전통 논의에

241) 이어령, 「우상의 파괴」(『한국일보』, 1956.5.5), 「화전민 지역」(『경향신문』, 1957.1), 「신화없는 민족」(『경향신문』, 1957.3)

242) 이어령, 「토인과 생맥주」, 『연합신문』, 1958.1.

있어 새로운 논리로 무장했다거나 한 것은 아니지만 문단에 자신의 주장을 던지는 형식이 아니라 구체적 상대에 대한 극단적인 부정의 방식으로 논의가 전개됨으로써 일정하게 논쟁의 수준으로까지 진행된 것이다. 그리고 문단의 중심을 형성하고 있던 문협의 대표적 이론가 조연현과 구세대의 문학과 이론을 전면 부정하고 나선 신세대의 선두주자 이어령이 본격적인 논쟁을 벌임으로써 전통론이 전통에 대한 단순한 이론적 해석 차원의 논의가 아니라 당대 문학권의 헤게모니 장악의 계기로 작용하는 것이라는 점 등 논쟁의 본질이 분명해지게 되었다. 또 이들의 논쟁은 전통부정론과 계승론이 지니는 논리적 모순과 한계를 명백히 드러냄으로써 역설적으로 전통론이 현재의 문학방향을 둘러싼 이념적 논의로 나아가지 않는 한 이론적 전진을 보기 어렵다는 사실을 확인해 주는 결과를 가져왔다.[243] 즉 이들의 논쟁을 통해 전통의 계승과 서구문학의 수용이라는 전통론의 핵심이 어느 정도 정리되었지만 여전히 이제는 거의 사라지고 존재하지도 않는 전통단절론이나 근거없는 복고주의적 전통론을 대상으로 삼는 원론적 추상적 논의들이 60년대 초까지 계속됨으로써 전통론이 제기한 주체성의 확립을 통한 새로운 문학 창조의 방향 즉 문학이념의 정립으로 나아가지 못하고 있는 것을 볼 수 있다.[244]

---

243) 신두원, 앞의 글, 268면.

244) 추상적인 저항정신 등이 반복적인 주제로 계속되는 상황 속에서 전통론이 막연한 논의의 틀을 벗어날 수 있는 구체적 계기로서의 언어문제를 제기한 사람은 유종호였다. 그는 기구하고 비감한 역사속에서도 문화민족의 긍지를 느끼게 하는 문화재산으로서의 고유의 말과 글에 주목, 토착어와 한자어를 구분하고 문자를 매체로 한 예술적 형상화에 있어 한자어와 토착어의 이질적인 요소의 대립을 분석함으로써 전통의 구체적 실체를 밝힐 수 있는 계기를 마련할 수 있었다. 그에 의하면 토착어는 한자어에서 파생되었다고 볼 수 없는 순수한 우리말로서 우리의 생활감정에 밀착되어 있다는 특색을 지닌다. 이처럼 전근대적인 생활양식 속에서 빚어진 원시적인 땀냄새가 배어 있는 말이자 속어이기 때문에, 예컨대 '후살이', '나그네' 등의 말에서 느끼듯 친근감과 감화적 호소력을 지니고 있

전통론은 이후 '한국적'인 것에 관한 논의로 옮겨가면서 새로운 전기를 맞게 된다.[245] 정태용은 한국적인 전통이 박약한 곳에서 한국적인 것을 논의하다가는 국수주의적 허상에 빠지기 쉽다는 유종호의 논리를 비판하는 가운데[246] 자신이 생각하고 있는 전통과 한국적인 것이 무엇인지를 밝히고 있다. 우선 그는 원론적인 의미에서 전통의 개념을

으면서도 이 토착어로 연상되는 것은 다름아닌 우리 사회의 전근대적인 인간상이라는 점을 강조한다. 이와는 달리 한자어의 경우 이미 민중의 언어로 동화한 것은 따로 문제삼을 만한 것이 없지만 상당한 교양을 쌓은 사람만이 터득할 수 있는 것과 특수한 학문의 술어로만 쓰이는 극히 희유한 한자어 특히 日産한자어(演說, 辨證法, 民主主義, 觀念形態, 人道主義, 社交 등)들이 가지는 이미지 자체가 대개 서구적인 것들이어서 토착어의 성격과는 대립적인 근대적 생활상의 반영물로서의 이미지를 지니지 않을 수 없다는 것이다. 유종호, 「土着語의 人間像」, 『현대문학』 60호, 1959.12, 192～3면.

245) 전통론은 이후 『사상계』지의 「문학 심포지움 - 신문학 50년」에서 조지훈(「한국 현대시사의 반성」, 『사상계』 106호, 1962.4), 유종호(「현대시의 오십년」), 이어령, 유종호 토론 「'단절이냐 접합이냐' - 한국 현대시 50년이 남긴 제문제」에서 다시 토론의 대상으로 떠오른다. 여기서는 전통론의 핵심으로 시대정신의 문제와 그러한 시대정신을 표현하는 매개로서의 언어의 문제가 쟁점으로 제기된다.

246) 정태용, 「한국적인 것과 문학 - 白, 柳 양씨 소론에 대하여」, 『현대문학』 1963.2, 194～6면. 정태용은 이 글에서 첫째, 우리에게는 전통이 없고 프랑스에는 전통이 있다고 했을 때 전통의 개념이 다른 점. 둘째, 프랑스의 전통이 인간탐구나 대화정신에 있다면 그것이 곧 프랑스적인 것인데 한국에서는 왜 한국적인 것을 인간탐구나 대화정신 같은 것에서 찾지 않고 유독 표현방식이나 발상법에서 찾아야 하는가. 셋째, 독특한 개성의 발상법이나 표현방식이 우리에게 없다면 그것은 언제 있을 것인가. 넷째, 한국적인 것을 발상법이나 표현방식에서 찾아야 한다면 그 한국적인 것의 토론은 당연히 독특한 발상법이나 표현방식의 발견이 되어야 할 터인데 왜 당분간 그것을 이야기하지 말자고 하는가. 다섯째, 전통적인 것이 민족적인 것이 아니라면 반만년 역사 속에서도 아직 우리나라에는 한국적인 것이 없는가. 여섯째, '물레방아' '밀밭길' '갈보' 등이 한국적인 것이지만 극히 최근에 문학에 등장했기 때문에 전통적, 한국적인 것이 되지 않는다면 세월이 흘러 천년이 지나면 이것도 전통적인 것이 되는가 하는 질문을 던지고 있다.

유종호의 견해의 핵심은 진정한 근대적 의미의 전통이 무엇인가 하는 데 있는 것이었지만 정태용은 이 질문들에서 보듯 꼬투리 잡기에 가까운 질문의 형식을 빌린 비판을 일방적으로 퍼붓고 있다. 다만 이 글을 통해 주목할 수 있는 것은 무엇이 한국적인가 하는 질문을 던지고 있는 점이다.

'과거의 가치가 아니라 현대의 시대정신과 그 이념에 유용한 가치로 자각되고 선택된 과거의 것에 대한 현대적 가치'로 규정하고 따라서 전통은 현재의 가치 중에서도 가장 한국적인 가치라고 말한다. 즉 한국적인 것 역시 전통적인 것을 포함하므로 어떤 영원한 것이 아니라 더 나은 미래를 지향하는 이념적인 것인만큼 그 역사적·사회적 조건을 구체적으로 인식한다면 그 논의는 결코 국수주의에 빠질 수 없다고 주장한다.[247] 여기서 정태용의 논리가 50년대의 전통론과 구별되는 지점은 한국적 특수성을 제기하고 있는 점이다. 50년대의 전통론의 논의가 주로 엘리어트의 논리를 근거로 하여 문학의 세계사적 보편성을 어떻게 수용하느냐 하는 문제를 중심으로 삼았던 것에 비해 정태용은 한국적 특수성을 기반으로 '한국의 주체적인 문학'을 강조하는 것이다. "주체를 확립해야만 비로소 과거로 가든지 해외로 가든지가 결정될 수 있는 것"이라는 주장이 바로 그것이다. 즉 구체적 한국 현실을 문제삼고 그 현실에 기반한 문학을 제기하고 있는 것이다. 정태용이 이처럼 당대 현실을 절대적 조건으로 강조하는 것은 정태용이 인식하는 현실이 곧 '이 시대의 민족사적 과업을 완수할 수 있는 세대정신의 주체화'를 가능하게 하는 현실이라고 인식하기 때문이다. 이는 곧 60년대의 근대화 담론을 그대로 수용하고 있는 것이라 할 수 있는데, 그것은 구체적으로 군사정부의 경제개혁논리를 수용하고 이들 군사혁명의 세력을 정치의 역사적 임무를 처음으로 자각하고 이를 수행하고자 뜻한 사람[248]으로 평가하고 있는데서 잘 드러난다. 여기서 그는 어떠한 것이 과거의 것이냐 현대(당대)의 것이냐 하는 문제는 자연적 시간의 동시성이나 공존성에 의한 것이 아니라, 시대정신 나아가 그 이념의 이질성 여부로 따져야 한다고 말함으로써 그가 전통을 규정하는 데 있어

247) 위의 글, 196~8면.
248) 위의 글, 199면.

핵심적인 요소로 파악하는 것이 시대정신임을 알게 해준다. 그가 '밀밭길'을 전통이 아니라고 부정하는 것도 이러한 시대정신에 맞지 않기 때문이다. 따라서 문제는 바로 그가 파악하는 시대정신이 무엇인가 하는 점이다. 그가 보기에 고전적 자유주의를 寶刀처럼 들고 나오거나 서구사조를 그대로 우리 문단에 가용하려는 것은 모두 문화의 진화적, 역사적 조건을 모르는데서 비롯된 것으로, 그러한 뚜렷한 예는 과거 민주당과 자유당 시대의 정치가들에게서 나타난다. 그가 파악하는 올바른 시대정신이 무엇인가는 여기서 드러나는데, 그에 따르면 자유당이나 민주당의 정치인들은 이 시대의 역사적 임무를 깨닫지 못한 사람들로서 정당의 정강도 기만적으로만 나열해 놓았을 뿐이고 이러한 정치의 역사적 임무를 처음으로 자각하고 이를 수행하고자 뜻한 사람은 오히려 직업적인 정치가가 아닌 군사혁명의 주체세력이었다는 것이다. 그들은 스스로 이 민족의 역사적 주체를 확립시키고 실천해 보고자 하는 그 의욕만으로도 국민의 지지를 충분히 받을 자격이 있다는 것이다. 60년대 이후 군사정부에 대해 가장 비판적 입장을 견지했던 『사상계』조차 5·16에 대해 일정기간 긍정적 입장을 표명할 정도로 5·16 군사쿠테타 세력이 초기에는 민족적 주체성의 논리를 내세웠던 것이 사실이었고 또 그만큼 그 이전의 자유당과 민주당정부의 비주체성이 두드러진 것이 사실이었기에 정태용의 이러한 인식은 어쩌면 당대 지식인의 의식을 대변하는 것이라고도 말할 수 있다. 그렇지만 군사혁명세력의 민족주의 노선을 곧 올바른 시대정신으로 파악하고 받아들인 것은 성급한 일이 아닐 수 없다.

그런데 더욱 문제적인 것은 이러한 시대정신에 비추어 '현재적 유용성이 있다면 전통적인 것'이라는 그의 견해이다. 그는 한국적인 것을 어떻게 찾아야 할 것인가 하는 질문에 대해 한국 안에 있는 모든 것은 한국적이므로 한국 안에서 한국적인 것을 찾지 못하면 세계 어느 곳에서도 한국적인 것을 찾을 수 없다면서, 중요한 점은 한국적인 것이란 그것을 찾는 그 이유와 목적에 의해 결정되는 사실이라고 말한다. 즉 한국적인 것을 찾는 것은 무언가 유용한 목적을 가지고 찾는 것인데 그 유용한 목적이란 죽세공품이나 자개함 같은 특산품적 문학을 만들기 위해서가 아니며, 우리가 먼저 민족사의 주체자가 되고 그러한 주체자로서 문학을 하자는 데 목적이 있다는 것이다. 민족사의 주체자가 되고 그러한 주체자로서 문학을 한다는 것은 곧 민족문학이나 민족적인 것이라는 개념으로 이어지는데, 그에게 민족문학이나 민족적인 것은 세계 안에 그 유례가 없는 특수한 문학, 특수한 사물을 말하는 것이 아니라 그것과는 상관없이 자기 자신에 성실하고 철저한 문학 다시 말해 세계 안에 그와 비슷한 것이 얼마나 많고 적고 간에 상관없이 완전하고 철저한 한국의 주체적인 문학이면 그만인 그런 것이다. 그런데 여기서 다시 지적하지 않을 수 없는 점은 그러한 유용한 목적을 판단하는 기준으로서의 '시대정신'이다. 일반적으로 전후 한국과 같은 제3세계 국가들에서의 민족정신이나 민족주의의 고조는 일본, 독일 등 전날의 파쇼국가들처럼 침략적 제국주의를 감행하기 위해서가 아니라 후진성을 극복하고 정치, 경제적 자주독립을 도모하여 세계에서 제국주의를 일소하려는 노력이기 때문에 결코 국수주의적 허상을 만들지도 않으며 만들 필요도 없다는 그의 강변에도 불구하고 실상 이러한 논리 자체가 그러한 제국주의적 논리의 동어반복일 뿐이라는 사실을 그는 알아차리지 못하고 있는 것이다. 그가 군사정권의 논리를 민족적 주체성이라는 관점에서 받아들이는 것도 이러한 민족주의 이데올로기의 자기 표현에 불과한 것이다. 또 하나 지적할 수 있는 것은 그가 민족의 주체자가 되기 위해 파악해야 한다고 강조하는 한국적 현실도 사실은 세계적 현실과 분리될 수 없는 것으로서 세계와의 연관 속에서 파악할 때만 진정한 한국적 현실을 파악할 수 있다는 점에 대해서도 눈을 돌리지 않고 있는 점이다. 그가 5·16군사정부의 민족주의 이데올로기를 민족적 주체성으로 인식하고 받아들이고 있는 점이나, 세계성에 대한 인식을 결여한 한국적 현실과 한국적인 것에 대한 강조는 결국 국수적인 민족주의 이데올로기로 귀결될 수밖에 없다는 점을 보여주는 것이 아닐 수 없다.[249]

이후 전통론이 별다른 성과없이 동일한 논리의 반복적 전개로 계속 이어지고 전통부정론에서부터 전통단절론, 소극적 전통계승론, 적극적인 전통계승론 등 다양한 양상으로 전개되었던 근본적인 원인은 이것이 일반적인 전통론과 세대론의 성격을 띠고 있다는 점 뿐 아니라, 각 논자들의 식민지 문학의 근대성에 대한 인식의 차이 때문이기도 하다. 그러한 인식의 차이는 특히 전후 문단의 주도권을 장악하고자 하는 주도권 싸움의 양상과 함께 전개되기도 하는데, 어떤 의미에서는 바로 이 점이 전통을 둘러싼 논의가 그토록 오랜 기간에 걸쳐 계속될 수 있도록 만들었던 보다 직접적인 계기였다고 할 수 있을 것이다. 식민지 시기 문단에 등단한 이래 해방공간에서 좌익과의 투쟁을 거치며 문단

---

249) 정태용의 이러한 의식은 신인에게 던지는 다음의 글에서도 확인된다. "문학자는 의욕적으로 근대정신의 체현자가 되어야 하겠고 조국의 근대화를 추진하는 힘이 되어야 하겠다. 조국의 근대화는 정치사회적으로는 정치적 자주독립, 경제적 자립으로 복지사회를 이룩하여 빈곤과 실업이 없는 민주주의적 국가로 만드는 것이겠다. 따라서 문학은 이러한 정치사회적인 근대화의 과업을 도우는 한편, 우리의 습관과 사고 방식 등 정신면에 뿌리박혀 있는 전근대적인 것을 일소하는 일에 문학정신을 두어야 하겠다. 실상, 외국의 근대작품을 보면, 이 근대화 작업에 작가들이 얼마나 혼신의 정력을 기울였는가를 알 수 있다. 그러한 노력없이 우리 문학이나 사회의 근대화가 이루어지리라고 믿는 것은 어리석은 일이다. 그리고 근대화가 이루어지지 않고는 문학이고 무어고 제대로 될 턱이 없다." 여기서 보듯 정태용이 말하는 문학의 현실참여는 '조국 근대화'에의 참여를 의미하는 것이다. 이는 박정권의 민족적 민주주의라는 이념적 내용을 그대로 문학판에 옮겨 놓은 것이라 할 수 있는데, 서구문학에 대한 극히 부정적인 민족주의적 입장을 취하고 있던 정태용의 논리적 귀결이 이 '조국근대화'라는 한 마디로 집약되고 있는 것을 볼 수 있다. 정태용, 「주체성과 비평정신」, 『현대문학』 115호, 1964.7.

의 주도권을 장악할 수 있었던 구세대들에게 무엇보다 필요한 것은 자신들의 문학에 대한 정통성이었다 할 수 있다. 전통계승론을 주도했던 국어국문학 학자들의 경우에는 식민지 시대의 국어국문학연구가 지닐 수 있었던 역사적 의미를 전후현실에서도 강조한 것으로 이해할 수 있다. 문학의 보편성의 추구에 기울어 있던 전후 신세대들의 경우 우리 문학의 후진성의 모든 원인을 구세대 문학에 돌리고 이들의 부정을 통해 이른바 '현대성'을 실현하고자 했던 것으로 파악할 수 있다. 이들은 우리의 고전문학은 철저하게 봉건사상만을 반영하고 있을 뿐이며, 식민지 시대부터 활동하던 구세대 문인들 역시 현대의식을 갖추지 못한 채 자연주의적 '근대문학'을 벗어나지 못하고 있다고 비판한다. 김우종이 『춘향전』의 분석을 통해 전통을 부정하고 있는 것은 바로 이런 맥락에서 이루어진 것이다. 이런 점에서 볼 때 유종호의 경우 신인으로서 철저하게 전통론을 문학적 전통 문제로 국한시키고 그 매개를 언어에서 찾으며 문학적 전통의 문제를 시종일관 논의했다는 것은 주목할 만한 것이다.

일반적으로 전통이 하나의 유산으로서 전래되고 전수된 것을 가리킬 때[250],이 전통은 과거의 지속이며 규범으로서의 기능을 하고 있음을 의미한다. 하지만 과학기술의 발달과 합리적 이성에 따른 사회생활의 질서가 유지되면서부터 전통은 그러한 이성에 기반한 인간 사회 발전을 가로막는 장애물로서 무지와 미신, 편협과 독단을 상징하는 것처럼 인식하게 되는 것이다. 이러한 시각은 특히 과거와 현재 미신과 과학 등 이분법적이고 대립적인 사고로 이루어져 있는 것이어서 과거의 살아있는 전통으로서의 위대한 '고전'이 현재에 미치는 영향력을 간과하게 만드는 것이다. 이에 따라 전통의 수용과 계승은 문학적 관습과 형

250) E. Shils(김병서 외 譯), 『전통』, 민음사, 1992, 26면.

식의 전범에 대한 모방을 의미하거나 고전적 미의식과 세계관을 되살리는 것에 불과한 것으로 인식되기 쉽다. 바로 이 지점에서 전통의 수용과 계승을 단순한 유산의 보존으로 파악하는 시각이 발생한다. 이후의 전통론이 동일한 논리의 반복적 전개 양상으로 전개되는 등 한계를 노출하게 된 것은, 결국 전통의 현재적 의의를 발견하는 근거가 되어야 할, 구체적 현실과 역사를 인식하는 이념적 중심이 형성되지 못한 데서 기인하는 것이라 할 수 있다. 이에 따라 전통계승론이든 부정론이든 모두 공통적으로 고전이 곧 전통이라는 소박한 등식을 신봉하고 전통을 곧 유산으로 오인하고 있는 것이다. 고전이고 옛 것이면, 또 동양적이고 한국적인 것이라면 무조건 선전하는 것은 실상 서구적인 것에 대한 무조건적인 숭배에 대한 반발에 불과하며 이는 어떤 의미에서는 똑같은 식민지근성에 불과한 것이라는 지적[251]도 바로 이에 대한 비판인 것이다.

전통론을 비평사적 의미에서 파악할 때 핵심적인 것은 결국 당대 현실에 대한 인식의 문제이다. 즉 현실을 과학적 세계의 병폐로 인해 시급히 치유되어야 할 현실로 바라보는가 아니면 보다 근대화된 세계로 나아가기 위해 과거의 유산을 시급히 청산해야 하는 현실로 인식하는가에 따라 각기 전통 계승과 부정의 견해가 제출된다. 근대적 현실의 부정성을 강조하는 경우 그러한 부정성을 극복하기 위한 요소로서 전통 계승을 바탕으로 새로운 세계관의 확립을 강조한다. 하지만 당대 사회는 비록 전쟁경험을 통해 근대적 요소에 의한 고통을 겪은 것이 사실이지만 전쟁 이후의 사회는 여전히 발달된 근대에 의한 고통보다는 오히려 근대의 미달로 인한 고통이 더욱 큰 사회였다고 할 수 있다. 이와는 달리 근대(현대)로의 발전을 가로막는 한 원인을 전통적 요소

---

251) 김윤식, 「역사의 예술화 - 신라정신이란 괴물을 폭로한다」, 『현대문학』 106호, 1963.10.

의 비대함에서 찾는 경우 전통은 부정의 대상으로만 간주된다. 전통과 서구적 근대성이 낡은 것과 새로운 것, 한국적인 것과 서구적인 것과 마찬가지의 의미로 사용되면서 낡은 것과 한국적인 것을 가치론적으로 저열한 것으로 인식하는 근대적 사유방식의 문학적 반영인 셈이다. 특히 이러한 사유방식의 저변에는 서구적인 것은 보편적인 것이며, 한국적인 것은 지역적인 것이라는 인식이 자리잡고 있다. 이러한 인식에는 그 자체가 특수성의 발현인 유럽인의 고유한 세계 인식과 미의식을 보편적인 것으로, 한국적인 것은 이 보편적인 것에 훨씬 못 미치는 후진적인 것으로 인식하는 서구중심적 편견이 자리잡고 있는 것이다.[252)]

이러한 한계의 극복은 60년대 중반 조동일에 와서야 이루어지게 된다.[253)] 전통론의 가장 큰 의미는 무엇보다도 새로운 문학 이념의 모색에 있다. 즉 지도이념이 부재한 상태에서 출발했던 50년대 비평이 일방적인 서구지향을 통한 문학의 보편성 획득이라는 양상을 벗어나 주체적인 문학의 창조하는 뚜렷한 과제를 제시했고, 그 과정에서 신구세대의 소모적 대립을 지양할 수 있었다는 점이다. 특히 이러한 논의가 전쟁 직후 쇠퇴했던 민족주의가 4·19를 계기로 가능해진 민족의식의 각성 및 회복 조짐과 맞물려 이후 민족문학 이념의 바탕을 이룰 수 있었다는 점도 지적할 수 있을 것이다.

결국 전후비평에서의 전통론의 가장 큰 의미는 전쟁 직후 압도적이

252) 남기혁, 「1950년대 시의 전통지향성 연구」, 서울대 박사학위논문, 1998, 21면.
253) 조동일, 「전통의 퇴화와 계승의 방향」, 『창작과비평』, 1966년 여름호, 357~9면. 조동일은 첫째, 보편적 측면과 특수한 측면의 통일적 결합으로서의 전통, 둘째, 사회의 변모·발전에 의해 형성되며 동시에 사회의 발전에 기여하는 전통과 사회의 관계에 대한 인식, 셋째, 전통의 계승 자체가 긍정적, 부정적인 양면을 통해서 이루어지는 것으로 역사적으로나 현실적으로 종합적 계승이 가능하다는 점에 대한 인식, 넷째, 전통은 미래로의 역사성인데, 이것이 현재로의 역사성과 주관적인 역사성 두 면의 종합으로 이루어진다는 점에 대한 이해의 부족 등을 기존의 전통론의 한계로 지적하고 있다.

었던 신세대의 전통 거부 및 구세대에 대한 비판 그리고 서구문학에의 경사의 흐름을 벗어나는 구세대의 반격이란 점에서 그리고 전통의식의 환기를 통해 주체적 문학사상의 모색으로 나아가는 계기를 마련했다는 점이라 할 수 있다.[254] 특히 이 전통론은 전쟁 이후 '반공주의'의 하위 개념으로 스며들어버려 더 이상 그 의의를 발휘할 수 못하고 급격히 쇠퇴해버린 민족주의 이념 및 왜곡된 민주주의 이념에 대한 열망의 계기를 이루는 것이기도 해서 더욱 그 의미는 각별한 것이라 할 수 있다. 또 해방공간에서 제기된 민족문학론이 분단과 전쟁을 거치며 쇠퇴하게 된 마당에서 새롭게 그 기반을 마련하는 계기를 이루었다는 점에서도 의미있는 논의라 하지 않을 수 없다. 게다가 이 전통론은 60년의 4·19를 전후한 민족의식의 각성과 회복 조짐, 원론적이고 이상적인 민주주의 사상의 만연 및 절망을 거쳐 진정한 민주의식의 회복을 모색하는 과정과 나란히 펼쳐진 것이다. 이러한 의미에서 전통론은 전쟁의 참상에 절망하던 50년대적 사상에서 4·19로 대변되는 구체적 현실에 천대한 각성과 성찰의 시대로서의 60년대로 넘어가는 사상적 매개의 문학적 표현이라 하겠다.

전통론의 전개과정과 관련하여 주목하지 않을 수 없는 것은 전후 본격적으로 이루어지기 시작한 문학사 연구 및 서술이다. 문학사에 대한 이러한 관심은 문학연구 방법론의 유입과 함께 전후 문학 연구의 특징이라 할 만한데, 그것은 해방공간과 전쟁을 거친 문단이 50년대 중반 이후 많은 신인들의 등장에 따라 활성화되기 시작했으며, 현대문학의 본격적인 출발 이후 이루어진 문학연구 방법론의 적용과 함께 대학의 정비와 연구자의 확보가 가능해지면서 문학사 정리가 절실하게 요구되는 시기가 바로 전후시기였기 때문이다. 뿐만 아니라 문학사를 어떻게

254) 김윤식, 『한국현대문학사』, 일지사, 1983(증보판), 273면.

규정할 것인가의 문제는 이후 문단과 문학제도권의 정통성을 누가 확보하는 문제와도 밀접히 연관되기 때문이다.

일반 역사가 역사적 사실을 근거로 하고 있고 문학사 역시 역사의 일종이라는 점에서 문학적 '사실'에 바탕을 두고 그러한 문학적 사실로부터 가치를 '발견'하는 작업이라 할 수 있다. 하지만 이러한 가치의 발견에는 연구자의 시각이 개입되지 않을 수 없으며 게다가 일반 역사와는 달리 문학사의 경우에는 과거로서의 역사적 사실을 담고 있을 뿐 아니라 동시에 문학으로서의 예술성 또한 지니지 않을 수 없게 된다. 따라서 문학사 연구는 역사적 사실로서의 문학자료를 체계적으로 정리하고 평가할 수 있는 비평정신을 요구하기 마련이다. 그런데 이러한 비평정신은 시대와 사회 역사에 대한 통찰을 기반으로 하지 않고서는 형성될 수 없는 것으로서 특히 문학사 서술을 둘러싼 시대적 상황과 밀접한 관련을 지닌다. 시대적 상황 자체가 일정한 시대정신의 형성을 이루지 못한 상태이거나 통찰력을 갖추기 어렵게 만드는 혼란한 상황을 조성함으로써 문학사의 서술 대상을 한정시키고 서술 방향을 고정시켜 버릴 수 있기 때문이다.255)

---

255) 김동환, 「1950년대 문학의 방법적 대상으로서의 외국문학이론」(한국전후문학의 형성과 전개)(『문학과 논리』 3호), 1993, 57~8면. 이러한 예는 조연현의 문학사 서술(조연현, 한국현대문학사, 현대문학사)에서 어느 정도 엿볼 수 있다. 그는 해방 이후 20여년간의 문학을 회고하는 자리에서 자신들의 행로를 결과론적으로 정당화시키는 방향으로 문학사를 서술한다. 그는 해방 이후 20년 동안의 문학적 조류와 방향을 서술하면서 첫째, 8·15 이후 20년 동안 문장력, 문학적 본격성, 작가의 양과 질의 증대 등 비약적인 향상과 발전이 있었을 뿐 아니라 둘째, 8·15이전 문학의 근대문학적 성격을 극복하고 현대문학적 성격을 갖추게 된 점, 특히 식민지 시기 李 箱을 제외하고는 모두 근대문학적 성격이었으나 戰後 일부 신인 뿐 아니라 김동리, 황순원 등의 구세대 작가들도 현대문학적 변모를 이룩함으로써 현대성의 확립을 추구해 왔으며, 셋째, 외래적인 것에의 반성과 한국적인 것의 발견과 추구의 방향으로 나아왔다고 평가한다. 김영랑의 시와 김동리의 소설에 의해 비로소 자각되기 시작한 '문학에 있어서의 독자적인 가치의 추구'가 해방공간의 혼란, 전쟁의 위기를 거치고 다시 밀려들어오는 각종 새로운 문학현상에 눌리기도 했지만, 박경리, 서정주 등이 본래부터 그런

전후 활발히 이루어졌던 국문학(사) 연구는 식민지 시대 말기부터 추구해 왔던 이른바 '국학 연구'의 연장선상에서 파악할 수 있다. 민족주체성 회복을 위한 노력의 일환이었던 이러한 작업은 해방과 함께 식민지 기간동안의 억압과 왜곡에 대한 보상적 차원에서 더욱 강화되었다. 이후 모든 것을 단절시킨 전쟁에도 불구하고 국학연구 차원에서의 국문학사 연구는 활발한 전통 논의와 함께 지속적으로 이루어지게 된다. 그것은 식민지 시대의 국학연구가 국가상실의 상황 속에서 민족의식의 회복을 통한 국권회복을 도모하는 일종의 대응책으로서의 의미를 지닐 수 있기 때문이다.

이 시기의 국문학(사) 연구는 전통논의가 진행되는 과정에서 고전문학 유산 계승의 문제로 구체화된다. 고전과 전통에 대한 관심은 조선일보의 55년 초 신춘특집으로 이병도 외 역사학자 고전학자의 글이 게재되면서부터였지만, 본격적으로 논의되기 시작한 것은 56년 이후 예

방향을 지향해 가고 있었던 것 외에도, 이동주나 박재삼, 오영수나 박경리 등의 신인들이 한국적인 정서나 감정, 한국적인 생활의 풍물과 인간을 추구하는 예에서 드러나듯 실질적으로 우리 문학의 방향은 한국적인 것의 발견과 추구를 지향해 온 것으로 평가한다. 더 나아가 조연현은 일부의 극단적인 모방주의자를 제외하면 대부분의 문학이 그 방향에 포함된다고 말함으로써 바로 이러한 조류가 20여 년 동안 일관해 온 가장 보편적인 조류이며 방향이었으며 자신들의 문학적 방향성이 정당했음을 주장한다.

이러한 조연현의 주장과는 달리 정태용은 해방후 20년간 우리 문학에서는 뚜렷한 사조를 찾기 어렵다고 단정하고 있어 조연현과는 대조적인 인식을 드러낸다. 정태용은 문학에 사조가 생기자면 세대정신이나 시대정신이 나타나 평론가들이 이를 지도하고 작가들은 그 정신의 작품화에 힘을 기울여야 하지만, 우리나라의 작가들은 평론의 권위를 거의 인정하지 않고 있으며, 잡다한 외국문학의 영향에 의한 분파적 모습만을 보여주었다고 비판한다. 이러한 분파적, 小流적 경향은 단지 문인들만의 죄책이 아니라 국민을 지도하는 이념을 보여주지 못하는 사회현실에 있다고 말한다. 이러한 인식의 차이는 문단의 중심에서 실질적인 지배력을 행사할 수 있었던 조연현과 그러한 지배력을 인정하지 않으려는 문단적 지위의 차이로부터 비롯되는 것으로서, 그 근저에는 시대정신에 대한 인식의 視覺差가 개재되어 있는 것으로 볼 수 있다. 한국문인협회 편, 『해방 문학 20년』, 정음사, 26~8면.

컨대 한글기념일을 기념한 문총주최의 '문화의 달' 행사 중에 열린 백일장, 六臣墓의 祭祀 등 직접, 간접적으로 고전 부활과 연관된 행사를 비롯하여 고전, 전통의 부활과 그 실천을 위한 논문이 발표되면서부터였다.[256] 특히 이 전통 논의가 중요한 점은 근대문학 도입이래 가장 큰 쟁점이라 할 수 있는 이식문학론의 극복을 위한 노력의 출발점이자 계기가 되기 때문이다. 즉 고전 전통의 문제는 막다른 골목에 부딪친 당대 문학의 타개의 방법으로 제기된 것이다. 고전문학이 시작된 이래 무주체성의 모방문학사에 대한 반성과 비판의 기준으로서 우리의 문학적 전통이 요구되고 바로 그런 의미에서 고전부활의 운동이 제기된 것이다. 따라서 이 운동은 "무의식적, 자연발생적이 아니고 의식적으로 고전 전통을 추구하는 문학운동을 전개"하는 것이어야 하며, 그것은 현재가 "남의 해석과 비판에 의존하느니보다 자신이 직접 그 일에 참여함으로써 고전 건설의 첩경을 개척하는 적극적인 태도가 요청되는 시기"[257]라는 것을 인식할 때만 가능한 것이었다.

고전유산 문제에 대해 가장 적극적인 발언을 한 사람은 정병욱이었다. 그는 우리의 고전은 아직 연구자의 상자 속에 있는 상태로 하나의 생명체로서 해석, 비판, 종합된 고전으로 확립되지 못한 상태이며, 이에 따라 고전문학과 고전이란 개념이 혼동되어 사용되고 있는 점도 지적하지 못하고 있는 상태로 파악한다. 이는 고전연구의 이론적 궁핍을 말해주는 것이기도 하지만 더욱 근본적인 문제로서 아직 역사적 '현대'의 성격이 완전히 이해되지 못했음을 말해주는 것이다. 즉 고전이나 전통의 탐구는 항상 새로운 문화의 창조를 전제로 하는 것이어서 고전을 이해한다는 것은 어떤 가치판단의 기준에 입각한 비판적 태도에 의해 가능한 것이며 또 그러한 비판의 기준이 현대적 의의에 있는 것이

256) 백철, 「고전부활과 현대문학」, 『현대문학』, 1957.1, 58면.
257) 백철, 앞의 글, 61면.

라고 할 때 그 기준으로서의 현대의 성격에 대한 이해가 이루어지지 않은 상태에서의 고전 확립과 연구란 불가능한 것이기 때문이다. 따라서 이러한 근본적인 문제가 해결되지 않는 한 고전연구는 언제나 고전을 위한 고전연구에 머물 수밖에 없게 된다는 것이다. 따라서 흔히들 우리에게는 고전이 없다거나 고전자료가 빈약하다고 말하는 것은 고전연구에의 무관심을 대변하는 것에 불과하다고 비판하고 역사적 현대의 기본 과제가 요청하는 바에 따라 현대문학의 회귀점을 고전 연구에 두어야 할 것이라 주장한다.[258]

특히 이러한 논리는 특히 극렬한 전통부정론을 피력했던 이봉래의 견해와 견주어 볼 때 현대에 있어 전통이 문제가 되는 이유를 보다 정확히 포착하고 있는 것이라 할 수 있다. 이러한 관점에서 정병욱은 현대소설작품(彩雨의 『매미』, 정한숙의 『공포』, 박영준의 『不孝婦』)의 분석을 통해 고전의 현대화가 어떻게 이루어져야 하는가를 모색하기도 한다. 그는 먼저 이들 작품이 고전의 현대화를 진지하게 모색하는 작업이라는 점에서 의미를 부여할 수 있다고 평가한다. 그러나 민담이나 야담의 복사 혹은 민담을 소재화하는 데 그칠 뿐이거나 진정한 전통이 아닌 인습의 계승에 불과할 뿐 진정한 전통 계승의 모습을 보여주고 있지 못하다고 지적한다.[259] 평가의 타당성 여부에 관계없이 정병욱의 이러한 비판은 현대소설작품에 대한 구체적 분석을 통해 고전의 현대화를 논하고 있다는 점에서 의의있는 일이라 할 수 있을 것이다. 이러한 고전의 현대화를 위해서는 작가들의 기초적인 정신적 위치가 '현대인'으로서의 의식이 확립되어 있어야 한다는 것 즉 작가가 중세적 모랄에서 벗어나야 함을 강조함으로써 전통 계승의 가치기준을 과거가 아닌 현재에 두어야 한다는 점을 분명히 하고 있다. 이런 점에서 볼

258) 정병욱, 「고전과 현대문학의 제문제」, 『자유문학』, 1956.12.
259) 정병욱, 「고전의 현대화 논의」, 『사상계』, 1957.6.

때 그의 전통계승론은 맹목적인 전통부정론 뿐 아니라 국수주의적 경향의 전통론과도 구별된다. 현대시로서의 시조부흥이 가능하다는 견해를 환각에 불과한 인습주의로 규정하고 비판하는 것이 이를 증명한다.

한편 전광용은 한국 현대문학처럼 자기 유산의 부정에서 시작하고 남의 고전의 숭상 속에 전개된 문학은 일찍이 그 유례가 없을 것이라 비판한다. 갑오경장이후 한국의 현대문학은 서구문학을 아무 비판이나 절차 없이 그대로 옮겨 놓은 말하자면 미숙한 모방의 영역에 속하는 이식이었기 때문에 자기의 기존 문학에 대해 유산이나 전통이라는 의식은 거의 등한시했으며 심지어는 의식적으로 거세하는 정도에까지 이르렀다는 것이다.[260] 즉 자체 역량의 성장에 의한 자기 부정, 지양을 한 것이 아니라 남이 축조해 놓은 조류 속으로 황홀과 감탄 속에 덮어놓고 뛰어들었던 것으로, 여기에 한국 현대문학의 새로운 창조를 위한 반세기후의 비극은 이미 배태되어 있었다는 것이다. 이렇게 현대문학의 조건을 평가한 뒤 우리 현실 속에서의 전형적 인물을 우리의 언어로 창조하는 것이 시급하다고 강조한다.

계속해서 그는 엘리어트의 전통론을 인용하며 전통은 가만히 앉아 상속이나 전수하는 것이 아니라 쟁취하는 것이라고 강조하면서, 신문학 이후의 우리 작품이 아무리 서구를 조상으로 한 이식문학에 불과하다 하더라도 내용으로서의 한국적인 현실, 작품저류에 흐르는 한국적 정조, 그 분위기 속에서 움직이는 한국적 인간상의 창조 속에서 전통적 가치를 쟁취할 수 있을 것이라고 주장한다.

문학 작품으로서의 '계승'이 아니라 '노역으로서 획득'할 만한 대상이 될 작품은 시간의 흐름에 따라 고전이 되고 이 고전이 누적되는 속에 '고고학적 재건'을 가질 전통이 이루어지는 것이라며 이런 고전 문

---

260) 전광용, 「유산계승과 창작의 방향」, 『자유문학』, 1956.12.

예가 나타날 조건으로 1)인간 제 기능의 완전한 형평을 얻은 발달된 상태의 조건 2)완성된 국어 3)국민적 독립 즉 사상적, 정신적 독립 4)문예의 모든 종류가 자유스럽게 충분히 발달하고 그 종합된 모든 모습을 구현할 수 있는 시대 5)사람들의 홍취가 광범하여 공통적인 것을 조건을 들고 이런 조건에 비추어 볼 때 우리의 경우 고전 생성을 위한 조건에 못미치는 현실이라고 지적한다.

정병욱은 諧謔이 우리 선인들의 생활 속에 여하히 반영되었으며 나아가서는 생활의 반영으로서의 문학에 어떻게 비쳐 왔는가를 검토하고, 그것이 하나의 전통으로서 성립될 수 있는가 하는 여부를 밝히고자 한다면서 구체적으로 우리문학에서의 전통적 요소를 찾고 있다.[261] 그는 먼저 전통을 "하나의 '살아있는' 덩어리, 유기적 全一體"로서 "어떠한 시간이나 공간을 초월하여 종족의 혈통을 이어 나가듯이 그 생명을 分有하면서 계승 발전하는 통일된 가치체계를 형성하는 하나의 법칙"이라고 규정하고, 엘리어트의 견해를 빌어 전통의 이념은 '역사적 의식'과 '질서'의 개념을 떠나서는 생각할 수 없는 것이라고 설명한다. 즉 전통은 과거의 것이 성장 발전하여 현재 속에서도 동시에 살아 있을 뿐 아니라 그러한 전통을 유지 발전시키는 원리 속에서 계승된다는 것을 강조한다. 그러한 구체적 예로 가면극, 『구운몽』, 『홍부전』, 『배비장전』 등에 나타난 해학성을 들고, 우리문학의 전통으로서의 자격을 충분히 갖추고 있는 이러한 해학과 익살의 전통은 김유정의 아이러니컬한 일련의 작품이나 유주현의 풍자적인 작품 등 현대문학에서도 찾아볼 수 있을 뿐만 아니라 현대문학의 가장 적실한 방법의 하나로 정체적인 현문단에 새로운 방향을 제시할 수 있을 것이라 주장한다.[262]

---

261) 정병욱, 「문학상으로 본 해학과 민족성」, 『지성』, 1958.6.

262) 이 외에도 전통논의와 관련하여 이루어졌던 주요 국문학(사) 연구로는 다음과 같은 것들을 들 수 있다.

또 그는 우리 문학의 주체성에 대해 언급하면서, 많은 논자들은 우리 문학에는 주체성이 없다고 논의하지만 이는 피상적인 관찰에서 오는 한갓 선입견일 뿐이라고 비판한다.263) 그리고 우리 문학의 주체적 발전과정을, 원시적인 '샤머니즘'과 '토테미즘'을 내용으로 시작하여 유교와 불교를 받아들이고 그 터전을 기초로 다시 주자학과 實事求是學을 받아들이는 가운데 구체적인 전통을 확립하고 계승하여 오늘에 이른 것으로 파악한다. 그리고 그러한 주체성의 구체적인 표현결과는 한마디로 '멋'이라는 말로 대신할 수 있다면서 이 '데포르마시온'으로서의 '멋'의 형성은 곧 우리문화의 후진성의 축적이 낳은 하나의 방법상의 특징으로 규정한다. 즉 각 외래의 것을 우리의 주체성아래 변형시켜 받아들임으로써 형성되었다는 것이다. 이처럼 형성된 '멋'이 그 발생학적인 단계를 거쳐 하나의 미의식으로 고정되고 마침내 우리의 모든 예술형태에 광범위하게 적용되었으며 그 구체적인 예로 음악에 있어서의 홍청거림, 무용에 있어서의 곡선적 특징 등을 들고 있다.

이로써 한국적 예술의 특성으로 불리는 '멋'에 대한 반론이 자연스럽게 제기된다. 조윤제는 약 20년 전 최재서가 한국 예술의 특질을

이능우, 「향가의 마력」, 『현대문학』, 1956.9.
조윤제, 「향가연구에의 제언 - 이능우군의 <향가의 마력>을 읽고」, 『현대문학』, 1956.11.
김기동, 「한국시가의 장르적 발전에 대하여」, 『현대문학』, 1956.11-12
이능우, 「李朝의 戱詩歌」, 『현대문학』, 1956.12-3.
장덕순, 「설화문학과 그 계승문제」, 『사상계』, 1957.2.
백철, 「국문학사서술방법론」, 『사상계』, 1957.3
이능우, 「음악이 산출한 상대 설화문학」, 『문학예술』, 1957.10
이은상, 「현대문학과 동양적 지성」, 『자유문학』, 57.11.
김사엽, 「웃음과 해학의 본질 - 국문학의 특질 구명을 위하여」, 『사조』, 1958.9.
이어령, 「해학의 미적 범주」, 『사상계』 64호, 1958.11.
황희영, 「고전소설 해설」, 『자유문학』, 1959.1-2.
이동영, 「長歌, 歌詞, 歌辭의 판별」, 『현대문학』, 1959.2.

263) 정병욱, 우리 문학의 전통와 인습」, 『사상계』 63호, 1958.10.

'멋'이라고 한 이래 많은 사람들이 이를 따라 한 적이 있었다면서 이들은 '멋'이란 조화와 긴장을 약간 깨트려서 쾌감을 주는 감정으로 일종의 희극적인 감정이요, 일종의 해학미를 의미하는 것이라 말하고들 있지만, 이는 마치 '美'의 내용을 설명해 놓고 '미'는 한국예술의 특질이다 하고 규정하는 것과 마찬가지라고 비판한다.264) 그 이후 사용되지 않다가 최근 이희승265)씨가 한국 예술의 특징을 다시 '멋'이라고 규정하고 있지만 최재서나 이희승이나 모두 멋있는 것에 대해 설명할 뿐이지 실상 '멋'의 의미에 대해서는 말하지 못하고 있으며, 따라서 이들이 규정하는 한국 예술의 특징은 멋이 아니라 그 멋을 가져오게 하는 것이 되어야 할 것이라 비판하고 결국 '멋'은 쾌감, 만족감 등을 표시하는 말에 지나지 않는 것이라는 결론을 내린다. 이러한 조윤제의 비판에 다시 이희승이 반박하게 된다.266) 이희승은 멋의 내용을 설명했을 뿐 그 의미는 말하지 못했다는 조윤제의 비판에 대해 도대체 내용의 설명과 의미의 해석 사이의 거리가 얼마나 되는지 알 수 없는 일이라며 반박하고 오히려 조윤제가 말하는 '은근'과 '끈기'가 한국 예술의 특징이 되기에 부당하다는 비판을 한다.

전통과 유산 계승 문제를 둘러싼 이러한 논의들은 곧 국문학의 특질에 대한 규정 문제로 전개된다. 이희승이 한 수필에서 한국 예술의 특징을 '멋'이라고 규정하고 이에 대한 조윤제의 비판을 계기로 이루어진 이 논의는 한국문학의 특성을 규명하기 위한 전통 논의가 본격적으로 진행되는 과정에서 제기되었을 뿐 아니라 식민지 시대부터 국학 연

264) 조윤제, 「'멋'이라는 말」, 『자유문학』, 1958.11.

265) 이희승, 「멋」, 『현대문학』, 1956.3. 이 글에서 이희승은 멋을 첫째, 주책없는 듯, 헐게 빠진 듯, 미치광이 같은 면이 있으면서도 다른 한편으로는 소박성, 순진성, 선명성, 첨예성, 곡선성, 다양성 등을 다분히 지니고 있어 이러한 저을 한마디로 통틀어 표현하면 '홍청거림'이 있다고 말할 수 있는 것, 둘째, 멋은 실용적이 아니고 필요이상이라는 것으로 규정하고 있다.

266) 이희승, 「다시 '멋'에 대하여」, 『자유문학』, 1959.2-3.

구에 심혈을 쏟아 왔던 당대 최고의 국학 연구자들의 장기간의 연구성과의 표출이라는 점에서 중요한 의미를 지니고 있다.

국문학의 특질을 '멋'으로 규정한 이희승의 수필을 비판한 조윤제가 비판의 출발점으로 삼고 있는 것은 20여 년 전의 최재서의 短評[267]이다. 최재서의 글은 말 그대로 '멋'은 우리 선조의 세련된 취미성과 고급한 예술적 양식을 표시하는 것이라는 短評에 불과하지만 이를 문제 삼고 있는 것 자체가 '멋'에 대한 조윤제의 비판이 오랜 동안의 국학연구의 산물이라는 사실을 말해주고 있다.

조윤제는 한국예술의 특성으로 '멋'을 규정하는 것 자체가 잘못된 것으로 생각한다. 즉 '멋'은 일종의 쾌감, 만족감을 의미하는 것일 뿐 결코 예술의 특성으로 규정할 만한 수준의 미적 특질로 간주할 수 없다는 것이다. 조윤제는 이희승의 '멋'에 대한 비판에서 '한국 예술의 특징은 멋이 아니라 그 멋을 가져오게 하는 것'이 되어야 한다고 말하고 있는데, 이는 멋의 내용과 '멋'의 의미를 구분하고 멋의 내용은 보편적인 것으로 인정할 수 있지만 그것이 한국 예술의 특성으로 이해되어서는 안된다는 주장을 하고 있는 것이다. 조윤제는 '멋'을 한국적 예술의 특성이 아니라 어느 나라에도 있는 일반적 미의식의 차원에서 파악한다. "사실 <멋>은 우리에게만 있는 것이 아니다. 다른 나라 사람에게도 <멋>이 있다 하여야 될 것이나 … 실로 <멋>은 세계사람이 다 저만큼은 가지고 있는 것으로서 결코 한국사람만이 독점할 것이 아니요, 따라 한국의 문화·예술의 특질은 <멋>이다 하는 말은 쓸 수 없는

---

267) 최재서, 「멋의 연구」, 『조선일보』, 1937.8.31.
이 글에서 최재서는 '멋'은 우리 선조의 세련된 취미성과 고급한 예술적 양식을 표시하는 말로서, 고귀하고 청아한 전통이 남겨준 교양의 증거로 이해한다. 그러나 현실의 俗化와 惡化에 따라 '멋'은 더 이상 고급의 취미성을 의미하지 못하고 일종의 허영의 과시로 전락했다는 것을 지적한다. 그리고 그처럼 '멋'이 타락한 원인을 교양의 부족, 즉 '멋'이란 취미와 노력의 생활을 오랫동안 계속하는 데서 자연스럽게 우러나오는 것을 알지 못하는 데서 찾는다.

것이다."[268)]

조윤제의 비판이 가지는 또 하나의 중요성은 한국 예술의 특성은 수필로 가능한 것이 아니라 학문의 차원에서 이루어져야 하는 것임을 강조하는 데 있다. "이 글은 수필이다. 따라서 나는 이 글을 가지고 거기에 무슨 학문적인 비판을 하려는 것은 결코 아니다. … 이희승씨는 국어학자이니까 먼저 <멋>이라는 말의 의미를 분명히 설명해주고, 그 다음에 한국의 문화는 <멋>의 의미 그대로 이러한 것이라고 설명해 주어야 될 것이다. 물론 그 글은 일종의 수필이니까 그러한 겨를도 없었겠지만, 그러나 한국의 문화 내지는 한국의 예술의 특징이 무엇이냐 하는 귀중하고 엄숙한 글을 쓸 때는 좀 더 학술적으로 책임있는 글을 써야 될 것이 학자의 책임이고, 따라서 그렇게 하였더라면 좋을 뻔하였던 것인데, 그러하지 못하였던 것이 퍽 유감이다."

이러한 비판 뒤에 조윤제가 학문적 연구의 결과로 제시한 국문학의 특질이 바로 '은근과 끈기'였다.

"민족의 생활이 은근하고 끈기 있어 자연미를 관찰하는 데 있어서도 은근하고 끈기 있었고, 또 그 생활이 국문학에 표현되어 여기에 큰근하고 끈기있는 문학을 낳았다 .물론 국문학은 오직 은근하고 끈기있다고만 할 수 없을 것이다. 이외에도 또 다른 성격이 있다고 인정하지 않으면 안 될 것이다. 그러나 은근과 끈기는 국문학의 하나의 중요한 특질이 될 것은 의심할 수 없다."[269)]

이처럼 자신이 학자로서 학문적 연구를 통해 그것도 한국 예술이 아니라 그 중의 하나인 국문학, 또 국문학의 특질 중 부분적인 특질로 은근과 끈기라는 것을 겨우 제시할 수 있었는데, 느닷없이 한국 예술

268) '멋'을 사회성의 산물로 규정하여 멋이 산출되는 상황에 대한 논의는 사실 신석초에 의해 이미 이루어진 바 있었다. 신석초, 「멋設」, 『문장』, 1941.3.

269) 조윤제, 『국문학개설』, 동국문화사. 1955, 479면.

의 특질을 '멋'이라는 규정을 내리고 있는 것을 본 조윤제가 학문적인 연구가 아니라는 점을 비판하고 또 그 결론으로 '멋'은 한국 예술의 특질로 성립할 수도 없고 쓸 수도 없다고 강조하는 것은 당연한 일이라 하겠다.

전통논의에서 국문학의 특질로까지 이어진 이들의 논의는 결국 우리 문학의 고유성과 한국문학의 특수성에 대한 논의라 할 수 있다. 즉 한국문학의 특질로 제시된 '멋'이라거나 '은근과 끈기' 등은 "엄연히 외국문학에 구별되어 그 독특한 하나의 문학세계를 구성"[270]하는 한국문학의 특성을 곧바로 한국문학의 고유성의 문제로까지 인식하기에 이른 것이다. 이러한 한국문학의 특성이나 고유성이 단순히 외국문학과의 차별성을 확인하는 것으로 획득될 수는 없는 일이다. 문제는 인간 보편의 문제를 무엇으로 상정하고 있는가 하는 내용의 문제와 그런 인간 보편의 문제를 어떻게 차별적으로 드러내고 있는가 하는 표현방식에 있는 것이다. 그리고 더 나아가 이를 자민족의 언어적 형식 속에 구체화하는 방식을 통해 확인되어야 하는 것이다.[271]

이 시기에 이루어진 국문학사 서술에 있어 무엇보다도 문제적인 것은 백철과 조연현의 경우이다. 먼저 백 철의 경우 한국 근대문학사를 철저하게 모방문학사로 파악하고 있음을 볼 수 있다. 그러한 인식의 배경에는 서구에 대한 열등의식이 작용하고 있음을 알 수 있다. "…구라파의 근대문학이라는 풍부한 풍경과 비교하면 조선의 신문학은 너무 수척하고 너무 키가 왜소한 樹林 빈약한 풍경이다. 조선의 신문학을 보는 대신에 독자는 우리 나라의 유명한 붉은 산과 여름철 폭우로 인하여 계곡을 범람해서 急流하는 홍수를 연상하는 것은 상징적이라고 생각한다."[272] 이처럼 백 철은 우리 근대문학을 낡고 뒤떨어진 것으로

270) 위의 글, 207면.
271) 남기혁, 앞의 논문, 32면.

파악하고 있는데, 그 이유를 근대문학을 받아들일 초입의 상황이 부적당했다는 점에서 찾는다. 하지만 무엇보다 문제적인 것은 이러한 인식의 근거를 이루는 것이 아시아적 정체성 논리라는 점이다. "19세기의 조선은 아직도 구라파 15,6세기의 조건을 가지고 그 사조를 자연스럽게 받아들일만치 성숙하지 못했다는 것이다. 이 부자연성을 지적하여 흔히 학자들은 구라파적인 것과 구별해서 아시아적이란 그 不易性, 특수성에 의하여 설명하는 것은 우연이 아니다."[273] 민족사의 후진성을 강조하는 이러한 논리는 곧 근대화=서구화라는 명제의 표현이다. 백철의 세계적 보편주의 역시 이러한 인식을 바탕으로 삼고 있는 것이다. 이런 인식을 바탕으로 하고 있는 한 전통은 그가 아무리 전통계승론을 주장하고 있다 해도 그 의미를 상실하고 만다.

조연현의 경우에도 문학사 서술의 바탕을 이루는 것은 서구문학에 대한 경사라는 점에서 백철과 크게 다르지 않다. "사실을 고백한다면 나의 문학에 대한 애정은 서구문학에서부터 생겨진 것이었다. 오랫동안 나는 우리 나라의 문학에 등한해 왔었다. 내가 우리의 문학에 애정을 느끼기 시작한 것은 본 著를 착수한 다음부터의 일이었다. 이러한 나의 불충분한 애정을 토대로 하고 나타나는 본 著가 충분한 것이 될 수 없는 것은 빤한 일일 것이다."[274] 그러나 백 철과 크게 달라지는 점은 전통에 대한 인식과 근/현대에 대한 시대인식의 문제 그리고 무엇보다도 순수문학의 강조라는 지점에 있어서이다.

조연현은 1930년대 이후의 문학을 20년대 이전과 구분하여 현대문학으로 파악하고 있는데, 그것은 20년대까지의 문학이 계몽적인 것에 치우쳤다면 30년대 이후의 문학은 본격적으로 예술적인 요소를 갖추었

272) 백철, 『신문학사조사』, 민중서관, 1953, 10~11면.
273) 같은 책, 13면.
274) 조연현, 『한국현대문학사』, 현대문학사, 1956, 5면.

기 때문이라 파악한다. 백 철이 문학의 사회적 연관성을 근거로 신경향파 문학의 등장을 현대문학의 시작으로 파악하는 데 반해 조연현은 다만 문단적 성향과 문학상의 기법의 새로움이라는 요소를 현대문학의 특성으로 삼고 있는 것이다. 이러한 인식은 문학 발전의 개념을 내용보다는 형식상의 발전으로 삼는 시각을 바탕으로 한 것으로, 실상 전통이라거나 민족적 특수성을 고려하지 않은 것과 마찬가지라 할 수 있다. 다만 문학의 보편성 특히 형식적 순수성의 문제만을 고려하고 있는 것이다. 조연현이 전통을 민족사적 특수성 속에서가 아니라 현대사라는 인류사적 차원에서 파악하는 것도 이러한 논리에 기반한 것이다. 50년대 수많은 논자들에 의해 다루어졌던 전통의 문제에 대해, 조연현이 서정주와 김동리의 작품을 두고 문학적 보편성의 달성이라는 점을 강조하고자 했을 때만 언급했다는 점이 이를 보여준다.

2) 근대사의 특수한 경험과 민족문학론

일반적으로 민족주의를 규명하는 데 가장 큰 요소는 국가와 시민사회이다. 민족주의는 국가의 자기정당화 논리이기도 하지만 시민사회에 광범위하게 존재하는 이념이자 의식 또는 정서이기도 하기 때문이다. 그런데 우리의 근대사에서 민족주의는 민족과 국가의 괴리, 대립현상이라는 이중적 모습을 보여온 것이 사실이다. 이러한 이중적 측면을 홉스봄은 위로부터의 민족주의와 아래로부터의 민족주의로 개념화하고 있다.[275] 즉 민족주의라는 단일한 용어 아래 국가부문에서 체계화되어 공식적으로 표방된 국가민족주의와 실질적으로 일반 국민들이 가지고 있는 사회민족주의가 각기 다른 주체세력을 가진 채 공존해 왔으

275) Eric Hobsbawm, *Nation and Nationalism Since 1780* (Cambrige Univ. Press, 1990), p. 10.

며 이들 사이에는 불가피한 간극이 존재해 온 것이다. 그리하여 1950년대에는 '민족'보다 앞서는 '반공'논리를 전면에 내세운 친일세력들에 의해 아래로부터의 민족적 요구와 과제에 대한 논의 자체가 불법적인 것이 되어 버리고 북진통일노선과 '대외적인' 반일노선으로 대표되는 국가민족주의가 지배이념으로 도구화되었던 것이다.

이러한 현상을 심화시킨 결정적인 계기는 한국전쟁이었다. 3년간에 걸친 한국전쟁으로 남북한은 극단적인 이념대립과 체제대결로 진입하였으며, 남북한의 이념적 대결을 넘어 설 수 있는 유일한 가능성으로서의 민족주의는 한 때 논의 자체가 불법화되기도 했다. 이에 따라 남북협상론은 불법으로 단죄되었고 평화통일안은 공산주의자의 주장과 동일시되었으며 오직 무력을 통한 실지회복이라는 극단적인 민족주의적 입장만이 허용되었던 것이다.[276] 이러한 사회적 분위기 속에서 한 때 좌익이나 부역의 경험이 있던 작가들의 경우 보도연맹에 가입하지 않을 수 없었으며, 새로운 환경에서 살아남기 위해 문단의 주류 속으로 편입하는 길을 택하지 않을 수 없었다. 이들이 제출하는 문학론이 국수적인 애국사상이나 민족의식을 고취하는 방향으로 기울어진 것도 이러한 의미에서 이해할 수 있다.

해방 직후 민족주의측의 민족문학론의 경우 '문필협'(전국문필가협회)과 '청문협'(청년문학가협회)의 주장으로 크게 두 경향으로 구분된다. 당시 청문협을 대표한 김동리는 경향문학에 대립하는 민족문학은 순수문학이어야 한다고 주장했다.[277] 그는 자신의 순수문학을 이른바 예술지상주의와 구별하여 본격문학이라고 부르고 있는데, 이것은 민족시의 수립을 위해 순수시운동이 전개되어야 한다고 주장한 조지훈이

276) 강만길, 「한국민족주의론의 이해」, 이영희 · 강만길 편, 『한국의 민족주의운동과 민중』, 두레, 1987.
277) 김동리, 「민족문학과 경향문학」, 『백민』, 1947.9.

자신의 순수시론은 서구의 예술지상주의나 "花鳥風月을 노래하는 무사상적"인 식민지시대의 순수시와 구별되는 것이라고 한 주장[278]과 궤를 같이 하는 것이기도 하다. 김동리는 더 나아가 순수문학이자 본격문학으로서의 민족문학의 근본적 지향을 자본주의사회의 모순과 결함을 근본적으로 시정하는 일방, 맑시즘체계의 획일적·공식적 메카니즘을 지양하는데서 새로운 고차원의 제3세계관을 확립하려는 데에 그 지향이 있는 제3휴머니즘[279]이라 밝히고 있다.

순수문학을 근간으로 삼아 관념적 경향이 강했던 '청문협'의 민족문학론에 비해서 '문필협'의 민족문학론은 현실주의적 성격이 보다 강하게 드러난다. 회장에 정인보, 명예회원에 김규식, 조소앙, 안재홍 그리고 준비위원에 손진태, 조윤제가 참가했고 조직의 주동적 역할을 했던 김광섭이 해방을 옥중에서 맞이한 유일한 시인이었다는 사실로 미루어 보더라도 '문필협'의 민족주의적 정열이 남달랐음을 짐작할 수 있다. 이러한 사실은 그 취지서에서도 잘 드러난다. "태극기 깃발 아래에 삼천만의 정열을 집중시키고 인권이 존중되고 자유가 옹호되고 계급이 타파되고 빈부가 없는 가장 진정하고 가장 민주적인 국가관·세계관을 밝혀 (……) 민족국가 이념위에 역사가 중단되었던 조국을 재건하려 함이니 (……) 생명에 부딪치고 다시 생활의 이념이 되어 정치로 향하여 가는 진정한 민주주의 문화를 건설하려 한다."[280] 이처럼 민주주의 민족문화 건설을 가장 중요한 과제로 제시하고 있는 '문필협'의 민족주의적 성격은 초기의 좌익진영의 민족문학론과 일정한 제휴가 가능할 정도의 공통성을 가지고 있었다고 말할 수 있을 정도다. 그러나 '문필협'에 관계한 김규식과 안재홍의 좌우합작 노력은 실패하고 문맹은 더

278) 『조지훈전집』 7권, 일지사, 1973, 209면.
279) 김동리, 『문학과 인간』, 백민문화사, 1948, 127~30면.
280) 한국문인협회 편, 『해방문학 20년』, 140면.

욱 좌경의 색채를 분명히 드러내게 됨으로써 그러한 역사적 통일은 실현될 수 없었다. 민족을 가장 핵심적인 가치로 인정하는 문필협의 민족문학론은 계급적 경향이 심화된 좌익의 민족문학론과 일체의 정치적 지향을 거부한 청문협의 순수문학론도 함께 비판함으로써 우익진영안에서 가장 민족주의적인 과제에 충실했음을 보여주었다.[281] 그러나 문필협의 민족문학론은 점차 구체성이 사라지고 민족정신을 강조하는 등의 추상화 경향이 노정되면서 이론적 심화과정을 거치지 못한 채 우익의 승리와 함께 자동 폐기되고 말았다.[282]

해방공간에서 이렇게 우익 쪽의 민족문학론이 제출된 이후 겪은 전쟁의 경험은 더 이상 민족문학이라는 용어조차도 불필요한 것으로 만들었다. 결국 1950년대 전반의 민족문학론의 개념과 위상은 해방 직후의 우익 민족문학론의 연장선상에 있었다고 볼 수 있다. 하지만 전통론의 전개와 함께 이러한 순수문학론으로서의 민족문학론을 비판하는 정태용, 김양수, 최일수 등의 민족문학론이 제출되면서 민족문학론은 다시 새로운 쟁점을 형성하기에 이른다.

민족문학론의 기본적 개념으로서의 민족 개념을 역사적 개념으로 규정한 것은 정태용이었다.[283] 정태용은 '민족' 개념을 혈통이나 지역에

---

281) 이헌구, 「민족문학정신의 재인식」, 『백민』, 1948.3. ; 김광섭, 「민족문학을 위하여」, 『백민』, 1948.5. ; 김광섭, 「민족주의정신과 문화인의 건국운동」, 『백민』, 1949.5.

282) 최원식, 「민족문학론의 반성과 전망」, 『민족문학의 논리』, 창작과비평사, 1982, 356~7면.

283) 정태용에 앞서 백철이 민족문학의 방향에 대한 논의를 선보이고 있다. 그렇지만 이는 본격적 민족문학론이라기보다는 소설 제재의 확장 측면에서 제시된 것에 불과하다. 즉 민족문학이 도시문학으로 편중되었다면서 해방 뒤 생산된 작품의 8할이 도시문학이라 지적한 뒤 민족문학의 방향을 도시문학만이 아니라 농촌문학, 농민문학에도 돌릴 것을 강조하고 있다. 하지만 그가 말하는 도시문학, 농민문학의 개념이 순전히 소재 차원의 구분을 넘어서지 못하고 있는 점은 말할 것도 없거니와 산업과 문화의 도시 집중 및 농촌의 피폐가 자본주의화에 따르는 필연적인 현상이며 문학적 변화 역시 그러한 객관적인 사회변화에 따른

근거한 개념으로 해석하는 것을 비판하고 근대 시민사회와 더불어 형성된 '민족국가'와 함께 등장한 개념으로 규정한다. 물론 그 이전에도 민족의 실체가 없지 않았지만 오늘날 우리가 이해하는 개념상의 문제로서 등장하게 된 것은 근대 이후라는 것이다.[284] 이러한 지적은 기존의 민족문학론이 민족을 대체로 혈통과 종족의 관점에서 설명했던 것을 완전히 벗어나 엄밀한 학문적 규정이 가능하게 한 것이다. 그는 민족문학의 개념 설정에 있어 첫째, 일반적인 '민족주의'의 관념에 입각하여 배타적 성격을 띠는 민족문학 둘째, 자기 민족의 전통적인 것만을 고수하고 崇高하려는 일종의 복고주의적 경향. 셋째, 우리 민족 내에 우리말로서 생산되는 모든 문학적 작품을 민족문학으로 여기는 역사적 시대적 특성을 무시한 개념을 모두 비판하고 일종의 이념이나 의미의 통일이라는 견지에서 말하는 민족문학의 개념으로 규정한다.[285] 그러나 그가 규정하는 민족 개념 역시 기존의 개념 규정과 본질적으로 크게 다르지 않다. 그는 민족을 다년간의 공동생활에서 습관이나 풍속 혹은 전통의 공통성을 지니는 그리하여 생활 또는 문화의 공통성을 지니는 운명공동체라는 것으로 상정한다.

정태용은 우리문학이 민족문학인 동시에 세계문학으로서의 자격을 갖추기 위해서는 우리 시대의 세계사적인 사건을 짊어지고 해결해야 할 운명을 지고 있는 민족이나 집단의 일원으로서 그러한 세계사적 사건을 문학적 정신으로서 실천할 수 있어야만 할 것이라고 말한다. 이는 곧 민족문학의 시대성과 세계성을 강조하는 것이라 할 수 있을 터인데 그런 점에서 김동리나 조연현이 '가장 민족적인 것이 가장 세계

필연적인 결과라는 인식도 전혀 보여주지 못한다. 백철, 「농민문학을 제안 - 민족문학의 제재를 넓히자?」, 『자유문학』, 1956.7, 227~8면.

284) 정태용, 「민족문학론 - 개념규정을 위한 하나의 試考」, 『현대문학』 23호, 1956. 11.

285) 위의 글, 42~5면.

적'이라는 말로 대변했던 민족주의적 민족문학론과는 차별성을 지니고 있는 것이다.[286] 이처럼 정태용의 민족문학론은 비록 그 당대에는 큰 반향을 부르지 못했지만 문학이념의 불모지와도 같던 1950년대 중반 제기되어 해방직후의 민족문학론과 70년대의 민족문학론을 연결하는 극히 중요한 고리 역할을 하고 있다는 점에서 그 의미를 찾을 수 있다. 하지만 정태용의 민족문학론은 50년대가 끝나면서 그 한계가 드러난다.[287] 그는 현재의 상황이 '세계운명공동체'라는 지적에서 엿보이듯 당대의 냉전적 세계인식에서 벗어나지 못한 한계를 보여준다. 그 결과 '세계사적인 선구성을 지닌 사건을 작품화하는 것이 민족문학이 세계문학으로 되는 길'이라는 일반적 방향제시에 그치고 만다.

50년대 민족문학론의 전형적인 두 양상은 김양수와 최일수가 각각 보여주고 있다. 이들은 특히 전통과 서구사조를 관련시키는 방식이 상

286) 정태용은 실존주의에 대해 현실의 구체적인 의미나 생활을 형상화하지 않고 추상적인 절망의식이나 불안의식의 상징화에만 골몰하고 있다고 비판하고 있으며 또 모더니즘에 대해서는 무슨 지성이니 감성이니 운운하기만 할 뿐이라고 비판한다. 한편 이들 문학이 세상 고민을 혼자 도맡아 놓고 하는 것처럼 떠들면서도 가장 시대적이고 민족적이며 국가적인 문제에 대해서는 남이 갖다준 도식에 따르고 있는 것이라면, 전통파, 순수파는 그런 현실의 문제는 내가 생각할 일이 아니라는 태도를 취하고 있다면서 강력하게 비난하고 있다. 위의 글, 47~8면.

287) 정태용은 해방에서 전쟁 시기까지의 문학에서의 중심이었던 평론의 중심사조는 민족주의로서, 정치적 사회적 좌우투쟁이 모든 생활의 핵심을 이루었던 것처럼 공산주의와 싸우는 것이 최고의 과제였다고 파악한다. 또 민족주의는 경제적 문화적 완전 자주독립을 위해서도 필요한 것이었지만. 민족주의가 무엇인지 분명하지 않았으며 단지 공산주의와 싸우는 것만이 민족주의라고 생각했을 뿐이었다고 말한다. 이후 공산주의운동이 막을 내리고 나서는 이러한 민족주의는 별로 논의되지 않았고 이후 작품에서도 공산주의 대 비공산주의 도식보다는 휴머니즘 대 반휴머니즘 혹은 인간성일반의 문제로 논의되다가 5·16 이후 다시 민족주의가 사회지도이념으로 운위되기 시작했다는 것이다. 정태용, 『해방문학 20년』, 정음사, 29~30면. 민족주의에 대한 이러한 시각은 5·16에 대한 긍정적 입장을 보이고 있던 정태용의 민족문학론이 거의 힘을 잃은 뒤에 그 자신이 선보였던 민족문학론의 입장을 無化시킨 것이 아닐 수 없다.

이한 만큼 민족문학의 지향점 역시 다른 양상으로 제시한다. 먼저 김양수의 경우 민족문학을 논하기에 앞서 민족의 전통은 민족사회의 생활이념이 확립한 민족정신의 실체에 의해 이루어진다는 것, 그리고 진정한 전통의 계승은 그러한 민족정신의 현재성을 확보하는 것이라고 지적한다. 그리고 그러한 현재성은 생활이념에 대한 세계적 시점에서의 비판과 개혁에의 의욕 및 지향을 갖춤으로써 이루어질 수 있다고 주장한다. 현대사회에서의 생활이념의 세계성에 대한 이러한 강조는 민족문학의 세계성을 주장하기 위한 전제로서의 의미를 지닌다. 이처럼 전통은 민족정신의 실체이며 민족사회의 생활이념이라고 규정하면서도 "민족의 역사는 전통을 재구성한다"는 측면에 강조점을 둔다. 즉 민족의 역사가 바뀌면 전통도 재구성되어야 한다는 것이다. 하지만 그가 강조하는 현단계의 역사 인식이란 바로 보편적 세계성이다. 그 결과 그는 민족문학을 확립하는 길은 "오늘의 전세계의 정신적 시력의 초점은 민족과 민족과의 연립 및 연합체를 구성하는데 있으며 … 오늘의 전세계의 생활이념은 洋의 東과 西를 대비하는 소극적 상호이해에의 지향이나 민족과 민족과를 인정 및 구별하는 민족자결에의 '프로세스'를 지나서 전인류의 공통된 활로를 동일한 시간관념과 공간의식으로서 추구하는데 있는 것"[288]이라고 주장한다. 즉 이데올로기에 의한 세계의 분할을 뛰어넘고 아울러 서구의 물질만능에 의한 모순과 동양의 停滯性을 한꺼번에 극복할 수 있는 '정신혁명 수행의 길'이 민족문학 확립의 방법으로 제시된다. 그러나 세계를 하나의 단위로 설정하고 그 안의 모든 문제들을 해결할 수 있는 관념의 희망봉을 설정하는 것이 50년대 우리 문학이 요구하는 민족문학의 핵심일 수는 없을 것이다. 그는 '안으로 향한 문제를 논'하면서도 한국 근대문학의 파행성을

288) 같은 글, 193~4면.

"근대적 정신을 형성하는 주체의식의 자율적인 자각이 없이 출발"[289] 한 것에서 찾는다. 이처럼 역사발전의 원동력을 단지 정신의 측면에서만 파악하는 관념적인 사고는 결국 현재를 '全人類精神에 입각한 세계적 형성의 단계'로 보고 우리문학의 지향점이 이에 부응하는 '세계적 보편화'의 길 혹은 '인간탐구의 대결자세'를 취하는 것이라는 판단에 도달하게 만든다. 이런 논리에 의해 도달한 민족문학의 정체가 '직관'에 의해 파악된 '생명제일주의'의 문학이라는 사실은 그의 민족문학론이 얼마나 관념적인가를 여실히 보여준다. 요컨대 그의 민족문학론은 현단계가 인류의 연합체를 요구하는 시점이라고 전제한 속에서 민족의 구별과 특정한 思潮의 경계를 뛰어넘는 생명정신의 구현에 있다고 보는 것이다.[290] 이 논의는 당시 지식인에게 만연되어 있던 보편주의, 세계주의에의 지향을 전형적으로 보여주고 있다. 즉 한국의 구체적인 상황과 민족적 과제로부터 입론을 출발시키는 것이 아니라 '현대'의 시대적 특질을 일반화시키는 가운데 논지를 전개하고 있는 것이다. 더군다나 김양수의 이론은 민족문학의 지향점을 직관에 의거한 '생명정신'에 둠으로써 관념성을 극대화시키고 있는 것이다.[291]

김양수는 우리의 근대사회와 문학이 사회형태의 명확성 상실, 세계적 시점에서 비판의식을 갖추지 못한 점 외에도 그러한 한계를 낳은 또 하나의 결함을 지적하는데 그것은 바로 '인간상실'의 상황이다. 그는 "향가, 시조문학, 서민문학에서 비사회적이고 불명료하나마 인간존재의 일면은 느낄 수 있었으나 韓末이후부터 8·15해방에 이르는 기간

289) 김양수, 「한국 현대문학의 지향점-續 민족문학 확립의 과제」, 『현대문학』, 1958.1, 198면.

290) 김양수, 「생명제일주의의 문학-補遺 민족문학 확립의 과제」, 『현대문학』, 1958.5, 215면.

291) 박헌호, 「50년대 비평의 성격과 민족문학론으로의 도정」, 조건상 편, 『한국 '전후문학' 연구』, 성균관대학교 출판부, 1993, 242면.

의 문학작품에서는 현실에 사는 인간"은 볼 수 없었다면서, 진정한 의미의 근대인이 형성되지 못했을 뿐 아니라 이미 있어야 할 人間 자체가 상실되었다고 말한다.[292] 보다 구체적으로 말하자면 개화풍조와 계몽사상을 따라 휩쓸려 들어온 서구의 근대적 생활양식을 채 소화도 하지 못한 채 무비판적으로 받아들여 실체 없는 외양만의 지식인이나 이미 흘러간 세월 속의 과거인들만이 있을 뿐이라는 것이다. 결국 김양수가 여기서 강조하고자 하는 것은 자율적인 주체의식이 형성될 수 없는 상황이 인간에 대한 의식까지 상실하게 만들었다는 것이다.

그는 또 현실에 저항, 대결하는 자세를 갖지 못한 이유를, 과거의 생활이 너무나 자기소외의 피폐상태에 있어 사회개혁을 할 수 없었던 것, 자연에 귀의하여 체념과 달관에 빠진 채 '생활정신'을 갖지 못한 것, 그리고 서구와 같이 부정하고 일어설 과거의 생활정신의 총산인 신이라는 배경을 갖지 못했던 것에서 찾는다.

그는 이처럼 인간상실의 문제를 제기한 다음 이를 곧 생명의 문제로 연결시킨다. "순수한 애정의 근원이 원시적 충동과 생리적 본능을 토대로 하고 있는 것조차 무시해 버리고 말았다. 그리하여 인간 생명의 본질인 피와 살의 질서에서 우러나온 생명이 근원적이며 궁극적인 願望인 육체적 욕망이나 참다운 시련을 망각해 버린 것이다. 인간성의 본질을 형성하고 있는 이러한 생명의 조건을 망각한 그들이 인간상실자일밖에 없는 것은 정한 이치인 것이며 그것은 어떠한 기념비적인 문명의 성격도 사상도 이룰 수 없는 것이다."[293] 김양수의 강조점은 여기서 비로소 드러난다. 그가 앞선 두 편의 글에서 그토록 강조했던 왜곡된 근대나 세계적 시야의 확보는 결국 근원적이며 궁극적인 것으로

---

292) 김양수, 「새로운 세대의 문학정신 - 재속. 민족문학 확립의 과제」, 『현대문학』 39호, 1958.3.

293) 위의 글, 214면.

서의 생명을 강조하기 위한 전제에 불과했다. 이러한 사실은 '생명의 올바른 확립이 기념비적인 문명의 확립'이고 '질서의 틀 안에서 인간의 생명이 압박당하고 괴로움을 겪는 것을 표현하는 것이 예술'이라는 주장 끝에 '생명을 압박하고 구속하는 모든 과거의 문명이나 사상 혹은 질서 앞에 불신과 저항의 자세를 갖추어야' 한다는 결론에 이르면 보다 분명해진다.

결국 김양수에게 있어 '생명'이란 모든 억압적 사회질서와 대립할 수 있는 어떤 것으로 상정되고 있는데 이러한 주장은 김동리의 '생의 구경적 탐구' 논리와 유사하다. 하지만 김양수의 논리는 김동리의 그것과는 또 다른 논리적 한계를 지니고 있음을 지적할 수 있는데, 그것은 그가 왜곡된 근대로서의 한국의 후진적 양상을 그토록 강조하면서도 식민지 근대의 특수성에 대해서는 전혀 주목하지 않고 있는 점이다. 즉 이른바 보편적 근대화 과정은 필연적으로 식민지에 대한 제국주의적 침탈을 내포하고 있다는 사실과 다른 한편으로는 식민지로서 제국주의에 의한 수탈을 당하는 과정 역시 근대의 한 과정이라는 총체적 인식은 결여되어 있는 것이다. 오히려 김양수는 식민지 정체성의 논리를 문학예술 분야에 일방적으로 적용하고 있다. 여기에 사회의 근대화 수준에 따라 문학의 수준도 결정되는 기계적 반영론이 적용된다. 이러한 인식은 따라서 서구보다 근대화가 늦은 식민지 조선은 물론이고 일본에서도 제대로 된 근대인을 그려낸 문학은 볼 수 없다는 단언을 내리게 하는 것이다. 여기서 김양수가 생각하는 근대와 근대인의 기준은 서구의 그것이며 우리 현실과는 아무 상관없는 것으로 설정되어 있음을 알 수 있다. 이러한 논리에 따르면 사회 발전속도가 늦은 사회에서는 영원히 뛰어난 문학을 그려낼 수 없는 절망적 논리만이 나올 뿐이다.

이에 비해 최일수는 민족문학을 '분단된 국토에 삶을 영위하는 우리 민족이 통일을 갈망하는 현대적인 민족정신과 융합되는 것'으로 파악함으로써 민족분단의 현실과 통일이라는 민족적 과제를 자신의 문학적 이론의 출발점으로 규정한다. 특히 그는 한 민족의 역사가 비록 발전선상에서 후진성을 보여주더라도 고유한 독자적인 과정이 있으며 이것이 보편적인 인간성의 문제로 해소될 수는 없다고 비판한다. 따라서 그에 따르면 "문학은 그것이 세계적인 규모로 발전하면 할수록 사회와 역사와 뗄래야 뗄 수 없는 불가분의 관계"[294]를 갖는다. 즉 민족문학과 세계문학의 관계는 '민족문학을 초월해 버리거나 또는 그것을 인간성이라는 주체도 없는 애매한 추상개념으로써 용해시켜 버리는 데 있는 것이 아니'며 또 '민족과 민족과의 상호간의 교류에 의해 형성되는 전세계의 민족문학의 내면에 공통적으로 일관되어 있는 역사적 발전의 객관적인 흐름에 의하여 비로소 이루어지고 있는 것'이다. 이와 함께 최일수는 문학에 있어서의 세계성을 "개개민족의 하나하나가 지니고 있는 그 특수한 질적인 독자성을 철저하게 발휘하면서 그 독자성을 통하여 세계적으로 일관되는 총화적인 흐름"[295]이라는 규정을 통해 민족문학과 세계문학과의 관계규정에 있어 어느 한 쪽에 빠지지 않고 균형을 잡고 있다. 당대 대개의 지식인들이 극심한 보편주의와 세계주의에 빠져 있는 속에서도 그가 이러한 균형감각을 취할 수 있었던 것은 무엇보다도 그의 이론의 출발점이 분단이라는 민족적 현실이라는 현실적 자각에서부터 이루어지고 있기 때문이다. 최일수는 당시 만연해있던 '코스모폴리탄'한 경향이 민족과 사회의 구체적인 현실로부터 자아를 격리시킨 소산이라고 비판한다. 따라서 그가 지향하는 민족문학의 현대화는 올바른 전통의 계승과 현대성의 비판적 섭취를 통하여 주체성을 확립함으로써 가능하다는 분석이 도출되는 것이다. 이러한 논의를 통해 그가 도달한 결론은 리얼리즘에 입각한 비판정신이다. 비판적이

294) 최일수, 「문학의 세계성과 민족성(1)」, 『현대문학』, 1957.10, 221면.
295) 최일수, 「문학의 세계성과 민족성(2)」, 『현대문학』, 1958.1, 204면.

며 저항적인 작가정신을 상실하고 봉건적 風俗의 遺習을 우리 민족의 유일한 상징으로 삼는 경향은 현대에 있어서 '리얼리즘 정신의 저조' 때문이라고 비판하고 풍속이 아니라 그 내면에 '모럴'의 의미가 반영되어야 한다는 결론을 내리고 있다.

그는 이후 민족문학과 세계문학의 문제로 논의를 넓혀간다. 그는 문학에 있어서 세계성이란 민족적인 형식으로 나타난 그 내용의 세계를 말하는 것이며 이른바 역사적 한 시대로서의 근대를 형성한 민주주의 사회의 세계문학론이기도 하다고 규정한다. 민족문학과 세계문학의 관계는 다음과 같이 규정된다.

"민족문학과 세계문학의 관계는 괴테의 말대로 민족성을 초월해 버리거나 또는 그것을 인간성이라는 주체도 없는 애매한 추상관념으로써 용해시켜 버리는 데 있는 것이 아니라 '딜타이'나 '크로체'의 말대로 민족과 민족간의 상호교류에 의하여 형성되는 전세계의 민족문학의 내면에 공통적으로 일관되어 있는 역사적 발전의 객관적인 흐름에 의해 비로소 이루어지고 있는 것이다. 그것이 곧 역사적 발전의 특유한 정신적 상황으로서의 이른바 세계성을 말하는 것이며 또한 그 세계성의 기초가 되는 민족성의 고유한 위치를 말해주기도 하는 것이다."[296)]

따라서 그에 의하면 문학에 있어서의 세계성이란 막연한 인간주의나 가공적인 '코스모폴리타니즘'에 있는 것이 아니라 각각의 민족문학들이 질적인 독자성을 지니면서도 그 독자성 속에 공통적으로 흐르고 있는 세계적인 흐름을 의미하는 것이다.[297)] 이런 의미에서 세계성이란 객관적인 것이며 동시에 역사적인 것으로서 민족문학의 내용으로 총화되는 일관적인 세계적 단위의 공통성을 말하는 것이다.

그런데 문학의 세계성이란 엄밀한 의미에서 그 절대적인 것은 서로

296) 같은 글, 222면.
297) 최일수, 「문학의 세계성과 민족성 2」, 『현대문학』 37, 58.1.

교류하지 않더라도 비교적 유사한 시대와 사회 속에서 생활하고 있다면 성립될 수 있는 것이지만 그 개개의 문학은 역시 교류하고 서로 영향을 주고 받는데서 비로소 그 독자성을 보다 풍부히 지니게 되며 또한 비약적인 발전을 이루게 되는 바, 이러한 문학의 세계적 교류의 원동력은 바로 문명에 의해 가능한 것이라고 설명한다.[298] 즉 근대적인 문명의 발달이 문학을 한 종족이나 민족에 한정된 좁은 공동성으로부터 세계적인 범위로 확대시켰을 뿐만 아니라 아직 불완전한 민족적 기초를 보다 굳건하게 세워주는 그러한 기능까지도 담당하고 있다는 것이다. 그러나 한편으로는 이러한 문명적인 요소로 인해 문학의 세계성보다 오히려 보다 강인한 민족적 의식의 강조로 나아가게 되는 경우가 있는데 강력한 민족적 저항의식을 가지지 않을 수 없었던 우리가 바로 그러하다고 말한다. 하지만 우리 나라에서 이른바 민족적 성격을 띠는 작품이라고 하는 경우 전세대의 낡은 遺風을 묘사하는 것으로서 민족을 상징하는 경우가 대부분으로 비판적, 저항적 작가정신의 상실을 보여준다고 비판한다.

하지만 최일수의 민족문학론 역시 전통과 서구사조와의 관계 속에서만 논의되던 당대 민족문학론의 일반적인 흐름을 완전히 벗어나지 못하고 있는 것이 사실이다. 그의 주장도 민족문학을 '현대화'해야 한다는 점에 보다 강조점이 두어져 있을 뿐, 민족문학의 주체와 이념을 명확하게 제시하는 단계로는 전혀 나아가지 못하고 있다. 그래서 그가 주장했던 '주체성의 확립'도 서구사조 수용의 올바른 자세를 강조하는 차원을 벗어나지 못하는 것이다. 이러한 한계들은 현실에 이론의 기반을 두고자 한 그의 논리가 정작 구체적인 현실분석에서 출발하기보다는 '당위'의 차원에서 전개되었으며 민족문학의 무게중심이 민족적 삶의

298) 최일수, 「문학의 세계성과 민족성 (3)」, 『현대문학』, 58.2.

현실에 놓여 있지 않은 점에서 기인하는 것이다. 그의 논의가 추상적 선언에 가까운 것은 바로 이러한 한계 때문이다. 이에 따라 그가 주장하는 새로운 문학정신의 요체도 불분명하다. 보편적인 인간성 옹호의 정신에 분단극복의 민족적 염원을 부가한 것이 새로운 문학정신의 핵심으로 제시되고 있지만 이것만으로는 기존의 휴머니즘 정신과 크게 다르지 않다. 물론 분단 극복과 통일의지의 표명이라는 점만으로도 다른 논자와 차별성을 지니는 것이라 할 수 있지만 당위적 차원의 수사적 발언의 차원을 넘어서지 못하는 것 또한 사실이다. 이러한 추상성은 그의 논의가 세대적인 위기의식을 분단된 국토라는 구체적 현실을 토대로 하고 있으면서도 구체적 작품을 통하지 않고 곧바로 현실의 논리로 전개되고 있기 때문이다. 이에 따라 그의 역사의식은 비평문 속에서 관념적인 당위, 이념의 강조로 표현되고 원론비평에 머물고 있다.

이상에서 보았듯이 1950년대의 민족문학론은 해방공간에서 논리적 입론을 확립했던 김동리의 민족문학론과 50년대 중반 이후 정태용, 최일수 등에 의해 새롭게 제기되는 새로운 민족문학론으로 확연히 구분된다. 이러한 사실은 '민족문학'이라는 개념 자체가 논자의 견해에 따라 매우 다양하게 사용되었음을 의미하는 것이다. 이러한 사실은 이후 우리 문학사에서 그 이념적 입장에 관계없이 모든 문학사가들이 모두 이 민족문학의 확립을 모두 문학사의 과제로 제시하고 있다는 점에서도 확인된다. 이는 우리 역사의 발전 양상과 그 성격을 그대로 반영하는 것이기도 한데, 1950년대의 민족문학론 역시 그와 다르지 않다. 본고에서는 민족문학론에 대한 많은 논자의 논리 가운데서 그 대표적인 논의만을 대상으로 삼았지만 당대의 많은 논자들이 모두 '민족문학'에 대한 자신의 견해를 내보이고 있는 것이 사실이다. 하지만 지금까지 이들의 민족문학론은 1950년대라는 시기가 지니는 '전후'라는 '특별한' 사회적 성격의 강조와 그에 따른 실존주의의 강조 등에 의해 본격적인 연구의 대상이 되지 못했던 것이 사실이다.

1950년대의 민족문학론의 중심적 논리는 기본적으로 해방 공간에서 확립되었던 김동리의 민족문학론을 중심으로 삼고 있다. 이 민족문학론은 한편으로는 순수문학론과 결합된 양상으로 표출되는데, 여기에 박종화, 홍효민 등의 계몽적 애국문학의 논리가 덧씌워지면서 민족문학은 철저히 냉전시대의 이데올로기적 개념으로 변질되기도 한다. 즉 김동리의 민족문학론이 해방공간에서 좌익의 계급적 민족문학론에 대한 안티테제로서 내세워진 것이라면 50년대 이후 계몽적 애국사상이 가미된 민족문학론은 이후 서구사조의 수용에 대한 비판의 중심으로 작용하는 것이었다고 할 수 있다. 이들 논리의 핵심이 민족을 문화적, 종족적 개념으로 파악하는 것이었다면 이에 대한 비판으로서 민족 개념을 근대 시민사회와 더불어 형성된 역사적 개념으로서 파악한 정태용의 논리는 이후 민족문학론의 전개에 새로운 계기를 마련한 것이라 할 수 있다. 이러한 논리는 이후 '현대'라는 시대적 개념을 하나의 역사적 발전단계로 파악하고 있는 최일수에 의해 본격적인 민족문학론으로 발전하게 된다. 즉 50년대의 민족문학론은 종족적, 문화적 동질성을 바탕으로 한 김동리 류의 민족문학론이 지배하고 있던 당대의 문학 현실에 '현대'라는 역사적 단계에 대한 역사적 인식을 강조하는 새로운 민족문학론이 제기됨으로써 이후 우리 문학사에서 본격적인 주제로 제시되기에 이른 것이라 할 수 있다. 그리고 비록 불완전하나마 민족문학과 세계문학의 관계 및 분단극복의 과제라는 곳까지 그 논리를 전개시킬 수 있었던 것이다. 결국 1950년대의 민족문학론은 그 한계에도 불구하고 당대의 문학론을 추상적인 논의로부터 1960년대 이후 더욱 활발해지는 민족문학론의 전개과정에서 볼 수 있듯 구체적인 한국적 현실을 근거로 삼는 문학의 수준으로 전개될 수 있도록 하는 계기가 되는 것이었다고 할 수 있다.

5. 결론

1950년대의 문학 이른바 '전후문학'을 연구하는 데 있어 무엇보다도 중요한 요소는 '6·25 한국전쟁'이다. 6·25전쟁은 인명과 물질의 파괴에서 멈추지 않고 전후의 모든 사람들이 절망과 허무라는 비극적 감정을 가지지 않을 수 없는 정신적 상처를 입혔다. 그것은 6·25전쟁이 냉전체제의 산물로서 이데올로기적 전쟁으로 규정되지만 구체적 진행과정에서는 그러한 이데올로기와는 관계없이 민족간의 상잔이라는 상처를 남겼고, 이에 따라 민족 구성원들은 극도의 좌절과 절망, 허무와 불안의 정서에 사로잡히게 되었기 때문이다. 이러한 정서적 분위기는 곧 기성질서의 붕괴를 의미했고 그 빈자리를 서구문화의 수용을 통해 채우고자 하는 노력을 필연적인 것으로 만들게 되었다. 이에 따라 50년대 비평은 실존주의, 모더니즘, 휴머니즘과 같은 서구사조에 기댄 비평으로 시작된다. 바로 이러한 측면에서 전후비평의 특성을 서구 전후문예사조의 수용의 측면에서 분석하고 그 결과 전후비평은 아직 자신의 문학적 방법이나 모럴을 찾지 못한 과도기적 성격을 띠고 있었다는 판단을 내릴 수 있다. 그런데 50년대 비평을 평가함에 있어 전쟁의 영향을 강조하지 않을 수 없지만 전쟁이라는 특수한 역사적 경험에 대한 문학적 대응의 산물로만 파악할 경우, 50년대 비평은 당대인의 이념적 한계와 그로 인한 문학정신의 황폐화 및 서구사조에의 일방적인 추종이라는 예정된 결론을 이끌어낼 수밖에 없다. 그 결과 50년대 비평의 다양한 문제의식 예컨대 전통론이나 민족문학 논의를 통해 시도된 주체성의 회복과 민족현실에 대한 천착이 지니는 긍정적인 의미들은 평가하기 어려워질 뿐 아니라, 서구문예사조의 수용을 통한 '세계적 동시성'의 추구가 지닌 의미 또한 당대 문학인들의 이념적 한계와 몰시대성에 부딪혀 축소될 수밖에 없다.

'전후문학'은 전쟁의 직접적 영향력 아래 놓여 있었고, 이에 따라 전통이 파괴되고 기성질서가 무너진 전후현실에 대한 절망과 허무, 불안과 공포 그리고 그러한 위기의식에서 발생한 실존적 자각이 곧장 '세계적 동시성'의 추구로 나아간 것이 사실이지만, 인간존재 자체에 대한 탐구 자체가 1950년대 한반도라는 구체적 현실을 바탕으로 한 자기 성찰이 아닌 추상적 전쟁 일반에 대한 의식의 산물이거나 선진적 서구 사상과의 동일시에서 멈춘다면, 전쟁의 폭력성 그 자체만을 강조하거나 그로 인한 피해만을 부각시킬 수 있을 뿐이다. 따라서 이러한 의식의 문학적 반영은 추상적 휴머니즘으로의 귀결이나 전쟁의 참상을 고발하는 차원으로 떨어지고 만다. 이를 극복하기 위해서는 한국전쟁이 우리 민족의 삶에 어떻게 영향을 미치고 있으며 어떤 역사적 의미를 지니는가 하는 물음까지 제기되어야 하며 동시에 한국전쟁의 특수성과 전후 현실의 구체적 특성까지에도 눈을 돌릴 수 있어야 한다. 이럴 때 50년대를 우리 근현대문학의 역사적 전개과정에서 하나의 단절기나 반동기로 파악하는 일종의 선입견에서 벗어날 수 있으며 모더니즘이나 실존주의가 어떻게 '토착화'의 내적 논리를 보여주는가를 확인할 수 있다.

실존주의나 모더니즘 문학론의 경우 서구의 압도적 영향하에 형성된 것은 부인할 수 없는 사실이지만 중요한 점은 이러한 서구의 문학론들이 50년대의 한국적 현실 속에서 어떤 논리로 수용되고 현실인식의 원리로 토착화되는가 하는 데에 있다. 1950년대에 일대 유행을 일으켰던 실존주의의 경우 감상적이고 퇴폐적인 서구문화의 찌꺼기라는 극단적인 비판의 시각에서부터, 일종의 모럴론으로 해석하는 경우 혹은 사회참여의 이론적 근거로 혹은 존재의 근거로 내면적 성찰의 계기로 이해되는 등 다양한 수용 양상을 보여준다. 그 수용경로에 있어서도 손우성, 정명환 등 외국문학 전공자들에 의해 서구로부터 직접 수용되기

이전 50년대 초기까지는 미국의 실용주의와 함께 미국적 시각에서 바라본 실존주의가 도입된다. 특히 실존주의와 모더니즘의 보편성 추구는 한편으로는 휴머니즘론과 함께 세계문학과의 동시성 획득이라는 과제를 제출하기에 이르며 또 한편으로는 전통론과 민족문학론이라는 한국 문학의 주체 확립을 위한 노력을 불러일으키는 매개 역할을 담당하고 있기도 하다. 특히 이 과정에서 제기된 일련의 전통 논의와 민족문학론은 실존주의와 휴머니즘론에서 제기되었던 보편성의 문제를 한국문학의 전통과 세계성이라는 개념을 매개로 전통과 서구문학의 수용문제, 민족성과 세계성, 민족문학과 세계문학 등의 일련의 주제로 부각시킴으로써 민족문학의 주체적 확립의 과제라는 뚜렷한 문학적 과제를 형성할 수 있었다. 특히 전통론은 1955년을 전후하여 문단이 본격적인 정비기를 맞으면서 논쟁을 개시한 이래 거의 10여 년에 걸쳐 때로는 문학론의 대립으로 때로는 문단의 헤게모니적 압력의 형태로 진행됨으로써 한 시대를 풍미하고 이후 60년대의 민족문학의 이념 형성의 발판을 마련하게 된다.

이러한 다양한 문학론의 전개양상은 1950년대의 문학비평이 전쟁이라는 엄청난 단절의 경험 가운데서도 서구문학의 수용을 통한 세계적 동시성의 추구와 서구라는 타자에 대한 인식을 통한 한국문학의 주체성 확립이라는 두 항의 변증법적 발전과정을 거치고 있음을 말해주는 것이 아닐 수 없다.

특히 50년대 비평이 신구세대간의 대립 양상을 띠며 전개되는 과정은 '민족주의'로부터 '반공주의'로의 전환이라는 당대 사회의 이념적 지형의 변화와도 깊은 관련을 맺고 있다. 이는 세계질서를 바라보는 시각의 극적인 변화를 수반하는 일이기도 했는데, 서구문학의 수용은 바로 이러한 시각의 변화와 깊은 관련을 맺고 있다.

비평이 현실인식을 기반으로 한 위기의식의 산물이라 할 때, 50년대 비평은 식민지로부터의 해방과 전쟁 그리고 혁명이라는 역사적 경험을 앞뒤로 가진 특이한 시대의 산물이다. 게다가 이러한 특수한 역사적 경험에도 불구하고 50년대 문학 역시 식민지 시대나 60년대 이후의 문학과 마찬가지로 인류사의 보편적 경험에 바탕을 둔 근대(성)의 문제에서 벗어나지 못하는 것 또한 사실이다. 근대화를 그 이념형으로 보아 민족이라는 일체감을 국가라는 테두리 안에서 조성하는 것이라 할 때, 우리의 경우 근대화는 그 출발에서부터 국민주권이 상실된 식민지라는 왜곡된 조건 속에서 시작해야만 했다. 이처럼 민족을 단위로 하여 세계사의 한 주체로 나서는 것을 근대의 필요조건으로 생각한다면 우리의 근대화에 대한 검토는 해방 이후를 중심으로 할 수밖에 없다. 그러나 해방을 자율적으로 성취하지 못했기 때문에 우리에게 덧씌워진 서구의 근대성은 계속 질곡으로 남게 된다. 미·소라는 초강대국의 이데올로기 대립의 전초기지이자 자본주의와 사회주의라는 근대의 대표적인 두 발전모델이 경쟁적으로 적용되는 장소가 되었으며, 이러한 대립은 오히려 한반도 전체의 근대성취를 미완의 과제로 남기고 있는 것이다.

전후 현실에서 이러한 '근대성'을 문제삼는 것은 당대 사회의 후진성 즉 한국적 근대의 특수성을 제기하는 것이기도 하다. 이를 위해서는 한편으로는 불합리의 극치로서 근대의 파산에 해당하는 것이지만 또 한편으로는 곧 근대의 경험이기도 한 전쟁에 대한 이해가 필수적이다. 50년대에 이루어졌던 신-구세대의 많은 갈등과 대립, 실존주의의 풍미와 수용양상의 차별성, 50년대 문단의 핵심적인 논쟁으로 떠올랐던 전통 논의 등을 당시 비평계의 주조로 파악하는 것은 모두 그 논의의 배후에 식민지 근대의 경험 및 전쟁의 경험에 대한 인식상의 차이를 품고 있기 때문이다. 그러한 인식의 차이는 구체적으로는 근대문학과 현대문학의 차별성의 강조를 통한 근대문학적 전통에 대한 철저한 부정의 모습을 띠는가 하면, 서구사조의 수용을 통한 세계적 동시성의 강조로 나타나기도 하고 휴머니즘 논의를 통한 인간성의 강조와 현실 저항의 논리로도 표현되며, 전통계승의 주장을 통해 문학적 주체성의 회복을 주장하는 등 실로 다양한 모습으로 전개된다.

1950년대 비평에 있어서의 제 논의의 쟁점 예컨대 신구세대의 세대론적 대립, 실존주의와 모더니즘의 전개를 통해 추구된 세계적 동시성, 휴머니즘 논의를 통해 제기된 문학의 현실 인식과 지도 이념의 확립 문제, 전통론과 민족문학론의 논의 과정에서 제기되는 민족성과 세계성의 문제 등 모든 논의는 우리 사회의 '근대'와 '현대'의 규정 및 시대정신의 인식이라는 핵심적인 논제를 근거로 삼고 있다. 신세대비평가들이 구세대문학을 비판하고 그들과 경계짓는 가장 핵심적인 근거가 바로 근대문학과 현대문학의 차별성이라는 논리였다. 실존주의의 수용도 전쟁을 현대성의 경험으로 인식하는 바탕 위에서 가능했던 것이며 이러한 사정에 있어서는 모더니즘도 예외일 수 없다. 전통론과 민족문학론 역시 당대(현대)의 인식을 통한 역사에의 접근이었다는 점을 생각하면 50년대 비평의 체계와 질서를 확립하는 일은 50년대 비평에서의 '근대성'인식에 관한 문제로 귀결될 수밖에 없다. 그것은 50년대의 각 비평론이 자신의 논리를 확립해 나가는 과정은 한국적 현실 인식의 이론적 모색 과정과 맞닿아 있기 때문이다.

1950년대 비평에서의 '근대성' 인식의 문제는 따라서 구체적으로 당대 사회에 대한 인식 즉 '근대'와 철저히 구별하고 있는 '현대'(당대)의 특성을 무엇으로 인식하고 있는가 그리고 각 비평론에서는 그러한 현대성을 어떻게 드러내는가 하는 문제이다. 또 이 '근대성'의 인식 문제는 한편으로는 우리 근대문학이 안고 있는 식민지 근대성의 이중적 모순을 50년대의 비평가들이 어떻게 인식하고 있는가 하는 점과도 깊은 관련을 지닌다. 결국 우리 문학에서의 '근대성'에 대한 인식은 근대 역사 발전의 보편성이 지닌 이중성 그리고 그것이 구체적으로 우리 역사에서 관철되는 특성을 올바르게 인식할 때 가능할 것이다. 그런 면에서 이 문제는 비단 50년대에만 국한될 수 없는 성격을 띤 것이라고 할 수 없으며 오늘날에도 우리 사회의 성격을 밝히는 데 있어 핵심적인 논점이라 할 수 있지만, 50년대에 이러한 논의들이 상대적으로 활발하게 개진되었다는 점에서 진지한 고찰의 가능성이 존재하는 것이다.

이와 함께 50년대 비평의 근저에는 어떠한 방식으로든 '민족' 혹은 '민족주의'에 대한 인식이 배후에 자리잡고 있다. 민족주의란 긴 근대화과정의 산물이자 근대화 프로젝트와 함께 하는 이념이자 정신이다. 역사적으로 근대 자본주의의 불균등 발전의 산물인 민족주의는 근대적 민주주의와 내적 긴장관계를 가지게 된다. 그것은 민족주의가 갖고 있는 이중적 성격 즉 대외적인 민족자결을 부각시키는 이념이자 동시에 대내적인 체제유지를 위한 헤게모니 장치라는 점에서 비롯된다. 이에 따라 전후의 민족주의 담론은 서구와는 다른 한국적 전통을 부각시키고 냉전분단체제의 반공주의를 특권화함으로써 서구적 민주주의를 평가절하하고 권위주의적 통치를 정당화하는 이데올로기의 역할을 담당하게 된다.299)

50년대의 비평에서의 세계적 동시성의 주장이란 서구화=근대화의 논리를 벗어나지 않는 것이었고 이러한 인식은 전후사회의 새로움을 주장하던 신인들 거의 모두에게 공통된 것이었다. 이들의 논리로서는 김동리, 조연현의 反근대주의의 논리를 극복할 수 없었다. 전통의 창조적 계승과 민족문학의 현대화를 주장하며 이들의 논리를 비판했던 정태용이나 최일수의 경우 분단현실의 특수성에 대한 인식과 강조라는 뚜렷한 차별성을 보여주지만 이들 역시 근대의 우월성과 一國史的 발

299) 김호기, 「박정희시대와 근대성의 명암」, 『창작과비평』, 98년 봄호, 105~6면.

전 모델의 관념을 완전히 극복하지 못하고 있다. 하지만 이처럼 선명한 차별성을 지니는 문학론들의 상호 대립과 갈등이 공백처럼 남아있던 50년대 비평의 뚜렷한 실체이며 이후 60년대 문학으로 연결되는 내적 고리를 형성하고 있는 것이다.

전시하의 문단은 구세대에 의해 주도되었지만, 전쟁의 경험과 충격을 훨씬 고통스럽게 받아들이고 있었던 신인들이 전후문단에 등장함으로써 문단의 성격은 변하지 않을 수 없었다. 이후 문단은 학·예술원 설립과 회원 선출을 둘러싼 문단내분에 휩싸이고 <자유문협>이 <문협>과 분리된다. 이러한 문단의 내분은 결국 새로운 문학적 질서와 이념을 요구하는 상황을 낳는다. 해방공간에서 이미 한 차례 정비되었던 문단은 전쟁을 겪으며 다시 재편된다. 많은 작가들의 월남과 함께 전쟁을 전후하여 신인들이 대거 등장했다. 이들 전후세대 문인들은 구세대와 함께 전쟁을 경험했지만 청춘기에 전쟁을 겪었다는 점에서, 일상에 익숙해져 있으며 전쟁으로 인해 파괴된 일상에의 그리움을 간직하고 심지어는 전쟁조차도 일상으로 받아들이고 있던 구세대들과는 달리 전쟁의 충격을 훨씬 고통스럽게 받아들일 수밖에 없었다고 할 수 있다. 이러한 신인들의 문단 등장은 문단의 성격 변화를 요구하게 되고 구세대의 문학이 문학적 지도이념으로서의 제 역할을 하지 못하게 됨으로써 문단은 지도이념의 공백상태를 맞게 된다. 전후의 활발한 서구 문화와 사조의 유입은 이처럼 전쟁이 가져온 이념적 공백 상태에서 이루어지게 된다.

50년대 중반 사회의 전 분야에 걸쳐 전후 복구의 기운이 일어나면서 비평분야에서도 1955년을 전후하여 신인비평가들이 대거 등장하게 된다. 전후 신세대의 등장이 기성세대에 대한 비판으로 시작되고 또 이를 통해 신세대비평의 위치를 확보할 수 있었던 것은 전후의 문단적 조건의 산물이라 할 수 있다. 문단 재편을 둘러싼 세대간의 갈등과 대립을 노정하게 되는 것은 필연의 일이었다. 신세대 비평가들은 기성 문단과의 차별성을 강조하고 기성 문인에 대한 불신을 드러내는데, 이들 신세대비평가들에게 요구되었던 비평계의 시급한 과제는 새로운 비평정신의 확립과 그러한 비평정신의 확립을 위한 새로운 가치와 기준을 설정하는 일이었다.

신세대 문학의 특성은 곧 현대사회의 폐해로부터 벗어나려는 도피의식, 허무와 절망의 감정 그리고 그러한 절망을 낳은 합리적 메카니즘으로부터의 인간구원 즉 휴머니즘의 논리로 기울어지고 있는 것을 볼 수 있다. 그리고 그 실현은 서구화 즉 서구 현대사회와의 동시성을 추구하는 것으로 나타난다. 이들이 주장하는 서구와의 동시성 달성이란 곧 서구문학의 수용을 통한 문학적 보편성의 획득이다. 여기에서 이들의 한계가 노출된다. 그것은 곧 한국의 현실에 대한 인식의 결여를 의미한다. 보편성이란 구체적이고 특수한 형태를 통해서만 발현되는 것이기 때문이다. 물질적 조건이 전제되지 않은 정신만의 보편성 추구란 따라서 공허할 수밖에 없다.

전후 비평가들의 방향이 전혀 달라지는 것은 이러한 보편성에의 지향이라는 동일한 출발점에서 한국적 특수성의 이해방식이 달라지는 데서 오는 것이라 할 것이다. 그것은 첫째, 한국적 특수성에 대한 인식이 결여된 추상적 세계성에의 지향으로 일관한 휴머니즘론으로 표현되기도 하고 둘째, 한국적 특수성을 일종의 후진성으로 파악하여 새로운 근대성의 창출을 시도한 저항문학론으로 나타나기도 했으며 셋째, 실존주의 문학론으로 대변되는 일련의 현상으로 나타나기도 했고 넷째, 한국적 특성을 발견하여 이를 우리 문학의 새로운 발전방향으로 제시하려는 모습으로 화하기도 했는데 전통론과 민족문학론의 제시로 나타나기도 했다.

50년대 실존주의 수용에서 주목되는 현상은 철학적 기반에 대한 해명보다는 번역자, 소개자의 취향과 편의에 따른 이론과 특히 문학 작품 중심의 소개가 이루어졌다는 사실이다. 이는 곧 실존주의의 수용이 전후의 분위기에 어울리는 하나의 포즈로서 유행적 성격을 벗어나지 못함을 증명하는 것이다. 실존주의가 당대 지식인들의 의식과 지적 요구를 사로잡을 수 있었던 요인은 죽음의 부조리와 생존의 우연성 그로부터 싹튼 이성적 현실관의 붕괴와 깊은 관계가 있다. 그러나 무엇보다 중요한 요인은 전후의 극한 상황에서 삶과 자기 존재의 실체를 확인해 보지 않을 수 없었던 절박함과 지향의식이 절대적으로 작용한 데 있다. 이러한 지향이 인간 존재의 해명이나 생존의 지표를 찾아가는 인간 구제의 사회적 대응 형태의 양상을 띠게 한 것이었다. 실존주의는 본질보다 존재를 앞세우고 있었기 때문에 현존재로서의 인간에게 중요한 것은 '상황 논리'와 '선택'의 문제였다. 여기서 탄생한 것이 휴머니즘이다. 그리고 이를 비평의 영역으로 끌어들여 저항, 행동, 모랄, 책임 등 새로운 가치 창조와 행동 지향의 근거로 삼은 것이 참여와 저항의 문법으로 발현된다. 이어령의 참여와 저항, 최일수의 저항정신, 이철범의 역사적 체험과 앙가주망, 김붕구의 증인의 문학 등은 실존주의의 또 다른 표현인 휴머니즘을 근거로 한 비평적 발언이었다. 50년대의 문학과 비평에서 실존주의의 특징은 그 이해의 수준이나 구체적 적용의 문제에 있는 것이 아니라 당대 문인들의 전반적인 의식 구조를 지배하고 있었던 점에 있다. 그리고 그러한 의식의 지배가 이론적, 철학적 규명을 통한 것이 아니라 보편적 정서의 차원에서 이루어졌다는 사실이다. 전후 신세대들에게 있어 전쟁 체험은 기존의 문학적 대상이었던 일상적 경험과는 전혀 다른 새로운 체험이자 새로운 대상이었고 이는 곧 기존의 사유방식으로는 도저히 그려낼 수 없는 대상과 경험으로서 새로운 문학정신과 사유방식을 모색하게 만든 것이었다. 이러한 과정에서 새로운 문학정신으로서 그리고 새로운 문학기법으로서 받아들여졌던 것이 바로 실존주의였다. 무엇보다 중요한 요인은 전후의 극한 상황에서 삶과 자기 존재의 실체를 확인해 보지 않을 수 없었던 절박함과 지향의식이 절대적으로 작용한 데 있다. 이러한 지향이 인간 존재의 해명이나 생존의 지표를 찾아가는 인간 구제의 사회적 대응 형태의 양상을 띠게 한 것이었다. 실존주의는 본질보다 존재를 앞세우고 있었기 때문에 현존재로서의 인간에게 중요한 것은 '상황 논리'와 '선택'의 문제였던 것이다. 실존주의와의 이러한 관련성은 특히 서구 '전후문학'과의 세계적 동시성을 확보하기에 이르렀다고 인식하게 만든 근거가 되고 있다.

실존주의 특히 휴머니즘 앙가주망이 50년대에 사회의 중심사상으로 자리잡을 수 있었던 것은 전후라는 상황 자체가 주는 분위기 특히 이데올로기를 허용하지 않는 시대적 상황 속에서 택할 수 있었던 일종의 대안의 의미를 지닌다. 즉 현실의 총체적 재현이 불가능하며 극히 폭이 좁은 현실참여를 내세울 뿐인 휴머니즘 앙가주망이 근대이후 우리 문학사의 한 기둥을 이루어 온 리얼리즘의 역할을 떠맡았던 것이라 할 수 있다.

전후 실존주의에 대한 이해의 수준을 보다 극명하게 보여주는 것은 조연현과 정명환, 김동리와 이어령 사이에 벌어진 논쟁이다. 이 논쟁은 실존주의의 근본적 사상과 그 사상의 적용 대상인 우리 현실에 대한 천착으로 나아가지 못하고 '실존성' '극한의식'이라는 용어를 둘러싼 지식 자랑의 수준에 멈추고 말았는데 이는 실존주의에 대한 철학적 이해가 이루어지지 않은 상태에서 관념적이고 주관적인 용어 해석을 통한 비판과 공격을 하고 있기 때문이다. 결국 이들의 논쟁은 인간존재의 구조와 사유방식의 탐구라는 실존주의의 핵심에 다가가지 못한 채 개인적 감정의 분출로 끝나고 만다.

50년대 비평의 중심을 형성했던 휴머니즘의 문제는 전후 신세대비평의 일종의 탈출구 역할을 한 것이다. 휴머니즘론이 한국문학이 나아가야 할 새로운 방향으로서 거론되었던 것은 문단 분열 및 신구세대의 대립으로부터 비롯된다. 즉 각종 문예지와 문학조직의 실권을 장악하고 있던 문단의 중심 세력으로서의 구세대들은 이미 문단권력이 아닌 문학론을 통한 문단의 구심점으로서의 역할을 할 수 없는 상태였고, 이들의 문학을 전면 부정했던 전후세대 역시 특별한 문학이념이나 그에 근거한 문학론적 대립을 추구할 만한 이론이 없었던 상태에서 휴머니즘을 전면에 내세웠던 것이다. 그리고 이를 통해 세계문학에 다가설 수 있다고 본 것이다.

50년대 휴머니즘론의 특색은 바로 휴머니즘론을 통한 세계문학에의 접근이다. 휴머니즘론의 인류적 보편성의 명제를 곧바로 문학의 보편성이라는 명제로 이동시키고, 이를 통해 우리 문학의 세계문학에의 연관성을 강조하는 지점으로 나아가게 되는 것이다. 이를 가능하게 한 것은 바로 전쟁의 경험이었다. 전쟁경험은 일거에 우리의 상황을 2차대전후의 서구와 동일한 수준에 있는 것으로 생각하게 만든 것이다. 그러나 그 전쟁은 미·소 양대 강국과 세계적 냉전체제의 결과로 빚어진 대립으로 주체는 우리 자신이 아니었다는 점, 가장 많은 피를 흘리면서도 전쟁을 인식하고 설명할 이론적 인식능력이 부족했다는 점, 서구에서 실존주의의 부흥을 가져왔던 2차대전이 파시즘에 대항하는 과정에서 자연스럽게 인간의 문제를 제기할 수 있었던데 비해 6·25의 경우 이데올로기 대립의 성격이 전면에 부각됨으로써 오히려 인간 말살로 치달렸던 점 등 세계 대전과는 그 성격에 있어 현저히 다른 특성을 지닌 것이었다.

전쟁으로 빚어진 새로운 상황에서 세계와의 동시성 추구를 선명히 기치로 내건 쪽은 모더니즘 문학이었다. 전쟁의 경험을 곧 현대성의 경험으로 인식한 이들 모더니스트들은, 해방공간에서 문단을 장악한 전통지향성의 일방적인 경향에 대립하여 모더니티 지향성의 새로운 운동을 펼친다. 이들 모더니스트들의 정신적 지향점은 김경린에 의해 선명히 드러난다. 김경린은 전쟁 전의 사화집인 『새로운 도시와 시민들의 합창』의 선언서에서 무엇보다도 현대시의 세계적 동시성 확보를 과제로 내세우고 있었다. 이러한 정신적 지향은 서구를 향한 것일 수밖에 없다. 이들이 물질문명에 대한 거부감, 불안의식을 드러내면서도 또 사회와 맞서 싸우고자 하는 결의에도 불구하고 현실적인 사회참여나 작품을 통한 참여의지의 표명을 드러내지 않았던 것은 이들이 파악한 현대의 성격에 있다. 서구성=근대성이라는 인식에서 전혀 벗어나지 않고 있다. 이들에게 한국의 근대는 후진적이다. 왜곡된 근대라고 지적하면서도 그러한 왜곡의 원인이나 구체적 조건에 대한 탐구는 전혀 이루어지지 않고 있다. 이는 서구 현실과 우리 현실을 근대-비근대로 파악하고 그 내용을 선진-후진의 관계로 인식하는 것이다. 전후 모더니즘의 이러한 한계는 한국 자본주의의 파행적인 정착과 발전과 상응하는 것이라 할 수 있다. 서구와의 동시성 주장이 단지 전통과의 단절을 강조하는 것에 그치고 자신들의 새로운 문학적 전통을 산출하지 못한 것은 그 뚜렷한 한계를 증명해 주는 것이다. 미적 주체를 중시하고 관습과 전통에 대한 반항정신을 내세우면서 새로운 질서를 형성하기 위해 노력했지만, 실상 부정해야 할 현실이 존재하지 않는 상황 즉 근대의 과잉으로 인한 근대의 파산이 아니라 근대의 미달로 인해 고통받는 현실 앞에서 현대성의 경험을 바탕으로 한 전후 모더니스트들의 주장은 공허한 주장에 불과했던 것이다.

결국 이들 신세대 비평가들은 현실적 부정성을 바탕으로 그들의 문학을 전개했지만 그들이 부정한 것은 우리의 현실이 아니라 추상적 현실 일반에 불과했다. 따라서 그들의 문학이 구체성을 지니지 못한 추상적 휴머니즘이나 아니면 모더니즘 문학과 같은 국적불명의 용어 나열에 그치는 것은 어쩌면 당연한 것이었다고 말할 수 있을 것이다. 이들이 부정할 현실적 대상의 근본적 토대 즉 자본주의적 발전으로 인한 폐해가 거의 없었다는 사실은 60년대 들어 본격적인 경제 개발이 실시되면서 이들이 문학적 기반을 잃고 문학사의 무대에서 사라지게 되는 점을 통해 증명된다. 이들이 비판하듯이 발달된 자본주의로 인해 고통받는 것이 아니라 실제로는 그 반대로 자본주의가 발달하지 못해 고통받는 것이 현실이었다. 그들의 비판은 서구와의 동일시를 통한 추상적, 관념적인 자의식이었던 것이다.

문학의 보편성에 대한 추구가 지닌 바로 이러한 한계 때문에 문학의 보편성과 한국적 특수성이라는 명제를 해명할 수 있는 우리 문학사의 구체적 지점에서 제기된 전통론의 의미는 더욱 큰 것이라 할 수 있다. 특히 이 전통론은 '이식문학론'이라는 우리 문학사 최대의 쟁점에 연결되어 있는 것으로서, 압도적인 서구문화의 유입 속에서 주체성에 대한 점검이 요구되는 과정에서 자연스럽게 제출됨으로써 더욱 그러하다. 즉 1955년을 전후하여 문단이 어느 정도 제 모습을 복구하게 되면서 문화적 지배력을 발휘하는 서구문학에 대한 주체적인 대응이 시급히 요청되었고 그러한 주체적 대응의 일환으로 무엇보다도 먼저 전통에 대한 재점검이 필요했던 것이다. 전통 논의는 크게는 한국 문학의 후진성 그리고 직접적으로는 당대 문단의 침체를 벗어나고 새로운 문학 건설의 계기를 이루고 있다. 이는 전통론이 문단이 본격 정비기에 들어간 50년대 중반에 시작된 사실과도 관계깊은 것으로 전쟁으로 인해 침체된 문단 활성화 작업의 일환으로 생각할 수 있다. 이러한 사실은 전통부정론을 표명했던 이봉래나 전통계승론을 주장했던 최일수, 정병욱 백 철 등 전통 논의에 참가했던 대부분의 논자들에게서 확인된다. 또 중요한 사항은 전통론의 출발과 함께 식민지 시대이래 국학연구의 차원에서 지속되었던 국문학 연구의 중요 과제로서 문학 유산 계승의 문제가 전통론의 항목으로 제출되었다는 사실이다. 전통론을 비평사적 의미에서 파악할 때 핵심적인 것은 결국 당대 현실에 대한 인식의 문제이다. 즉 현실을 과학적 세계의 병폐로 인해 시급히 치유되어야 할 현실로 바라보는가 아니면 보다 근대화된 세계로 나아가기 위해 과거의 유산을 시급히 청산해야 하는 현실로 인식하는가에 따라 각기 전통 계승과 부정의 견해가 제출된다. 근대적 현실의 부정성을 강조하는 경우 그러한 부정성을 극복하기 위한 요소로서 전통 계승을 바탕으로 새로운 세계관의 확립을 강조한다. 하지만 당대 사회는 비록 전쟁경험을 통해 근대적 요소에 의한 고통을 겪은 것이 사실이지만 전쟁 이후의 사회는 여전히 발달된 근대에 의한 고통보다는 오히려 근대의 미달로 인한 고통이 더욱 큰 사회였다고 할 수 있다. 이와는 달리 근대(현대)로의 발전을 가로막는 한 원인을 전통적 요소의 비대함에서 찾는 경우 전통은 부정의 대상으로만 간주된다. 전통과 서구적 근대성이 낡은 것과 새로운 것, 한국적인 것과 서구적인 것과 마찬가지의 의미로 사용되면서 낡은 것과 한국적인 것을 가치론적으로 저열한 것으로 인식하는 근대적 사유방식의 문학적 반영인 셈이다. 특히 이러한 사유방식의 저변에는 서구적인 것은 보편적인 것이며, 한국적인 것은 지역적인 것이라는 인식이 자리잡고 있다. 이러한 인식에는 그 자체가 특수성의 발현인 유럽인의 고유한 세계 인식과 미의식을 보편적인 것으로, 한국적인 것은 이 보편적인 것에 훨씬 못 미치는 후진적인 것으로 인식하는 서구중심적 편견이 자리잡고 있는 것이다.

결국 전후비평에서의 전통론의 가장 큰 의미는 전쟁 직후 압도적이었던 신세대의 전통 거부 및 구세대에 대한 비판 그리고 서구문학에의 경사의 흐름을 벗어나는 구세대의 반격이란 점에서 그리고 전통의식의 환기를 통해 주체적 문학사상의 모색으로 나아가는 계기를 마련했다는 점이라 할 수 있다.

민족문학론의 기본적 개념으로서의 민족 개념을 역사적 개념으로 규정한 것은 정태용이었다. 이러한 지적은 기존의 민족문학론이 민족을 대체로 혈통과 종족의 관점에서 설명했던 것을 완전히 벗어나 엄밀한 학문적 규정으로 나아간 것이다. 이를 바탕으로 한 50년대 민족문학론의 전형적인 두 양상은 김양수와 최일수에 의해 잘 드러난다. 이들은 특히 전통과 서구사조를 관련시키는 방식이 상이한 만큼 민족문학의 지향점 역시 다른 양상으로 제시한다. 김양수의 민족문학론은 현단계가 인류의 연합체를 요구하는 시점이라고 전제한 속에서 민족의 구별과 특정한 思潮의 경계를 뛰어넘는 생명정신의 구현에 있다고 주장인바, 이 논의는 당시 지식인에게 만연되어 있던 보편주의, 세계주의에의 지향을 전형적으로 보여주고 있다. 즉 한국의 구체적인 상황과 민족적 과제로부터 입론을 출발시키는 것이 아니라 '현대'의 시대적 특질을 일반화시키는 가운데 논지를 전개하고 있는 것이다. 이에 비해 최일수는 민족문학을 '분단된 국토에 삶을 영위하는 우리 민족이 통일을 갈망하는 현대적인 민족정신과 융합되는 것'으로 파악함으로써 민족분단의 현실과 통일이라는 민족적 과제를 자신의 문학적 이론의 출발점으로 규정한다. 특히 그는 한 민족의 역사가 비록 발전선상에서 후진성을 보여주더라도 고유한 독자적인 과정이 있으며 이것이 보편적인 인간성의 문제로 해소될 수는 없다고 비판한다. 하지만 최일수의 민족문학론 역시 전통과 서구사조와의 관계 속에서만 논의되던 당대 민족문학론의 일반적인 흐름을 완전히 벗어나지 못하고 있는 것이 사실이다. 그의 주장도 민족문학을 '현대화'해야 한다는 점에 보다 강조점이 두어져 있을 뿐, 민족문학의 주체와 이념을 명확하게 제시하는 단계로는 전혀 나아가지 못하고 있다. 그래서 그가 주장했던 '주체성의 확립'도 서구사조 수용의 올바른 자세를 강조하는 차원을 벗어나지 못하는 것이다. 이러한 한계들은 현실에 이론의 기반을 두고자 한 그의 입론이 정작 구체적인 현실분석에서 출발하기보다는 '당위'의 차원에서 전개되었으며 민족문학의 무게중심이 민족적 삶의 현실에 놓여 있지 않은 점에서 기인하는 것이다. 그의 논의가 추상적 선언에 가까운 것은 바로 이러한 한계 때문이다.

50년대 문학을 전쟁의 절대적인 영향력 하에서만 평가할 경우 50년대 비평은 당대의 이념적 한계와 서구사조의 추종에 그쳐, 이후 비평문학의 과도기적 역할을 한 것으로서의 의미밖에 지닐 수 없다. 그런데 이러한 사조의 수입이 단순한 외국이론의 모방의 의미를 넘어, 그 사회가 당면한 과제해결을 위한 방법론적 의미를 지니기 위해서는 무엇보다도 그처럼 다양한 서구사조의 수입을 필요로 했던 우리 문단과 문학의 과제, 그리고 그러한 상황을 빚어낸 사회적 상황에 대한 인식이 뒷받침되어야 한다. 이런 의미에서 전후 사회는 단순히 전쟁의 참상 앞에 허무와 절망만으로 이어진 사회가 아니라 그러한 전후 위기를 극복하기 위한 준비기였다는 사실도 분명히 인식할 필요가 있다. 즉 전후 사회는 한편으로는 전쟁의 영향권 아래에서 반공이데올로기에 묶여 있었던 시기지만 다른 한편으로는 그처럼 경직된 체제와 이념 아래에서 새로운 사회 건설을 위한 내적 역량을 키워 나갔던 시기이기도 한 것이다. 전후 회복이 본격적으로 시작되는 55년을 기점으로 이루어지는 많은 신진비평가들의 등장은 무엇보다도 이를 간접적으로 증명하는 것이다. 신세대비평가는 이처럼 서구사조를 자신의 것으로 받아들임으로써 새로운 지도이념의 확립을 위한 행보를 내딛는다. 그것은 시대적 의미를 상실한 구세대문학론에 대한 대안일 뿐만 아니라 자신들의 새로움을 증명하는 근거이기도 했다. 이에 따라 서구사조의 수용은 적극 옹호되었던 것이다.

그러나 신세대비평가들이 내세우는 자신들의 새로움은 '태도의 독창성', '독자로 하여금 생각하게 하는 작품' '구세대의 창작태도의 안이성과의 대비'정도의 추상적인 차원을 넘어서지 못한다. 말하자면 이 시기 문학인들은 자신들의 전쟁체험과 서구의 전쟁체험을 전쟁의 성격 차이를 떠나 전쟁상황 자체의 비극성과 비인간성이라는 측면에서 等價로 놓은 것이다. 이러한 의식은 특히 당대의 세계를 냉전체계에 입각한 양대 진영으로 파악하는 냉전의식의 확산과도 긴밀히 연관되어 있는데 6·25의 이데올로기적 성격은 이러한 의식을 내면화시키는데 본질적인 원인으로 작용한 것이라 할 것이다.

이처럼 50년대의 정신적 흐름은 '현대성'에 대한 자각과 '냉전의식의 자발적 내면화'란 측면에서 기본적인 흐름을 형성하고 있다. 냉전의식에 기반한 세계인식은 서구사조를 수입하면서도 그것을 한국의 구체적인 현실에 입각하여 재구성하려는 노력보다는 '현대'라고 하는 시대적 특질의 보편성 속에 용해시키고 마는 결과를 가져오게 된다. 즉 한국의 현실이 아니라 서구의 일반적 경향으로서의 전후문학의 특징들을 자신의 것으로 삼았던 것이다. 당대의 '현대성'에 대한 관념적 집착은 근원적으로는 한국문학의 '후진성'에 대한 자각으로부터 비롯된다. 자신이 처해있는 세계와 문학적 현실을 과거의 문학이론이나 작품들을 통해서 구명할 수 없다는 생각이야말로 50년대 문학에서 서구사조의 수용이 두드러지게 만든 것이다. 하지만 이러한 서구사조의 수용은 사회구조 전반의 변화를 희구하는 총체적인 의미의 '계몽적 성격'을 지니지 못한 것으로 단지 세계적인 보편성의 확인과 그러한 보편성의 내면화라는 정신적 영역에서의 방황을 넘어서지 못하는 것이다. 그 결과 서구사조에 의거한 과거의 비판과 대안제시도 현실에 의거하지 않은 추상적인 면모를 드러내게 된다. 결국 50년대 서구사조의 수입은 비평의 과학성과 문학에 대한 체계적인 사고를 촉진하고 새로운 현실에 맞는 새로운 문학이념의 확립을 위한 방법론의 제시라는 긍정적인 의미를 지니면서도 한편으로는 우리의 구체적 현실을 외면하는 결과를 낳게 된 것이다.

하지만 이러한 논의들은 여전히 많은 과제를 남기고 있다. 우선 무엇보다도 50년대에 유행했던 실존주의의 내면화 양상에 대한 깊은 고찰이 필요하다. 특히 실존주의와 함께 유행하면서 그 성격에 있어서도 유사성을 드러내는 모더니즘론이나 휴머니즘론과의 상관관계에 대한 깊은 연구가 필요하다.

둘째, 당대의 실제비평에 대한 심도있는 분석이 필요하다. 특히 첫째 항과 관련하여 외래 사조가 구체적으로 작품 속에서는 어떻게 드러나며 또한 실제비평 속에서는 이를 어떤 수준에서 분석하고 어떤 시각에서 평가를 내리고 있는가 하는 데 대한 자세한 고찰이 필요하다.

셋째, 당대 문인들의 공통적 과제로 제기되었던 근/현대의 구분 및 이에 따른 근대문학/현대문학의 관계에 대한 집중적인 논의가 필요하다. 이 논의는 곧 오늘날에도 여전히 유효한 과제라 할 수 있는 '근대성' 인식의 문제와 연결되는 것이기도 하다.

참고문헌

고석규, 『여백의 존재성』, 지평, 1990.
고 은, 『1950년대』, 청하, 1989.
구모룡, 『문학과 근대성의 경험』, 좋은 날, 1998.
구인환 외, 『한국전후문학연구』, 삼지원, 1995.
권영민, 『한국현대문학사』, 민음사, 1993.
김동춘, 『전쟁과 사회』, 돌베개, 2000.
김성환 외, 『1960년대』, 거름, 1984.
김양호, 『한국현대소설과 비평의 만남』, 한국문화출판, 1993.
김영민, 『한국현대문학비평사』, 소명출판, 2000.
김용락, 『민족문학논쟁사연구』, 실천문학사, 1997
김용직 외, 『한국문학사』, 한국예술원, 1982.
김용직 외, 『한국현대시연구』, 민음사, 1989.
김용직 외, 『한국현대시사의 쟁점』, 시와시학사, 1991.
김윤식, 『한국현대문학사』, 일지사, 1076.
김윤식, 『발견으로서의 한국현대문학사』, 서울대 출판부, 1997
_____, 『한국문학의 근대성 비판』, 문예출판사. 1983.
_____, 『한국근대문학사상연구 2』, 아세아문화사, 1994.
_____, 『한국모더니즘 문학연구 1』, 한국학보, 1988.
김윤식 외, 『한국현대문학사』, 현대문학사, 1989.
김재홍, 『한국전쟁과 현대시의 응전력』, 평민사, 1978.
김재홍, 『현대시와 역사의식』, 인하대출판부, 1988.
김주한, 『韓國文學批評史論』, 대전: 學士院, 1993.
김치수.김현 편, 『사르트르의 문학적 세계』, 문학과 지성사, 1994.
남원진, 『1950년대 비평의 이해』 1·2, 역락, 2001.
노명식, 『자유주의의 원리와 역사 - 그 비판적 연구』, 민음사, 1991.
박동규, 『현대한국소설의 성격 연구』, 문학세계사, 1981.
박동규 외, 『한국전후문학의 분석적 연구』, 월인, 1999.
백낙청, 『민족문학과 세계문학』, 창작과비평사, 1978.
백 철, 『문학자서전』, 박영사, 1975.
서중석, 『한국근현대의 민족문제연구』, 지식산업사, 1989.
소광희, 하이데거의 시론 - 예술론, 심상, 1978.
송기한, 『한국전후시와 시간의식』, 태학사, 1996.

송하춘 외, 『1950년대의 소설가들』, 나남, 1994.
신경득, 『한국전후소설연구』, 일지사, 1983.
신동욱, 『한국현대비평사』, 시인사, 1988.
오세영, 『20세기 한국시연구』, 새문사, 1989.
유종호, 『비순수의 선언』, 민음사, 1995.
윤병로, 『韓國現代批評文學論』, 서울: 靑鹿出版社, 1982.
이기상, 『하이데거의 실존과 언어』, 문예출판사, 1993.
이대근, 『한국전쟁과 1950년대의 자본축적』, 까치, 1987.
이대근, 정운영 편, 『한국자본주의론』, 까치, 1984.
이미순, 『한국 현대문학비평과 수사학』, 월인, 2000.
이선영, 『한국문학의 사회학』, 태학사, 1993.
이어령, 『저항의 문학』, 경지사, 1959.
이영희 편, 『한국의 민족주의 운동과 민중』, 두레, 1987.
이형식 외, 『現代文學批評의 方法論』, 서울大學校 出版部, 1983.
임영봉, 『한국현대문학비평사론』, 역락, 2000.
임헌영, 『한국현대문학사상사』, 한길사, 1988.
_____, 『민족의 상황과 문학사상』, 한길사, 1986.
전기철, 『한국 전후 문예비평 연구』, 서울, 1994.
정창범 편, 『전후시대 우리문학의 새로운 인식』, 박이정, 1997.
정한숙, 『현대한국문학사』, 고대출판부, 1982.
정희모, 『1950년대 한국문학과 서사성』, 깊은샘, 1997.
조남현, 『한국현대소설의 해부』, 문예출판사, 1993.
조건상 편, 『한국전후문학연구』, 성대출판부, 1993.
최동호 편, 『남북한현대문학사』, 나남, 1995.
한계전 외, 『한국현대시론사 연구』, 문학과지성사, 1998.
홍문표, 『한국현대문학논쟁의 비평사적 연구』, 양문각, 1980.
홍신선, 『우리 문학의 논쟁사』, 어문각, 1985.
문학사와 비평연구회 편, 『1950년대 문학연구』, 예하, 1991.
_____, 『1960년대 문학연구』, 예하, 1993.
_____, 『전후문학의 형성과 전개』, 태학사, 1993.
민족문학사연구소 편, 『민족문학사강좌』하, 창작과 비평사, 1995.
_____, 『민족문학과 근대성』, 문학과 지성사, 1995.
역사문제연구소 편, 『1950년대 남북한의 선택과 굴절』, 역사비평사, 1998.
_____, 『한국의 근대와 근대성 비판』, 역사비평사, 1996.
한국문인협회 편, 『해방문학 20년』, 정음사, 1971
한국문학연구회 편, 『1950년대 남북한문학』, 평민사, 1991.
한국사회학회 편, 『한국전쟁과 한국사회변동』, 풀빛, 1992.

한국정신문화연구원 편, 『한국전쟁과 사회구조의 변화』, 백산서당, 1999.
한국 현대문학연구회, 『한국의 전후문학』, 태학사, 1991.

일반논문

권영민, 「분단시대 문학 비평의 논리」, 『韓國文學』, 1989.
김건우, 「한국 전후세대 텍스트에 대한 서론적 고찰」, 『외국문학』 1996 겨울.
김병걸, 「사르트르의 想像力論」, 『現代藝術』, 1977.
김창원, 「전통논의의 전개와 의의」, 『한국현대시사의 쟁점』, 시와시학사, 1991.
김 현, 「테러리즘의 문학」, 『문학과 지성』, 1970년 여름.
문혜원, 「전후모더니즘문학의 성격규명을 위한 시론」, 『관악어문연구』16, 1991.
손호철, 「한국전쟁과 이데올로기지형」, 경남대 극동문제연구소 편, 『한국전쟁과 남북한 사회의 구조적 변화』, 1991.
신두원, 「전후비평에서의 전통논의에 대한 시론」, 『민족문학사연구』 9호, 1996
윤호병, 「모더니즘 시학의 수용과 주체적 전개과정: 50년대와 60년대의 모더니즘」, 『현대시』, 1994.
안철현, 「1950년대 한국의 국가역할과 국가자율성」, 서울대한국정치연구, 1994
염무웅, 「선우휘론」, 『창작과비평』 67년 겨울호.
유재건, 「식민지, 근대와 세계사적 모색」, 『창작과비평』 97년 겨울.
이남호, 「전후시, 1950년대 전후세대 시인들의 성격」, 『현대시학』, 1994
이어령, 『저항의 문학』, 경지사, 1959.
이은자, 「실존주의 논의 일고찰 ; 1950년대를 중심으로」, 『숙대원우논총』, 1992
임태우, 「전후 문학논쟁사연구 시론」, 『공사논문집』, 1994
조남현, 「실존주의의 수용과 내면화 양상」, 애산학회 편, 『애산학보』 25, 2000.11.
조영복, 「1950년대 모더니즘문학 논의를 위한 비판적 검토」, 『외국문학』, 1993
한계전, 「한국전후시에 있어서 모더니즘적 특성과 그 가능성」, 『시와 시학』, 1991 봄·여름.
<좌담>(구인환, 조남현, 최동호), 「한국문학과 실존사상」, 『현대문학』 90년 5월.

외국서

Benjamin. W.(반성완 역), 『발터멘야민의 문예이론』, 민음사, 1983.
Berman. M.(윤호병 외 역), 『현대성의 경험』, 현대미학사, 1994.
Bollnow. O.F.(최동희 역), 『실존철학』, 이성과 현실, 1989.
Burger. P.(김윤상 역), 『지배자의 사유』, 인간사랑, 1996.

Calinescu, M.(이영욱 외역), 『모더니티의 다섯 얼굴』, 시각과 언어, 1993.
Callinicos, A.(김용학 역), 『역사와 행위』, 교보문고, 1991.
Camus, A.(민희식 역), 『씨지프스의 신화』, 육문사, 1993.
Eliot,T.S.(이경식 역), 『전통과 개인적 재능』, 범조사, 1983.
Faucault, M. 『권력과 지식』, 나남, 1995.
Goldman, L., 『루카치와 하이데거』, 까치, 1983.
Habermas, J.(이진우 역), 『현대성의 철학적 담론』, 문예출판사, 1994.
Heidegger, M.(소광희 역) 『존재와 시간』, 경문사, 1995.
______, 『휴머니즘론』, 박영사, 1964.
Heineman, F.(황문수 역), 『실존철학』, 문예출판사, 1987.
Hobsbawm, E., Nation and Nationalism Since 1978, Cambrige Univ. Press, 1990.
Jaspers, K. 현대의 정신적 상황, 범우사, 1990.
Kierkegaard, S.(임규정 역), 『불안의 개념』, 한길사, 1999.
Novack, G.(김영숙 역), 『실존과 혁명』, 한울, 1983.
Salamun, K.(정영도 역), 『칼 야스퍼스』, 이문출판사, 1996.
Sartre, J.P.(방곤 역), 『실존주의는 휴머니즘이다』, 문예출판사, 1981.
______, 『문학이란 무엇인가』, 문예출판사, 1972.
______, 『존재와 무』, 을유문화사, 1968.
Shils, E.(김병서 외 역), 『전통』, 민음사, 1992.
Wallerstein, I.(강문구 역),『자유주의 이후』, 당대, 1996.
Zimmerman. F.(이기상 역), 『실존철학』, 서광사, 1987.

吉田精一・奧野健男, 『現代日本文學史』(유정 編譯), 정음사,
古林 尙, 佐藤 勝 編, 『戰後の文學』, 現代文學社, 1978.

학위논문

김용락, 「한국민족문학론 연구: 1950~80년대 문학논쟁을 중심으로」, 계명대대학원, 1995
임태우, 「고석규 문학비평 연구」, 서울대 석사학위논문, 1993.
전용호, 「조연현 문학비평연구」, 1996, 석사
강경화, 「1950년대의 비평 인식과 실현화 연구」, 성균관대 박사학위논문, 1998.
구재진, 「1960년대 장편소설 연구」, 서울대박사학위논문, 1999.
남기혁, 「1950년대 시의 전통지향성 연구」, 서울대 박사학위논문, 1998.
문혜원, 「한국전후시의 실존의식 연구」, 서울대 박사학위 논문, 1996.
박명진, 「1950년대 후반기 희곡의 담론 연구」, 중앙대학교 대학원, 1997

박윤우, 「1950년대 한국모더니즘시 연구」, 서울대 박사논문, 1998
박인기, 「한국 현대시의 모더니즘 수용 연구」, 서울대 박사논문, 1987
유철상, 「한국전후소설의 관념지향성 연구」, 서울대 박사학위논문, 1999.
이용성, 「한국지식인잡지의 이념에 대한 연구 - <사상계>를 중심으로」, 1996
한강희, 「1960년대 한국 문학비평연구」, 성균관대학교 박사학위논문, 1997.
한수영, 「1950년대 한국 문예비평론 연구」, 연세대학교 박사학위논문, 1995.
황종연, 「한국문학의 근대와 반근대」, 동국대대학원, 1992

1920년대 민족주의 문학과 민족 담론

1. 들어가는 말

원래 선진 자본주의에서의 민족 및 민족주의의 형성은 자본주의 발전과정에서 필연화한 국민적 시장권의 형성과정과 밀접한 관련을 맺고 진행되었다. 이 과정에서 민족주의는 어느 한 민족의 부르주아가 다른 민족의 부르주아에 대해서 자신의 시장을 지키기 위한 정당화 기재로 이용되었다. 이 때문에 민족주의는 생성 당초부터 침략성을 지니고 있었고 곧 제국주의로 나아가게 되었다고 할 수 있다. 하지만 식민지에서의 민족주의는 서구 자본주의의 발전과정에서 형성된 민족주의와는 다른 내용을 가진 것으로 인식되어 왔다. 즉 식민지 민족해방운동의 과정을 근대 민족의식, 민족주의의 성장과정으로 파악하고, 거기에서 민족의식 내지는 민족주의의 특수성을 포착해 온 것이다. 이 때 민족주의는 외세의 압박에서 자신을 해방시키기 위해서 싸우는 이데올로기로 작용한다. 따라서 식민지에서의 민족주의는 서구에 대한 맹렬한 반대를 그 중심내용으로 하면서도 다른 한편으로는 서구적인 것을 모방하고 수용하려는 서구지향적 측면을 또 하나의 중심내용으로 삼게 된다.

그런데 식민지에서의 민족주의는 근대적 민족국가의 형성 및 민족공동체의 출현 그리고 식민지에서의 해방이라는 본래의 문제 외에도 근대화를 추구하는 방법의 문제와 자본주의 산업화 과정 속에서 발생하는 새로운 계급 형성과 같은 복합적인 문제를 다 포괄하지 않을 수 없게 된다. 먼저 새로운 계급의 형성이라는 면에서 볼 때 식민지의 부르주아는 선진 제국의 부르주아와는 비교할 수 없을 정도로 역량이 약한 관계로 근대화의 뚜렷한 주체로 성장하지 못한 채 근대와 민족해방운동 과정에서 양면적 태도를 보이게 된다. 즉 제국주의의 침략으로 인해 자신들의 성장전망을 박탈당하는 것에 저항하는 한편 제국주의의 문명에 굴복하고 추종하는 모습을 보이게 됨으로써 근대화 추구 방법의 문제를 야기하는 것이다. 특히 무산계급의 성장에 따른 사회주의 세력과 논리의 확산이 이루어지면서, 근대화의 주체와 방법 그리고 식민해방운동 과정에서의 논란은 더욱 커지게 된다. 이로 인해 우리의 경우에도 민족주의 이념은 민족주의 이념 자체에 내재한 침략성과 식민지 민족주의의 저항적 성격 이외에도 지배세력에의 타협과 굴종이라는 새로운 성격을 부여받게 된 것이다.

하지만 지금까지의 연구는 대체적으로 민족주의 이념이 지닌 저항 이념만을 강조함으로써 '민족' 이념을 지배 세력에 대한 저항의 이념·민족해방의 이념으로만 파악하거나, 식민지배정책과의 타협적 성격만을 부각시켜 폄하하는 등 일방적인 평가를 내리는 경우가 많았다. 이러한 시각은 문학사연구에도 마찬가지로 작용해왔다고 할 수 있다. 특히 식민지 시대를 주요 대상으로 한 근현대문학사 연구는 민족의식의 자각과 민족해방운동과의 관련을 중요한 평가의 기준으로 삼는 경우가 많았으며, 고전문학 연구 역시 이른바 한국사학계의 내재적 발전론의 영향 아래 우리 민족의 독자의 문화적 성취와 그 전통을 '발견'하는 데 중점을 두었다. 예컨대 근대문학에서의 민족이념의 전개 양상에 대한 논의는 민족 이념 자체가 어떠한 민족사적 저항의 논리로 표면화되고 있느냐하는 문제의식을 내세운다. 민족이념을 강조하여 주로 근대성 - 민주주의적 변혁 - 민중의 연대 - 리얼리즘이라는 발전사관을 문학의 내적 발전으로 수렴하여 그대로 적용시킴으로써, 민족 이념의 구현 양상을 근대성을 실현하기 위한 방안으로만 파악하는 이런 식의 논의는 문학 특유의 내재적인 문제들을 근대성의 진보 논리로 치환하게 될 위험성을 안고 있다.

북한의 문학사 서술에서 드러나듯 민족주의운동의 체제내적 타협을 강조하여 민족주의문학을 한 구석으로 밀어버리는 경우는 말할 것도 없지만, 민족주의의 저항적 성격을 강조하는 경우에도 민족주의운동이 3·1운동 이후 일제와의 정면대결을 피하고 합리적인 실력양성운동으로 변모한 것을 중심논리로 삼는 경우가 없지 않다. 즉 실력양성운동론 등에 근거한 민족주의운동을 당시 상황에서 민족역량을 강화하는 '최선의 방책'이었다는 평가 등이 그것이다. 이런 시각에 따르면 식민지 시대 민족운동의 과제는 실패한 근대화의 과제를 수행하는 것으로서 이를 위해 낙후한 정치적 경제적 처지를 개선할 수 있는 실력을 양성하는 일이 급선무로 인식된다. 이러한 근대화론의 연장선상에 서서 민족해방운동을 바라보는 시각은 당연히 엘리트주의적 성격을 띠게 된다. 따라서 이런 입장에서는 일부 지도자들의 민중에 대한 지도 계몽만이 눈에 띄게 된다. 이 경우 '민족' 이념과 관련된 실질적으로 중요한 물음은 간과되기 쉽다. 이를테면 일련의 근대화 과정 속에서 민족 이념 자체가 한편으로는 민족적 위기에 대응한 저항적 담론으로, 다른 한편으로는 계급담론에 맞서는 보수적 담론으로 형성되어 온 구체적 과정에 대한 물음을 비롯하여, 그 형성의 주된 담당자들은 누구였는지, 그들은 역사적으로 어떻게 변화하였는지, 또 식민본국(일본)이 강제한 국가주의와는 어떤 길항관계를 보였는지 등을 분석하고 해석하는 구체적이고 실증적인 작업이 그것이다.

민족 이념 자체는 근대성을 실현하는 중요한 인식론적 혹은 실천적 기반을 내재하고 있음에도 불구하고, 다른 한편 근대성이 갖는 양면성만큼이나 다양하고 모순적인 측면들을 함의하고 있다. 즉 민족주의 이념은 억압당하는 민족의 해방에 대한 염원을 드러내는 이념이면서 동시에 그것이 지향하는 근대 국가라는 추상적인 공공 영역 속으로 개인의 사적 영역을 남김없이 수렴해버리는 국가주의 이데올로기로서 동시에 작용하는 것이다. 게다가 우리의 경우에는 식민지 경험에 따른 또 다른 성격을 지니고 있다. 1920년대의 민족주의문학론은 이 저항의 논리와 근대적 보편에 대한 지향성을 어떤 식으로 개념화하고 있는지 그리고 식민지적 특수성에 따른 근대화의 길을 어떻게 설정하고 있었는지 그리고 그에 따른 구체적 논의 양상은 어떻게 전개되는지 살펴볼 필요가 있다. 그러한 작업은 우선 민족주의문학 담론 내의 다양한 층위들을 정확히 파악하는 것으로 시작되어야 할 것이다.

2. 본론

1) 민족주의문학의 이념적 근거

앞서 보았듯 우리의 경우 근대로 접어들면서 바로 제국주의의 침입을 받았던 까닭에, 사회를 이끌어가는 데 주도적인 역할을 해야 할 부르주아들은 식민지 모국의 근대를 추수하는 과정으로 나아가게 되었고 그에 따라 민족적 성격을 잃게 된다. 이 때문에 부르주아지의 문제는 그들이 실제로 수행한 역할의 범위를 뛰어넘는 중요성을 지닌다. 그들은 '민족국가'를 건설, 경제적 발전을 고무하는 것이야말로 자신들의 유일한 출구라고 인식하게 된다. 하지만 국가권력이 외세의 수중에 있는 까닭에 이들이 힘을 갖게 되는 기회는 거의 존재하지 않았다.[1] 이들이 자신의 기회를 증진시킬 수 있는 확실한 길은, 그들 자신의 '민족적' 통제 하에서 국가기구를 재구성하기 위해 투쟁하거나 외세의 지배정책에 순응하는 두 길 뿐이었고, 이들의 선택에 따라 민족운동의 방향이 달라질 수밖에 없었다. 민족 형성에 무엇보다 중요한 요소로서의 적극적인 공동의지[2] 즉 국민적 의식의 각성이라는 문제를 생각하면 부르주아의 존재는 더욱 중요해진다. 후진 사회나 식민지화한 국가의 경우 국민적 의식의 각성은 사회경제적 발전에 따른 자발적 각성의 모습을 띠지 못하고, 지식인 엘리트에 의한 계몽 혹은 식민 당국의 국가주의적 기획에 의한 의식 계몽에 의해 강요당하는 것이 보통이다. 따라서 국민적 의식의 각성을 교육과 계몽을 통해 이루고자 하는 이들 부르주아 지식인들의 의식 각성의 방향이 식민당국의 정책 방향과 어떤 관계를 맺는가는 실로 중요한 사안이 아닐 수 없고 그만큼 지식인들의 역할은 중요해지는 것이다. 또 지식인 집단의 중요성이 다른 집단들에 비해 훨씬 큰 이유는, 지식인들은 낡은 사회의 계급 구조를 벗어날 수 있으며, 비록 막연하거나 비실제적이라 해도 미래에 대한 비전과 그것을 달성할 방법에 대한 구상을 가지고 있는 점, 그리고 문장과 언어 사용에 능숙한 까닭에 교육을 통해 산업 문명에 필요한 전문지식과 기술을 습득할 수 있기 때문이다. 이처럼 지식인들은 그들의 존재 자체가 근대화의 산물인 까닭에 민족운동의 지도력을 갖게 되는 것이다.

이들 지식인들에 의해 서구의 근대사상이 '이념'으로서 처음으로 수

1) 알렉스 캘리니코스 외, 배일룡 편역, 『현대자본주의와 민족문제』, 갈무리, 1994, 28~30면.

2) 한스 콘, 「민족주의의 개념」, 백낙청 편, 『민족주의란 무엇인가』, 창작과비평사, 1982, 33면.

용, 소개된 것은 『독립신문』을 통해서였다. 『독립신문』은 유교이념에 의해 경시되었던 이익 개념과 상업에 대해 재평가하며, 개인의 생명권과 재산 그리고 경제적 독립을 강조했다. 특히 『독립신문』에서 강조한 자주독립과 문명개화 사상은 자유권, 독립권, 교육, 개화, 진보, 애국 등의 개념으로 다양하게 나타나지만 그 내용은 이익을 추구하고 재산권을 갖는 개인의 자유, 경제적 활동의 중요성 등 근대 자유주의의 내용들이었다.[3] 그런데 이런 자유주의 이념은 문명사회에 대한 동경과 함께 사회진화론과 인종주의까지 동시에 받아들이게 되면서 결국에는 제국주의를 미화하는 단계로까지 나아간다. 이러한 초기의 개화 문명 사상은 1920년대의 민족운동에 그대로 이어지며 당대의 지식인들로 하여금 식민지로의 전락 원인을 사회진화론적 사고에 근거하여 찾게 만들었다. 유길준, 윤치호 등에 의해 수용된 사회진화론은 역사와 문화의 발전단계를 未개화(야만), 半개화(반문명), 開化(문명)의 세 단계로 구분하고, 미개한 상태에서 야만적인 생활을 하던 사회도 점차 발달하여 개화하는 것으로 파악한다. 사회진화론은 개인적 민족적 수준에서의 등급 매기기를 통하여 부단히 진보하도록 강요하며 경쟁에서 패배할 경우 지배를 받는 것을 당연한 결과로 받아들이게 했다. 즉 기존 규범의 부정 및 이익 추구의 자유 주장 논리가 자연스럽게 경쟁적 질서라는 논리로 귀결되고, 이 논리는 다시 경쟁적 질서에서의 패배자는 그 결과를 겸허하게 받아들여야 한다는 주장으로 표출된다. 따라서 이 시기 민족주의 이념은 경쟁에서 살아남기 위한 스스로의 실력을 갖추는 것 즉 자강운동밖에 없다는 논리를 내세우게 된다. 국권상실의 책임이 조선인들 스스로에게 있으므로 침략세력에 대한 투쟁보다는 우선 실력을 길러야 한다는 생각을 갖게 만드는 것이다. 이처럼 사회진화론,

3) 이나미, 『한국에서의 자유주의의 기원』, 책세상, 2001, 14~48면 참고.

자강운동론과 결합된 민족주의는 제국주의를 한편으로는 비판하면서도 다른 한편으로는 따라가고자 하는 모순적 시각을 지니게 된다.

1920년대 민족주의문학의 이념적 근거였던 문화주의 이념의 구체적 실천양상으로서의 실력양성운동은 바로 이런 사회진화론을 바탕으로 제시된 것이다. 실력양성론은 직접 독립운동이 아니라 기회를 준비한 대비로서의 운동으로, 기회가 올 때까지 교육의 장려와 실업의 발전에 의한 자본주의 근대화를 이룩하는데 심혈을 기울여야 한다는 주장이다. 즉 일본의 국력과 비교해 볼 때 독립은 요원하므로 당장 해야 할 일은 실력을 양성하여 독립의 기초를 마련하는 일이라는 것이다. 하지만 이 실력양성론은 논리적 모순을 지닐 수밖에 없었는데, 그것은 정치적 법적 보장이 없는 어떤 개인적 권리도 공허할 수밖에 없는 근대사회 그것도 식민지 상황에서 정치적 보호막을 어디서 구할 것인가 하는 문제였다. 조선인들의 사회를 옹호해 줄 정치체제는 없었고 국가가 행사할 수 있는 각종 제도적 이데올로기적 힘은 총독부에 있었기 때문이다. 이러한 상황 하에서 제출된 논리가 정치적인 것과 사회적인 것, 정치적인 것과 문화적인 것을 구분하는 논리였다. 정치적 자유와 문화적 자유의 구별, 사회문제와 사회적 운동을 정치문제 및 정치적 운동과 혼동하지 말 것을 강조했던 대부분의 민족주의문학자들의 논리는 바로 이러한 인식의 산물이다. 하지만 실력양성론에 따른 교육에 필수적인 교육체제의 변화나 물적 기반의 확보에는 총독부의 지원이나 간섭이 불가피한 것이었다. 이처럼 식민지 하에서의 실력양성운동은 언제나 정치의 도움을 필요로 했고 그 결과 식민지배의 정당성을 인정하게 되는 딜레마를 벗어날 수 없는 것이었다.[4)]

4) 박명규, 「1920년대 '사회' 인식과 개인주의」, 『한국사회사상사연구』(김경일 외), 나남출판, 2003, 278~280면. 엄밀한 의미에서의 실력양성론이란 독립을 전제로 혹은 독립을 염두에 두고 의도적으로 실력을 배양한다는 개념으로 이해할 수

이런 인식은 『동아일보』와 『개벽』을 중심으로 전개된 '문화운동'을 통해 구체적으로 드러난다. 이 운동은 3·1운동 이후 각종 외교운동의 좌절 및 사회진화론과 이 시기 국내에 소개된 개조론, 문화주의 등 각종 외래 사조의 영향, 그리고 일제의 산업정책과 민족자본의 동요 등 여러 가지 조건의 작용에 의한 것이었다.[5] 『동아일보』는 "민족적 운동이라 하는 것은 일정한 이상을 향하여 의식적으로 하는 정신적 혹은 사회적 운동"이라 하고 여기에는 반드시 일정한 목적이 있는바 "조선인의 민족운동의 목적은 일대 문화운동이다. 어찌 조선민중이 정치적 의미로서만 저와 같은 일대 운동(3·1운동)을 야기했으리오. 이민족 지배하에서는 원만한 문화의 수립이 어렵다고 보아 일으킨 것이다."[6]라고 하여 문화주의에 기초한 문화운동을 천명하고 있다. 여기서 문화운동이란 일단 정치적 독립운동과 대비된 관점에서 제기된 것이다. '민족운동에는 정치적 방법과 사회적 방법이 있는데 정치적 방법에 대하여는 논할 자유가 없다'고 하면서 문화운동을 주장한 것이다.

문화주의 이념은 결국 식민지적 조건에서 부르주아 상층 사회세력이 민족문제에 대한 대응논리로 제기한 것이라 할 수 있다. 그러므로 문화주의의 바탕을 이루는 민족 개념을 살펴보는 일은 민족주의문학운동과 관련해서도 아주 중요한 요소이다. 이 계열에서는 "민족은 역사적 산물이라 역사의 공통적 생명 곧 국민적 고락을 한가지로 맛본 경험과

있다. 그러나 당대의 민족주의운동은 사실상 일제의 통치를 인정한 위에 민족의 생존과 활로를 모색하는 데 중점을 둔 것으로 독립을 전제로 목적의식적으로 실력을 양성하려 했다고 보기 어려운 경우가 없지 않다. 따라서 문화운동의 사상적 기초로서 신문화건설·실력양성, 인격개조·이광수류의 민족개조론 등의 사상적 차이를 간과하고 포괄적으로 다루어서는 안 된다. 김명구, 「1920년대 국내 부르주아 민족운동 우파 계열의 민족운동론 -『동아일보』 주도층을 중심으로」, 『한근현대사연구』 20호(한국근현대사학회 편), 2002년 봄, 164~5면.

5) 박찬승, 『한국 근대정치 사상사연구』, 역사비평사, 1992, 168~196면.

6) 「세계개조의 벽두를 당하야 조선의 민족운동을 논하노라」(3), 『동아일보』, 1920년 4월 6일.

국민적 운명을 한 가지로 개척한 사실이 없으면 도저히 민족적 관념을 생하지 못하나니 이 없이 어찌 언어와 습관과 감정과 예의와 사상과 애착 등의 공통연쇄가 유할 수 있으리오"[7]라고 하여 민족을 운명적 고락을 함께 하는 가운데 언어, 습관, 문화 등의 공통성을 이룬 역사적 형성물로 생각하고 있다. 또 민족은 단순히 개인이 모여 이루어지는 것이 아니라 '독특한 생존을 구유한 실체'로서, 개인은 대대로 생사변천할지라도 민족이라는 전체는 영속적 생명이라고 하여 민족을 유기체적 존재, 영속적 존재로 파악한다. 그런데 이 계열의 원초론적 민족관에서는 민족을 종족적·혈연적 동질성으로 이해하기보다는 문화적 동질성의 차원에서 이해하는 경향을 보인다. 즉 "민족은 역사적 산물인 고로 형통관계는 그다지 중요한 문제가 아니니 천하 많은 민족 중에 순연히 자기의 형통만 고수하여 일점이나 타민족의 혈을 혼치 않은 자 능히 있지 못하도다. 오직 공통생활의 역사로 공통한 문화를 유한 자는 곧 한 민족"[8]이라는 것이다. 결국 민족의 구별은 혈통보다도 언어, 습관, 인정, 풍속에 따라 구분된다는 것으로 문화적 전통을 중시한 것이다. 하지만 또 민족주의의 본질은 자결이며 이것은 자유주의에 기초한 국민주권주의에서 비롯된다고 파악하고 있다. 이러한 인식은 근대 국민국가론에 입각한 민족주의로서 민족 개념에 관한 근대적 이해방식이라 할 수 있다. 이처럼 문화주의 이념에는 원초론적 관점과 함께 자유주의적 민족주의도 일부 포함되어 있다. 그럼에도 민족국가의 건립 즉 독립의 문제가 핵심적 쟁점으로 제기되고 있지 못한 것은 문화주의 이념이 독립방법론으로 실력양성론을 취하고 사회진화론의 틀 내에 존재했기 때문이라 볼 수 있다. 결국 민족주의 운동의 정치적 동력은 근대 민족주의가 추구하는 국가건설의 방향으로 나아가지 못하고 문화적

7) 같은 곳.
8) 같은 곳.

번영과 고유성 유지라는 문화주의에 그치고 만 것이다.

2) 1920년대 민족주의 문학의 형성과 대두

3·1운동 직후 조선의 사상계는 민족주의 이데올로기의 주도권 상실 등에 따른 활동의 침체를 극복할 수 있는 새로운 사상을 창출해야만 했다. 이에 따라 사회주의와 무정부주의사상이 새로 대두하게 되고 민족주의사상 역시 주도권을 잃지 않기 위한 노력을 기울이게 된다. 따라서 1920년대 초반의 정치질서의 변화는 무엇보다 사회주의와 민족주의 운동의 정착·분화로 두드러진다. 민족주의세력은 3·1운동의 대두와 좌절과 일본 이식자본주의의 강화에 따라 점차 민족개량주의[9]로 변모해 간다. 주로 민족자본가나 소시민적 지식인 출신의 부르주아들은 계몽주의에 의한 민족의 실력 양성과 권력자의 폭력적 억압수단을 피할 수 있는 비합법적 개량주의 노선만이 당국의 약점을 최대한 이용할 수 있는 수단인 동시에 민족 전체를 살릴 수 있는 방법일 수 있다고 강조한다. 이에 따라 1921년경부터 문화운동과 실력양성운동이 제창하고 더 근본적 방법으로 정신개조와 민족성 개조 등 문화와 사상의 '개조'를 주장한다. 이러한 논리는 결국 민족운동의 체제내적 타협으로 나아가고 '자치론'으로 변모한다.[10] 민족주의 이론이 이처럼 개량화되

---

9) 여기서 말하는 민족개량주의란 마르크스주의에서 말하듯 사회주의혁명노선을 방기하고 자본주의제도하에서의 개량을 주장하는 사회민주주의를 가리키는 것이 아니라, 식민지 하에서 중심 계층을 형성하지 못한 채 자본주의 발전을 도모해야만 했던 식민지 부르주아들이 식민지 전락의 원인을 민족성의 결함 및 실력 부족으로 판단, 독립을 먼 훗날로 미루고 문화운동과 자치론 등을 전개했던 일정한 경향을 가리킨다. 즉 1920년대 초기의 '현실순응적인' 문화운동, 자치운동 등 식민지 조선에서의 특수한 현상을 가리키는 용어이다. 서중석, 『한국현대민족운동연구』, 역사비평사, 1991, 142~145면.

10) 방기중, 『한국근현대사상사연구 : 1930·40년대 백남운의 학문과 정치경제사상』, 역사비평사, 1992, 68~71면. 이광수는 '민족적 경륜'에서 "이제까지 조선에서

면서 민족운동의 주도권을 상실해가게 되자 사회주의 사상이 급속도로 보급되어 사회주의 이념을 근거로 한 사회운동이 일대 유행을 이루게 된다. '사회주의를 믿고 안 믿는 것도 딴 문제요 사회주의가 실현되고 안 되는 것도 딴 문제다. 다만 사회주의가 무엇인지는 알아야만 행세를 하게 된 것이 오늘의 형편'11)이라는 말처럼 1920년대에 접어들어 사회주의를 숭상하고 사회혁명을 논하지 않는다면 지식인 축에도 끼지 못한다는 시대적 풍조가 고조되기에 이른 것이다. 1920년대 민족주의 운동 노선에 근거, 그 이상을 실천하는 문학으로서의 민족주의문학이 하나의 이념태로 본격적으로 자리잡은 것은 바로 이런 배경 하에서였다. "좌익적 문예운동의 출발이 우익파란 것을 규정해 주었었고, 선전포고함으로 말미암아 소극적으로 또는 간접적으로 그 대립을 느꼈을 따름이지, 집합적 단결로서의 의식적 깃발을 가지지 않은 것"이라는 말처럼, 민족주의 문학은 계급주의 문학의 대타의식에서 출발했다는 평가는 당대의 사회적 상황을 잘 말해준다.12) 이에 따라 근대문학사에

정치생활이 없었던 것은 일본이 정치활동을 금한데다 우리 민족의 강한 절개의식으로 오직 일본을 적대시하는 비밀결사운동일 수밖에 없었"기 때문이므로, 민족적 권리와 이익을 옹호하기 위하여 그리고 민족의 정치적 중심세력을 작성하여 장래 정치운동의 기초로 삼기 위해서는 '조선 내에서 허하는 범위 내에서' 즉 일제의 통치를 인정한 위에서 조선민족의 권리를 추구해야 한다고 주장한 바 있다. 이광수, 「민족적 경륜」, 『동아일보』, 1924.1.1~4.

11) 『혜성』에 실린 『사회주의설 대요』(정백 역) 광고 문안.

12) 1920년대 중반 민족주의문학의 이데올로기가 분명히 제 모습을 드러낼 수 있게 되었던 상황을 백철은 다음과 같이 말하고 있다. "1926, 7년에는 문단에 민족주의적인 국민문학론이 대두하여 프롤레타리아문학과 대립하였다. 그러나 프로문학과 민족주의문학이 대립한 것은 결코 이 시기에 한한 것은 아니었다. 본래 민족주의 운동 자체 내에서 분열하여 사회운동이 일어나 서로 대립한 것과 같이, 그 사회운동을 배경으로 일어나 프로문학은 처음부터 민족주의 운동을 배경으로 발전되어 온 종래의 문학과 대립하게 되었다. 종래에는 특별히 민족주의가 이데올로기로서 표현에 내세워지지 않았지만 프로문학 운동의 등장과 함께 민족주의는 자연히 의식화되고 표면화되었다. 신경향 문학이 대두된 때에 『개벽』지에는 계급문학에 대한 시비론이 게재되었는데, 그 때 계급문학을 반대하는 측의 기성문학자들은 기본적으로 민족주의의 이데올로기의 입장에

서의 민족주의문학은 비(非) 혹은 반(反)계급주의로 통칭할 수 있는 일체의 주의 및 사상으로 정의되는 것이 보통이다.

민족주의 문학은 계급을 초월한 추상적 조선주의라는 이광수의 주장으로 대표된다. 그에 의하면 민족주의와 사회주의는 대립적일 수 없으며 민족주의에 대립적일 수 있는 것은 오직 세계주의뿐이라고 주장한다. 하지만 이광수의 민족주의는 모든 논리를 초월한 신념에서 비롯된 것으로 뚜렷한 이론적 모습을 제시하고 있지는 못한 것이다. 사회운동으로서의 이데올로기적 형태를 띤 민족주의 문학론이 본격적으로 전개된 것은 최남선이 국민문학론을 제창하면서부터이다.[13] 이후 민족주의 문학론은 프로문학과 민족주의문학의 타협, 모색을 발견하려 노력한 양주동의 절충주의 문학론과 국민문학과 프로문학의 필연적 대립을 승인하면서 양자의 충돌점과 타협점을 병설하는 염상섭의 입장에 이르러 일정하게 논리성이 부여되기 시작한다. 이처럼 1920년대의 민족주의 문학론은 최초의 주창자인 최남선을 비롯하여 프로문학론과의 절충을 주장한 양주동, 염상섭, 계급을 초월한 추상적 조선주의를 주장한 이광수 등 다양한 층위를 형성하는 것으로 파악할 수 있다. 그런데 민족주의문학을 우리 문학사의 주류로 삼고 일방적인 의미부여를 하는 견해를 제외해도, 기존의 연구는 20년대의 민족주의 이념에 입각한 문학에 대해 프로문학의 대타적 개념으로만 파악하거나 복고적 이념 지향성 혹은 진보적, 정치적 실천으로부터의 후퇴를 보인다는 점에서 부정적

서 있었다고 할 수 있다. 그러던 것이 1926년에 와서 프로문학의 세력이 커짐에 따라서 기성문학 측도 그 민족주의 이데올로기를 명백히 하게 되었던 것이다." 백철, 『조선신문학사조사』, 백양당, 1949, 112면.

13) '국민문학'이란 용어는 최남선의 「조선국민문학으로서의 시조」(『조선문학』 16호, 1926.5)로부터 비롯된다. 이 외에도 최남선은 「시조태반으로의 조선민족성과 민속」(『조선문단』 17호) 등을 통해 "시조가 조선국토, 朝鮮人, 朝鮮心, 朝鮮音律을 통해 표현한 필연적 양식"이라고 규정하고 이를 통해 국민문학의 정신을 규정하고 있다.

인 평가를 내리고 있는 경우가 대부분이다. 민족주의문학이 프로문학에 대한 대타의식에서 출발했다고 하지만 양 진영의 문학 모두 식민지라는 조건을 공유한 상태였다. 즉 방법상의 차이는 있었지만 민족 해방 및 민족국가의 건설이라는 동일한 과제를 추구하는 입장에 놓여 있었던 것이다. 사회운동에서 민족주의와 계급주의가 <신간회>라는 단일단체로 합칠 수 있었던 것도 바로 그 때문이다. 이후 양자의 이데올로기의 상극성과 일제의 정책으로 인해 분열되고 말았지만 최소한 <신간회>가 존속되었던 기간은 민족주의나 계급주의가 다 같이 활동 공간을 어느 정도 확보할 수 있었다. 프로문학과 민족주의문학의 절충과 타협을 문단의 과제로 제기한 절충파의 논리가 빛을 발한 것도 바로 이 시기라 할 수 있다. 결국 민족주의 문학론의 형성은 내적으로 완결된 이념의 형태로서가 아니라 때로는 추상적 조선주의로 때로는 절충론으로 계급문학론과의 긴장관계를 통해 자기정립해간 국민문학론적 사유의 장기적 형성과정에서 나온 것이라 할 수 있다.

그러므로 기존의 이해 방식을 뛰어넘어 민족주의 문학 이념내부에 공존하고 있는 다양한 인식의 층위들을 동일 시기의 프로문학과 관련하여 다양한 시각으로 살펴볼 필요가 있다. 그럴 경우 문학 담론 내에서의 '민족' 개념도 보다 풍부하게 찾아볼 수 있을 뿐 아니라 이 시기 민족주의문학론의 대 사회적 관련성도 적극적으로 검토할 수 있다. 그것은 이들 각각의 문학론이 모두 나름대로의 당대 현실에 대한 판단과 인식을 바탕으로 추진된 것이기 때문이다.

3) 민족주의문학 운동의 구체적 전개 양상

(1) 시조부흥운동과 국민문학론

1920년대 민족주의문학의 형성은 계급문학이 문학적 전통 계승에 기여하는 문학창작에 무관심할 뿐 아니라 현실적으로 민족 내부의 분열을 조장하고 있다는 비판으로부터 시작된다. 그것은 구체적으로 우리 문화의 전통을 계승함으로써 민족적 자존심과 민족언어의 우수성을 고양하며, 민족적 의지를 고취시킬 수 있는 문학 즉 국민문학의 건설이라는 과제로 표명된다. 이 국민문학의 기본요건을 이루는 민족의식은 민족 본유의 혈통·풍토·환경 등에서 연유된 동질감뿐만 아니라 당면한 식민지적 상황에서 문제시되고 있는 민족적 단결의식을 포괄하고 있다. 이처럼 초기 민족주의문학론의 경우 원초론적 민족관을 바탕으로 하면서 근대 국민국가의 개념에 입각한 민족 개념까지 수용하고 있었다. 이러한 국민문학 운동의 성격을 가장 잘 보여주는 것은 최남선에 의해 제창된 시조부흥운동이다.

"시조는 조선인의 손으로 인류의 운율계에 제출된 시형이다. 조선의 풍토와 조선인의 성정이 음조를 빌어 그 운동의 한 형상을 구현한 것이다. 음파의 위에 던진 朝鮮我의 그림자이다. 어떻게 자기 그대로를 가락있는 말로 그려낼까 하여 조선인이 오랜 동안 애를 쓰고서 이때까지 도달한 막다른 골목이다. … 조선은 문학의 소재에 있어서는 아무만도 못하지 아니하고 또 그것을 胞胎로 어느 정도만큼의 발육을 遂한 것도 사실이지만 대체로는 문학적 성인, 완성문학의 국민이라기는 어렵다. … 오직 시에 있어서는 형식으로 내용으로 용법으로 상당한 발달과 성립을 가진 일물이 있으니 이것이 시조다."[14)]

이처럼 시조부흥운동은 최남선이 민족문화와 국토에 담겨 있다고 믿는 '조선정신'을 배경으로 하는 '조선적인 것'의 시적 형상화의 가능성에 대한 탐구 결과이다. 그는 '조선인으로 난 이상에는 일체에 있어서 받아 가진 것이 조선이요, 일체에 있어서 받들고 나갈 것이 조선'이며,

---

14) 최남선, 「朝鮮國民文學으로서의 時調」, 『조선문단』 16호, 1926.5.

'세계심 세계운동도 조선인에게는 조선을 통해서 그리고 조선으로부터의 출발해서만 가능'[15]하다는 '조선주의'를 바탕으로 삼고 있다. 최남선이 아직 '완성문학'을 마련하지 못했다고 판단한 '조선적 문단'에서 오직 시조에만 그 가능성을 두고 '국민문학'으로 끌어올리려는 욕망을 드러낸 것은 근본적으로 세계문학을 염두에 둔 발상이라 할 수 있다. 즉 문학에서의 세계성(보편성)에 대응하는 논리로서의 향토성(특수성)을 강조하고 있는 것이 바로 시조부흥운동인 것이다.[16] 최남선이 생각하기에 그런 조선문학의 특수성을 가장 잘 간직하고 있는 것이 바로 시조였고 그런 까닭에 이를 국민문학이라 불렀던 것이다.

최남선의 이러한 시조에 대한 경사가 조선인종에 대한 최남선 자신의 학문적 분석과 확신에 근거한 것[17]이라 해도, 시조의 발생적 근거라든지 그 담당계층의 계급적 성격 등에 대해서는 전혀 이해하지 않은 채 오직 조선의 것이니까 제일이며 조선의 것이니까 무조건 조선을 가장 잘 표현하는 것이라는 식의 파악은 시조의 예술적 본질에 대한 考究라 하기 힘들뿐 아니라, 민족의식을 상징하는 '조선심'이라는 것도 추상적임을 드러내는 것이다. 최남선이 말한 시조의 내용으로서의 '조선다움'은 당대 민족현실과는 무관한 복고적인 것이기 때문이다. 즉 봉건 지배이념으로서의 유교이념과 지배계층인 양반들의 감정을 표출한 시조를 계승해야 할 국민문학이라 주장한 것은 민족 내의 다양성, 차별성을 무시하는 것일 뿐 아니라 반봉건 반식민투쟁을 포기함을 의미하는 것이기 때문이다. 하지만 시조부흥운동은 이병기, 이은상, 조운, 염상섭 등에게로 이어지면서 활발한 시조창작과 함께 시조에 대한 학

15) 최남선, 「조선의 久遠相」, 『동아일보』, 1927.11.11~12.
16) 오문석, 「한국근대시와 민족담론」, 한국근대문학회 편, 『한국근대문학연구』 8, 태학사, 2003, 86~89면.
17) 김윤식·김현, 『한국문학사』, 민음사, 1973, 113~4면.

문적 연구를 촉발시키는 계기가 된다.[18] 즉 고전 부활에 의한 새로운 문예형식의 창조라는 측면에서 시조나 민요, 향토성과 민족성 등이 강조되면서 문단에 큰 반향을 불러일으킨다. 1927년 3월 『신민』의 특집 '시조는 부흥할 것이냐'가 마련된 것은 이러한 배경에서였다.

시조부흥론을 둘러싸고 벌어진 일련의 논의 가운데 주목할 것은 '국민문학'에 대한 논의이다. 김기진은 시조부흥운동을 비판하며 '조선주의'란 이름 하에 국민문학의 본질에 대한 파악에 애쓰는 모습을 보여준다. 그것은 국민문학도 아직 수립하지 못한 조선민족에게 프로문학을 말하는 것은 잘못이라는 민족주의문학 진영의 비판에 대한 진지한 대응이라 할 수 있다. 김기진은 '조선으로 돌아오자' '진정한 국민문학을 건설하자'는 움직임을, 1927년 벽두에 나타난 문제 삼을 만한 '문단상의 조선주의'라고 명명하고, 이른바 국민문학 개념을 '타국민, 타국문학에 비하여 내용과 형식에 있어 특성이 현저한 전국민-전민족이 향유하는 일정한 국어에 의한 일민족적 전통의 문학'이라 규정한다. 그리고 국민문학이라는 이름은 자민족이 자국의 문학을 건설하고자 노력하는 문학상의 건설기에 있어서 신성한 감격을 환희하기 위하여 사용되어 온 명제인 만큼 사적 의의를 제거하고서는 당면한 명제 국민문학의 개념은 검토할 수 없는 것이라 주장한다.[19] 이런 시각에서 김기진은 현재의 민족적 전통에 입각하려는 국민문학론이나 시조와 민요에 의한 새로운 예술형식론 등이 일개의 국수주의의 변형이고 보수주의, 정신주의, 반동주의에 불과하다고 비판한다. 이런 김기진의 비판에 김영진, 정병순 등이 반박하며 국민문학을 긍정하고 있다. 김영진은 우선

---

18) 이병기, 「시조란 무엇인고」, 『동아일보』, 1926.11.20 ; 이은상, 「시조문제」, 『동아일보』, 1927.4.30~5.4 ; 「시조문제소고」, 『동아일보』, 1928.2.9~17. ; 조운, 「丙寅年과 時調」, 『조선문단』, 1927.2. ; 염상섭, 「시조에 관하여」, 『동아일보』, 1926.12.6. 「시조와 민요」, 『동아일보』, 1927.4.20.

19) 김기진, 「문예시평」, 『조선지광』 64호, 1927.2.

조선 사람이 주체로써 모든 환경과 시대성을 받아들이고 그 받아들인 환경과 시대성을 다시 조선 사람의 민족적 색채가 농후한 것으로 토해 내어야 하는데, 그것은 민족성 또는 작자의 개성에서 소화된 휴머니티 곧 시대의식이어야 함을 전제한 뒤 자신이 생각하는 국민문학에 대해 이야기한다. 즉 "국민문학이란 … 시조와 민요만을 가르침이 아님은 물론 아닌 동시에 … 진실한 조선 사람의 개성으로 창작된 조선의 문학, 말하자면 그 작품이 진실한 의미로서 현대 조선 민중의 심금을 울려주며 또한 미래 조선 민중의 심금을 울려주는 - 조선 민중이 아니면 가질 수 없는 것이면 그 작품은 의심할 것 없이 조선의 국민문학"[20]이라는 것이다. 그리고 유해무익한 부르주아문학과 프롤레타리아문학 모두를 뛰어넘을 때 비로소 국민문학을 형성할 수 있다고 주장하고 있다. 이러한 주장은 김기진이 말한 국민문학의 의미를 그대로 수용하고 거기에 더욱 적극적인 의미를 부여함으로써 국민문학의 정당성을 주장하고 있는 것이라 할 수 있다.

근대문학형성의 기본적인 조건이라 할 '국민문학' 개념에 대해 김기진을 포함한 이 시기 대다수의 논자들이 '타국민 타국문학에 비하여 내용과 형식에 있어 특성이 현저한 전국민 전민족이 향유하는 일정한 국어에 의한 일민족적 전통의 문학'이라는 공통된 결론을 내리고 있는 점은 일단 주목할 만한 사실이다. 문제는 그러한 문학에 도달하기 위한 현실적 토대와 거기에 부응하는 방도는 무엇인가 하는 점이다. 바로 20년대 후반의 논쟁은 이에 대해 민족성과 계급성을 중심에 두고

20) 김영진, 「국민문학의 의의」, 『신민』 23호, 1927.3. 정병순 또한 김기진의 견해를 비판하며 국민문학의 정당성을 옹호하고 있다. 정병순, 「조선주의에 대하여 - 김기진씨의 시평을 읽고」, 『동아일보』, 1927.2.17. 한편 김동환은 "시조는 문예상 일대감옥이다. 오히려 배격할 가치조차 없는 사문학(死文學), 부패문학의 잠들려 누운 묘지다"라는 극단적인 비판을 가하며 시대부흥론의 시대착오적 면모를 지적하고 있다.

논란이 벌어진 것이라 할 수 있다. 그것은 민족적 위기에 대응하는 모든 문학적 실천이 이처럼 문학에 나타난 민족 이념의 탐색과 무관하지 않기 때문이다. 즉 민족주의 문학에서의 '민족' 이념 강조는 민족 내의 대립과 분열보다는 민족의 통합성, 일체성을 강조하는 이데올로기의 표출인 것이다. 즉 민족 통합성의 강조를 통해 당대운동의 헤게모니를 장악하려는 계급적 이데올로기의 역할을 하고 있는 것이다. 특히 정치적 행위가 차단된 사회에서 문화는 모든 생활방식의 구체적 표현이자 사회적 실천의 총체인 것이다. 바로 이러한 특성 때문에 문화는 특정 사회 출신의 사람들에게 정체성을 제공하고 사회적 위기의 순간에 그들이 매달릴 수 있는 무엇을 제공할 수 있다. '전통적' 민족문화를 찬양하는 것도 이런 이유 때문이다. 최남선이 시조를 국민문학으로 내세울 수 있었던 것도 바로 문화가 지닌 이런 힘 때문이다. 따라서 최남선의 시조부흥운동은 한편으로는 식민지 지배질서에 대한 도전으로서의 의미 즉 식민지 본국의 학문적 연구에 대한 대항연구로서의 의미를 지니지만, 본질적으로는 시조를 통해 국민문학의 정신을 규정함으로써 계급문학으로 옮아가는 문단주도권을 회복하고자 한 것이라 할 수 있다. 따라서 최남선의 '조선주의'는 민족국가보다는 민족정신과 문학·민속·모국어 및 역사 등을 통한 민족정신의 표현에 중점을 두고 있는 문화적 민족주의라 부를 수 있을 것이다.

(2) 이광수와 민족개조론

1920년대 이후 일부 지식인들이 '서구적 근대화=문명화=진보'의 논리에 회의를 표하며 서구문명을 부정적으로 바라보게 된 것은 무엇보다도 일본을 경유하여 주로 『개벽』지를 통해 수용된 문명비판 사상의 영향 때문이다. 이로부터 '문화운동'보다 더 근본적인 방법으로서 도덕과 정신의 개조를 강조하게 된다. 개조라는 용어는 원래 사회개조, 세계개조를 의미하는 것이었다. 1차 세계대전의 종전을 전후하여 침략주의와 군국주의에 대한 전 인류의 비판이 고조되고 제국주의 열강의 세계지배 체제에 대한 비판으로서 세계개조라는 용어가 등장한 것이다. 이 무렵 조선의 지식층은 세계가 바야흐로 정의·인도·평등·자유의 원칙에 입각하여 개조되고 있다고 생각했다. 그리고 이런 세계개조의 대기운에 순응하여 '조선의 개조'가 절대적으로 필요하다는 것이 1920년대 문화운동의 논리였다. 이광수의 '민족개조론'은 실력양성론의 일환으로 구사상 구문화 비판이라는 시각에서 대두된 논리로, 문화주의 이념의 핵심논리를 이룬다. 민족개조론에 의거하여 이광수는 당시의 조선사회가 독립문제 등 정치문제보다 생존 자체가 시급한 사회로 파악하고, 생활상의 생존과 번영에서 조선 회생의 길을 찾고자 했다. 민족의 전망에 대해 독립의 문제가 아닌 문화적 번영에 초점을 둔 것이다.

"… 민족의 성쇠는 … 제가 도덕을 닦고 지식을 배우고 개인과 사회의 생활을 개량하고 부를 축적함으로써 되는 것이지, 결코 남의 도움이나 일시적 요행으로 되는 것이 아니리다. … 설사 조선인의 생활의 행복이 정치적 독립에 달려다 하더라도 … 정치적 독립은 일종 법률상 수속이니 이는 독립의 실력이 있고 시세가 있는 때에 일종의 국제상의 수속으로 승인되는 것이지, 운동으로만 될 것이 아니외다. … 그 근본적으로 할 일은 正經大道를 취한 민족개조요, 실력양성이외다. 조선인이 각 개인으로 또 일민족으로 문명한 생활을 경영할 만한 실력을 가지게 된 후에야 비로소 그네의 운명을 그네의 의사대로 결정할 자격과 능력이 생길 것이니 … "21)

이광수의 이러한 논리는 안창호의 사상적 영향을 받은 것이다. 도산은 정치적 수단으로 나라와 민족을 구하기 어렵다고 보고 장기적 측면

---

21) 이광수, 「민족개조론」, 개벽 23호, 1922.5, 46~7면.

에서의 인재양성을 교육의 취지와 목표로 내세웠다. 즉 독립을 위해 싸우는 길은 민족의 경제적 역량을 기르기 위한 산업 육성 및 인격적 지도자를 양성하는 길이라고 생각했다. 이러한 안창호의 사상은 한마디로 '힘의 사상'으로 요약된다. 민족의 힘은 민족구성원 각자의 힘의 총화라는 것이다. 이런 힘을 가지기 위해서는 자아혁신에서 출발하여 민족개조와 자기개조로 나아가야 한다고 주장했다.[22] 그런데 중요한 것은 이 과정에서 강조하는 무실역행 등 인격수양은 독립운동이라는 목표와 전제를 상정한 것이라는 점이다. 그러나 이광수는 이런 전제와 목표를 사실상 배제하고 인격수양, 민족성 개조만을 강조하고 있다. 이러한 인식의 근원에는 각 민족에게는 모두 유전적으로 전래되는 민족성이 있다는 르 봉의 '민족심리학'이 놓여 있다. 이에 근거하여 조선민족의 쇠퇴의 원인도 민족성에서 찾아야 한다는 논리를 펼친다. 이광수가 대중을 불신하고 민족성의 개조를 외치게 된 까닭이 여기에 있다. 이광수는 이런 인식을 문학에 그대로 적용하고 있다.

"지금 우리 조선인은 중병을 앓고 난 사람과 같다. 그는 육체적으로 허약하거니와 정신적으로 허약하다. 그에게 강렬한 자극제만 주는 것은 마치 불침증환자에게 가배차를 자꾸 먹이는 것과 같다. 그는 원기를 보하여야 한다. 그에게는 모든 자극보다도, 술보다도, 가배차보다도 신선한 음식과 공기와 일광과 과격하지 아니한 동작이 필요하다. 이리하여 얼마 동안 원기를 회복하여 이른바 기혈이 충장하여 능히 정의와 자유를 사랑하고 그를 위하여 헌신분투할 기지와 용기를 얻은 후에라야 능히 혁명도 하고 괴천의 웅도도 할 것이다."[23]

『개벽』과 이광수에 의해 제기되었던 '민족성 개조(론)'은 일본유학생들에 의해 이론화 과정을 거친 문화운동론의 구체적 실행방안으로 제

22) 차석기, 『한국민족주의교육의 생성과 전개』, 태학사, 1999, 243~4면.
23) 이광수, 「중용과 철저 - 조선이 가지고 싶은 문학」, 『조선일보』, 1926.1.2.

시된 것이다. 즉 한말 이래 자본주의적 근대화 노선에 입각하여 사회를 합리화하고 서구적으로 재편성할 것을 목표로 삼았던 문명개화론-서구적 근대화론의 20년대적 실천양상인 것이다. 이광수는 민족의 비극적인 현실이 모두 민족 감정과 기질에서 연유한다고 생각하고, 정치·사회·경제적인 측면의 변혁이 인생의 개조에 별다른 의미를 지닐 수 없으며 오직 도덕적 개조만 필요하다는 주장을 편다. 그리고 그 실천방법으로 민족의 예술적 도덕적 개조 즉 개인의 도덕적 수양에서 출발하여 전 민족의 도덕적 개조를 주장하는 것이다. 이광수를 비롯한 잡지 『개벽』의 주요 필진들은 민족분열과 갈등의 원인을 사회주의자들에게서 찾고 이들에 의한 대중의 정치적 세력화에 대한 불안과 위기의식을 내보인다.[24] 그런데 이광수가 위기라고 느끼는 사회주의 사상의 침투는 사실 민족 분열이나 식민지 현실의 위기라기보다는 오히려 식민지로부터의 해방 및 운동의 방향을 모색하는 새로운 지도이념의 수용이 아닐 수 없다. 따라서 이광수가 위기라고 인식한 것은 1920년대 부르주아 민족주의자들이 느낀 위기를 식민지 전체의 위기로 대체한 것에 불과하다. 즉 시급히 개조해야 할 민족성으로 제시한 나태, 이기심, 시기, 증오 등의 성질은 병적 민족성이 아니라 민족운동의 주도권을 상실한 민족주의 진영의 무력함을 식민지 민중의 탓으로 돌리는 것에 불과하다. 일제의 식민지 지배와 자본주의적 착취 및 그에 따른 사회적 분열이라는 현실을 민족성 탓으로 돌리는 것은 일본식민정책에 적극적으로 동조하는 모습이 아닐 수 없는 것이다.[25] 결국 이광수는

24) 김현주, 「민족과 국가 그리고 '문화'」, 『1920년대 동인지 문학과 근대성 연구』, 상허학회, 2000, 222~225면.

25) 민족개조론에 대한 일제의 시각은 이러한 점을 잘 말해주고 있다. "동우회라는 것은 香山光郞이 창설한 것으로서 그는 大正 8년 조선독립운동이 실패하자 심사숙고 끝에 조선독립의 무모함을 자각하고 결연히 상해를 떠나 조선으로 돌아와서 당시의 총독인 齋藤實을 만나 그의 자각의 일반으로 조선독립운동 및 공산주의 운동의 그릇됨을 설명하고, 조선인은 독립 자치와 같은 정치문제를 말

초기 계몽사상의 가장 충실한 계승자로서 가장 먼저 체제내적 논리로 나아감으로써 민족주의문학의 지도자적 역할을 포기한 것이다. 이처럼 최남선의 문화적 민족주의나 절대적이고 초월적인 가치만을 주장한 이광수의 논리가 새로운 지도이념으로 떠오른 사회주의운동에 논리적 대응을 하지 못하게 됨에 따라 20년대 민족주의문학의 이론적 선도자 역할은 절충적 입장에 서 있던 양주동이나 염상섭에게 넘어갈 수밖에 없었다.

(3) 양주동의 절충론

양주동은 1920년대 중반 본격적 문예비평을 시작한 이래 1933년 무렵 국학연구에 몰두하기까지 약 6~7년에 걸친 짧은 시기 동안 이광수를 비롯한 민족주의측은 물론 김기진, 임 화 등 프로문학쪽과 민족(주의)문학론, 비평태도론, 내용형식론 등 당대 문단의 핵심 문제를 놓고 논전을 벌인 바 있다. 양주동이 절충파로서의 특성을 보이기 시작한 것은 이광수와 논쟁을 벌이면서부터이다. 프로문학같은 극단적이고 혁명적인 문학을 배격하고 중용과 상(常)의 문학을 취해야 한다고 강조한 이광수의 <중용과 철저>에 대해, 양주동은 이광수가 파악하듯 조선인의 생활이 비정상적인 생활이라는 바로 그 이유 때문에 현재의 조선을 표현하는 문학은 상(常)적인 문학이 아닌 변(變)적인 문학 즉 퇴폐적 파괴적 혁명적 문학이 된다고 주장했다.[26] 동일한 현실 인식 하에

하기 전에 자신을 도덕적으로 개량하지 않으면 안 된다는 점을 설명했다. 그러자 齋藤은 그의 위대한 정치적 식견에 감탄하여 스스로 물질적으로 원조할 것을 약속했던 것이다. 여기서 香山은 그 희망을 실천하는 방법으로 우선 '민족개조론'이란 소책자를 세상에 내보내고, 이어서 소수의 동지를 모아 자그마한 단체를 창설하였는데 이것이 바로 동우회인 것이다." 독립운동사편찬위원회, 『독립운동사자료집』 12, 1394면.

26) 양주동, 「철저와 중용 - 현하 조선이 가지고 싶은 문학」, 『조선일보』, 1926.1.11~12.

서 상반되는 성격의 문학을 주장하고 있는 것은 그들이 지향하는 문학적 가치에 대한 인식의 상이함에서 비롯된 것이라 할 수 있다. 즉 이광수의 주장이 '작품 자체의 영원성'이라는 절대적이고도 초월적 가치를 기저로 한 것이라면 양주동은 이러한 문학의 영원한 가치와 함께 시대와 환경의 반영이라는 문학의 특성을 동시에 주장하고 있는 것이다. 그렇다고 해서 이광수에 대한 양주동의 비판을 민족주의문학 이념 자체에 대한 비판으로 보기는 힘들다. 어디까지나 민족주의문학론에 대한 교정적 차원에서의 비판으로 민족주의문학운동을 시대의 변화에 따라 새롭게 추구하려는 노력의 일환이라 할 수 있다. 즉 예술철학이라든지 민족 심리학 등을 동원하여 문학의 영원성에 시대성 즉 식민지적 특수성을 병립시킴으로써 민족주의문학의 추상성을 보완하고 있는 것이다. 이러한 입장은 다분히 프로문학을 의식한 전략적 서술로서 양주동의 절충적 면모가 드러나게 되는 여지를 마련하고 있다.

양주동의 절충론적 특성이 분명히 드러나는 것은 프로문학에 대한 본격적인 비판을 가하게 되면서부터이다. 그는 프로문학의 사회현실에 대한 적극적인 관심과 그 실천 등에 동감하면서도 문학을 사회현상의 한 발현으로만 해석하는 태도를 비판한다. 즉 문학은 개인적 요소와 유심적 요소를 가졌기에 한낱 사회현상의 기계적 산물임을 벗어나 문학으로서의 특수성이 있고 따라서 그 특유한 내용과 형식의 조건을 갖추어야만 한다는 것이다. 그는 문단의 분파를 정통파, 반동파, 중간파 3개파로 구분하고 자신은 중간파 가운데서도 문학적 중간파임을 자처하고 있다.[27] 문학비평가로서의 태도를 말하는 가운데, 먼저 문예의 존재가치라는 측면에서 볼 때, 예술을 위한 예술과 인생을 위한 예술이라는 견해가 예술의 본의가 아닌 명목에 사로잡혀 문예의 깊은 의미를

27) 양주동, 「다시 문예비평가의 태도에 취하여」, 『동아일보』, 1927.7.12～22.

망각하거나 긴요한 내용을 은폐시켜버리기 쉽다고 결론짓고 예술파와 인생파의 중용적 위치에서 두 견해의 절충을 강조한다. 이처럼 예술지상주의에 대한 비판과 함께 양주동은 예술가의 사상적 태도 즉 예술가의 세계관 인생관에 대해, 문예작품의 저류에는 사회적 열정과 진지한 인간성이 필요함을 강조하고 이러한 세계관에 따라 예술상의 사조가 변할 수 있다고 말한다. 따라서 프로문학이 사상적 측면에서는 문예상의 주의가 될 수 있지만 그 자체적인 표현형식을 지니지 못한다면 성립불가능하다고 비판하고 있다. 이처럼 민족주의문학 경향과 프로문학에 대해 모두 비판한 뒤, 예술가의 창작태도에 연관되는 문예상의 표현형식 문제를 강조한다. 즉 모든 문예상의 사조・주의는 그 표현형식의 문제에서 비롯되는 것이므로 프로문학이 그 사상적 내용을 선전하면서 표현적 기교를 무시하는 것은 용납될 수 없는 오류지만 이제 겨우 사상적 측면에서의 태도만을 결정했을 뿐인 프로문학에 대해 표현형식만의 태도로 보아 프로문학을 부정하거나 그 근본정신을 이해하지 못한 채 그 성립과정을 무시해서도 안된다고 강조한다. 결론적으로 순예술파가 프로문학을 부정하는 것이나 계급문학이 순예술파를 매도하는 것 모두 극단에 빠진 착오라는 것이다. 결국 양주동은 문학이란 것이 인간성의 표현을 근저로 당대의 현실을 비판 해부해야 하는 것이라고 주장함으로써 두 가지 모두를 담으려 애쓴다. 그리고 스스로 자신의 이러한 논리를 '문예상의 절충적 논리'임을 밝히고 이러한 절충적 논리가 편의적인 방편일 수는 있지만 사실상은 보수적이고 소극적인 태도의 표명임을 고백한다.[28] 절충론이란 새로움을 지닐 수 없고 오직 기존의 사상들을 조정하고 통합할 수밖에 없기 때문이다.

그럼에도 그가 절충론을 내세운 것은 그의 문단정세에 대한 인식 때

---

28) 양주동, 「잡상수칙」, 『동아일보』, 1927.12.23.

문이다. 그는 당시의 국민문학을 첫째, 국민문학 건설이 우리 문예운동의 일차적 목표라 보며 프로문학운동도 국민문학에 포함될 시대적 요소의 문학으로 포괄하는 자신의 견해, 둘째, 국민문학과 계급문학의 대립을 인정하면서 두 가지 경향의 문학의 충돌점을 통하여 그 타협의 방법을 모색하고자 하는 염상섭의 견해, 셋째, 국민문학의 불가론을 고집하는 프로문학파들의 견해로 나눈다. 이 가운데 첫째, 둘째 견해는 국민문학 수립이 우리 문예운동의 급선무임을 강조하고 있으며 그 일면에 계급문학의 현실지향적 의식의 타당성을 인정한다는 점에서 대등한 성질을 갖는 것으로 파악한다. 우리 민족이 조선인으로서 이미 무산계급에 속해 있기 때문에 민족투쟁이 결국은 무산계급의 투쟁과 모순될 수 없는 것이라고 강조하며 계급문학론자들이 국민문학을 반동적이라 비판하는 태도는 민족사상을 몰각한 처사라 반박하고 있다. 하지만 국민문학이라는 것이 그 정신적 측면에서의 당위성에도 불구하고 하등의 구체적 이론을 지니지 못하고 있음을 토로한다. 국민문학의 당위성만을 강조하고 있을 뿐 구체적 방법이나 실천적 방향을 제시하지 못하고 있었기 때문이다.

이후 양주동은 김기진의 「변증적 사실주의」에 의해 촉발된 문학의 형식론을 검토하면서 프로문학에 대한 공격에 무게를 두고 민족주의문학을 옹호하는 입장으로 돌아선다. 그는 프로비평가들이 계급투쟁의 수단으로 이용하기 위하여 문학의 사회적 효용성만을 강조하는 나머지 그 본질적 가치를 망각하고 있다고 보고 프로비평가는 마땅히 문예작품의 내재적 가치를 중시해야 한다는 박영희와 외재적 비평을 주로 하고 내재적 비평을 종으로 해야 한다는 김기진의 입장을 각각 선전삐라화 현상, 본말전도라 비판한다.

결국 양주동의 결론은 문학의 자율성 인정과 문예비평에 있어서의 내재적 가치 우선이라는 입장으로 기울어진다. 내재적 비평과 외재적 비평을 포괄해야 한다는 점에서 절충성을 내세우고 있지만 내재적 가치를 1의적인 것으로 해야 한다는 점에서 프로문학과는 명백히 대척적 입장에 선 것이라 할 수 있다. 그는 프로비평가들이 '목적의식의 강제 주입과 편중을 고집함으로써 우리 문학의 발전을 저해하는 많은 오류를 범했을 뿐 아니라 '선전효과'를 내세우는 그들 자신의 기본 의도와도 빗나가는 결과를 가져오게 되었다고 비판하면서, 자신이 미학적 문예론에서 순수창작심리를 해설한 것이나 기교주의의 문예를 역설한 것은 실로 이러한 프로문학의 한계를 극복하려는 뜻임을 강조하고 있다. 그의 이런 시각은 내재적, 외재적 비평에 대한 논의, 내용형식 논쟁에 이르러 더욱 분명해진다. 1929년 『문예공론』의 편집자로서 염상섭과의 대담, 이광수와의 대담을 꾸며 프로문학에 대한 비판을 더욱 강화하고 있는 모습을 볼 수 있는 것이다.

이러한 그의 절충적 주장이 민족문학론의 논리적 우위를 지탱하기 위한 것으로 기울어졌음은 1920년대의 민족문학론을 결산한 「민족문학의 현단계적 의의」(『동아일보』, 1931.1.1～9)에서 드러난다. 이 글에서 그는 민족문학의 이념적 근거가 되는 민족의식을 조선이라는 국토와 기후 풍토 안에서 역사적으로 거주해 온 단일민족의 생활, 풍습, 전통 등의 요소들이 상호관계하면서 형성된 관념적 요소로 파악하고 따라서 민족의식은 본질적 존재라고 규정한다. 여기에 우리 민족의 경우 식민지지배하에 놓여 있기 때문에 민족적 단결의식이 요청된다고 덧붙인다. 그리고 이 민족의식은 조선이라는 땅과 민족 그리고 생활 및 역사와 부착되어 있기 때문에 붕괴될 수 없다고 말한다. 즉 양주동이 생각하는 민족의식은 원칙적 존재로서의 민족관념에다 현단계의 특수한 의식을 가합한 것이라 할 수 있다. 이는 곧 원초론적 관념에 근대적 민족 관념을 더한 것이다. 그래서 '현단계의 약소 민족의 문제는 곧 무산계급문제'라는 프로문학의 주장을 시인하면서도 '현단계의 조선인은 무산계급인 동시에 민족인'이라고 주장하는 것이다. 이러한 양주동의 논의에서 주목할 것은 두 진영의 주류 경향에 대해서는 매우 비판적이면서도 프로문학 진영 내에서 자신과 근접한 김기진과 합치하려는 움직임을 보여주는 등 민족문학의 새로운 진전을 위한 현실적 방안을 모색한 점이다. 그러나 이러한 양주동의 접근에 대해 김기진은 양주동의 주장이 27년 무렵의 국민문학파의 주장과 별 다를 바 없는 것이라고 전면 비판을 가함으로써 그 접근을 거부한다. 즉 김기진은 민족주의 문학은 철두철미하게 무산계급의 문제와 연결될 수밖에 없다는 입장을 견고히 함으로써 논의 자체를 무화시켜 버린다.[29)]

이에 양주동은 "현단계의 문예운동은 민족문학의 건설과 무산문예의 진출이 두 가지의 병행 혹은 제휴로 성립된다." 그리고 민족문학파의 '조선심'이란 유물적・사회적 관계로 필연적으로 산출된 의식이므로 원칙적으로 승인되어야 하며, 계급문학의 입장도 현 단계에서는 필요한 것이라 인정한다는 절충론을 견지하면서도[30)], 민족 대 민족 간의 경제적 착취관계를 보여주고 있는 현 상황에서 경제적 문제와 민족적 문제를 동시에 해결하기 위한 운동 가운데서 우선되어야 할 것은 민족적 투쟁이며, 민족관념을 초월한 계급운동은 현계단에 있어서는 한낱 비현실적 가정에 불과하다고 주장[31)]함으로써 민족적 투쟁이 우선되어야 한다는 사실을 강조하고 민족주의문학의 정당성을 옹호하고 있다. 그럼에도 대내외적 투쟁의 병행을 말한 것은 이러한 표현을 통해 맹위를 떨치는 프로문학 쪽과의 타협의 여지를 남긴 것으로 이해할 수 있다. 즉 타협을 통해 민족주의 문학의 입장에 대한 승인을 획

29) 김기진, 「비평적 수언」, 『조선지광』 85호, 1929.6.
30) 양주동, 「문제의 소재와 異同點」, 『조선일보』, 1928.8.16.
31) 양주동, 「속・문제의 소재와 異同點」, 『중외일보』, 1929.10.20~11.9 (임헌영 편, 『문학논쟁집』에 수록, 103~5면).

득하고자 한 것, 그리고 한걸음 더 나아가 타협을 표방하면서 사실상 프로문학의 논리를 부정하고 민족주의문학 논리의 우월성을 부각시키고자 한 논리라 할 수 있다. 하지만 "현단계의 조선운동은 어떻게 하는 운동이어야 하며 민족XX운동은 어떻게 출발하여가지고 어떻게 나아가는 것인데 민족문학은 이것과 어떻게 관계를 맺는가"[32]라는 김기진의 민족운동론의 구체적 방법론 제시에 대해, "나는 소위 예술적 가치와 정치적 가치의 분립을 보는 때에는 언제나 전자를 제일의적으로 삼는 자이다. 따라서 나의 민족문학론은 오로지 민족의식의 존재와 그 사회적 영향에 관심할 뿐이요, 일일이 사회운동 방법에 구애되거나 의거하지를 않는다. 이런 입장에 서 있는 나의 민족주의문학이론은 민족문학운동의 구체적 방법론을 문제로는 삼지 않는다."는 양주동의 답변은 그의 절충론이 얼마나 공허했던가 하는 것을 보여주는 것이 아닐 수 없다.

양주동의 관점은 사회적으로 볼 때 조선민족 단일노선을 표방했던 신간회의 논리에 맥이 닿아 있는 것이며 문학적으로는 최남선 이광수 등의 추상적 민족주의의 한계를 비판하고 좌우 이론의 절충이라는 새로운 논리를 전개함으로써 넓은 의미에서의 민족주의 문학운동의 새로운 길을 모색했다는 점에서 그 의의를 찾을 수 있다. 그러나 초기의 민족주의적 입장을 보수적이라 비판하면서도 나아갈 길에 대한 구체적인 내용을 제시하지 못한 채 추상적 일반론의 수준에 멈추고 말았다는 점에서 그 뚜렷한 한계를 볼 수 있다. 즉 그 역시 민족의식이 단순히 풍토와 정조 전통 등에서 자연스럽게 성립된 것으로 파악함으로써 역사적 개념에 대한 심정적 해석 이상의 인식을 보여주지 못한 것이다. 민족주의는 구체적 현실 속에서 의식적으로 사고되고 전개되고

---

32) 김기진, 「문예적 평론의 평론」, 『중외일보』, 1929.10.6.

표현되는 하나의 이데올로기로 작용하는 것이다. 이광수나 최남선의 심정적 조선주의에 대한 비판에도 불구하고, 예술이란 본질적으로 내용과 형식의 조화 일치를 통해 그 가치를 발현할 수 있는 것이라고 말하며 프로문학론을 내용과 형식의 극단적 이원론이라 비판하는 순간 그의 의지와는 상관없이 민족주의문학론의 범주에 놓일 수밖에 없는 것이었다.

(4) 염상섭의 개성론과 현실 인식

1920년대 초기 염상섭은 근대문명의 핵심을 자아의 각성과 회복으로 인식하고 봉건적인 구습타파와 자아각성 등 근대지향적 의식을 드러내는데 주력하고 있다. 이는 곧 자아의 발견으로부터 현실세계에 대한 인식으로 나아가고자 했던 당대의 문학적 경향을 가장 전형적으로 보여주는 것이다. "중세 교권주의의 절대적 위압하의 자기몰각상태에서 벗어나 자아 각성이 근대문명의 가장 본질적이고 중대한 의의를 가진 정신적 수확물"이라거나 "교권의 위압으로부터 해방되고 幻夢에 甘醉한 낭만적 사상의 베일로부터 벗어나와 자기의 정체를 명료히 응시할 만치, 깊고 오랜 꿈에서 깨어 나온 근대인은 우선 모든 것을 의심하기 시작하였다. 이 의심이야말로 어떠한 시대에든지 모든 문화의 酵母"[33]라는 발언에서도 알 수 있듯이 그에게 있어 근대인의 자아발견은 일반적 의미에서 인간성의 자각인 동시에 개인적인 차원에서 개성의 발견인 것이다.

염상섭은 자아의 각성을 근대인이 되기 위한 근본적 요건으로 간주하고 있다. 따라서 개성의 자각 역시 철저히 근대인으로서의 자아의 각성을 기반으로 이루어지게 된다. 자아의 각성이 이루어질 때 자아는

---

33) 염상섭, 「개성과 예술」, 『개벽』 22호, 1922.4. (여기서는 『염상섭 전집』 12권, 민음사, 34면)

'근대적인 자아'가 되는 것이며 그 자아를 함유한 민족도 근대적 민족이 되는 것이다. 그런데 이러한 논리를 따라가면 결국 식민지로의 전락 원인을 우리 민족이 자아의 각성을 하지 못한데서 구하게 된다. 그것은 염상섭이 주장하는 자아의 각성이 보편적 근대인으로서의 자아 각성을 의미할 뿐 여전히 봉건적 질곡에 시달리는 식민지 조선의 지식인으로서의 자아 각성으로 구체화된 것으로 보기는 어렵기 때문이다.[34] <만세전>의 이인화가 식민지 현실과 자신의 처지에 대한 자각이 없이는 불가능한 만세운동 직전 상황을 '무덤'으로 인식한 것도 조선의 지식인보다는 보편적 근대 지식인의 입장에 서 있기 때문일 것이다. 그가 개성의 자각을 강조하면서도 빠트리고 있던 물질적 토대로서의 현실에 대한 관심을 갖게 되는 계기는 바로 프로문학 측과의 논전이라 할 수 있다.

염상섭이 민족주의와 사회주의에 대한 심각한 고민을 하게 된 것은 『개벽』의 '계급문학 시비론' 특집에서부터이다. 물론 여기서 염상섭은 계급문학 자체를 거부하지 않고 다만 계급문학의 가부를 논의하는 일 자체를 거부한다고 했지만 '작자가 어떤 규범에 추종하는 일' '계급문학을 무리히 형성시키려고 애를 쓰는 일' 등을 비판함으로써 결론적으로 현실적인 계급문학에 대한 비판적인 시선을 보내고 있다. 계급문학에 대한 이러한 비판은 문학의 독자적 예술성에 대한 신념과 자유로운 작가정신으로서의 개성에 대한 인식에 근거하고 있다는 점에서 결국 개성론의 연장선상에 있다고 할 것이다. 하지만 결론에서 다시 '계급문학이라는 것이 형성되고 출현된다면 그는 문학계의 자연스런 일 현상으로 용인할 따름'이라고 함으로써 절충적 태도를 취하고 있다. 즉 프로문학을 비판하면서도 주도권을 상실한 민족주의측에도 완전히 가

34) 장수익, 「염상섭 초기소설과 계몽주의」, 문학사와 비평연구회 편, 『한국문학과 계몽담론』, 새미, 1999, 309~312면.

담하지 않는 모습이라 할 수 있다. 그것은 민족주의문학은 아직 논리적 자기 입장을 세우지 못한데다가 프로문학 역시 아직 형성 과정에 있는 과도기적 문학이기 때문이다. 그는 이처럼 프로문학과의 대립 속에서 예술의 자율적 성격을 견지하면서도 사회성에 대한 인식을 늦추지 않는 모습을 보여준다. 특히 1920년대 중반 민족주의문학과 계급문학으로의 문단 재편이라는 특별한 과정에서 어느 한 쪽에 치우치지 않은 채 자신의 목소리를 계속 내고 있었다는 점에서 의미가 각별하다.

염상섭은 이후 프로문학에 대한 본격적 비판에서 문학의 형식이 사상보다 중요하다고 강조한다. 표현미가 예술적 가치이고 그 작품에 담긴 내용인 사상, 제재 등은 예술적 가치의 면에서 제2의적인 것에 불과하다는 것이다. 이에 근거하여 프로문학이 '프로계급을 위한 문학이냐 프로계급의 문학이냐'는 질문을 한다면, 한국의 프로작가들이란 부르주아적 환경에서 부르주아적 사상을 함양하여 왔고 부르주아적 전통교육을 받은 사람들이라는 점에서 이들의 문학 역시 부르주아문학의 틀을 벗어나지 않는다고 지적한다.[35] 이는 프로문학의 관념적 한계를 날카롭게 지적한 것이라 할 수 있지만 문제는 그의 프로문학 비판의 초점이 소재, 제재적 측면에 맞추어져 있는 점이다. 즉 비판의 중점을 프로문예의 형식면에 맞추어 프로문학은 작품의 형식문제나 기타 일체의 예술적 조건의 갱신이라는 것을 막론하고 다만 그 作意귀결에 이르러 주인공이 살인 강도질만 하거나 선전문을 작성하면 그것이 '프로'를 위한 문학이거나 '프로'가 關하는 문학이며 또한 '프로'에게서 나온 문학이라고 생각하고 있다고 비판한다. 프로문학 측에서 내세우는 프로의식의 원인이나 의미, 프로문학 발생의 현실적 조건 등에 대해서는 언급하지 않은 채 다만 프로작품의 결말 부분의 처리가 지닌 공식성

35) 염상섭, 「계급문학을 논하여 소위 신경향파에 여함」, 『조선일보』, 1926.1.22~2.2.

그리고 그것이 지닌 선전성에만 초점을 맞추고 있는 것이다.

이와 함께 내면의 정서 문제에 대한 비판을 가하고 있는데, 이 부분에서도 프로의식이라거나 계급의식 등의 용어를 사용하고 있지만 염상섭의 비판은 프로의식 자체가 아니라 프로의식의 선전 방식 즉 프로의식의 공식적 경향에 집중된다. 그리고 여기서도 식민지 현실 속의 피억압민중이라는 구체적 인간이 아니라 보편적 인간상을 근거로 프로문학에서 구현하고 있는 인간상이 이에 미달하고 있다고 비판하고 있다. 사실상 이 점은 프로문학도 마찬가지인데 당대의 프로문학 역시 구체적 현실 속의 프롤레타리아의 의식을 반영하고 있다기보다는 사회주의적 이론에 따른 인간상을 설정하고 그 인간상의 모습을 선전하고 있기 때문이다. 그런데 염상섭 역시 이 점에 대한 지적은 하지 못한 채 다만 보편적 인간의 정서 문제로 환원시켜 비판하고 있는 것이다. 프로문예가들이 내세우는 열정과 신경향파의 습작상 태도에 대한 비판 역시 프로이념에 대한 본질적 비판이라 하기 어렵다. 프로문예가들의 오류가 프로의식 그 자체에 있는 것인지 다만 그러한 이념을 선전하고 문예상으로 옮겨 표현하는 그 방법에 있는 것인지 구별하지 않은 채 프로문예 자체를 비난하고 있기 때문이다. 열정의 유무만을 논하고 있을 뿐 그 열정의 지향점이나 내적 차이에 대해서는 무화시키고 있는 것이다. 결국 염상섭은 프로문예의 이념 그 자체에 대해서는 비판하지 못한 채 프로문예가들의 태도에 대해서만 비판하고 있는 셈이다.

그럼에도 염상섭은 프로문학이란 존재할 여지가 없느냐 하면 결코 그러한 것은 아니라고 말한다. 실생활에서의 계급분열처럼 문예사상의 면에서도 부르주아의 생활상을 담은 문예와 프롤레타리아의 생활상을 담은 문예가 존재한다는 것이다. 그리고 이를 총칭하여 계급문예라 부를 수 있다고 말한다. 즉 계급문예란 특정 계급의 생활상을 담은 문예인데, 이는 그 자신의 논리에 의하면 제재적 측면에서의 구별이다. 그는 이러한 논리를 뒷받침하기 위해 프롤레타리아문학과 부르주아문학의 차이를 계급의식의 차이로 구별하기 곤란할 뿐 아니라 그렇게 나눌 이유도 박약하다고 주장한다. 왜냐하면 부르주아문학 지지자는 부르주아의식을 소유하지 않았을 뿐 아니라 오히려 프롤레타리아의식에 공명하기 때문에 양자간의 차이는 없다는 것이다. 그러나 그가 여기서 실질적으로 말하고자 하는 것은 표현미 즉 형식, 수법에 내재한 것이 곧 예술적 가치이자 이것이 제1의적인 것이요 작품에 담긴 사상 감정 제재 등의 내용은 예술적 가치로 보아 제2의적인 것이라는 주장이다. 따라서 내용에 따른 유파야 어떠하든 표현미가 없으면 예술품이 될 수 없으므로 조선의 프로문학은 자멸할 운명을 타고났다고 비판한다. 즉 프로문학은 '프롤레타리아'를 위하고 '프롤레타리아'의 해방운동을 조성하기 위해 필연적 사명을 가지고 출현한 듯 말하고 있지만 사실 그들은 부르주아출신 작가들이라는 점에서 이들의 문학은 프로문학이 아닐 뿐 아니라, 프로의 미약한 힘 열악한 처지로 보아도 현금의 프로문학은 프로 자신의 문학일 수 없으며, 제재를 프로의 생활상에서 취하여 선전하는데 프로문학의 의의를 두는 것도 문학의 본질로나 성격으로 보아 중요하지 않다고 비판함으로써 프로문학의 불가능성을 지적하고 있다. 이후 염상섭 자신이 생각하는 진정한 프롤레타리아문학은 완전히 해방된 프롤레타리아, 갱생된 프롤레타리아가 잃었던 자기 의지를 되찾고 자유롭게 흐르는 위대한 생명을 예찬하기 위해 건전한 정신과 사상에서 성장하는 문학이라고 피력하고 있지만, 이는 프로문학자들도 궁극적으로 생각하는 이상적 문학의 피력이라 할 것이다.[36)]

---

36) 이런 인식은 「프로레타리아문학에 대한 '피'씨의 言」(『조선문단』, 1926.5)에서도 나타난다. 당시 일본에 체류했던 염상섭이 일본의 아사히신문에 소개되었던 러시아의 문학자 피리냐크의 글을 읽고 그의 사상을 받아들여 쓴 이 글에서 염상섭은 '인류는 장래에 계급적 속박에서 벗어나 프롤레타리아문학이 아니라 일반 인류적 노동문학을 창조하게 될 것'이라는 견해를 피력하고 있다. 이 주장 역시

염상섭의 논리가 가장 종합적으로 그리고 구체적으로 드러나고 있는 글은 '민족 사회운동의 유심적 고찰'이다. 그는 여기서 민족운동과 사회운동에 대한 역사적 고찰을 통해 민족주의문학과 사회주의문학의 통합이 가능하리라 주장하고 있다. 그는 민족운동과 사회운동의 실제를 분석하는 가운데 "민족관념이라는 것은 자연성 필연성을 가진 것으로 용이히 變異하기 어렵거나 혹은 全然히 불가변성의 지리적 약속을 가졌을 뿐 아니라 반동운동의 최후의 이상인 자연과 그 理法에 복귀하는 데에 유리한 방조자는 될지언정 결코 반발불상용의 것이 아니므로 사회운동에 있어서 민족관념을 관념파기의 일 종목으로 편입해서는 안 된다"[37]는 것, 그리고 "민족운동은 민족전통의 옹호자로서 정치상으로나 文敎상으로나 민족혼의 고취와 대의명분적 정신에 입각하려함으로 보다 더 유심적 경향을 가질 것이요 경제방면으로는 민족 대 민족의 노자관계를 인식함으로 자민족의 내국적 자본주의를 긍정 또는 장려하는 경우가 있겠으므로 일반 사회운동에 대해서는 소극적 태도를 취할 것이다. 그러나 사회운동은 이에 반하여 일체의 전통을 부정하고 민족혼을 불문에 附하며 반동의 대상을 자기민족에 대한 압박민족에 국한한 것이 아니요 자민족내의 '부르주아'를 포함한 全세계의 '부르주아' 계급과 그 제국주의 국가에서 발견하는 것은 새삼스러이 呶呶의 바이 아니다. 그리고 정신문화상으로 보면 민족주의는 자민족의 개성에 중심을 둔 문화-국민문학의 수립을 기도하는 반면에 사회운동 측에서는 보편성적으로 '프롤레타리아'문화-계급문학의 고조로써 전통적 관념의 파기 및 개조에 奔忙하게 될 것도 필연한 理勢일 것이다."[38]라고

계급문학이 상정하고 있는 세계문학의 의미에 가까운 것이다.

37) 염상섭, 「민족·사회운동의 유심적 고찰」, 『조선일보』, 1927.1.15 (여기서는 『염상섭 전집』 12권, 민음사, 1987, 104면).

38) 같은 글, 105면.

하여 민족운동과 사회운동은 유심적 견지에서 결코 모순하지 않는다는 것을 강조한다. 이처럼 두 경향이 유심적 견지에서 결국에는 일치할 것이라는 전망을 보이고 그런 합동일치만이 두 운동을 더욱 권위 있게 만들 것이라며 그 논리적 근거를 1920년대의 실력양성운동에서 찾고 있다.

"민족운동이 대의명분적 또는 전통중시적 견지에만 입각한 자민족 내부의 정치 및 교화운동으로 목적을 達하려던 것은 己未年 당시 혹은 그 후 2,3년의 일이다. 시대는 변하였다. 제1시련이 성공이냐 실패냐는 문제보다도 한 가지 큰 교훈을 얻었던 것이니 현실폭로로써 얻은 實力自疑意識으로 인하여 순정치운동에서 경제운동에 완만한 보조로 전향하여 가게 한 것이 그것이다. 그리하여 민족 대 민족의 착취를 자민족의 자본주의적 발달로서 방어할 수밖에 없는 답안에 득달하였다. 이것이 자민족의 현실을 유지하는 唯一路일 지경이면 순리적 입장을 버리고 사태에 순응하여 일시적 권도를 취하는 수밖에 없다."[39)]

따라서 사회주의운동 측은 민족주의 운동이 제국주의적 발달의 과정 또는 귀결에 도달할 만한 하등의 필연성이 없는 동시에 민족적 피착취라는 현실의 사실만을 인식하고 민족주의의 권도정책을 묵인해야 한다고 주장하고 있다. 이처럼 부르주아 민족운동의 논리에 선 이상 그가 나아갈 길은 분명하다. 그가 '반동'의 의미를 기존 사상, 인습적 전통에 대한 모반, 현실에 대한 모반 즉 현실타파의 의미로 설정하고 프롤레타리아에게는 반동행위 이외에는 자기표준의 문화적 가치가 있는 하등의 것도 가지지 못했음을 강조하는 것도 결국 반동기의 '프롤레타리아'의 문화가 없고 따라서 반동계급을 대표한 문예는 그 표현에 있어서는 부르주아문예와 대치하여 양립하지만, 본질적으로 보면 양자

---

39) 같은 곳.

가 同根異體임을 입증하였을 뿐 아니라 반동계급독재기에 있어서도 소위 '프롤레타리아'문화 혹은 문예가 불시에 성립되지 못할 것이라는 점이다.

염상섭의 프로문학 비평은 예술의 독립성에 대한 인식을 근거로 이루어진다. 그것은 그가 프로문학의 입법비평 즉 작품제작과정상의 일정 방향성을 향한 획일성 강요에 대한 비판을 하고 있는데서 잘 드러난다. 이광수 최남선의 민족개조론과 조선심을 바탕으로 한 민족주의 문학론이 심경적인 것이었고 양주동의 절충론도 민족 개념의 원초론적 해석에 머물러 역사론적 해석으로 나아가지 못한 것이었다. 염상섭 역시 프로문학 비판에 기울어져 있고 실력양성론을 바탕으로 삼고 있었지만, 개성론에 입각한 예술론과 민족에 대한 자각과 인식을 바탕으로 프로문학의 관념적 한계를 지적하는 등 민족주의문학의 이론가로서의 역할을 충실히 수행하였다고 볼 수 있다. 민족적 전통의 지지와 수호를 근거로 현실적으로 문제가 되고 있는 계급적 전통에 대한 파기를 주장했던 그의 이러한 인식은 이후 창작으로 이어짐으로써 구체적 성과를 낳을 수 있었던 것이다.

3. 맺음말-프로문학과의 논전을 통한 국민문학론적 사유의 형성 과정

"우리는 피압박민족이다. 현재 민족 내에 유·무산자가 있기는 하나 얼마 안 가서 모두 무산자가 될 것이다. 따라서 모든 계급이 무산자 의식을 가지고 압제자에의 단합된 투쟁을 전개해야 한다. 지금 민족은 이런 투쟁에 전적으로 뛰어들어야 한다. … 문학은 금일의 민족적 저항운동의 무기가 되어야 한다. 이런 운동의 무기로서의 문학은 그러나

금일에 한해서 유용한 것인 동시에 존재할 이유를 갖는다. 우리 민족을 착취하고 있는 것은 자본주의와 제국주의다. 따라서 민족운동은 반자본·반제국주의 투쟁이 일차적이다. 이런 투쟁을 위한 문학을 프로문학이라 명명한다."[40)]

여기서 김기진은 당대의 프로문학이 민족적 저항운동으로 전개되고 있음을 밝히고 있다. 이러한 모습은 현실적으로 이루어지고 있는 민족운동의 의의를 일정하게 인정하는 것으로 사회주의 수용 이 민족해방의 논리로 받아들여졌음을 말해주는 것이다. 그러나 '계급문학시비론'에서 김기진, 박영희가 민족문학을 비판하며 프로문학의 본질과 대두배경을 강력히 주장하고[41)] 이에 대해 김동인, 이광수, 나도향, 염상섭 등이 비판, 부인 등의 모습을 보임으로써 대립이 본격화된다. 이로부터 민족주의문학 진영은 프로문학에 대한 민족주의문학의 이념을 형성하기 시작하지만 여전히 통일된 내적 의견을 수립한 것은 아니었다. 김동인은 소재주의적으로 계급문학을 이해함으로써[42)], 프로문학은 단순한 재제상의 문제가 아니라 본질적인 경향문제이고 미의식의 문제라는 김기진의 주장과는 큰 차별성을 드러내고 있다. 이는 김동인이 유미론적 문학을 근거로 문학에 있어서의 일체의 교훈성이나 선전성을 부정하는 데서 기인한다. 이광수는 계급문학이라는 범주는 인정하면서도 그것이 지닌 제한성을 이유로 부정적 태도를 취한다. 즉 자신은 무산민중이 좋아할 만한 문학이라면 계급문학이 많이 생기기를 원한다면서도 계급을 초월한 예술, 인생의 생활의 저류에 촉하여 계급을 초월한 문학의 존재를 믿는다면서 계급문학의 제한성을 비판한다.[43)] 이러한

---

40) 김기진, 「금일의 문학·명일의 문학」, 『개벽』, 1924.2.
41) 박영희, 「피투성이 된 프로혼의 표백」(『개벽』 56, 1925.2) ; 김기진, 「문학상의 공리적 가치 여하」(동).
42) 김동인, 「예술가 자신의 막지 못할 예술욕에서」, 『개벽』 56호, 1925.2.
43) 이광수, 「계급을 초월한 예술이라야」, 『개벽』 56호, 1925.2.

주장은 실상 근대문학의 국민문학적 성격이라는 중요한 측면을 지적하는 것이지만 이광수의 사고에서는 국민문학적 성격을 성취하기 위한 현실적 토대 문제에 대한 인식이 빠져 있다. 그의 문제의식은 근대문학의 국민문학적 성격에 대한 것이 아니라 일종의 초월론적 입장에서 프로문학을 비판하고자 하는 의도에 제한된 것이기 때문이다. 프로문학에 가장 진지하면서도 치열한 인식적 대응을 보여준 것은 염상섭이었다. 염상섭은 자신의 문학적 입장에 따라 계급문학에 대해 본질적 차원에서는 부정적인 입장을 보이면서도 계급문학 등장 자체에 대해서는 진지하게 이해하고자 하는 모습을 보인다.[44] 그는 계급의식이 무산계급의 계급적 자각으로 생기는 그 의의를 의미한다면 계급문학은 무산계급의 문학을 의미하는 것 같다며 계급문학을 작품의 취재, 계급의식의 고취라는 선전적 태도, 이해수준의 문제 등으로 해석하고 이를 각각 재제의 제한성, 선전성의 문제, 통속화의 문제 등으로 비판한다. 이 각각의 사항은 사실 프로문학의 이후 전개과정에서 중요한 미학적 문제로 제기된 것으로서 염상섭의 접근이 매우 진지하게 이루어졌다는 것을 말해준다.

하지만 내용형식 논쟁을 거치면서 문단의 주도권을 장악한 박영희는 당시의 문학계를 무질서한 형식, 과대망상적 문학, 자연으로의 도피, 신화적 문학, 비애와 애수의 운율 강조, 애상적 인도주의 등 안락한 자기 자신의 노래만을 부질없이 조선적이라고 부르짖고 있다고 비판한다.[45] 박영희의 논리와 수준은 민족주의운동 및 그 문학에 대한 당대 사회주의 문학 쪽의 인식과 논리적 근거를 보여주고 있는 것이다. 박영희는 그전까지의 모든 문학을 부르주아문학이라 규정하고 신경향파 문학을 이와 대척적인 것으로 파악하고 있다. 이러한 인식은 카프 결

---

44) 염상섭, 「작가로서는 무의미한 말」, 『개벽』 56호, 1925.2.
45) 박영희, 「신경향파 문학과 그 문단적 지위」, 『개벽』 64호, 1925.12.

성과 함께 이루어진 목적의식론적 방향전환과 맞물린 프로문학진영의 입장을 전형적으로 보여주는 것이라 할 수 있다. 즉 민족주의운동을 인식하는데 있어 단지 부르주아적인 견해를 비판하거나 배격하는 것만으로 자신들의 정당성을 주장할 뿐 아니라, 민족주의 하면 무조건 부르주아지의 것으로만 받아들이려 함으로써 교조적인 태도로 일관한 것이다.

결국 계급을 초월한 추상적 조선주의를 강조한 이광수로부터, 유미론에서 한 발도 벗어나지 않았던 김동인, 복고적 조선주의를 제창함으로써 국민문학론을 내세웠던 최남선, 프로문학론과의 절충을 주장한 양주동, 염상섭에 이르기까지 민족주의문학은 다양한 층위에서 형성, 전개되었다고 할 수 있다. 이광수는 일종의 국민문학적 입장에서 보편문학을 내세워 계급문학의 폐쇄성을 비판했다. 이러한 비판의 근거는 실력양성운동론에 근거한 그의 문화주의와 민족개조론이었다. 이광수와 마찬가지로 프로문학에 비판적이었던 김동인은 예술지상주의 유미주의적 문학관을 바탕으로 문학과 현실과의 일체의 연관성을 배제한 가공적 예술성을 주장함으로써 프로문학과는 가장 대치되는 입장을 드러냈다. 이후 시조부흥운동을 둘러싸고 양 진영의 본격적인 충돌이 전개되면서 민족주의 문학 내부의 의견은 그 차별성을 드러낸다. 국민문학의 핵심을 조선주의로 파악하고, 고전의 부활을 통해 국민문학론을 수립하고자 하는 민족주의문학을 국수주의, 보수주의, 정신주의로 비판[46]한 김기진의 논리에 맞선 것은 양주동과 염상섭으로 대변되는 이른바 절충론자들이었다. 양주동은 "민족을 초월한 계급정신도 없고 계급에서 유리된 민족정신도 있을 수 없다. 우리의 문학은 민족적인 동시에 무산계급적이어야 한다."[47]는 논리를 적극 내세웠고 염상섭은 프

46) 김기진, 「문예시평」, 『조선지광』, 1927.2, 93~4면.
47) 양주동, 「문예공론란」, 『문예공론』 창간호, 1929.5, 105면.

로문학의 내용과 형식의 문제 즉 프로문학은 '무엇'을 '어떻게'보다 우선시함으로써 작자의 제재를 구속하고 있다는 점 그리고 사실상 이로 인해 표면상 내세우는 내용·형식일체론과도 모순된다는 점을 비판함으로써 답하고 있다. 하지만 1929년 이후 프로문학이 더욱 정치화되는 것과 나란히 양주동과 염상섭 모두 민족주의문학을 적극 옹호하는 모습을 보이게 된다.[48] 이들의 민족주의적 사고는 세계 자본주의체제로의 강제편입이라는 외적 계기에 맞서 '자기보존의 논리'로 민족주의문학 담론을 형성한 이후 일정한 지속과 변주의 양상 속에서 미완의 형태로나마 국민문학론적 사고를 형성한 것으로 평가할 수 있다. 그것은 특히 이 시기 민족주의문학론이 그들의 의도에 관계없이 문학의 대 사회적 관련성을 지닐 수밖에 없는 상황이었기에 더욱 그러하다. 하지만 이러한 민족주의 문학론이 계급문학론 및 식민지배정책과의 긴장관계 속에서 자기정립에 실패하는 모습을 보이고 만다. 그것은 이들 민족주의문학이 근거하고 있던 문화주의노선의 한계에 기인하는 것이기도 하다. 즉 이들에게는 교육과 계몽을 통한 민족적 힘의 고양이라는 민족주의자로서의 지식인적 자부심이 있었지만 한편으로 식민지화를 합리화시키는 사회진화론에 근거하여 제국주의를 받아들이고 서구문화를 수용하지 않으면 안 되는 민족적 열등감이 동시에 존재하고 있었던 것이다.

---

48) 1929년 6월 『삼천리』지가 특집으로 꾸민 「민족문학과 무산문학의 합치점과 차이점」에서 잡지 책임자 김동환은 두 진영을 가리켜 '민족주의적 운동에 뿌리를 박은 민족문학 운동' '무산계급운동에 뿌리를 박은 프로문학'으로 규정하고 양 진영의 합치를 시고한다. 하지만 홍명희, 김기진, 김형원, 이량, 이기영, 박영희의 글이 검열에 걸려 삭제되고 제목만 실려 있는 것에서 짐작할 수 있듯 프로문학이 더욱 정치화되어갔을 뿐 아니라, 프로문학에 대한 비판만 제기할 뿐 민족주의문학의 본질에 대해서는 말하지 못하고 있는 이광수나 민족문학과 무산문학 모두 변변치 않은 문제로 이렇다 저렇다 다투는 점에서 합치점을 발견할 뿐이며 그 차이점은 까마귀의 자웅과 같아 알 수 없다는 식의 냉소적인 말투로 일관하는 김동인처럼 민족주의 역시 냉담한 반응을 보이고 있다.

1950년대 문단과 문예지

1.

식민지에서 벗어나는 순간 모든 문학인에게 주어진 과제는 우선 식민지 기간 동안 굴절된 문학정신을 바로잡는 일이었을 터인데, 이것은 냉정한 자기비판을 동반하지 않고서는 사실상 불가능한 작업이었다고 할 것이다. 하지만 이른바 '해방공간'의 역사 자체가 모든 부문에서의 좌우익의 대립과 투쟁으로 이루어지는 가운데, 자기비판은 제대로 이루어지지 않았고 문단 역시 좌우익의 극심한 주도권 싸움으로 빠져들게 되었다. 문단의 주도권 확립을 위해 각 진영이 내건 문학 이념은 완전히 상이한 내용에도 불구하고 기묘하게도 '민족문학'이라는 동일한 구호로 표명된다. 즉 이 시기에 발행된 잡지나 문예지들은 거의 대부분 민족문학의 기치를 내걸고 있었지만, 같은 '민족문학'이라도 계급과 민족의 결합을 꾀한 좌익의 민족문학과 순수와 민족의 결합을 꾀한 우익의 민족문학은 완전히 다른 것이었다. 이처럼 상이한 '민족문학' 이념의 확립과 전파를 위해 각 진영은 활발하게 잡지나 문예지를 발간하게 되는데, 어느 쪽의 경우에도 마찬가지로 창간호를 내고 끝나버리거나 기껏해야 2, 3호 이상을 이어가지 못했다. 『신문학(新文學』(1946

년 4월, 신세대사), 『문학(文學)』(1046년 4월, 조선문학가동맹), 『예술부락(藝術部落)』(1946년 1월, 예술부락사), 『우리문학』(1946년, 우리문학사), 『인민예술(人民藝術)』(1946년, 硏文社), 『문학평론』(1947년, 문학평론사), 『신인문학』(1947년, 조선신인문학회), 『청년예술』(1948년, 청년예술사), 『청년문학』(1948년) 등이 모두 단명했다. 이런 현상은 꼭 문학 뿐 아니라 다른 분야의 잡지 및 종합지의 경우도 마찬가지였는데, 그 직접적인 원인은 당시 그나마 존재했던 인쇄시설의 대부분이 당대 사회의 핵심적 매체였던 신문발행에 주로 사용되었던 데다가 극심한 용지난으로 인한 잡지 제작 자체의 어려움 때문이었다. 하지만 보다 근본적인 이유는 모든 부문에서 좌우로 나뉘어 연일 극심한 투쟁을 일삼았던 당대 사회 자체의 혼란이 안정되고 지속적인 체제를 허용하지 않았기 때문일 것이다.

1948년 단독정부가 수립됨에 따라 그동안 발행되던 많은 잡지들 중 좌익 성향의 잡지는 자연히 사라지게 되었을 뿐 아니라, 새로운 정부의 수립에 따라 모든 잡지는 정부의 허가를 받아야 했기 때문에 한동안은 극히 소수의 잡지만이 발행되기도 했다. 이런 가운데 눈에 띄는 것은 서울신문사에서 장만영을 발행인으로 간행한 『신천지』였다. 이 잡지는 특히 오락과 대중적 읽을거리를 많이 실어 그때까지 잡지라고 하면 연상할 수 있던 정론적 성격이나 전문지의 성격을 벗어난 것이었다. 1946년부터 1954년까지, 전쟁으로 인해 중단된 적이 있었지만 거의 10여년에 걸쳐 발행된 손꼽히는 대표적 종합지였다.

그러나 이 시기의 잡지 가운데 문학적 측면에서 강조할 만한 것은 『문예』지의 출현이다. 단독정부 수립 이후 처음으로 본격적인 순문예지가 등장한 것이다. 『문예』지는 당시 민족진영의 문인들을 거의 망라하는 모습을 띠었는데 창간호를 4천부나 발행하여 10여일 만에 매진되는 놀라운 일이 일어났다. 1948년 8월 창간호를 발행한 이후 11

호까지 발행했던 『문예』는 전쟁으로 인해 약 3년을 쉰 후 1953년에 다시 두 호를 내고 결국 1954년 3월호를 끝으로 종간되었지만, 해방 이후의 가장 큰 종합 순수문예지였다는 점에서 또 50년대 문예지의 출발이었다는 점에서, 게다가 이후 한국 문단의 주도권을 행사해 온 한국문학가협회의 문학정신이 뚜렷이 표방했다는 점에서 주목할 만하다. 『문예』 이전에도 金松이 발행인과 편집인을 겸하여 순수문학과 민족문학적 입장을 견지하고 현역작가 특집(20호)이나 詩와 詩論 특집(21호)을 내는 등 1945년 12월에 창간하여 통권 21호까지 발행했던 『白民』이 있었고, 1950년 6월 『白民』을 『文學』으로 改題, 김광섭이 편집 및 발행을 겸하며 중앙문화협회의 기관지로서 두 호를 더 발행했던 일이 있었지만 이들은 문예 중심의 종합지였으므로 순수 문예지로서의 『문예』가 지니는 의미는 별다른 것이라 할 수 있다. 이 본격적인 문예지의 출현은 그러나 얼마 지나지 않아 발생한 전쟁으로 인해 본격적인 발전을 이루지 못하고 뒷날을 기약할 수밖에 없게 된다.

2.

전쟁은 모든 사람들에게 생존 그 자체를 힘들게 하는 상황이었으므로 잡지나 문예지의 발행은 꿈에 지나지 않는 일이 되어 버렸다. 서울 수복 이후 戰時版 『문예』(1951. 11)가 나오기는 했지만, 1·4후퇴시 제본된 책을 제주도를 거쳐 부산으로 운반하여 겨우 시판하는 그야말로 눈물겨운 형편을 이루고 있었다.[1] 전쟁이 길어지면서 부산, 대구쪽으로 피난해 있던 지식인, 문인들은 일종의 사명감에서 『자유세계(自由

1) 한국잡지협회, 「한국잡지발달사」, 『한국잡지총람』, 1972, 97면.

世界』[2] 『사상(思想)』(『사상계』의 前身), 『자유예술』[3] 등의 잡지, 문예지를 발행했고 종군작가단에 의한 『전선문학(戰線文學)』[4]이 軍의 후원으로 발간되기도 했다. 이 외에도 김용호, 조연현 등이 편집동인으로 있었던 『문화창조(文化創造)』(1953)가 발간되기도 했다.

휴전이 성립되고 정부가 서울로 돌아오면서 다른 부문과 마찬가지로 잡지나 문예지도 어느 정도 자리를 잡고 본격적 발행이 이루어진다. 이 가운데 단연 주목할 만한 것은 『사상계(思想界)』와 『현대문학(現代文學)』이다. 먼저 『사상계』는 1970년 김지하의 '오적(五賊)' 필화사건을 계기로 폐간당할 때까지, 1950～60년대 한국사회의 비판적 잣대로서의 역할을 충실히 수행한 종합지로서, 특히 1955년 문예란을 확대 고정하면서부터 문단 활성화에 큰 기여를 한 잡지였다. 『사상계』의 문예면 확대 및 고정은 1955년 『현대문학』의 창간과 맞물리면서 문예지의 일대 붐을 조성하는데 큰 역할을 하게 된다. 『문예』지의 인맥과 문학정신을 그대로 계승한 『현대문학』은 한국문단의 주도권을 행사해 온 한국문학가협회의 기관지격으로서 특히 신인 발굴과 창작 활성화에 엄청난 활력을 불어넣은 바 있는데, 이 시기 창간된 문예지 가운데 지금까지도 계속 발행되고 있는 잡지로 한국 문단의 산 증인이 아닐 수 없다.

『사상계』의 문예면 확대와 『현대문학』 창간을 계기로 문예지 붐이 조성되었는데, 이 무렵 발간된 문예지로 『문학예술(文學藝術)』(1954), 『시문학

---

2) 1952년 1월 창간된 월간종합지로 1953년 6월 통권 10호로 종간. 조병옥이 발행인이었으며 임긍재가 편집을 맡았다. 김광주, 최태응, 곽하신, 최인욱 등의 소설과 유치환, 조병화, 장만영, 박두진 등의 시를 싣고 있으며 9호에는 김수영, 전봉건 등의 시가, 종간호에는 안수길의 소설 「제3인간형」이 실려 있기도 하다.

3) '자유예술 창간에 제하여'라는 김광섭의 권두언, 조영암, 김송, 양병식 등의 논문과 최태응, 최인욱, 유주현, 박연희의 소설, 김경린, 오상순, 김규동, 노천명 등의 詩를 담아 <자유예술인연합>이라는 단체의 기관지격으로 1952년 11월 창간되었으나 이후 발간되지 못함.

4) 1952년 4월 창간, 1953년 12월 통권 7호로 종간되었다. 임긍재, 조연현 등의 평론과 함께 박영준의 소설 '용초도근해'가 이 잡지에 실려 있다.

(詩文學)』(1955), 『예술집단(藝術集團)』(1955), 『자유문학(自由文學)』(1956), 『문학인(文學人)』(1956), 『시조문학(時調文學)』(1958), 『문예(文藝)』(1958), 『신문예(新文藝)』(1958.6), 『문학(文學)』(1958), 『文學評論)』(1959) 등이 발행되었다. 그러나 이 가운데 『현대문학』과 『문학예술』 『자유문학』을 제외하고는 모두 창간호에 그치거나 몇 호를 넘기지 못했다. 이러한 문예지 붐과 함께 또 특기할 만한 사실은 시전문지(詩專門誌)가 쏟아져 나온 일이었다. 『시작(詩作)』(1954.4), 『시영토(詩領土)』(1955.9), 『시정신(詩精神)』(1955), 『시연구(詩硏究)』(195), 『시와 비평(詩와 批評)』(1956.5), 『시탑(詩塔)』(1956), 『현대시(現代詩)』(1957), 『시와 시론(詩와 詩論)』(1958.2), 『시맥(詩脈)』(1958.7), 『시작업(詩作業)』(1959.10), 『신시학(新詩學)』(1959) 등이 이 시기에 쏟아져 나왔다. 하지만 이들 시전문지 역시 대개 1-2호에 그치고 말았다. 이 외에도 1949년 3월 창간하여 1959년 6월 1일 8권 6호(통권 80호)를 끝으로 마감한 『신태양(新太陽)』, 1953년 7월 창간하여 1954년 2월 통권 6호로 끝난 『문화세계(文化世界)』, 1953년 10월 창간호를 발행한 후 1955년 1월까지 통권 13호를 낸 바 있는 『현대공론(現代公論)』, 도산 안창호의 무실역행(務實力行) 정신을 이어 받은 평론, 교양, 학술, 문화 종합지를 표방하며 1954년 8월 창간호를 낸 『새벽』, 학술 교양 중심 잡지로 당대의 명망가들이 편집진과 집필진을 구성하여 1958년 6월 창간 이후 상당한 무게를 가진 잡지로 인정받았지만 1958년 12월 통권 7호로 끝나고 만 『사조(思潮)』 등의 종합지도 빼놓을 수 없다. 특히 『새벽』은 1926년부터 1932년까지 통권 40호를 낸 바 있는 잡지 『동광(東光)』을 복간, 改題한 것으로 주요한이 편집과 발행을 맡았으며 1960년 12월 통권 48호를 끝으로 종간할 때까지 다양한 논문 특집을 마련하여 눈길을 끌었는데 '소설'란에는 이광수의 미발표 작품 「사랑」,「운명」등을 연재하기도 했다. 『신태양』의 경우 69호(1958년 8월)에서 박영준, 김광섭 등의 심사위원이 신춘현상작품 당선자로 이제하(소설 「황색 강아지」), 안

철환(詩 「숲」)을 뽑기도 했다. 하지만 이들 잡지는 모두 종합지로서 문학평론이나 시, 소설 작품을 그리 많이 게재하지 않았고 또 일정한 이념을 바탕으로 하고 있는 것은 아니었다.

3.

한국 현대사의 서막을 연 전쟁은 단순한 과거의 일과성 사건일 수 없다. 그것은 오늘날 우리 사회의 형성과 발전에 여전히 영향을 미치고 있는 바, 특히 1950년대는 그 어떤 것도 전쟁의 영향으로부터 벗어나지 못한 것이 사실이다. 전쟁은 우선 당시 우리 사회의 가장 핵심적인 생산력을 이루고 있던 농업 부문에 획기적인 변화를 가져왔다. 해방 후 미군정에 의해 도입된 자본주의적 시장경제 원리는 토지소유 면에서의 반(半)봉건적인 전(前)근대성은 어느 정도 청산할 수 있었으나, 농업경영 면에서의 아시아적 소농경영의 질곡을 벗어나게 만들지는 못했다. 하지만 만 3년에 걸친 전쟁은 전 국토를 폐허로 만들며 농업생산력의 기반을 완전히 파괴하고, 농촌 청장년의 대량 입영 및 도시로의 진출에 따른 농업 노동력의 부족 및 탈농현상을 만연시켰으며, 전시 인플레이션 경제하에서의 군량미 조달을 위한 현물양곡의 강제 징수와 각종 농가 잡부금의 과다징수 및 농가수지의 악화 등 제도적인 농민 수탈을 통해 농업 황폐화를 촉진시킴으로써 결국에는 봉건적 농업경영을 완전히 해체하기에 이르렀다.[5] 전쟁은 이처럼 농업경제의 완전한 위축과 함께 원조의존적인 공업화가 진행되지 않을 수 없게 만들었는데, 이로써 한국 사회는 새로운 세계자본주의체제 속에 타율적으

5) 이대근, 『한국전쟁과 1950년대의 자본축적』, 까치, 1987, 17~8면.

로 편입하게 된다. 전쟁에 의한 이러한 경제적 하부구조의 변화는 당연히 정치적 상부구조의 성격 변화를 촉진하게 되었고, 이 과정에서 가장 활발하게 모색된 것이 서구적 민주주의의 도입에 관한 문제였다.

당시 발행되던 모든 매체가 민주주의에 관한 특집기사를 한두 번 이상 다루지 않는 곳이 없을 정도였는데, "민주주의를 정치적, 사회적 만능의 약으로 알고 전폭적 기대를 걸었다."[6]는 한 당대 지식인의 말처럼 특히 1950년대의 지식인들은 모두 서구의 민주주의 제도를 어떻게 도입하는가가 한국 사회의 성쇠를 결정하는 것으로 믿고 있었다. 당시 한국사회의 현실은 "정치가 경제를 지배하는 현실로 정치민주화의 부재가 경제법칙 없는 경제 정책을 횡행케 하는 장본인"[7]이었다는 인식을 바탕으로, 50년대의 지식인들은 자유민주주의의 성취를 가장 중심적인 과제로 내세웠던 것이다. 하지만 "전후 20년간 우리나라의 민주주의의 정착은 실패"했는데 이는 "민주주의의 전제조건 즉 정치, 사회, 경제적이 여러 요인들이 결여되었으며 민주화를 추진하는 데 있어 가장 중요한 산업화를 이루지 못한 상태에서 성급하게 민주주의를 도입"[8]했기 때문이라는 지적처럼 매우 풍성했던 논의의 외양과는 달리 50년대 사회 전체가 산업자본주의의 미발달로 인한 계급·계층화가 아직 본격적으로 이루어지지 않았던 까닭에, 실제로 민주주의의 이념과 제도를 규정하는 권력의 개념이나 계급·계층의 분화와 같은 구체적인 내용의 문제에 대해서는 논의가 이루어질 수 없었다.

이에 따라 실제로 당대 사회를 지배한 것은 한국전쟁이 상징적으로 보여주듯이 냉전의식이라 할 수 있다. 전쟁을 통해 국제적인 강력한 힘의 장(場) 가운데 편입됨으로써 한국사회는 이후 민주주의적 이념과

---

6) 안병욱, 좌담회 「모색과정의 전후 사상풍토」, 『사상계』 156호, 1966.2.
7) 주석균, 「정부의 저물가정책 해부」, 『사상계』 49호, 1957.8.
8) 차기벽, 좌담회 「모색과정의 전후 사상풍토」, 『사상계』 156호, 1966.2.

제도보다는 동서 양대 진영 간의 이데올로기적 대립에 기반을 둔 냉전 의식에 의해 좌우되기에 이른다. 그 핵심이 해방공간의 좌우익 투쟁 그리고 한국전쟁을 거치면서 지배이데올로기로 형성된 반공이데올로기였다. '냉전체제'란 원래 정치적·이데올로기적 개념으로, 세계 2차 대전 과정을 통해 표출된 체제적 모순관계를 무력적 대결을 통해 해결하고자 한 자본주의진영 측에서 채택한 전략적 개념이었다. 따라서 그것은 철저히 반공산주의의 성격을 띨 수밖에 없었다. 그런데 1950년대의 경우, 억압적 국가기구가 이데올로기를 형성하고 배포하는 주요 동력원이었던 것은 분명하지만 이데올로기적 국가기구의 동원이 아직은 미약한 상태였다고 할 수 있다. 그래서 반공이데올로기와 다른 이데올로기가 접합되는 경우가 많았다.[9] 그 가운데 두드러지는 것이 반공이데올로기와 기독교 신앙의 접합이었는데, 특히 남한 기독교의 중심이 월남인이었다는 사실은 반공이데올로기와 기독교 신앙의 접합을 용이하게 만드는 요인이었다.[10] 이처럼 당시의 반공이데올로기는 자유민주주의 사상이나 민족주의 이념의 작동 영역을 규정했을 뿐 아니라, 어떠한 정치집단이나 문화집단도 그로부터 자유롭게 내버려두지 않았다. 1950년대의 문단이나 그 속에서 활동하던 문인들 역시 이 자장으로부터 벗어날 수 없었던 것은 물론이며 소위 '문협 정통파'로 불리는 김동리 중심의 민족주의 문학론이 한국문학의 중심으로 형성되는 것도 이러한 조건 속에서였다. 겉으로 표나게 반공(反共)을 내세웠던 것은 『전선문학』이나 혹은 일부의 문인들에 지나지 않는 것처럼 보이지만, 문학의 순수·참여 논쟁이 4·19를 겪고 나서 60년대에 가서야 비로소 공론화될 수 있었던 것도 이러한 이념기피증이 은연중 배후에서 작용

9) 손호철, 『해방 50년의 한국정치』, 새길, 1995, 64~5면.
10) 강인철, 「남한사회와 월남기독교인」, 『역사비평』1993년 여름호, 역사비평사, 91~2면.

하고 있었기 때문일 것이다. 『문예』의 '민족문학'에서 『현대문학』의 '현대문학'으로, 조연현 김동리 등이 구현하고자 했던 문학이념의 전환을 명확히 내세울 수 있었던 것도, 이들의 '민족문학'에 대타적으로 의미를 부여해주던 좌익문학의 완전한 거세라는 시대적 조건이 주어졌기에 가능했던 것이다.

4.

경제적 미발달과 사회적 혼란으로 인해 안정적 기반 확보가 어려웠던 까닭에 대부분의 잡지나 문예지들이 단명으로 끝나버리는 가운데서도 지속적으로 발행되었던 몇몇 잡지 문예지들은 그 자체만으로도 큰 문학사적 의미를 지니지 않을 수 없다.

모윤숙과 김동리가 발행인과 편집인을 맡아 매호 국판(菊版) 약 200쪽 정도로 발행했던 월간 종합문예지 『문예』는 전쟁 전인 1948년 8월 창간호를 내고 전시판을 거쳐 1954년 3월 통권 21호로 종간되었다. 해방 공간에서 좌익 문인들과 대립했던 민족주의 진영 대부분의 문인들은 이 문예지에 자신들의 이름을 선보이고 있는데 무엇보다 주목해야 할 점은 창간사를 통해 표방하고 있는 민족문학 건설에의 의지다. 이는 좌익문인들의 월북으로 자연히 문단의 주도권을 잡게 된 후 그러한 주도권 행사에 걸맞는 문학적 이념의 수립이 시급했기 때문이라고 말할 수 있다. 해방공간에서의 좌익이 문학이론적 측면에 기울어졌던 것과는 달리 이들은 민족문학 건설의 실현방법을 창작에다 두었던 점[11]도 눈여겨보아야 할 대목이다. 무엇보다도 창작을 중요시한 점은 『문

11) 김윤식, 「문예지의 이념과 그 문학사적 의의」, 『동서문학』 1996 봄, 285면.

예』의 후속격인 『현대문학』에서도 계속된다.

그렇다면 이들이 제시하는 민족문학이란 어떤 것인가? 그들은 모든 시 · 소설이 다 민족문학이 되는 것은 아니며, 그 아름다운 맛과 깊은 뜻이 능히 민족 천추에 전해질 수 있고 세계문화 전당에 列할 수 있는 그러한 문학만이 진정한 민족문학일 수 있는 것이라고 규정하고 있다. 이는 순수문학론의 대표자이자 이 잡지의 편집을 담당했던 김동리의 문학론을 내세우고 있는 것인데, 이러한 사실은 『문예』가 여전히 좌익의 민족문학을 염두에 둔 것으로, 김동리가 해방공간에서 좌익과 맞서며 내세웠던 본령정계의 문학, 인간성 옹호의 문학을 '아름다운 맛과 깊은 뜻' '세계문화 전당에 列하는 문학'으로 표현하고 있는 것이다. 이와 함께 『문예』의 창간호에서 1949년 상반기 문단의 작품 평을 김동리가 맡고 있다는 점, 그리고 김동리와 서정주가 각각 「創作講義」와 「創作方法論 序說 斷稿」를 통해 『문예』가 내세우는 문학이념의 실천방안을 강조하고 있는 점은 『문예』지의 성격과 지향을 뚜렷이 보여주고 있는 것이라 할 수 있다. 『문예』의 소설란은 주로 염상섭, 황순원, 최태응, 최정희, 손소희, 손창섭, 박영준, 이무영, 안수길, 오영수 등이 채우고 있으며, 김동리는 소설을 싣지 않고 조연현, 곽종원, 임긍재 등과 함께 비평 논문에 주력하고 있는 점도 특기할 만한 사항이다. 『문예』는 창간호부터 추천작품모집 공고를 낸 뒤 2호부터 추천작품을 게재하고 있는데, 강신재 · 정지삼 · 박신오 · 임상순 · 서금배 · 장용학 · 손창섭 · 곽학송 등이 소설에서, 이형기 · 전봉래 · 송욱 · 전봉건 · 이동주 · 최인희 · 천상병 · 박재삼 등이 시에서 추천작품을 선보이고 있다.

해방 이후 본격적인 순문예지의 길을 연 사실, 순수문학의 정신을 '민족문학'의 이념으로 추구할 것을 내걸고 그 방안으로서의 창작을 강조한 점, 많은 신인작가의 발굴 등의 문학사적 의미와 함께 『문예』 창간이 지니는 또 다른 의미에 주목할 필요가 있는데, 『문예』의 창간은 곧, 남북한 단독정부의 수립으로 분단이 기정사실화된 후 대한민국 정부수립에 대응되는 문학이념의 확인이자 그 출발을 의미한다는 점이다.[12] 즉 분단 이후 남한문학의 시작은 『문예』의 창간에서 시작되었고, 이로써 문단의 주도권이 완전히 '문협'에 의해 장악되었으며 이때부터 남북한문학은 상이한 문학이념으로 각자의 길로 접어들게 되었다고 말할 수 있다.

전쟁 중 전시판을 내며 문예지의 길을 연 『문예』가 '민족문학'의 건설과 그러한 문학사적 과제의 해결방법으로 창작의 길을 제시했지만 얼마 못가 종간되고, 54년 창간되었던 『문학예술』도 휴간상태로 들어가 『사상계』와 『새벽』 등 종합지들의 문예면이 겨우 맥을 이어오던 가운데, 1955년 1월 『현대문학』이 창간되며 본격적인 문예지 발간의 시대를 열게 된다. 창간호 목차를 보아도 어느 정도 짐작할 수 있듯이 식민지 시대부터 활동해오던 민족진영의 문인들이 대거 참여하고 있으며, 『문예』를 이어받았음을 뚜렷이 밝히는 가운데서도 편집을 책임진 조연현은 창간사에서 『현대문학』의 사명과 목표로 한국 '현대문학' 건설을 강조하고 있다. 그가 말하는 '현대'의 개념이란 순간적인 시류나 지엽적인 첨단의식과는 구분되는 것으로 언제나 '전통의 주체성을 통해서만 이해하고 인식하는'[13] 역사상의 시·공간이다. 이러한 인식 하에서 '고전의 정당한 계승과 그것의 현대적 지양을 구체적인 내용과 방법'으로 삼겠다는 의지를 표명하고 있다. 『문예』의 이념과 방법을 고스란히 계승하면서도 '민족문학'이라는 용어나 그 이념에 대해 한마디의 언급도 하지 않고 다만 '현대문학의 건설'을 뚜렷이 내세우고 있는 점은 획기적인 변모가 아닐 수 없다. 이러한 변모의 이유는 무엇보다도 시대적, 문단적 상황의 변화에서 찾을 수 있다. 이제 더 이상 대립할 좌익문학이 존재

12) 위 글, 288면.
13) 조연현, 『현대문학』 창간사, 1955.1.

하지 않고, 그에 따라 소모적인 문학이념 논쟁을 벌일 필요가 없다는 점, 대한민국 정부수립에 따른 문학이념의 호응과 확인은 『문예』를 통해 이미 검증되었다는 점, 그리고 전쟁의 참상을 이기고 모든 분야에서 회복기에 접어들었다는 판단이 깔려있는 것이다. 하지만 '현대문학'의 건설을 사명과 목표로 자신 있게 내세울 수 있었던 근본적인 이유는 어떤 학문 어떤 예술보다도 사상적 위력을 떨칠 수 있는 것이 바로 문학이라는 문학의 우월성에 대한 인식을 갖고 있었기 때문이다. '어느 민족이나 국가에 있어서도 문화의 힘이 그 국가와 민족의 기본적인 요소'이며 그 '문화의 핵심은 문학'이라는 생각, '인생의 총체적인 한 학문으로서'의 문학을 전통의 주체성을 통해서만 이해하고 인식하는 시공간으로서의 현대와 결합한 것이 바로 한국의 현대문학이 되어야 하며, 그러한 한국의 현대문학을 건설하는 방법은 '고전의 정당한 계승과 그것의 현대적 지양'이라는 것이다. 조연현이 이러한 주장을 자신 있게 할 수 있었던 것은 그의 배후에 김동리와 서정주라는 두 작가가 버티고 있기 때문이라는 것은 새삼 말할 필요도 없다. 그가 서정주와 김동리의 문학적 변모양상을 각각 반(反)전통적인 것에서 전통적인 것으로, 민족적 특성에서 인류적 보편성으로 나아간 것으로 파악하고, '가장 민족적인 것이 가장 세계적'이라는 결론을 내리고 있는 것[14)]은 그의 주장의 근거가 어디에 있는 것인지를 잘 보여준다.

한국문단의 주도권을 행사해 온 한국문학가협회의 기관지 역할을 한 『현대문학』 역시 『문예』와 마찬가지로 문학작품의 창작과 신인 발굴에 많은 공헌을 했는데, 『현대문학』을 통해 등단한 신인은 이루 헤아리기 어려울 정도로 많다. 1955년 1월 창간 이후 약 2년만 살펴보아도 평론에서 김양수, 정창범, 홍사중, 김종후, 시에서 박재삼, 김관식, 송영택,

14) 조연현, 「민족적 특성과 인류적 보편성」, 『문학예술』, 1957.8.

박용래, 문덕수 등이 소설에서는 오유권, 이범선, 최일남, 추식, 박경리, 서기원 등의 이름을 볼 수 있다. 이후에도 평론으로 윤병로, 최일수, 김상일, 김운학, 원형갑, 천승준 등이 소설로는 김광식, 한말숙, 이문희, 승지행, 김학, 권태웅, 천승세, 김용제 등이 시로는 김정진, 구자운, 이경남, 윤혜승, 황동규, 박명성, 박정희, 이제하, 고은, 마종기, 성춘복, 문병란, 김후란 등이 신인란에 이름을 올리고 있다.

『현대문학』의 창간사 말미에서 조연현은 건전한 한국 현대문학의 건설을 위해 일체의정실과 당파를 초월하고 오직 작품의 가치판단에만 준열(峻烈)할 것을 다짐하고 있으나, 학술원 및 예술원 회원 선출 문제를 둘러싸고 갈등이 야기되면서 1955년 한국문학가협회에서 한국자유문학자협회가 분리, 독립함으로써 문단의 분열 양상을 드러낸다. 이 협회의 기관지로 간행되었던 『자유문학』은 1956년 창간호를 낸 뒤 1963년 4월 통권 71호로 종간한 월간 문학지였다. 1950년대 중반 이후 『현대문학』과 함께 문단의 중심을 현성했던 문학지로, 처음에는 팔봉 김기진이 편집 겸 발행인이었으며 이후 발행인에는 김광섭, 편집인에는 이헌구와 모윤숙이 뒤를 잇게 된다. 창간호부터 36호까지는 한국자유문학자협회에서 간행하다가 40호부터는 자유문학사로 독립하여 간행했다. 애초 한국자유문학자협회의 한국문학가협회로부터의 분리가 뚜렷한 문학이념상의 차이에 의해 이루어진 것이 아니었기에, 창간사조차 없이 발행된 『자유문학』에서는 새로운 문학이념의 표명이라든가 문학이념에 따른 편집방향 같은 것은 찾아보기 어려우며, 편집 체제도 『현대문학』과 거의 유사한 형태를 띠고 있다. 『자유문학』을 통해서는 평론에 신동한, 소설에 유승휴, 이용선, 전순란, 최정순, 남정현, 최진우, 이항렬, 박용숙, 성학원, 오찬식, 이석배, 최인훈 등이 시에 송혁, 김해성, 권용태, 조한길, 오홍찬, 이현우, 김숙자, 한찬식 등의 이름을 신인추천란에서 볼 수 있다.

이상 『문예』, 『현대문학』, 『자유문학』 등의 발행과 활동이 해방공간에서부터 존재해왔던 '한국문학가협회'와 그 주변의 문인들 즉 한국문단의 정통성을 자부하는 이들에 의해 이루어졌다면, 이와는 조금 성격을 달리 하는 문인집단에 의해 만들어진 문예지로 『문학예술』이 있다. 피난지 부산에서 발행되었던 『주간 문학예술』의 구성원 그대로 1954년 4월 오영진을 발행인으로 하고 박남수, 원응서 등 월남문인들을 중심으로 한 편집진을 구성함으로써 뚜렷한 지역적 특성을 드러내 보였다. 하지만 이 역시 엄밀히 보자면 『현대문학』과 『자유문학』의 대립에서 보듯 뚜렷한 문학상 이념이나 문학관의 차이에서 분화된 것이라기보다는 기질이나 지연, 학연 등의 분화에 기반한 것에 지나지 않는다. 다만 이 『문학예술』을 두드러지게 한 점은 『현대문학』의 창작 위주와는 달리 현저히 외국문학의 도입과 소개에 기울어져 있다는 점이다. 1954년 4월 『문학과 예술』(3호부터 『문학예술』로 개제)을 창간하여 1957년 통권 33호로 폐간할 때까지 창작의 1/4과 평론의 절반을 외국문학으로 채우고 있는데 이러한 외국문학에의 경사는 『현대문학』이 강조했던 '전통의 주체성'에 대응하는 문학적 원리로서 서구의 예술지상주의를 강조하기 위한 일종의 전술이었다고 볼 수 있다. 이데올로기적 대립의 산물이었던 전쟁으로 인해 고향상실이라는 가장 큰 상처를 받은 이들이 바로 이들 월남문인들이었기에, 문학에서 이데올로기적 성향을 완전히 추방하고 오직 예술 그 자체만의 추구를 통해 보상받고자 한 것이다. 소설에서 이호철, 송병수, 선우휘 시에서 민재식, 이희철, 허만화, 평론에서 이어령, 이교창 등이 신인추천을 받은 바 있다. 『현대문학』이 오늘날까지도 계속 발행되며 여전히 한국문단의 일익을 담당하고 있는데 반해, 『문학예술』은 전쟁의 영향력이 서서히 약화되어 버린 60년대 초 종간할 수밖에 없었던 것도 바로 이 문예지가 전쟁의 산물이자 냉전체제의 산물임을 말해주는 것이다.

5.

처음에는 교양잡지로 출발하여 해를 거듭할수록 정치적 비중을 높이며 당대 비판적 지식인의 본산처럼 인식되었던 종합지로, 비록 문예지는 아니었지만 신인문학상과 동인문학상 수상작품을 중심으로 다양한 장르의 문학작품 게재에 지면의 약 30%를 할애하며 문학계에 엄청난 영향을 미쳤던 『사상계』 또한 50년대 문단에 빼놓을 수 없는 중요한 잡지였다. 문교부 산하 국민사상연구원 기관지로 4호까지 발행된 월간지 『사상』이 재정적 곤란으로 인해 폐간되자 국민사상연구원에 근무하며 『사상』의 편집을 총괄하고 있던 장준하가 개인적으로 인수, 운영하며 속간에 힘써 1953년 4월 『사상계』라는 새로운 종합지를 창간하게 된다. 이후 1955년부터 본격적인 종합잡지로서의 틀을 갖추게 되는데, 그 해 1월 김성한이 『사상계』 초대 주간으로 취임하여 문학란 편집을 담당하면서 『사상계』의 문예란은 새로운 모습을 띠게 된다. 『사상계』는 신인문학상을 통해 김광식, 정병조, 박경수, 구혜영, 한남철, 송상옥, 김동립 등의 작가와 동인문학상 수상작가로 김성한, 선우휘, 오상원, 손창섭, 전광용, 이호철, 송병수 등을 선보였다. "과거는 문예면을 등한시한 감이 있습니다만 이는 문예물을 중심으로 한 전문지들이 있었기 때문이었습니다. 이제 이 방면의 잡지들이 경영난으로 續되지 못함을 보고 『사상계』가 가지는 항구적인 문예란을 두기로"15) 했으며 독자의 요청에 호응하여 1955년부터는 매호 문학란을 특설하여 이 방면에 노력할 것이라는 기사를 내보낸 이후부터 『사상계』는 문예지에 뒤지지 않는 문예란을 갖추게 되었다. 특히 손창섭의 『잉여인간』『낙서족』 등을 전재하는 파격을 보이기도 한다. 또 "연기 자욱한 다방 구석에서 정신병자

15) 『사상계』 1954년 12월호 '독자통신'.

모양으로 천정만 바라보는 작가와 현대문학의 진수라고 요설을 늘어놓는" 일부 문인들에 대해 "사이비 문학에 사로잡힌 노예가 아니면 환자"라고 규정하는 등 당대 문단에 대한 신랄한 비판을 가하면서 "이러한 문학에서 해방되어 전민족의 생생한 경험을 토대로 하여 그려진 진실한 작품이 나와야"[16]할 것을 강조하고 있다. 더 나아가 "권위 없는 문학과 문학인은 그 존재이유가 없으며 뭇 사람의 시간을 허비하고 노력을 가로채고 경제를 낭비하고 비정을 선동하는 잡문은 오히려 없느니만 같지 못할" 뿐 아니라 "온 겨레가 피로써 싸우고 땀으로 일하는 사이에 종일을 다방에서 더불어 소일하고 해가 지면 만취하여 大言長語를 일삼는 자는 이 사회에 해를 줄지언정 결코 利를 줄 수는 없다"[17]는 당대 문단 풍토에 대한 직설적인 비판을 여과 없이 쏟아내는 모습을 보여주었다. 이러한 비판은 계몽주의의 전통과 식민지 기독교 복음주의가 결합하여 이루어진 『사상계』의 시각을 보여주는 것으로[18], 비록 전문적 문인의 치밀한 이론적 비판과는 다소 거리가 있는 것이라 해도, 동인문학상과 신인문학상 등 당대의 문단에 큰 영향력을 미치고 있던 『사상계』의 자부심을 드러낸 것이라고도 할 수 있겠다.

이처럼 1950년대의 문예지 및 종합지는 전쟁의 상처로부터 어느 정도 벗어나 회복의 모습을 완연히 드러내기 시작했던 1950년대 중반 무렵부터 문예지 종합지 모두 본격적으로 이루어진 이래 1950년대 한국 문단의 형성에 지대한 영향을 미친 중요한 요소라고 할 수 있다.

---

16) 『사상계』 1955년 2월호 '권두언'.
17) 『사상계』 1955년 7월호 '권두언'.
18) 고은, 「땅속의 선생이시여」, 김상웅 편, 『민족주의자의 죽음』, 학민사, 1993, 97면.

1960년대 순수 · 참여 논쟁의 전개과정과 그 문학사적 의미

1. 서론

60년대문학을 논함에 있어 우선 첫머리에 오는 것이 4·19의 성과와 의미이다. 그리고 그 구체적 산물로서, 분단 현실에 대한 이데올로기적 비판의 성과로서 거론되는 『광장』, '감수성의 혁명'으로 불리는 김승옥의 등장, 현실에의 천착이 이루어지면서 가능했던 순수 · 참여 논쟁, 70년대의 『창비』, 『문지』 시대를 가능하게 했던 움직임 등을 중심대상으로 꼽는다. 이러한 60년대의 문학은 30년대 중반 식민지적 조건의 악화로 인해 그리고 전쟁과 남북의 이데올로기 대립속에 고착화된 분단 및 이를 빌미로 한 군사정권의 반공이데올로기의 억압에 의해 단절되었던 문학적 전통의 맥을 다시 이어갈 바탕을 마련했다는 점에서 그 어느 시대보다도 '새로운' 문학을 열어 나온 것이라 할 것이다.

물론 이 새로움이 곧 60년대 문학을 그대로 규정하는 것은 아닐 것이다. 4·19혁명의 성과를 곧 바로 60년대 문학의 새로움과 등치시킨다거나 5·16에 의해 좌절된 4·19의 한계가 곧 바로 60년대 문학의 한계를 규정시킬 수 있는 것은 아니기 때문이다. 더우기 이 글에서 살펴보고자 하는 순수 · 참여 논쟁은 이 땅에 근대문학이 싹튼 이래 끊임없이 논란이 되어 왔던 어찌 보면 지극히 '낡은' 문학적 논쟁거리의 하나일 수도 있다. 이광수의 계몽주의에 맞서는 김동인의 예술주의라든가 20년대의 내용/형식 논쟁, 30년대의 민족주의문학과 프로문학의 대립과 30년대 말의 세대논쟁, 해방직후의 좌·우익 논쟁, 50년대 말부터 시작하여 60년대 내내 이루어졌고 이후 7, 80년대의 민족문학론으로 이어지는 순수·참여논쟁 등 우리 문학사를 장식하고 있는 풍부한 논쟁들이 사실은 동일한 질문을 던지고 있는 것이기 때문이다. 이러한 사실은 문학이라는 장르 자체에 존재하는 인식적 기능과 상상적 기능의 어느 쪽을 강조하는가에 따라 문학을 바라보는 입장이 달라질 수밖에 없는 문학의 본원적 성격에 기인하는 것이라고 할 수 있을 것이다. 그러나 그 어느 쪽을 강조하는 입장이든 원론적으로는 모두 타당성을 지니고 있는 것이어서 우리 문학이 발전해 온 길을 이러한 예술의 이원성만으로 설명할 수는 없는 일이다. 즉 이처럼 다양한 논의들을 문학 원론상의 해묵은 되풀이로만 설명한다는 것은 실상 아무 것도 설명하지 못하는 것과 마찬가지인 셈이다. 각 논쟁이 의미를 지니는 것은 그것들이 문학 원론상의 보편적 의미를 담고 있으면서도 동시에 그 시대에 그러한 논쟁을 낳게 한 구체적인 역사적 조건과 연관을 맺고 있기 때문이다. 따라서 논쟁이 벌어지고 이데올로기의 문제가 제기될 때마다 개념 정의가 새로이 문제되는 것도 미학적 용어를 빈 당대 현실을 파악하는 시각의 차이 때문이라고 할 수 있을 것이다.[1] 물론 이러한 논쟁을 단지 지식인으로서의 작가가 사회현실에 대한 입장을 표명하는 정치적인 성격을 지닌 것에 불과하다고 생각해서는 안 되겠지만, 논쟁을 유발하는 구체적인 역사적 상황을 분석하고 그 상황에 대응하는 문학가의 대응을 면밀히 검토할 경우에만, 각 논쟁은 문학의 이원성에

1) 김윤식, 『한국현대문학사』, 일지사, 1983, 275면.

대한 문제제기로서의 보편적 의미를 지닌 것으로서 문학사상의 지속성을 부여받으면서도 동시에 이전의 논쟁의 단순한 반복에 그치지 않고 시대의 거울로서의 기능을 다하는 것으로 파악될 수 있다. 이러한 의미에서 순수·참여론도 60년대라는 구체적 시대의 역사적 제약속에서 이루어진 문학적 실천으로서 파악될 때 문학의 본질에 관한 반복적 공식의 수준을 벗어나 문학사적 발전과정의 한 계기로서 제 의미를 획득할 수 있을 것이다.

2. 순수·참여 논쟁의 구체적 전개 양상

1) 논쟁의 배경과 前史

전쟁후의 폐허와 가난, 독재정권의 수립과 일방적 이데올로기의 억압, 이에 따른 절망과 고뇌, 불안 등이 지배했던 50년대에 뒤이은 60년대는 전후 미국의 원조에 의존하던 한국 자본주의의 질적 전환이 이루어지는 시기였다. 5·16 쿠테타로 집권한 군사정권이 국내의 경제적 기반이 없는 상태에서 실시한 경제개발 정책은 외국자본과 농업 해체를 통한 저렴한 노동력을 그 물적 기반으로 하여 급속한 발전을 가져 왔지만, 그 과정에서 필연적으로 생겨나게 된 절대다수의 민중들은 실제적인 발전의 주역이면서도 사회적으로 소외당하게 됨에 따라 점차 자신의 삶의 조건에 대한 각성을 해 나가지 않을 수 없었다. 이처럼 60년대는 근대화 논리를 정치적 위기의 극복과 권력의 정당성을 옹호하는 수단으로 삼았던 군사정권의 '개발독재'가 강력히 추진되던 때이면서 동시에 이에 저항하는 민중의식의 발아기로서 이후 권력과 민중의 갈등이 증폭되면서 70~80년대 민중항쟁시대의 준비기였다. 뿐만 아니라 분단의 고착화와 급작스런 서구문물의 수용, 전후세대의 성장에 따른 문화적 이질화가 이루어지는 시기이기도 했다.

60년대의 문학은 이러한 사회적 조건속에서 출발했는데 그 첫걸음에 4·19라는 역사적 사건이 발생함으로써 60년대 문학은 전후의 개인적 실존의 문제와 고뇌에서 벗어나 민족현실에 대한 각성을 할 계기를 마련할 수 있게 되었다. 미완의 혁명이라고는 하지만 4·19는 전후 좌절의식에 사로잡혀 있던 당대의 민중과 지식인들에게 커다란 자신감을 가져다 주기에는 충분한 것이었다. 비록 추상적이나마 자유와 민주주의 이념에 대한 인식, 민족적 각성에 따른 통일의 열기를 불러 온 이러한 민주적, 민족적 지향은 문학에 대해서도 지속적으로 그 영향력을 확대하였다. 이에 따라 새로운 문학의 시대를 열 가능성이 제공되는 가운데, 보다 적극적인 현실에의 대응이 모색되기 시작했다. 물론 그러한 정치적,사회적 현실의 변화가 곧 바로 문화예술의 혁신을 가져온 것은 아니지만 적어도 그러한 현실적 변화가 그 사회의 지배적 정신을 뒤흔들고 앞으로의 방향을 굴절시키는 계기로서는 충분히 작용하는 것이었다.

언론의 활성화와 함께 무엇보다도 『사상계』, 『신동아』, 『문학춘추』, 『문학』 등 활발한 발표매체가 등장함으로써 문학 활동의 공간이 확대됨과 동시에 새로운 문학사조의 형성과 전후세대를 극복하려는 새 세대의 성장, 여기에 서구이론이 본격적으로 도입되기 시작하면서 아카데미시즘의 평단 참여도 활성화되기에 이르렀다. 이에 따라 현실인식의 폭과 깊이가 더해지게 되면서 문학의 현실참여적 성격이 확산될 수 있었다. 이러한 성격은 특히 당대사회의 진단작업을 수행하는 비평의 확산에서 찾아 볼 수 있는 바, 이는 사회적 변화에 대한 이론적 근거와 이의 발전, 강화를 위한 논리성이 요구되기 때문이라고 할 것이다. 이러한 배경속에서 60년대가 끝나는 동안 줄곧 문단에서 논의된 쟁점이 바로 순수·참여 논쟁이다.

우리 근대 문학사에서 '순수'의 이름이 본격적으로 등장하기 시작한 것은 군국주의로 무장한 일제의 식민지 지배정책이 본격적인 탄압을 위주로 하는 무단정치로 변화하기 시작했던 1930년대 초반이다. 1920년대의 목적의식적 문학을 비판하고 현실에의 관심을 거두어 들임으로써 문학 본연의 본질을 되찾아야 한다는 순수문학의 주장이 나름대로 의미를 가질 수 있었던 것은, 문단내적으로는 당대 문단을 지배했던 카프문학에 대항함으로써 그때까지 카프문학에 눌려왔던 많은 문학인들의 호감을 살 수 있었기 때문이지만, 그보다는 문학 그 자체가 말살될 지경에 놓인 식민지적 현실 자체의 외면을 통한 역설적인 저항의 역할을 수행할 수 있었기 때문이다. 즉 현실에 절대적 영향을 미치는 구체적 조건들을 문학에서 배제시킴으로써 결과적으로 당대의 현실 자체를 거부하는 하나의 문학적 방법이 되었기 때문이다. 이러한 순수의 의미를 둘러싸고 설전이 이루어지게 되는데, 저널리즘의 기획특집을 계기로 조선문단의 전통과 권위 기존문단의 성과 등을 둘러싸고 벌어진 신인작가와 기성평론가 사이의 세대논쟁과 순수논의가 바로 그것이다. 그러나 신세대의 기존의 평단 전체에 대한 불신과 비판 그리고 그에 대한 구세대의 반박 등을 통해 이루어진 이 논쟁은 깊이있는 문학이론을 중심으로 한 갈등과 논쟁이라기보다는 서로간의 감정 표출로 그쳐 버린 감정적 논쟁의 성격이 짙은 것이 사실이며 따라서 비평과 창작 사이의 상호관계에 대한 이론으로 발전하지는 못했다. 예술지상주의적 의미가 아니라 문단정치에 대한 관심과 책략에서 벗어나 인간성 옹호의 문학정신을 계승하고 문학자체의 성숙과 발전에 대한 관심을 갖는 순수문학적 태도를 지닐 것을 신진작가들에게 요구하는 유진오의 의견에 대해 김동리는 누구보다 순수한 문학적 태도를 지니고 있는 것이 신진작가들이며 이들의 문학정신이 곧 인간성 옹호라고 반박하고 인간성 옹호를 다시 르네상스의 휴머니즘 정신과 연결시키고 있다. 이들의 공방은 바로 전단계 논의인 휴머니즘 논쟁의 연장선상에서 이루어지고 있는 바, 이 논쟁에 참가한 이론가들이 모두 인간성 옹호를 문학정신의 본질이라고 규정하고 있는 데서 잘 드러난다. 유진오와 김동리의 공방은 이후 끊임없이 변형, 굴절되어 문학사에 등장하는 논쟁의 원천이 된 것이라 할 수 있을 것인데, 이 논쟁은 휴머니즘론과 순수문학론이 연결되는 과정에서 논리의 왜곡을 가져 와, 인간성 옹호가 현실속의 인간문제를 떠나 원초적, 자연적 인간성을 찾는 일을 의미하고, 그것은 곧 모든 현실상의 주의와 사상을 떠났을 때 가능하다는 논리로까지 이어지게 된다. 이렇게 변형 수용되는 인간성 옹호의 주장은 해방 이후까지 이어지면서, 상당히 오랫동안 한국의 순수문학론 전개를 위한 이론적 근거로 자리잡게 된다.[2] 특히 민족해방의 기쁨도 잠시 곧 이은 분단과 남북한 단독정부의 수립이 이루어지고 이 과정에서 많은 문인들이 남한 체제를 등지게 되면서, 남한 문단에서는 '구경적 생의 탐구'라는 명제를 앞세운 김동리와 서정주를 중심으로 한 순수문학이 완전히 주도권을 행사하게 된다. 이후 전쟁과 분단 그리고 이로 인한 체제이데올로기의 대립이 격화되면서 남한에서의 문학은 곧 순수문학을 의미하는 것처럼 되어 버렸다.

폐허로 변해 버린 전후 상황 자체가 곧 문학적 기반이 될 수밖에 없었던 50년대 문학은 때로는 그러한 상황에 대한 강렬한 저항과 부정의 정신을 드러내고 있지만 그 바탕에는 항상 패배감과 허무의식, 불안과 절망의 의식이 깔려 있는 것이 사실이다. 게다가 저항의 대상이 막연한 기성세대이거나 사회윤리적인 문제일 뿐, 역사적인 구체성을 확보하지 못하는 경우가 많은 것은 이들이 보여주는 저항의식이 자기인식

2) 김영민, 『한국문학비평논쟁사』, 한길사, 1992, 525~7면.

과 현실상황에 대한 자각을 통해서라기보다는 서구적인 니힐리즘이나 실존주의적 경향에 더욱 기대고 있는 것인 까닭에 연유하는 것이다. 이러한 전후문학의 한계는 전쟁과 분단의 비극을 초래한 이데올로기의 대립이라는 당대의 핵심적인 문제에 대한 문학적 접근과 형상화 작업이 문학외적인 제약으로 불가능했던 것에 근본적으로 기인하는 것이라 말할 수 있을 것이다.[3)]

이처럼 단절되었던 식민지 기간동안의 문학론이나 해방직후의 이념적 문학론의 전통은 4·19로 시작하는 60년대에 들어와서 비로소 구체적 현실에의 관심으로 이어질 수 있게 되었다. 물론 50년대 중반 이어령, 유종호 등 전후세대 비평가들에 의한 전통적 순수문학에 대한 비판이 없었던 것은 아니지만[4)] 이론적 근거에 입각한 본격적인 비판은 4·19의 정치적 각성과 서구의 현실참여 이론의 수용이 이루어지면서 가능해졌다고 할 수 있다. 인간성의 파괴를 목도케 했던 세계대전 이후 인간 실존에 대한 회의를 느끼게 되면서 등장했던 서구의 실존주의 사상은 휴머니즘이라는 모랄을 탄생시켰으며 문학에 있어서의 앙가주망 즉 자신이 처해 있는 정치, 사회 문제에 참여하는 문제를 제기하게 했다. 60년대의 현실참여론은 이러한 철학적 배경에 근거하고 있는 것이라고 말할 수 있을 것이다.

---

3) 권영민, 『한국현대문학사』, 민음사, 1993, 172~3면.

4) 50년대 현실참여의 이론은 이어령의 『저항의 문학』에서 시작하는 것으로 볼 수 있지만, 김 현의 지적처럼 이어령이 주장하는 '참여' 개념은 몇 개의 선동적인 어휘로만 이루어져 있을 뿐, 아무런 사고의 흔적도 보여주지 않는 추상적 결론을 도출하고 있다. 오히려 60년대 중반 이후 이어령은 철저히 문학의 대사회적 기능을 부정하는 입장을 드러낸다. 김현, 『한국비평의 가능성』(김현 문학 전집 2권), 문학과 지성사, 1991, 99면.

2) 참여론의 순수 비판과 대응(63~65년)

김양수가 「문학의 자율적 참여」[5]라는 글에서 60년대 들어 처음으로 문학의 참여를 거론하고 이어 김우종이 답보상태에 있는 문학의 향상을 위해서는 표현하는 방법에만 매달리는 순수문학보다는 작가들이 위대한 사상가가 되어야 하며 좋은 사상성을 지녀야만 위대한 작품이 가능하다[6]는 주장을 하면서 문학의 현실참여에 대한 논의가 시작된다. 이 때 최인훈의 『광장』이 발표되면서 문단에 참여 논의를 확산시키는 계기를 이루게 된다. 62년에는 문학비평이 폭력적인 것이거나 정실에 빠져 있다는 서기원의 비판[7]에, 만약 평론이 그렇다면 그것은 훌륭한 작품이 없기 때문이라고 정명환이 반박[8]하고 여기에 조연현, 이어령 등이 가세하고 외국문학을 전공한 유종호, 김우창 등 강단비평가들의 참여가 이루어지기도 했다. 이후 본격적인 순수·참여론의 대립은 김우종이 순수문학의 파산을 선고하면서 시작된다. 김우종이 오늘의 한국문학은 1930년대에 절연된 대중과의 대화가 절실히 요구된다며 굶주림과 전쟁의 슬픔, 고통에 빠진 민중을 외면하지 말아야 하는 바, 순수의 성벽을 헐고 현실속으로 뛰어들어 대중과 호흡을 함께 하는 문학이 참문학이라는 주장을 통해 순수문학에 대한 파산선고를 내리자[9], 서구 참여이론의 수용과 소개에 주력했던 김병걸은 서구의 현실참여철학을 공급하는 한편 '오늘날 우리 문학이 우리의 무거운 현실적 상황을 어떻게 다루어야 할까에 대해 개략적 규정을 짓는 것은 어리석은 일이며 다만 인간 및 현실의 다양성에 대하여 문학이 어느 만큼 성실

5) 김양수, 「문학의 자율적 참여」, 『현대문학』, 60.1.
6) 김우종, 『한국일보』, 60년 2월 7일.
7) 서기원, 「한국평단에 한마디」, 『사상계』 문예특집호, 1961년.
8) 정명환, 「평론가는 이방인인가」, 『사상계』, 62년 11월.
9) 김우종, 「파산의 순수문학」, 『동아일보』, 63.8.7.

한 태도와 역량으로 발굴작업을 하느냐에 문제의 핵심이 있음을 주장'[10]함으로써 순수문학에 대한 본격적인 비판이 시작되었다.

이러한 참여론자들의 비판에 가장 먼저 반응을 보인 것은 서정주였다. 서정주는 우선 사회참여 및 순수의 개념은 식민지하의 사회주의 사상과 밀접한 관계하에서 처음으로 성립된 것으로, 참여는 2,30년대의 경향파를 그 근원으로 삼고 있는 것이며 따라서 사회참여의 성격은 마르크스주의, 무산계급, 공산주의의 성격을 띤다고 규정한다. '쓰레기 소각품'과도 같은 작품만을 만들 뿐인 이들 '모자라는 시골뜨기 설바람 난' 참여파들이 설치게 된 이유는 구미사조에 대한 지식인들의 소화부족과 전통의 단절에 있다고 하면서 사회참여론을 은연중 경향파와 동일한 것으로 바꾸어 놓고 비판하고 있다. 그런 다음 30년대 중반 이후 해방까지 통속문장사만 빼놓고는 심지어는 사회주의 문학가의 전향까지 포함하여 모두가 '순수'가 되었는 바 이는 순수라는 이름이 그 당대 작가들의 은신처로서의 역할을 했기 때문이라고 말한다. 해방이후 갑자기 좌익이 번성하면서 이태준, 정지용까지 가담하는 등 '알 수 없는 노릇'이 벌어지기도 했지만 김동리의 활동 이후 순수문학의 이야기는 이미 끝난 것이라고 선언함으로써 60년대의 순수·참여문제를 시대에 뒤떨어진 논제로 치부하여 원천적으로 막아버리려는 태도를 취한다.[11] 이에 대해 홍사중은 즉각, 30년대의 순수는 비단 마르크스주의 문학에의 대항을 위해서만이 아니라 일제의 탄압적 현실을 벗어나기 위한 현상이요 방편이었으며 또 모든 역겨운 객관적 현실의 관념을 부정하는 비합리주의적 사고방식에 입각하여 인간의 사회관계를 규제하는 일체의 법칙을 적대시하여 일체의 정치를 거부하고 오직 자아의 내면에만 파들어가 여기서 유일한 생활의 기틀을 찾으려는 사고에서 나

10) 김병걸, 「순수와의 결별」, 『현대문학』, 63.10.
11) 서정주, 「사회참여와 순수개념」, 『세대』, 63.10.

온 것이었지만, 오늘날의 순수는 현실적인 것에 대해 예술이라는 이름으로 눈을 가리는 것으로 지적 배신일 뿐 아니라 예술가로서도 하나의 패배라고 비판하고, 예술이 정치적 현실에 의해 흔들리는 것은 경계해야 하지만 정치를 두려워한 나머지 정치를 완전히 배제시킨 진공시대 속에 인물을 설정할 수는 없는 일이라고 주장했다.12)

이에 뒤이어 김우종은 보다 본격적인 참여론의 입장을 밝힌 문학론을 발표한다. 그는 당대의 현실적 상황을 인간이란 이미 존재하지 않게 된 빈궁의 극한 지대로 유적지와와도 같은 곳으로 규정하고 문학이 인간을 위해 존재하는 것이라면 한국문학의 과제는 이러한 빈궁속의 인간을 어떻게 해방시키고 인간 본연의 자세로 돌아오게 하는가에 있는 것이라 주장하면서, 오영수의 「안나의 유서」와 손창섭의 「포말의 의지」 등 기존의 문학에 대한 검토를 통해 이들 문학이 오열하는 인간군을 제시하고 그에 대한 위무를 통해 인간회복을 호소하는 휴머니스트의 입장을 보여주기는 하지만 비극적인 현실에 대해 결국에는 아무것도 남기지 못하므로 새로운 방법론과 새로운 문학관이 필요하다고 역설한다. 위안만으로는 본질적인 비극성에 대해 아무런 영향력을 미치지 못하며, 무엇보다 그들 인간을 모멸로부터 해방시켜 준다는 생각 자체가 착오인 것은 그들의 고통의 본질이 야유와 조소에 있는 것이 아니기 때문이라고 말하고 있다. 결국 이들의 문학은 문제만 제시하고 그 해결방법은 제시하지 못하는 우리 문학의 문제를 보여주는 것이라고 진단한 뒤, 절망에서 해결의 도표를 찾는 문학이 되어야 함을 주장한다. 즉 현실적 당면과제를 해결하는 방편이요 수단으로서의 문학을 확립하는 일, 본능적인 미적 충동에만 내맡긴 문학보다도 위대한 사상성을 밑받침으로 하는 목적의식이 우선적으로 창작동기가 되

12) 홍사중, 「작가와 현실 - 서정주씨의 글을 읽고」, 『한양』, 64.4.

는 문학을 주장하여 당대 발표된 참여론 가운데서 가장 뚜렷이 문학의 사회적 기능을 강조하고 있음을 알 수 있다.13) 이에 다시 순수문학론의 입장에서 이형기는 순수문학의 정당성을 떠받치는 여러 통념을 재강조함으로써 반론을 제기하는데, 이미 17, 8년 전에 끝난 '순수'문제 재론에 당황스럽다고 말하면서 순수냐 참여냐 하는 양자택일적 사고는 '참여'라는 답을 정해 놓고 '순수'를 몰아세우는 위험한 것으로 순수문학=현실외면 이라는 등식이 과연 가능한 것인가 질문하고 있다. 순수문학은 정확하게 표현한다면 <반정치주의문학>이지 반정치 현실외면이 아니라고 하면서 현실참여 주장을 '수단'으로서의 문학으로 규정하고 있다. 또한 이형기는 문학의 기능에 대해서는 엘리어트의 견해를 가져와 문학이란 고급오락이며 무력한 장난감에 지나지 않는 것이라 주장한다.14)

그러자 다시 김우종은 참여문학을 비판하는 이형기의 '불쏘시개감밖에 안되는 문학'이라는 논리는 말장난 수준으로 문학의 본질에 대한 논의가 되지 못하는 것이며, 특히 참여문학을 당의 문학으로 몰아부치는 것은 조건반사에 지나지 않는다고 비판한다. 문학이 현실문제를 해결하는데 아무런 힘도 행사하지 못한다지만 훌륭한 문학은 암담한 현실을 제시하는 단계에 머무는 것이 아니라 그것을 극복하는 단계로까지 나아가는 것이라는 문학의 현실적 효용성을 다시 강조하고 있다.15) 또 예술의 본질은 미적 창조 여부로 판명나는 것이지만 위대한 예술은 그 내용의 감동력에 의해 규정되는 것으로 결국 현실적인 고민과 과제를 해결하려는 노력을 담고 있는 문학에서 그 가치를 찾을 수밖에 없는 바, 예술은 그 자체로서 이미 목적을 다하고 있다는 순수논리는 순

---

13) 김우종, 「유적지의 인간과 그 문학」, 『현대문학』, 63.11.
14) 이형기, 「문학의 기능에 대한 반성 - 순수 옹호의 노트」, 『현대문학』, 64.2.
15) 김우종, 「저 땅위에 도표를 세우라」, 『현대문학』, 64.5.

수한 것이면서 동시에 인간성 옹호를 위한 것이라는 이율배반적 논리를 가진다고 비판하고 있다. 그리하여 다시 한 번 문학예술은 하나의 문제제기로 그치는 것이 아니라 해결을 위한 것임을 주장한다.[16] 특히 홍사중은 작가와 작품의 현실과의 연관성을 단지 정치적 현실로만 이해하는 오류가 존재하고 있음을 지적하고, 발표의 자유가 제한되거나 혹은 무형의 위협이 존재하는 경우 등 때로는 현실부정의 한 방편으로 현실과 유리된 작품을 쓰는 소극적 현실부정의 방법이 유효한 경우도 있으나 오늘의 현실은 이러한 소극성에 안주하기에는 너무나 벅찬 실정임을 강조한다. 따라서 작가의 현실참여는 필연적으로 정치적 성격을 띠게 되는 것으로 특히 오늘의 현실에서 중요한 것은 작가가 현실적 문제를 얼마나 예술적으로 구상화했나 보다는 얼마나 정확하게 현실을 보고 있나 하는 것이라고 주장함으로써 참여론의 기본적 성격을 김우종과 함께 극명하고 보여주고 있다.[17]

이상 63,4년의 순수 · 참여 논쟁[18]은 참여론자들의 순수문학비판에 대해 서정주, 이형기 등의 반론이 나오게 되고 이에 다시 김우종이 재반론을 꾀한 것으로 파악할 수 있는데, 이 단계에서는 현실의 비참함에 대해 작가가 과연 외면할 수 있는가 하는 작가의 양심 문제라는 소박한 문제제기의 차원에 그치고 있는 것이 사실이다. 즉 참여문학의 경우 구체적 현실에 토대한 문학적 자세를 취할 것을 주장하고 있으면

---

16) 김우종, 「순수의 자기기만」, 『한양』, 65.7.

17) 홍사중, 「젊은 작가와 정치의식」, 『한양』, 64.7.

18) 이 외에도 원형갑(「소설의 제문제」, 『현대문학』, 63.9), 최일수(「종착역의 기수」, 『현대문학』, 64.1), 장일우(「순수의 종언」, 『한양』, 64.5)(「참여문학의 특성」, 『한양』, 64.6), 김순남(「한국평단의 전망」, 『한양』, 64.6), 김붕구(「작가와 증언」, 『사상계』 137, 64.8), 유종호(「소설과 현실」, 『사상계』 137, 64.8), 신동한(「내용과 형식에 관한 각서」, 『한양』, 64.10) 등의 논의가 있었지만 이들의 논의 역시 작가의 핵심은 사회와 현실을 총화하는 책임에 있다는 원론적인 차원에서의 문제제기에 그치고 있다.

서도 실제로 그 구체적 현실에 대해서는 빈궁이라거나 한국적 특성 정도의 추상적 설명에 그치고 만다. 더욱이 이들이 서구의 현실참여론을 근거로 하여 전개했던 원론적, 추상적 수준의 순수·참여 논의는 다만 원론 이상의 의미를 지닐 수 없는 것이었으며, 싸르트르의 이론도 전쟁직후 반공이데올로기가 지배적이었던 우리 현실에서는 이후 김붕구의 비판에서 드러나듯 오히려 비판의 소지로 작용할 수 있는 것이었다. 참여문학론을 비판하는 순수문학론은 역사와 당대 현실에 대한 논자 나름의 해석이 뚜렷하지 못하면 그 논의는 정당성을 가지지 못한다고 하며 참여문학이 이런 성향을 가지고 있을 때 필연적으로 정치에의 예속을 가져온다고 했지만 이들 역시 자신들이 말하는 뚜렷한 사관을 보여주지 못하기는 마찬가지였으며 참여문학을 곧 바로 식민지시대의 프로문학과 해방직후의 좌익문학에 연결시켜 비판하는 모습을 보여준다. 이들 순수문학론이 자신의 근거를 30년대 세대/순수 논쟁 이후 현실과 절연된 문학으로 변형된 순수문학론에서 구하고 있는 사실이 곧 순수론의 대립자로서 참여문학론 역시 그 시절의 문학론으로 상정하고 있는 것을 의미한다. 결국 이들의 논의가 육체를 갖추지 못한 원론적인 차원에서 멈추고 만 것은 식민지 기간의 프로문학 대 민족주의의 대립이라든가 해방직후의 좌우익논쟁과 같이 현실적 토대에 대한 인식위에서 제기되는 문제로 제기되지 못했기 때문이다. 이러한 의미에서 볼 때 이 시기의 논쟁은 아직 완전한 제 모습을 갖추지 못한 문제제기의 차원에서 이루어진 것이라 말할 수 있는 것이다.

하지만 김우종이 60년대 한국문학의 현실적 배경과 근거에 대한 집중적인 관심을 기울여 문학의 사회적 효용성에 대한 문제제기를 함으로써 참여문학의 의미를 특성을 분명히 하고 이에 김병걸이 서구의 참여이론을 제공함으로써 참여문학론의 확립에 노력을 기울인 점은 이후 60년대 말의 심화된 논쟁을 준비하기에는 충분한 것이었다. 그 결과 문학 및 예술활동은 사회적 활동의 일부분이며 따라서 그것은 현실에 대한 구체적 인식을 바탕으로 해야만 한다는 참여론의 논리적 정당성을 어느 정도 확보할 수 있었다. 순수문학은 곧 반정치주의문학이라는 주장에서의 반정치주의란 사실 이념으로부터의 탈피를 말하는 것인바, 참여문학에 반대하며 어떠한 이념으로부터도 벗어나고자 하는 순수문학론의 시도 자체가 이미 현실로부터의 규정을 받고 있는 것을 의미하며 또한 이러한 그들의 노력은 바로 문학활동이 하나의 사회활동임을 증명해 주는 것이기도 하기 때문이다. 이러한 사실은 이후 60년대 후반의 논쟁에서 문학의 참여적 성격을 부인하는 논자가 아무도 없다는 사실에서 확인 가능하다. 그러나 무엇보다도 이 논쟁의 큰 의미는 이전의 모든 전통이 단절된 상태에서 그것도 전후 10여년간 비평의 탈이데올로기적 상태를 깨뜨리고 이념적 논의의 장을 마련하는 계기를 마련함으로써 비평의 두 축의 성립을 가져올 수 있었던 사실에서 확인할 수 있을 것이다.

이러한 순수·참여의 논쟁이 참여론의 본격적 대두와 이의 확산을 가져오는 가운데 65년 10월 이형기, 최인훈, 조동일 등이 참가한『사상계』의 <문학과 현실> 심포지움이 개최된다. 이 심포지움에서 이형기는 「문학의 기능에 대한 반성」과 근본적인 시각 차이를 드러내지는 않지만 참여문학에 대한 태도가 일정하게 변모하고 있음을 알 수 있는데, 순수·참여의 양자택일적 사고의 함정을 경고했던 그가 문학의 효용론을 수용하는 자세로 전환하고 있음을 보여준다. 이러한 변모는 참여문학의 당위성이 당위성을 획득해 나가는 과정의 반영이라고 할 수 있을 것이다.

이처럼 다양한 논자와 입장에 따른 순수·참여론이 제기되는 가운데 특히 참여론의 확산과 논리의 정립에 있어 결정적인 것은 무엇보다도 60년대 중반 창간된『창작과 비평』이며 특히 이후 6, 70년대의 민족문학론을 확립하게 만드는 바탕이 되었던 많은 창작들이다.[19] 당시의 논쟁에 직접 참가한 것은 아니지만 66년 1월 창간된 이 잡지의 창간사에 해당하는 백낙청의 「새로운 창작과 비평의 자세」라는 글은 이 잡지의 성격과 진로를 명백히 드러내는 길잡이로서의 의미 뿐만 아니라 기존의 보수적인 문학적 이데올로기를 효과적으로 해체시키고 있다. 특히 이 글에서 백낙청이 집중하고 있는 부분은 무엇보다도 순수문학의 이데올로기에 대한 비판이다. 그는 먼저 분단과 전쟁 이후 반공이데올로기가 지배적으로 되면서 순수문학은 마치 민주주의의 유일한 예술적 표현처럼 되어 버림으로써 개방적인 문학토론은 물론 이 이외의 어떤 다른 용어를 입에 올리기조차 힘들어진 상황속에서 순수·참여논쟁이 60년대 문단의 최고의 논쟁거리로 등장함으로써 식민지 시대 이후 남아있던 미해결의 과제가 비로소 제기되었다는 점에서 그 일차적 의의를 찾을 수 있지만, 여전히 소박한 순수주의나 소박한 현실참여론 아니면 아니면 문학은 그 순수성을 고수하면서 적극 현실에 참여해야 한다는 절충론의 수준에 그친 경우가 대부분이어서 사실상 그 구체적 내용에서는 20년전의 토론에서 별다른 진보가 없었다는 순수·참여 논쟁 전체에 대한 비판을 가한 뒤, 본격적으로 순수문학의 이데올로기에 대한 비판으로 나아간다.

문학이 역사적 현실과 이데올로기를 초월한 그 자신만의 영역을 지켜야만 한다는 주장은, 문학이 질적으로 우수해야 하고 그런 의미에서 순수해야겠다는 말과는 매우 다른 것으로, 문학의 질적 우수성과 순수성을 주장하는 것은 문학이 존재하는 한 시대와 이념에 관계없이 통용될 수 있는 말이지만 문학이 현실과 이념을 초월하여 자신만의 영역을 지켜야 한다는 주장은 그 자체로 이미 어떤 특정한 시대와 이념의 산

19) 오양호, 「순수참여론의 대립기」, 『한국현대문학사』(김윤식 외), 현대문학, 1989, 428면.

물이며 삶에 대한 특정한 태도를 나타낼 수 밖에 없는 것이라 비판한다. 계속해서 예술가의 초연성 내지 현실부정의 태도는 그 시대 지배계급의 이념에 물들어 있으며 결국 지배계급의 오락과 실리에 이바지하는 것인 바, 서구와 달리 건실한 중산계급의 발전을 본 일이 없는 한국사회에서 서구 부르주아지 시대의 예술신조인 순수주의를 고집하고 순수성을 금과옥조인양 내세우는 것은, 제대로 정리안된 전근대적 자세를 근대서구예술이론을 제대로 소화하지도 못한 채 빌려 옹호하려는 노력일 뿐이며, 이것은 정치 경제면에서 유럽 중산층의 정치경제이념을 핑계로 한국의 후진적 사회구조를 견지하려는 것과 정확히 대응하는 현상이라고 하여 순수문학의 이데올로기적 근거에 대한 근원적인 비판을 가하고 있다. 즉 19세기말 유럽문학의 순수성이 근면한 산업사회의 산물이었다면, 한국적 순수주의의 뼈대를 이루는 것은 그와는 전혀 다른 봉건적 지배계급의 이념에서 비롯된 것으로서 한국문인들이 사회문제에 소극적인 데 그치지 않고 예술분야에서조차 안이한 창작태도와 파벌주의 그리고 더러는 관권에 대한 종속의 태도를 보이는 이유도 여기에 있음을 지적하고 있다. 따라서 순수 이데올로기는 이러한 전근대적인 기반을 숨긴 채 추상적인 구호아래 그리고 다른 사회의 이념적 구호를 내세우는 태도, 즉흥적 편의에 따라 새로운 사조의 도전이나 여타의 간섭이 미치지 않는 한적한 곳에 울타리를 치고 '순수'의 팻말을 박아 놓은 것에 지나지 않는 것이라 규정하고 있다. 결국 문학의 순수성을 문제삼는 것은 곧 우리 사회의 현실을 문제삼는 것이며 동시에 순수주의를 비판하는 작가 사상가일수록 문학 본연의 가치와 자율성을 강조해야 함을 강조하는 것으로 일단락짓고 있다. 순수문학에 대한 백낙청의 이러한 비판은 순수문학의 이데올로기를 그 사회적 토대에 대한 분석에 입각하여 과학적으로 비판함으로써 이전의 추상적이고 양심적인 차원의 비판이나 참여문학의 당위성에 대한 소박한 주장의 차원을 벗어나는 것이었지만, 논쟁의 차원을 끌어 올리는 계기로 이어지지 못하고 만다.

3) 〈작가와 사회〉 논쟁–창조적 자아와 사회적 자아의 대립

이후 순수·참여논쟁은 일단락을 맺은 것처럼 보이다가 김붕구가 세계문화자유회의 한국본부 주최 토론주제발표(67.10.12)에서 「작가와 사회」[20]라는 글을 발표하면서 보다 심화된 논쟁으로 발전한다. 김붕구는 이 발표문에서 작가를 결정하는 요소로 타고 나는 성격(기질)과 환경 그리고 자아의 세 요소를 들고 이 가운데 성격과 환경은 고정되어 있는 것이므로 문제는 자아에 있는 것이라면서 이 자아가 사회에 어떻게 대처하느냐에 따라 문학가(지식인)의 사회 참여가 결정된다고 말하고 있다. 그는 작가의 자아를 사회적 자아와 창조적 자아로 구분하고 이 두 자아의 갈등에 의해 사회참여의 유형이 결정된다고 한다. 그는 작가를 포함한 모든 시민은 공동체의 사업에 적극 참여해야 하지만 작가의 '창조적 자아'에 관한 한 어떠한 가치판단을 강요할 수는 없는 일이라고 못박고, 이미 이론화된 앙가주망이나 사회참여의 주장은 작가의 '창조적 자아'를 구속하는 것일 뿐만 아니라 이는 필연적으로 프롤레타리아 혁명 이데올로기로 귀착하게 된다고 주장하면서 그 예로 싸르트르의 이론을 제시하고 있다. 따라서 사회적 자아를 앞세워 참여의 선언적 표명에 그치고 마는 싸르트르형의 참여는 문학의 위축과 실패를 가져올 뿐이며, 창조적 자아를 강조할 때 한 시민으로서 양심의 소리에 의해 자연발생적으로 현실참여가 이루어지는 지드-카뮈형이 더욱 바람직한 것이라고 강조한다. 하지만 한국의 현실참여는 정치적 참여

---

20) 김붕구, 「작가와 사회」, 『세대』, 67.11.

만을 강조하고 있을 뿐이라고 비판한다. 김붕구의 이러한 창조적 자아와 사회적 자아의 구분은 사실 한 작가에게 있어 통일적 형태로 존재할 수밖에 없는 두 자아를, 비록 논의를 위한 구분이라 해도, 상호배타적인 것으로 구분, 설정함으로써 창조적 자아와 사회적 자아의 관계를 무관한 것으로 만드는 결과를 낳는다. 이에 따라 그가 비판하고 있는 사회적 자아의 현실참여란 사실상 작가가 아닌 한 개인의 현실 참여를 의미하는 것이 되고 만다. 즉 스스로 문학을 통한 현실참여를 배제해 버린 결과를 낳게 되는 것이다.

이러한 김붕구의 주장에 대해 가장 강력한 이의를 제기한 것은 임중빈이었다. 그는 원탁토론에서의 참여 개념은 극도로 혼란된 것으로 순수문학의 집념을 확인하는 데 불과했으며 김붕구가 사회적 자아와 창조적 자아를 구분하여 창조적 자아를 강조하는 것은 작가가 현실을 적당히 외면해도 그만이라는 포석아래 사회참여를 은폐하는 현장부재의 일관된 논조였다고 비판하고 있다. 오늘날 참여는 필연적인 양식의 결집체로서, 이데올로기의 창조없는 참여의 현장이란 그야말로 '무서운 장난꾼의 세계'에 그치거나 부분적 긴장관계만이 지속될 뿐인 순간을 위한 리얼리티로 공전하게 된다고 말하고 있다. 기성적인 이데올로기는 불신하지만 시대정신으로 형성되어야 할 이데올로기를 전적으로 죄악시해서는 무의미한 의식의 축제에 지나지 않음을 비판[21]하고 문제는 우리의 구체적 현실에 있는 것이라고 강조했다. 즉 김붕구가 강조하고 있는 추상의 도덕률은 모순과 갈등에 가득찬 우리의 상황을 변혁하기 불가능한 것이며, 우리의 참여는 소박한 양심의 발로가 아닌 생명을 건 싸움이라는 것을 강조하고 있다.[22] 나아가 참여문학의 문제제기는 집단사회의 관련을 통하여 인간 실체르 실증하고자 하는 것이며

21) 임중빈, 「한국문단의 현황과 장래」, 『현대문학』, 68.1.
22) 임중빈, 「반사회참여의 모순」, 『대한일보』, 67.10.17.

예술성을 상실하지 않는 전제하에 집단의식과 자아의식의 결합작용으로써 문학의 병증법적 발전 요인을 찾을 수 있을 것이라 말하며 참여론이 리얼리즘론으로 심화되기 위해서는 사회구조적 방법 뿐만 아니라 미학적 방법의 동시적 검토가 요청됨을 지적하고 있다.[23] 한편 선우휘는 문학이 고상해서가 아니라 다른 무엇에 써 질 값어치가 없다는 생각에서 결국 문학이란 좋은 의미의 장난감에 불과한 것이라 주장하며 이전의 순수문학 논리를 되풀이 한 후, 그 역시 원칙적으로는 사회참여에 찬성한다고 말함으로써 참여론 자체의 정당성에 대해서만은 부인하지 않으면서도, 참여에 앞서 현실을 어떻게 보느냐가 중요하다고 말하면서 우리 현실은 항상 북과 대처하고 있다는 사실을 염두에 두어야 할 것임을 강조하고 있다. 또 싸르트르를 추종하면 결국 피티이론으로 가게 된다는 김붕구의 의견에는 별다른 근거없이 찬성한다고 말함으로써 문학의 공리성, 효용성에 대한 거부를 명백히 하고 있다. 이러한 선우휘의 논리는 애초에 문학의 현실참여 방법에 대한 논의를 참여론의 이데올로기 문제로 국한시키는 것으로 당대의 지성 메카니즘이 어떤 상태에 있는 것인가를 잘 보여주는 것이다.[24] 이에 따라 이후의 논의는 주로 참여론의 좌경화 문제로 그 초점이 옮겨가는 양상을 보이는데, 싸르트르적인 참여 논리는 결국 좌경화하여 공산주의로 갈 수 밖에 없다는 김붕구의 의견과 이에 동조한 선우휘는 계속하여 많은 작가,비평가들의 비판의 대상이 되었다. 이철범은 싸르트르를 계급투쟁과 동일시하는 오류를 낳는 싸르트르의 이해에 문제점이 있음을 지적하고 앙가주망의 이론적 근거는 '자유'임을 강조한 뒤, 한국에 있어 참여의 문제는 일반적인 全인간이 아닌 구체적 인간, 한국인에 관한 것이어야

23) 임중빈, 「참여문학의 재인식」, 『정경연구』, 68.6.
24) 선우휘, 「문학은 써먹는 것이 아니다 - 사회참여문제의 재대두를 계기로」, 『조선일보』, 67.10.19.

함을 주장하였으며[25], 이호철은 앙가주망이란 그 현장을 떠나 일반적 명제로서는 처음부터 설 자리가 없는 것으로 작가가 처해 있는 구체적 조건속에서 구체적으로 양성된 작가의식이 있을 뿐이라고 주장하면서 구체적 조건을 떠난 일반론으로서의 앙가주망이론의 성립이란 경화된 교조이자 고식적 발상에 불과하다고 비판한다. 바로 이러한 의미에서 선우휘는 세속의 현장논리와 작가의 현장을 뒤범벅하고 있는 것으로 이러한 경화된 이데올로기는 단호히 거부되어야 할 필요가 있음을 제기했다.[26]

한편 김현은 기존의 모든 논의는 서로 감정적 면만을 자극할 뿐, 작품으로 설명할 수 없다는 점에서 지극히 애매모호한 것이라 지적한 뒤, 첫째, 작가의 형성문제 둘째, 창조적 자아와 시민적 자아의 구분을 가능케 하는 시민사회의 적용문제, 셋째, 문학적 언어문제의 해결이 없이는 탁상공론에 불과한 바 이러한 문제들에 대한 어떤 문제제기도 보이지 않는 논쟁은 55년 무렵의 수준과 동일하다고 비판하고, 참여라는 말은 우리시대의 혼란한 양상의 근본적 구조를 밝히는 고고학적 노력으로 바뀌어야 함을 역설하고 있다.[27]

이상 창조적 자아와 사회적 자아의 문제 및 참여문학론의 필연적 좌경화에 대한 논쟁은 논쟁의 단초를 제공한 김붕구로부터 여기에 참가한 논자들 모두를 비판한 김 현에 이르기까지 누구도 참여문학 그 자체의 당위성에 대해서는 부정하지 않고 있다는 점에서 주목된다. 따라서 이 논쟁은 주로 문학의 현실참여가 어떤 방법으로 이루어져야 하는가에 대한 방법적 측면에 대한 논의였고 그런 점에서 참여문학의 당위

25) 이철범, 「한국적 상황과 자유」, 『우리문학의 논쟁사』, 홍신선 편, 어문각, 85.5.
26) 이호철, 「작가의 현장과 세속의 현장 - 김붕구, 선우휘 씨 소론에 대한 의견」, 『동아일보』, 67.10.21.
27) 김현, 「참여와 문화의 고고학 - 김붕구 교수를 둘러싼 글을 읽고」, 『동아일보』, 67.11.19.

성 자체에 대한 논의라 할 수 있는 63~4년 무렵의 논쟁에서 한 걸음 진전한 것이라 하겠다. 이처럼 참여의 방법을 둘러싼 논쟁의 성격을 띠게 됨에 따라 필연적으로 한국적 상황의 특수성을 의식하지 않을 수 없게 되었는데 비록 서로 다른 시각에서이긴 하지만 한국적 특수성을 문제삼게 되었다는 사실 역시 논의의 진전을 보여주는 것이라 할 수 있을 것이다. 또한 사회적 실천의 문제와 작가의 창조적 자아를 어떻게 통일시켜 나갈 것인가 하는 문제가 제기되었던 것도 순수·참여론의 발전을 의미하는 것이 아닐 수 없다.

이 논쟁은 참여문학론의 당위성 자체에 대해서는 인정을 하는 가운데 참여의 방법을 둘러싸고 벌어진 논쟁으로 일단락되는 듯 했지만 김봉구가 「작가와 사회」 재론[28]을 발표하면서 다시 공방이 시작된다. 여기에서는 순수문학론의 대변자로 김양수가 나서고 이에 김병걸, 최일수 등이 대응하고 있다. 김양수는 참여문학은 일종의 유행풍조로서 급진성이라는 허영에 사로잡혀 있는 데 이는 인간과 사회가 부재한 전후의 혼란에 기인하는 것으로 '사회성'이라는 관념의 망령에 사로잡혀 도피문학으로 전락 즉 문학의 자기불신으로 인한 전락에 이르고 말았다고 주장하고, 이는 곧 문학의 영역에 대한 사회적 열등감의 표현으로 사회과학 만능주의의 결과이며 결국에는 정치 원리에 추종함으로써 정치에의 시녀로 떨어질 뿐이라고 비판하면서[29] 다른 한편으로는 그 선봉자로서 싸르트르를 비판함으로써 참여문학의 이론적 근거에 대한 비판을 시도하고 있다.[30] 특히 여기에서는 참여문학을 예술성을 상실한(거세한) 고자문학, 내시문학이라고 비판함으로써 저질 시비를 불러

28) 김봉구, 「작가와 사회 재론」, 『아세아』 창간호, 69.4.
29) 김양수, 「참여문학의 자기미망」, 『현대문학』, 71.5.
30) 김양수, 「참여문학의 문학학살」, 『현대문학』, 71.8.
_____, 「사회참여, 그 악몽의 문학」, 『비평문학』 71년 여름호.

일으키기도 하였다. 이에 곧 참여론자들의 비판이 잇따르고 있는데, 최일수는 먼저 김양수의 논의가 '대중'을 파악하는 데 혼란이 있음을 지적한 뒤 첫째, 참여문학을 유행풍조로 보는 것은 역사적 사조를 바로 보지 않고 있는 것이며 둘째, 참여문학의 개념 파악이 제대로 이루어지고 있지 않아 30년대의 경향문학과 혼돈하고 있으며 셋째, 주체를 특정한 정치세력으로 간주하고 있고 넷째, 문학적 고립화의 독존적 관념에서 참여문학이 사회성 앞세운다고 잘못 비판하고 있으며 다섯째, '시녀'라는 비판은 아무런 근거없는 반박관념의 성급한 노출에 지나지 않는다고 비판하고 이러한 근본적 원인으로 삶의 원리를 단지 '정신의 자각' '정신만의 소산'으로 파악하는 문제를 지적하면서 문학은 기본적으로 사회생활의 테두리 속에서 이루어지는 것임을 강조하고 있다.[31) 이 외에도 선우휘가 젊은 세대 비판에서 출발하여 진보적 지식인과 이데올로기에 대한 비판으로 바뀌었다가 다시 사회주의자에 대한 비판으로 아무런 매개없이 직선적으로 이어나감으로써[32) 문학의 본질에 대한 논의라기보다는 이데올로기에 대한 강박관념을 드러낸 것에 불과하며 지식인으로서의 지성을 포기한 것 같은 감정적 태도는 일종의 새디즘이라는 비판을 받기도 했다.

비록 저질 시비를 일으키는 등 비판의 여지가 없는 것도 아니지만 전체적으로 볼 때, 창조적 자아 논쟁을 통해서 미적 창조성에 대한 인식이 싹트고 이후 70년대의 리얼리즘론으로 이어지는 계기를 만들 수 있었다. 특히 김병걸의 경우 문학의 자율성을 인정하는 가운데 작품에서 형상화된 세계가 인간의 본질적인 파토스를 얼마나 보편적 가치의 차원으로 승화시킬 수 있는가 하는 문제를 제기하기도 하는데[33), 이러

31) 최일수, 「참여문학은 시녀인가」, 『현대문학』, 71.6.
32) 선우휘, 「현실과 지식인 - 증언적 지식인 비판」, 『아세아』 창간호, 69.4.
33) 김병걸, 「고발문의 연발」, 『현대문학』, 69.7.

한 인식은 곧 리얼리즘이란 단지 객관적 사실에 대한 보고로 그치는 것이 아니라 상상력에 근거한 것이어야 하며 리얼리즘적 형상화는 결국 바로 이 객관적 현실과 상상력의 변증법적 통합에 의해 이루어지는 것이며, 문제는 상상력의 '지향성' 즉 작가의 의식이 무엇에 관한 의식인가 하는 문제의식으로 이어지고 있다.[34]

4) 불온시 논쟁 (67.12.28~68.3.26)

김붕구의 발표를 계기로 이루어졌던 논쟁과 비슷한 시기에 또 한쪽에서는 이른바 '불온시' 논쟁이 벌어지고 있었다. 그 발단은 이어령이 문화계의 창조력이 극도로 위축된 이유로 정치적 권력집단의 문화 다스리기, 상업주의 경향 등과 함께 무엇보다 심각한 것으로 이러한 상황에 백기를 드는 문화인 스스로의 타락[35]이라고 지적하자, 이에 대해 김수영이 비판을 가하면서 시작되었다. 김수영은, 이어령의 글은 우리나라 문화인의 무지각과 타성을 꼬집고 있지만 창조적 자유가 억압된 원인을 문화인 자신의 책임으로 돌리고 있는 것은 잘못이며 이보다는 자본주의의 파괴작업이 근본원인임을 주장하고 있다. 즉 오늘날의 '문화의 침묵'은 문화인의 소심증과 무능에서보다는 유상무상의 정치권력의 탄압에 더 큰 원인이 있으며 위기는 아득한 미래의 70년대에 있는 것이 아니라 지금 당장 이 순간의 위기임을 알아야 할 것이라고 역설하고 있다.[36] 이러한 김수영의 반박이 있자 이어령은 다시, 문화는 타살되는 경우보다 해방직후, 4·19 직후처럼 자살하는 경우 더 심각한

---

34) 김병걸, 「사회성과 의식과 상상」, 『현대문학』, 71.8.
35) 이어령, 「'에비'가 지배하는 문화 - 한국문화의 반문화성」, 조선일보, 67.12.18.
36) 김수영, 「지식인의 사회참여 - 일간신문의 최근 논설을 중심으로」, 『사상계』, 68.1.

위기를 맞는다고 하면서 문화인이 대중에 추종하여 문화인 스스로 정치적 예속물로 문화를 장사지냈다고 주장한다. 그리고 문화를 정치수단의 일부로 생각하고 문학적 가치를 곧 정치사회적 이데올로기로 평가하는 오늘의 모순된 사회참여론자들이야말로 스스로 예술 본래의 창조적 생명에 조종을 울리고 있는 사람들이라 비판하고 있다.37) 또 김수영의 반박문에 대한 재반박의 형식을 띤 글에서는, 먼저 어떻게 해야 영광된 사회(불온시가 발표될 수 있는 사회)가 오는가 하는 질문을 던진 뒤 참여론자들은 동물원의 사냥꾼에 지나지 않는다고 비판한다. 계속해서 불온시가 과연 좋은 시인가 하는 질문을 하면서 정치적 입장보다 문화적 입장에서 그런 불온시를 경계할 필요가 있다는 주장을 펼치고 있다. 사회가난과 정치적 폭력을 고발하면 좋은 시이고 심미적이고 전원적이면 언어희롱 현실도피라는 논리의 횡포가 관의 검열관보다 훨씬 더 시 자체를 본질적으로 위협하는 것으로 결코 불온성은 작품의 가치평가가 될 수 없다고 비판하고 있다.38) 이에 김수영이 불온성이란 특정한 정치적 이데올로기를 의미하는 것이 아니라 모든 실험적이고 전위적인 예술이 근본적으로 갖게 마련인 불온성임을 천명하고 있다.39)

결국 이 논쟁은 불온성을 문화의 본질로 해석하야 하는가 아니면 정치사회적인 의미에서 해석해야 하는가 하는 문제에서 더 이상 진전되지 못하고, 불온성을 문화의 차원이 아닌 정치의 차원으로만 이해하는 문인들의 존재에 의해 창조의 자유가 위축된다고 하는 이어령의 주

37) 이어령, 「누가 그 조종을 울리는가 - 오늘의 한국문화를 위협하는 것」, 『조선일보』, 68.2.20.

38) 이어령, 「서랍속에 든 불온시를 분석한다 - 지식인의 사회참여를 읽고」, 『사상계』, 68.3.

39) 김수영, 「실험적인 문학과 정치적 자유 - 오늘의 한국문화를 위협하는 것을 읽고」, 『조선일보』, 68.2.27.

장[40]과 자신의 불온성이 정치적 의미로 좁혀 규정되는 한 논쟁은 무의미한 것이라는 김수영의 주장[41]이 나란히 게재되면서 논쟁은 일단락된다.

이 논쟁은 구체적인 문화적 상황에 대한 인식의 차이에서 출발하여 구체적인 시 장르를 문제삼음으로써 단지 이념적 차원만의 논쟁이 아닌 구체적 작품분석을 동반한 그리하여 문학의 본질에 대한 논의로까지 발전할 수 있는 가능성이 있었지만 결국에는 시의 '불온성'의 의미를 해석하는 입장의 확인에서 그치고 말았다. 이처럼 작품을 근거로 한 논쟁이 이루어지지 못하고 단지 문화적 현실에 대한 시각의 차이를 확인하는 것에 머물고 만 것은 그러한 시각의 차이를 불러일으키는 현실에 대한 분석을 하지 못한 데에 기인하는 것으로 결국 이 논쟁은 중도무산될 수밖에 없는 성질의 것이었다. 이는 두 사람의 개인적 한계이기도 하지만 근원적으로는 그러한 현실에 대한 논의 자체가 어려웠던 상황적 이유 때문이라고도 할 수 있을 것이다.

3. 맺음말-순수·참여 논쟁의 문학사적 의미

이상 순수·참여 논쟁의 전개과정을 살펴보았는데, 이 논쟁의 일차적 의의는 논쟁의 구체적 내용이나 수준보다는 식민지 시대 이후 단절되었던 문학적 전통이 논쟁의 과정에서 당대 문학의 핵심적인 과제로 부각됨으로써 비로소 문학발전을 위한 정상적인 상태를 회복했다는 데 있다고 말할 수 있을 것이다. 따라서 오랜 기간의 이념적 공백을 거쳐 새롭게 시작할 수밖에 없었던 순수·참여문학론이 문학론 자체의 정당

40) 이어령, 「불온성 여부로 문학을 평가할 수는 없다」, 『조선일보』, 68.3.26.
41) 김수영, 「불온성에 대한 비과학적인 억측」, 『조선일보』, 68.3.26.

성과 개념 적용에 관한 원론적, 추상적 수준에서 시작한 것은 당연한 것이라 할 것이다. 60년대에 강단비평이 본격적으로 이루어질 수 있었던 것도 바로 이러한 추상적 수준의 논의에 구체적 살을 붙여나가는 이론적 작업의 일환으로 생각할 수 있을 것이다.

60년대 순수·참여 논쟁의 또 하나의 의미는 전후 사상에서 빚어져 내재화되었던 좌절감과 허무의식을 극복하는 한 과정이었다는 사실이다. 비록 그 역사적 과제를 오늘날에까지 넘겨주고 있지만 4·19를 통한 민족적 현실에의 각성은 문학의 현실에 대한 관심을 고조시킴과 동시에 이후 리얼리즘론으로의 발전을 가능하게 했다. 물론 리얼리즘의 문제가 논의의 중심으로 떠오른 것은 60년대 말 이후 70년대에 들어서였지만, 이러한 발전은 결국 60년대 내내 펼쳐졌던 논쟁의 산물이 아닐 수 없다.

10여 년 이상의 기간 동안 이루어진 공방 속에서 문학의 본질에 대한 전 문단적 성찰의 계기를 만들고 있으면서도 순수·참여논쟁이 명쾌한 결론을 내리지 못한 것은 문학의 본질 규정 자체의 어려움 즉 예술적 기능과 인식적 기능 중 그 어느 것만을 선택할 수 없는 어려움과 관계있는 것이기도 하지만, 한편으로는 그러한 논쟁을 합리적으로 수행할 만한 사회적, 문학적 여건의 미비 때문이라고 할 수 있을 것이다. 순수·참여 논쟁 자체가 발전적 모습으로 이루어지지 못하고 단선적 논리의 악순환이라는 비판을 받을 정도로 대립적 양상으로만 지속되었던 사실은, 시민적 질서에 기초하고 다수의 의견을 원칙으로 삼는 합리적 사회발전이 이루어지지 못하고 외부로부터의 발전으로 시작된 우리 근대사의 변형에 그 궁극적 원인을 두고 있는 것일 터이다. 이와 함께 다분히 문단의 헤게모니를 둘러싼 압력의 수단으로 논쟁이 작용하고 있는 점 또한 부인하기 어려운 것이 사실이다. 즉 전쟁과 분단 이후 문단을 장악한 순수문학측의 '순수'이데올로기에 대해, 민족적 현실에 눈을 돌리지 않을 수 없는 현실이 펼쳐지기 시작하면서 현실참여의 논리가 자연스럽게 대두하게 되고 이러한 두 이념의 대립이 문학론을 통해 이루어지게 된 것이다.

그런데 이러한 참여론에 대해, 비평의 追隨적 자세를 보인다고 비판[42]하는 것은 비판을 위한 비판에 지나지 않는다. 즉 현실참여 논의가 50년대 전후가 아닌 60년대에 이루어진 것은 4·19에 편승한 지식인의 현실참여이자 당대 유행사조에 편승한 것이라는 논리는 참여론을 의도적으로 폄하하려는 것에 불과하다. 비록 서구의 참여론이라는 다분히 원론적이고 추상적인 수준의 참여론을 통해 시작되었지만 현실을 외면하는 문학에 대한 각성을 촉구하는 목소리가 점점 커지면서 점차 시각을 민족적 현실로 돌리는 계기가 될 수 있었기 때문이며 이들의 목소리는 4·19의 지적 충격을 통해 60년대의 정치적, 사회적 상황에 대한 타개의지를 문학적으로 표현한 것이기 때문이다. 또한 서구의 유행 사조는 이후의 전개과정에서도 나타나듯이 애초부터 우리 현실에 그대로 적용되기 어려운 것이었다.

이상과 같은 의미에서 순수·참여 논쟁은 잘못 설정된 쟁점을 둘러싸고 벌어진 반복적 논쟁이 아니라 7,80년대 리얼리즘과 민족문학의 발전의 밑거름이 되는 불가결한 단계였다고 할 것이다.

---

42) 홍문표, 「참여문학과 순수문학」, 『독서신문』, 79.5.13.

1960~70년대 문학비평 담론 속의 '민족(주의)' 이념의 두 양상

1. 민족 · 민족주의의 양면성-역사적 허구로서의 '민족(주의)'

국민적 합의에 따른 정권의 창출이란 면에서 한계를 안고 있던 박정희 정권은 정부 주도의 개발 이른바 '조국근대화'를 위한 국민 동원의 필요성에 따라 강력한 국가주의 이데올로기를 견지해 왔다. 그러한 지배 이데올로기의 중심에 '민족' 이념이 존재한다. 박정희 정권이 4·19를 통해 확인된 저항과 해방의 이념으로서의 민족주의를 부정하지 못하고 4·19정신을 계승한다는 표현을 거듭 강조한 이유도 여기에 있다. 국가주의적 민족주의의 대표적 표현이라 할 수 있는 국민교육헌장의 제정(1968), 민족주의와 국가주의를 학교교육제도로 뒷받침하기 위한 국사 과목의 독립 교과로의 편성(1974), 국민의식의 통제 이데올로기로서 민족주의와 국가주의를 사회적 차원에서 강력하게 뒷받침하기 위한 주민등록제도의 실시 등이 주요한 제도적 장치라 할 수 있다.

하지만 제국주의적 간섭의 온존과 민족의 분단은 식민지 시대의 뒤를 이어 저항과 해방의 이념으로서의 민족주의를 반체제운동의 이념으로 존속시켜 왔다. 그 결과 아래로부터의 저항적 민족주의와 위로부터의 동원된 국가주의가 절묘하게 공존, 민족 이념과 국가주의를 함께 강화하는 사태를 빚어왔다. 이러한 상황 속에서 1960~70년대 문학비평 영역에서는 민족과 국가의 이념을 둘러싼 본격적 논쟁이 '민족문학론'을 통해 본격적으로 전개된다. 문학비평 담론들은 그 각각의 진보성이나 보수성에 관계없이 모두 '민족(문학)'이라는 거대담론의 틀 내에서 존재해 왔다.

본 고에서는 먼저 '민족'개념을 둘러싼 이 시기의 문학 속에 권력담론으로서의 민족주의와 국가주의 이데올로기가 보수 진영의 문학 담론 속에서 어떻게 변형, 반영되고 있는지 살펴보고자 한다. 이는 특히 최근의 민족주의 비판 담론조차 당대 권력 담론의 핵심 내용에 대한 정공법적 천착으로 나아가지 못하고 있는 반면, 여전히 그 위력을 발휘하고 있는 박정희식 근대화론으로의 회귀 경향을 볼 때 더욱 더 그 필요성을 절감하게 되는 대목이다.[1] 또 이러한 권력 담론에 대한 대항담론으로서의 당대 민족문학(론)에 대한 재분석과 재평가가 필요하다. 특히 이 시기 근대화론의 핵심에 대해 어떤 문학적 대응이 이루어지고 있으며 과연 그러한 대항이념은 민족주의 및 국가주의에 내재하는 획일적 한계를 극복하고 있는지에 대한 연구는 실로 중요한 사항이 아닐

---

1) 박정희의 경제개발을 '이념적으로 볼 때 5·16 산업화 체제는 당시 최고통치 엘리트의 통치이념이던 일종의 경제민족주의의 표현'으로 바라보거나, 안보·자주·통일·민주화 같은 민족적 과제를 달성하기 위한 기존전제로서 경제발전, 산업화를 최우선적 과제로 설정했다는 측면에서 그가 추구했던 민족주의는 일종의 '산업화 민족주의'로 바라보는 입장이 그 대표적인 것들이다. 결국 박정희식의 강압통치는 경제발전을 위해 어쩔 수 없는 것이었고 정당한 것이었다는 결론을 내리는데, 그 근거로 후발산업국가인 독일과 일본의 예를 들고 이들의 경제민족주의를 5·16군사정권에도 적용시키고 있다. 하지만 이는 당대의 현실을 구체적으로 분석하기보다는 다른 환경 속에서 이루어진 경우를 갖다 맞춰 놓은 것일 뿐이다. 대표적으로, 김세중(「5·16 - 산업화 민족주의 혁명」, 정성화 편, 『박정희시대 연구의 쟁점과 과제』, 선인, 2005, 90~96면) : 김일영(『건국과 부국』, 생각하는 나무, 2004)

수 없다.

기존 연구들의 대부분은 궁극적으로 민족 이념 자체가 어떠한 민족사적 저항의 논리로 표면화되고 있느냐를 해명하는 데 맞추어졌다. 그 결과 근대성 - 민족 해방 - 민주주의적 변혁 - 민중 연대성 - 리얼리즘이라는 도식화된 발전사관을 문학의 내적 발전으로 수렴하고 있는데, 이런 식의 논의는 문학 특유의 내재적인 문제들을 근대성의 진보 논리로 치환한 데서 오는 폐쇄적인 도식주의에 입각한 것이라는 혐의를 떨칠 수 없다. 민족 이념 자체는 근대성을 실현하는 중요한 인식론적 혹은 실천적 기반을 내재하고 있음에도 불구하고, 다른 한편 근대성이 갖는 양면성만큼이나 다양하고 모순적인 측면들을 함의하고 있는 것이기 때문이다.

이제까지의 민족 이념을 둘러싼 논의들은 저항 민족주의에 대한 찬양이거나 국가주의에 대한 비판 일변도의 연구 시각을 보여 온 것이 사실이다. 특히 1960년대에 제출된 내재적 발전론은 문화 부문의 연구에 있어서도 우리 민족 독자의 문화적 성취와 그 전통을 발견하는 데 중점을 두게 만들었다. 그 결과 은연중 민족적 동일성의 신화에 기대거나 알게 모르게 국수적 민족주의를 강조하고 그럼으로써 궁극적으로는 국가주의 이데올로기를 강화하는 데 기여하는 결과를 자아내기도 했다. 특히 주목해 볼 것은 저항적 민족문학이 기반하고 있었던 해방적 인간학은 과연 지배 이데올로기로서의 민족주의적 동원 논리의 근원적 한계로부터 얼마나 자유로운가 하는 점이다.

민족 이념은 추상적으로 존재하지 않고 구체적 역사적 국면과 결합하여 존재하는, 즉 역사적으로 끊임없이 생성·변이하는 이념이다. 60~70년대의 민족 혹은 민족주의 이데올로기의 생성과 변모에 대한 고찰도 이러한 인식을 바탕으로 이루어져야 한다. 이러한 고찰은 이념 그 자체로서 얼마나 옳고 타당한 것인가 혹은 부당한 것인가를 묻는 것이 아니라, 어떤 역사 시기에 어떤 방식으로 구성원들에게 내면화되어 역사의 추진력으로 작용했는가를 묻고자 하는 것이다. 민족 이념 및 국가주의 이데올로기가 대다수 민족 구성원에게 영향력 있게 호소될 수 있었던 것은 보수적인 민족주의적 사유가 주장하는 혈연(의식) 때문이거나, 좌파의 인민통일전선적 민족해방론이 주장하듯 인민의 계급적 처지에 대한 자각 때문이 아니라, 이데올로기적 국가기구와 제도적 장치 그리고 살아있는 문화의 양식을 빌어 민족 구성원들에게 감수되고 내면화될 수 있었기 때문일 것이다. 따라서 민족 이념과 국가주의의 관계, 민족 이념이 갖는 양가적 성격을 고려해야만 그것의 역사적 변이태들을 제대로 이해할 수 있다. 민족주의의 양면성은 한편으로는 파시즘이나 국수주의의 이데올로기로 다른 한편으로는 제국주의와 식민지 사이의 모순을 극복하기 위한 제3세계 민족해방운동의 이념으로 표현되기 때문이다. 이러한 민족주의의 양면성이란 서로 다른 민족주의의 표현이라기보다는 민족주의 이념에 공존하는 특징이다.

'민족'이념은 허구적인 것이지만 동시에 '역사적으로 필연적인 이념'이다. 즉 민족 이념은 근대적인 지각변동을 반영하고 있는 정신적 산물임과 동시에 근대적 삶의 구조 위에서 만들어진 '역사적 산물'인 것이다. 민족을 '문화적 인공물'이나 '상상된 허구의 공동체'로 규정하는 것은 다양한 욕망과 삶의 지향점을 갖고 있는 개인들을 단일한 집단적 의지를 갖는 '민족'/'국민'으로 추상화함으로써 지배 헤게모니를 정당화시키는 '관념'으로 치환하고 있음을 지적하고 있다. 하지만 우리 사회의 경우, 민족 이념은 식민지 경험과 분단, 전쟁과 군사독재의 경험 그리고 그 가운데 변화하는 문화적 지형 속에서 이루어진 필연적인 산물이다. 근대적 개념으로서의 '민족'이념을 바라보는 단층적인 시각을 극복하고 민족 이념이 갖는 저항적 문맥뿐만 아니라 모순되고 착종된 부분까지 근본적으로 재검토할 필요성이 여기서 제기된다.

이러한 연구가 절실한 것은, 근대화 담론의 연장·확장태로서의 1990년대 이래의 세계화 담론—그리고 그 한 갈래로서의 동아시아 담론—이 민족주의와 국가주의를 전면에 내세웠던 1970년대의 '근대화 담론'에 대한 아무런 반성적 추찰 없이 제기되고 있는 현실 속에서, 이에 대한 민족문학 담론의 적극적 대응은 나타나고 있지 않기 때문이다.

최근 몇 가지 연구 경향은 이러한 지점에 대한 반성적 성찰의 계기를 제공하는 것으로 보인다. 하나는 최근 관심과 논쟁의 대상이 되고 있는 포스트 콜로니얼리즘 이론을 수용한 연구로서, 이 경향은 식민성의 문제를 새롭게 제기함으로써 민족 이념 문제를 다시 부활시키고 있다. 하지만 그것은 단순히 민족 이념을 주장하는 것은 시대착오적이라고 주장한다거나 혹은 민족적 모순이 여전히 존재하고 있으므로 민족 이념을 새롭게 갱신하고 재건해야 한다는 이분법적인 논의를 벗어나 있다. 포스트 콜로니얼리즘의 시각에서 민족 이념의 문제는 어떤 민족이 갖고 있는 고유한 정체성이란 무엇인가를 묻는 질문으로부터 시작된다. 거기에 대한 해답은 민족 이념이 중심적 지위를 차지한 시대적, 시기적인 상황에 따른 구체적인 현실에서 찾아야 하며, 이를 위해서는 민족 이념 자체가 고정되어 있고 분명한 실체가 있는 어떤 것으로 반드시 한 민족의 역사 속에서 구현되어야 할 불변의 이념적 틀이라고 인식하는 태도를 버리고, 대신 민족 이념 혹은 그 대항의 논리는 시기에 따라 가변적이며 얼마든지 상황에 따라 역으로 재구성될 수 있는 '움직이는 준거틀'임을 인정해야 한다는 것이다. 이러한 입장에 기반한 연구는 비록 식민성-탈식민성의 준거틀로 다양한 모순들을 환원하는 경향이 있음에도 불구하고, 민족 이념의 생성, 변이의 양상과 기능을 한층 역사적, 구체적으로 이해할 수 있는 발판을 제공해준다.

또 하나는 과거의 민족 이념이 불가피하게 내포할 수밖에 없었던 부정적 측면, 특히 국가주의로 나아가 현실 정치적 이데올로기로 전화하는 경향에 대한 급진적 비판에 입각한 논의들이다.2) 이들 논의는 민족 이념이 식민지적 상황에서의 민족적 저항의 기제로서 작용하였다는 역사적 의의와 더불어 현실정치의 가장 민감한 촉수로 작용하여 제도적이고 획일적인 역사 인식의 매개물로 언제든지 변형되고 왜곡될 수 있다는 혐의 또한 내재되어 있음을 강조하며, 그러한 변형과 왜곡이 국가에 의한 지배 이데올로기로 기능하여 결국 파시즘으로도 연결될 수 있음을 경계한다. 이러한 민족 이념과 국가주의의 관련에 대한 급진적 비판은 한편으로는 현 세계에서 현실정치의 기본 단위인 국민국가가 지니는 실천적 의의에 대한 아나키즘적 부정이라는 혐의에서 자유로울 수 없음에도 불구하고, 다른 한편으로는 민족 이념을 둘러싼 기존의 사유를 넘어서는 새로운 사유로의 접근을 위한 문제의식을 제공해준다.

본 연구는 이러한 최근의 연구 경향이 제공해주는 새로운 계기들을 수용하되, 포스트 콜로니얼리즘적 경향에서 나타나는 환원주의라든가 국가주의 비판 경향에서 나타나는 아나키즘적 부정의 경향을 경계하면서, 1960~70년대 문학비평 담론에 나타난 '민족' 이념과 국가주의의 변모양상에 대해 살펴보고자 한다.

---

2) '대중독재'라는 틀로 당대를 바라보는 이 시각은 대중들이 '개발주의적 욕망'을 실현한 것이 박정희 시기의 진실임을 주장한다. 그간 사회운동과 대중들의 일상 속에 침잠되었던 국가주의, 개발주의적 측면을 지적함은 타당하지만, 과연 당시 체제와 대중들의 일상을 둘러싼 모순에 대한 인식이 부재한 합의독재의시기로 일반화하는 것은 탈역사적인 문제 인식에 그쳐 사회의 변화 가능성이 봉쇄된 역사 해석으로 귀착될 가능성이 크다. 대표적으로 임지현, 『민족주의는 반역이다』, 소나무, 1999.

2. 민족적 '주체'의 확립을 둘러싼 헤게모니 투쟁

1) 민족(주의) 이념 분화 이전의 논쟁–전통론과 순수 참여론

1950년대는 민족주의에 대한 논의 자체가 불가능한 시기였다. 미국의 원조경제와 친일파의 득세, 이승만의 '북진통일정책'이 유일한 민족문제 해결책으로 공언화되는 상황에서는 민족주의를 언급하는 것 자체가 곧 용공으로 인식되는 상황이었기 때문이다. 가장 정론적인 종합지였던 『사상계』에도 50년대에는 겨우 1년에 한 편 정도의 민족주의에 관한 글이 실렸을 뿐이며 그나마도 반 이상의 논의가 아시아, 아프리카 등의 민족주의를 논하는 글이었다. 민족주의에 대한 논의는 4·19를 겪고서야 어느 정도 가능했는데, 해방 이후 1960년대까지 민족주의는 주로 지배 담론으로서의 위치에 서 있었다. 1970년대 유신체제의 성립 이후 민족주의는 더욱 노골적으로 독재권력의 통치를 합리화하는 도구로 사용된다. '한국적 민족주의'라는 구호에서 나타나듯 민주주의의 보편적 요구를 민족의 특수성이라는 이름으로 저항세력을 억누르는 도구로 노골적으로 사용한 것이다.

1960~70년대 권력 담론으로서의 민족주의와 국가주의의 실질적인 핵심 내용은 근대화 담론이었다. 박정희가 제시한 '조국근대화'는 사실상 경제적 자립, 공업화를 의미한 것으로 자유주의 경제질서와 反공산주의, 대기업 주도의 경제발전, 서구적인 자본주의 발전을 그 내용으로 하고 있다. 이 발전주의의 논리는 제3세계 후발자본주의 국가의 지도자들이 일반적으로 견지한 민족주의의 담화를 사용했지만, 분단 상황과 쿠데타 세력의 역사적 기반을 감안한다면, 그것은 정치적 동원을 위한 수사에 불과했다. 왜냐하면 발전이념으로서 민족주의는 식민지 경제질서의 청산과 경제적 자립을 일차적으로 내걸어야 할 것이나 박

정희 정권이 표방한 '조국근대화'의 구호는 한·일국교정상화 과정에서 드러났듯이 민족주의와는 거리가 있는 것이었기 때문이다.[3)]

'민족중흥의 역사적 사명'이라는 기치가 상징하듯이 박정희 정권은 민족이념을 적극적으로 정권의 논리로 변형·왜곡함으로써 국가주의의 지배 이데올로기로 전화시켰다. 즉 개발이 '민족중흥의 역사적 사명'임을 강조하는 성장 이데올로기에 부응하여, 개인이 성공을 추구하는 것을 욕망의 차원을 넘어선 '도덕'으로 만들었다. 경제적 근대화를 이루는 것은 민족적, 국가적 과제이므로, 개인적 성공의 논리는 단지 경제적 의미만 지니는 것이 아니라 국가주의 이데올로기의 성공과도 맞닿아 있는 것이다.[4)] 개인이 경제적으로 잘 살려고 노력하는 것은 민족을 중흥시키기 위한 최우선의 과제이므로 출세에 실패한다는 것, 즉 '전락'은 개인의 경제적 몰락을 의미할 뿐 아니라 민족적 과제를 성실히 수행하지 않는 것, 국민 된 도리를 다하지 않는 것을 의미하게 되는 것이다. 그러므로 '성공'을 규범으로 삼음으로써 이 시스템에 진입

---

3) 김동춘, 「1960,70년대 민주화운동세력의 대항이데올로기」, 역사문제연구소 편, 『한국정치의 지배이데올로기와 대항이데올로기』, 역사비평사, 1994, 229~230면.
후발 산업화 국가의 경우 선진 산업화 국가를 따라가기 위해 빠른 경제개발을 추진하면서 강력한 민족주의를 동원하는 것은 일반적인 현상(톰 네언·백낙청 편, 「민족주의의 양면성」, 『민족주의란 무엇인가』, 창작과 비평사, 1981, 227~233면)이라고 할 수 있는데, 박정희 정권의 민족주의 역시 그의 집권 구호였던 '조국근대화' 정책과 처음부터 긴밀히 연결되어 있었다. 그러나 민족 주체의식, 자립의식 등 정서적이고 정신적인 차원에서의 민족주의 강조 이외의, 식민지를 경험한 3세계 민족주의가 보편적으로 지니고 있던 외세 침략 혹은 예속 강요 등을 경계하거나 저항하는 논리는 거의 찾아보기 어렵다.

4) 예컨대 이 시기 인구 구성의 대다수를 차지하고 있던 농민들의 현실수용 방식은 체념적 순종에 바탕을 두거나 농촌으로부터의 탈출을 염두에 두는 것이었는데, 이들의 분산성과 고립성 및 국가와의 수직적인 통제-피통제 관계는 농민들의 자생적 조직화를 차단하고, 이들을 동원의 대상으로 만들었다. 농촌으로부터 벗어나 노동자가 된 대부분의 농촌 출신 저학력 여성노동자들은 출발부터 공장제도에 대해 거부감과 두려움을 갖기보다는 농촌의 빈곤을 탈출할 수 있는 기대와 희망의 대상으로 생각했다. 김동춘, 위의 논문, 220~224면.

한다는 것은 근대화와 동시에 극단적 국가주의 체제에 편입하는 것을 의미하는 것이고 '전락'은 시스템에서의 일탈, 즉 올바른 '국민'의 일원이라는 위치에서의 탈락을 의미하게 된다.

이상과 같은 권력 담론의 영향력에 대한 이해가 전제될 때에만, 민족문학이란 무엇인가를 놓고 1960~70년대의 문학비평 담론 내에서 제기된 민족과 국가의 이념을 둘러싼 논쟁, 그리고 그 전사이자 문학의 사회적 역할 문제에 대한 논쟁으로서의 1950년대 말에서 60년대 중반까지 펼쳐진 전통론 및 1960년대 문단의 순수·참여 논쟁의 본질을 제대로 이해할 수 있으며, 그 각각의 진보성이나 보수성에 관계없이 모두 '민족(문학)'이라는 거대담론의 틀 내에서 '민족'이념을 둘러싸고 전개된 치열한 이데올로기적 헤게모니의 대립양상을 펼쳐 보인 1970년대의 '민족문학론'을 제대로 읽어낼 수 있다.

1960년대에는 '민족문학론' 자체가 논쟁의 뚜렷한 초점을 형성하였다기보다는 전통론과 순수참여론의 양상으로 논쟁이 이루어진다. 먼저 1950년대 문학의 경우 민족주의는 곧 애국심으로 치환되고 반공이데올로기의 필연성으로 환원되는 모습을 보여준다. 50년대 문학에서 개인의 죽음을 장엄하게 그리고 민족의 정통성을 강조하면서 애국을 설파하는 이면에는 바로 이러한 논리가 깔려 있는 것이다. 이 때 민족은 구체적인 삶을 살아가는 민중의 논리를 담지 못한 추상적이고 애매한 이념에 불과한 것이다. 이처럼 50년대 문학에서 민족 이념은 쉽게 반공 이데올로기로 전환되고 나아가 전쟁 파시즘의 논리로 극단화되기도 한 것이다.

1950년대에서 60년대에 걸쳐 진행된 '전통론'은 한편으로는 근대적 담론의 대타적인 의미로 사용되는 동시에 근대적인 계몽의 프로젝트 안에서 움직이는 동적인 이데올로기로서의 역할을 담당했다. 즉 이 시기 전통을 둘러싼 논의는 '세계적 동시성'의 추구라는 근대화 논리에 대한 저항담론으로서 또 한편으로는 이 전통의 내면화를 통해 새로운 사회와 국가의 건설이라는 과제를 달성하고자 했던 지배담론으로서의 양가적인 모습을 보여준다.

1950년대 중반 이후 우리 평단의 주요 주제였던 전통 논의에서 전통 부정론을 펼쳤던 이어령 등 평론가들에 맞서 전통 옹호론을 펼쳤던 기성 문인들과는 또 다른 차원에서, 당시의 국문학 연구자들이 참여한 사실 자체가 국문학 연구라는 학문 분과가 문화에서의 민족적 전통의 발굴, 고안 및 그 확산을 통해 '국민'들에게 문화적 일체감을 부여하려는 국가주의적 노력의 일환으로 작용하기도 했다. 1960년대 들어 국학계를 풍미했던 '내재적 발전론'은 그 실증적 정당성 여부를 떠나 강렬한 '민족주의적' 의도와 결합되어 있음을 부정하기 어렵다. 요컨대 민족적 위기에 대응하는 문학적 실천을 강조하는 이러한 연구 경향은 간접적으로 우리 문학에 나타난 민족 이념의 탐색과 무관하지 않은 것이다. 이는 1970년대의 진보적 문학운동의 이념으로 정식화된 '민족문학론' 곧 아래로부터의 저항적 민족주의와도 통하면서, 다른 한편으로는 국가 상실의 시대의 정통성을 국권 회복의 노력으로 복원하려는 위로부터의 국가 차원의 의지와도 모순되지 않는 성질의 것이었다. 따라서 이 무렵의 성과들은 민족 이념이나 국가주의 이데올로기에 내포될 수 있는, 저항이나 해방적 열정과는 또 다른 부정적인 측면에 대해서는 거의 간과하였다고 할 수 있다.

문학의 순수성과 자율성을 옹호하는 주장과 문학의 사회적 책임과 역사의식을 강조하는 주장의 대립은 순수·참여논쟁에서 뚜렷이 드러난다. 서정주·김동리·선우휘·이형기·김양수·김붕구·이어령 등이 문학의 자율성과 순수주의를 옹호하는 입장에서, 그리고 김수영·김병걸·김우종·임중빈·최일수·구중서 등이 문학의 사회적 책임과 역사의식을 강조하는 입장에서 치열한 논전이 전개되었다. 이 논쟁은 현실의 비참함에 대해 작가가 과연 외면할 수 있는가 하는 작가의 양심 문제를 제기하는 차원에서 시작되었지만, '창조적 자아와 사회적 자아'의 문제 및 참여문학론의 좌경화에 대한 논쟁으로 발전한 60년대 후반의 논쟁은 참여 문학의 당위성을 인정하는 위에서 문학의 현실 참여가 어떤 방법으로 이루어져야 하는가에 대한 방법적 측면에 대한 논의로 진전된다. 이처럼 참여의 방법을 둘러싼 논쟁의 성격을 띠게 됨에 따라 필연적으로 한국적 상황의 특수성을 의식하지 않을 수 없게 된다.[5)]

순수문학론은 특히 문학과 현실의 관계 및 문학과 이데올로기의 관계에 대해 부정적인 인식을 드러내는데, 이러한 부정적 인식은 분단상황과 민족통일에도 연관된 것으로서 참여론을 공격하는 중요한 도구로 사용되었다. 이들의 논리적 근거는 실상 매우 간단하다. 문학의 순수성을 강조하고 현실참여적 문학론을 사회주의 문학론으로 비판하는 것이다. 즉 분단과 민족의 통일에 대한 논의를 핵심으로 삼고 있는 참여문학을 프롤레타리아 문학과 등치시킴으로써 참여론을 좌경이론으로 몰아가는 모습을 보여주었는데, 이들의 논의에 내재하는 레드 콤플렉스는 당시 정권이 유포하는 국가안보논리와 직접 맞닿아 있는 것이라 할 수 있다. 즉 6·25를 경험한 사람들의 내면에 공포로 자리잡고 있는 레드 콤플렉스를 자극함으로써 갈등과 위기의 순간마다 다른 비판적 담론을 봉쇄하고 국민을 통합하는 수단으로 삼는 국가주의적 논리에 충실히 따르고 있는 것이다. 이러한 논리는 해방직후 좌우익논쟁 때의 논리와 거의 달라진 바가 없는 것인데, 이는 순수문학 진영에서 그동안 자체 내 이론의 심화나 시대적 변화에 따른 자기 갱신의 과정이 없었음을 말해주는 것이다. 이러한 사실은 분단과 전쟁을 겪으면서 남한에서 좌익이 거의 소멸되어버린 상황에서 오는 자기갱신노력의 부족에

5) 논쟁의 자세한 전개과정은 졸고, 「1960년대 순수·참여논쟁의 전개과정과 그 문학사적 의의」, 김윤식 외, 『한국 현대비평가연구』, 강, 1996 참고.

서 기인하는 것이기도 하지만 보다 근원적으로는 구체적 현실을 외면한 순수문학 이론 자체의 허약함을 말해주는 것이기도 하다.6)

참여문학론의 경우 초기에는 구체적 현실에 근거한 문학적 자세를 취할 것을 주장하고 있으면서도 실제로 그 구체적 현실에 대해서는 '빈궁' 혹은 한국적 특성 정도의 추상적 설명에 그치고 있다. 게다가 이들이 서구의 현실 참여론을 근거로 하여 전개했던 순수·참여 논의는 원론 이상의 의미를 지닐 수 없는 것이었다. 그들은 사르트르의 '앙가주망'을 수용하여 작가의 양심과 문학의 사회적 책임을 강조한다. 하지만 이러한 논리 역시 김붕구에 의해 사회주의 문학으로 귀결될 뿐이라는 비판을 받게 된다. 주어진 틀 속에서의 논의만이 가능했던 60년대적 상황 자체에 갇혀 논리적 틀을 깨지 못했던 점 및 서구 이론의 수입으로 한국현실의 모순을 진단하고자 한 점 등 그 한계가 나타날 수밖에 없었던 것이다. 결국 이들 역시 구체적인 한국의 현실을 논하지 못한 채 원론적인 의미에서의 참여, 작가의 태도 등 논리에 앞선 의지의 강조로 맞설 수밖에 없었던 것이다. 다만 문학의 사회적 효용성에 대한 문제제기를 통해 참여 문학의 의미와 특성을 분명히 제시하고, 서구의 참여론을 통해 '문학론'의 확립을 위해 노력함으로써, 문학 및 예술 활동은 사회적 활동의 일부분이며 따라서 그것은 현실에 대한 구체적 인식을 바탕으로 해야 한다는 참여론의 논리적 정당성은 확보할 수 있었다. 그리하여 논쟁은 참여문학의 당위성 자체에 대한 논의에서 참여의 방법을 둘러싼 논쟁의 성격으로 변화하고 필연적으로 한국적 상황의 특수성 즉 분단현실에 눈을 돌리는 계기를 마련하게 된다. 따라서 이 논쟁의 가장 큰 의미는 이전의 모든 전통이 단절된 상태에서 전후비평의 탈이데올로기적 상태를 깨뜨리고 이념적 논의의 장을

6) 김영민, 『한국현대문학비평사』, 소명, 2000, 297면.

마련하는 계기를 이룬 점이라 할 수 있다.

논쟁은 백낙청과 조동일의 순수문학론에 대한 비판으로 마무리된다. 이들은 순수문학은 김동리의 제3휴머니즘처럼 자신의 현실을 외면하고 넘어선 저편에서 무한한 상상력을 발휘해 현실을 마음대로 요리하고자 하는 문학[7]이며, 건실한 중산계급의 발전을 본 일도 없는 한국사회에서 유럽 부르주아지 시대의 예술지상주의를 금과옥조처럼 내세우는 것은 정리 안 된 전근대적 자세를 제대로 소화하지 못한 근대서구 예술이론을 빌려 옹호하려는 노력으로서, 이는 정치 경제면에서 유럽 중산층의 정치 경제 이념을 핑계로 한국의 후진적 사회구조를 견지하려는 것과 정확히 대응되는 현상이라고 비판한다.[8] 그리고 그러한 순수주의의 근원은 권위주의와 비생산성을 지닌 특권층의 생활태도에서 비롯된 것으로 따라서 역설적으로 비순수의 속성을 지닌 집단의 태도에서 비롯되는 것임을 지적한다. 이러한 비판과 함께 백낙청은 민족의 분단현실과 민족공동체에 대한 관심을 환기시키는데 이러한 관심이 바로 1970년대 민족문학론의 중추를 이루게 되는 것이다.

2) 동원대상으로서의 민족과 삶의 주체로서의 민족-'민족문학' 개념을 둘러싼 논쟁

위로부터의 민족주의를 강조하는 것은 민족을 합일적으로 만들어 내부통합의 체제를 유지하기 위한 것이다. 따라서 여기에서의 민족이란 통합 대상으로서의 민족이다. 민족 내의 대립과 분열보다는 민족의 통합성, 일체성을 강조함으로써 민족주의 이데올로기는 계급·계층간의 대립·갈등에서 헤게모니를 장악하고자 하는 지배계급의 이데올로기

7) 조동일, 「순수문학의 한계와 참여」, 『사상계』, 1965년 10월호
8) 백낙청, 「새로운 창작과 비평의 자세」, 『창작과 비평』 창간호, 1966년 겨울.

로 작용하게 되는 것이다. 이에 반해 해방적 인본주의에 근거한 '저항 민족주의'는 삶의 주인으로서의 민족 즉 주체로서의 민족을 강조한다.

'민족문학'이란 용어가 문단의 새로운 관심을 모은 것은 <한국문인협회>의 기관지인 『월간문학』 1970년 10월호에 민족문학 특집을 마련한 것이 계기가 되었다. 장구한 역사에도 아직 이루지 못한 민족문학의 완성을 목표로 내건 특집에는 문덕수, 이형기, 김상일, 김 현 등이 참여했는데, 김 현을 제외하면 모두 이른바 보수 진영의 문인들로 이들의 논의는 몇 가지 점에서 공통적 특성을 보여주고 있다.

민족문학의 개념에 대해 문덕수는 "민족의식에 입각하여 민족의식이 반영된 문학"[9]으로 규정한다. 여기서 그는 민족의식을 인종의식과 문화적 동류의식 둘로 나누고, 이 둘이 결부됨으로써 운명공동체 의식으로 발전하게 되는데 민족문학이란 바로 이러한 민족의식을 반영하고 있는 문학이라고 주장한다. 그리고 그러한 인종의식의 반영으로서 설화를 들고, 문화적 요소의 대표적인 것으로 샤머니즘을 예로 들며, 이것이 민족의 자연관 세계관으로 발전될 기반을 가진 것으로서 민족문학의 중요한 전통임을 강조한다. 이는 김동리의 『무녀도』가 없다면 나오기 어려운 발언일 것이다. 이형기 역시 한국인이 단일혈통, 단일민족이라는 점을 근거로 "민족 특유의 역사와 전통이 한국 언어에 담긴 작품"[10]으로 규정하고, 우리의 역사와 전통을 살리려면 이론이나 개념이 아닌 정신적 생리가 먼저 중시되어야 하는 까닭에 오직 김동리의 '민족문학론'만이 그러한 개념 규정에 맞는 민족문학론이며 그 구체적 작품의 예를 설화 신화 가사 등 고전작품에서 찾고 있다. 김상일도 신화가 민족문학의 원형이라는 것을 장황한 신화의 소개로 입증하고자 애쓰고 있다. 즉 민족문학의 기원은 바로 신화라는 주장을 펼친다.[11] 이

9) 문덕수, 「고전문학과 민족의식」, 『월간문학』 1970년 10월.
10) 이형기, 「민족문학이냐 좋은 문학이냐」, 『월간문학』 1970년 10월.

처럼 이들의 논의는 첫째, 민족문학의 예를 모두 고전작품에서 찾고 있으며, 둘째, 혈연을 바탕으로 한 민족 개념을 근거로 하고 있다는 점. 셋째, 민족 및 민족주의란 근대사회의 출발과는 무관한 것이라는 인식에 따라 구체적 현실에 대한 언급이 전혀 없다는 공통점을 들 수 있다.

이러한 복고적 성향은 당대의 정치질서 및 역사학의 논의를 근거로 삼고 있는 것이다. 학문적인 영역을 떠난 고대사의 과찬과 확대 해석이 민족 주체성과 자주성의 이름으로 이루어졌을 뿐만 아니라 고대 사회와 봉건 시대의 윤리를 주체적 한국사상으로 오늘에 실천할 것을 강조하기조차 했다.[12] 이처럼 오늘날 이미 전시대의 신화처럼 퇴색해버린 문화의 고유성과 문화의 숭배성에 대한 숭상이 새로운 활기를 얻어 팽배하고, 외래문화를 국적 없는 문화로 무조건 배척하는 국수주의적 경향이 급격히 대두한 것이 1960~70년대의 현실이었다.

『월간문학』의 특집에는 민족문학의 범주, 역사 등에 대한 논리적 체계를 지닌 본격적 논문은 없다고 할 수 있다. 그럼에도 당대의 문단권력을 쥐고 있던 한국문인협회가 기관지 격으로 창간한 잡지에서 특집으로 내세운 것은 무엇 때문인가? 이는 해방 시기 좌익과의 민족문학론 논쟁 과정에서 제출된 김동리의 민족문학론을 다시 한 번 자신들의 민족문학론으로 내세워 그 입지를 다지고자 한 것으로 볼 수 있다.[13] 이는 월간문학의 편집인 겸 발행인을 맡은 이들이 바로 김동리, 조연현이었다는 점을 생각하면 쉽게 이해할 수 있다.

---

11) 김상일, 「민족문학의 기원론」, 『월간문학』 1970년 10월.

12) 박종홍, 「한국사상의 원류」, 『박종홍전집』 6권, 65~66면.

13) 김영민, 『한국 현대문학비평사』, 2000, 381면. 특히 이 잡지는 창간사(1968년 11월)에서 민족문학의 완성이 "본지의 구경적인 목적이요 또한 사명"이라고 밝힌 바 있으며, 민족문학 특집을 게재한 호의 편집후기에서도 해방 이후 "우리의 민족문학은 과연 어느 정도의 목표에 도달하고 있을까. 도대체 민족문학이란 무엇인가부터 다시 한 번 근본적으로 재검토해 볼 것"이라고 하여 민족문학에 대해 강조하고 있다.

『월간문학』은 1972년 10월'민족문학재론'이라는 특집을 마련하여 김동리, 김현승의 설문과 윤병로, 김상일의 글을 싣고 있는데, 이 특집의 중심내용은 여전히 민족문학 개념을 정리하는 것이었다. 여기서 김동리는 민족문학에 대하여 다음과 같이 말하고 있다.

그는 우선, '민족문학의 정의'라는 질문에 민족문학을 세 가지로 나누고 있다. 첫째, 그 민족이 가진 모든 문학 가운데서 대표적인 문학작품, 시대와 사회를 초월하여 그 민족이 자랑으로 생각하며 애독하는 문학, 둘째, 그 민족의 특성, 즉 민족성을 가장 잘 나타낸 문학 셋째, 민족이란 개념이 형성된 것은 근대하고 볼 수 있으며, 따라서 근대문학이 곧 민족문학인데 이 가운데 첫째와 둘째 견해는 시간적 기준밖에 없으나 셋째 견해는 공간적 기준까지 곁들인 것이기 때문에 자신은 세 번째 견해 즉 '근대문학이 곧 민족문학'이라는 견해를 취한다고 말한다. 그것은 민족문학이란 그 민족에게만 자랑스럽고 영구적인 문학일 뿐만 아니라 세계의 문학으로 보편성을 띠어야 하기 때문이라는 것이다.14)

민족문학에 대한 이러한 개념 정의가 얼마나 추상적인 것인가는 말할 것도 없다. 2년 뒤인 1974년 '문예중흥과 민족문학'이란 심포지엄에서 김동리는 다시 예전의 자신의 휴머니즘론을 강조하며, 민족문학과 근대문학을 휴머니즘 문학에 연결시키고 있다. 민족문학의 기조는 인간주의라는 자신의 본래의 주장을 전제로 내세운 뒤, 민족문학은 인간주의 문학인 것이며 따라서 근대문학의 범주에 속하는 것이라고 강조한다. 이후 인간주의 문학은 주제 면에서 인간의 존엄성이라든가 자유의 존엄성 등을 지키는 인간성의 옹호와, 작중인물의 성격 창조 및 그로부터 발전한 전형의 창조로서 구현되는 인간성의 탐구 두 가지로 대

14) 김동리, 「민족문학에 대하여」, 『월간문학』 1972년 10월.

변되는 것이며, 따라서 한국의 민족문학은 한국인의 전형 곧 한국인상을 그리는 문학이어야 한다고 주장하고 있다.[15] 이는 스스로 언급하고 있듯이 해방시기 좌익과의 논쟁에서 주장했던 휴머니즘 문학을 그대로 반복하고 있는 것이다. 한 때 민족문학을 민족주의 문학이나 계급주의 문학으로 끌고 가려는 부류들이 있었지만 이는 오류라는 주장을 덧붙이고 있는 것도 예전 주장과 조금도 다르지 않다. 이처럼 현실의 변화를 조금도 염두에 두지 않는, 30년 전의 민족문학론을 반복하여 주장할 수 있는 것은 당연히 이들의 민족문학론이 근거를 두고 있는 민족 개념이나 민족주의 개념의 불변성이라는 특성 때문이다. 그렇다면 그려내야 할 현재의 한국인상이란 어떤 것인가. 한국인의 전형을 그릴 때는 인물의 개인성과 보편성 위에 다시 한국민족의 특성을 고려해야 하며 이렇게 했을 때 살아있는 한국인상을 그릴 수 있는 바, 이런 생각을 바탕으로 '한국적인 고유한 정신의 흐름'과 한국인의 특성을 찾는 과정에서 눈을 돌린 것이 샤머니즘의 세계라는 것이다. 그 결과 그가 그려낸 전형적인 한국인상이 『무녀도』의 '모화'이다. 그러므로 『무녀도』는 민족문학이 지향해야 할 훌륭한 모범이며 '모화'는 전형적인 한국인상이 된다. 그가 주장하는 가장 개인적이며 가장 민족적인 동시에 가장 보편적인 성격의 창조가 바로 '모화'인 것이다. 이러한 인식은 이미 퇴색해버린 문화의 고유성과 문화의 숭배성에 대한 숭상을 드러내고 있던 역사학계의 민족주의 성향을 문학상에 그대로 옮겨놓은 것이라 할 수 있다. 60년대에는 미약했던 민족주의 논의가 70년대 박정희 정권의 '한국적 민족주의' 제창 및 문화적, 정서적 차원에서의 민족주의 강조 그리고 현실적 저항적 측면의 민족주의에 대한 배척, 역사학계의 복고 숭상이 힘을 얻는 가운데, 문단에서도 기존의 논리를 내

---

15) 김동리, 「민족문학과 한국인상」, 문학사연구회 편, 『민족문학론』, 백문사, 1988, 13~17면(『월간문학』 1974년 5월 게재).

세우고 있는 것이다.

김동리와 함께 심포지엄에서 전형적인 민족우월주의의 문학관을 보여주는 이는 시인 구 상과 소설가 박영준이다. 먼저 구 상은 기존의 민족문학으로 1920년대 카프에 대립한 국민문학파의 '조선주의', 해방 후 문맹계의 정치주의에 대한 청년문협계의 인간주의와 순수문학(김동리), 전통 계승 주장 등이 있었으나 이들은 시사적이고 관념적인 논의로 시종, 민족문학의 실체나 가치체계에 대한 명백한 제시가 없었고 민족문화사관의 정립에 의한 새로운 창작방향에 대한 추구가 없었기 때문에 '정서적 차원의 애국주의' '프로문학에 대한 우파적 보수주의' '시조 등을 앞세운 복고주의'라는 비판을 받고, 더 나아가 민족문학이라는 용어는 국수주의적이므로 한국문학이라는 용어를 사용하자고 하는 김 현의 비판까지 많은 오해를 불렀다고 비판한다. 그리고 세계적으로 국민문학이라는 용어를 사용하지만 자신들이 민족문학이라는 용어를 사용하는 것은, 민족문학이라는 용어가 사용되는 현실적 상황 배후에 깔려 있는 그 시대의 사조 즉 해방 전 카프계나 해방 후 문맹계가 계급투쟁으로 反민족적 세계주의를 표방하고 나설 때, 이에 대립한 자신들은 정치적 민족주의의 일환으로써 민족문학을 들고 나섰으며 그 민족주의가 지니는 생물적 자기 보존욕구에 뿌리박은 집단적 구심력으로 민족의 전통계승을 주장했던 것이라고 설명한다. 그리고 우리의 민족문학은 3·1운동을 치른 대중적 민족주의와 민주주의를 근거로 하기 때문에 국수주의적이고, 복고적이고, 교조적이고 권력지향적 특성을 지니지 않는다고 천명한다.[16] 여기에는 어떤 논리적 근거나 객관적 자료도 제시되지 않는다. 다만 민족을 영구불변의 실체로 지고의 가치를 지닌 우월한 주체로 천명할 뿐이다. 단 하나의 근거는 그가 인용하고

16) 구상, 「민족문학의 의의와 그 방향」, 문학사연구회 편, 『민족문학론』, 백문사, 1988, 32~34면(『월간문학』 1974년 5월 게재).

있는 "한민족에게서 문화란 민족의 독창성, 우월성을 확신시켜 주는 창조적 개념이며, 따라서 그것은 한민족에게 역사적으로 사해진 모든 민족적 모순을 극복하여 줄 수 있었던 자주적 역사 에너지의 하나였다."는 역사학자의 말일 뿐이다.

박영준은 근대화 논리에 충실한 문학관을 드러내고 있다. 박영준 역시 민족문학은 식민지시대나 해방 후 모두 공산주의 문학에 대해 투쟁으로 시작했지만, 이제는 계급주의적 문학이 아닌 민족주의문학을 해야 한다거나 정치문학이 아니라 순수문학을 해야 한다는 말도 할 필요가 없으며, 다만 세계문학의 일환으로서의 민족문학만 생각하면 된다고 말한다. 자신들의 민족문학이 어떤 일정한 내적 가치나 체계를 지닌 것이 아니라 사회주의 문학에 대한 반대에서 비롯된 것임을 말해주고 있다. 세계문학의 일환이 되어야 한다는 이러한 주장이 얼마나 공허한가는 그 다음 문장에서 바로 드러난다. 그는 민족문학이란 첫째, 민족의 의식, 사상, 감정을 나타내야 하며 둘째, 민족 전통의 일부분이 될 수 있는 내용의 것이어야 한다고 말한다. 민족의 의식, 사상, 감정이란 어디까지나 우리 민족의 발전, 향상을 기조로 한 것으로 역사의식 위에서 미화시킬 수 있는 것이라면 토속적이든 향토적이든 무엇이나 우리의 빛깔이 드러나고 우리의 맛이 나며 우리를 느끼게 하면 된다고 말한다. 정서적 차원의 애국주의, 복고주의가 완연히 제 모습을 드러내고 있다. 여기서 다시 단서를 붙여 지나친 서구화로 한국을 비하하고 멸시하는 것은 민족의식이 결여된 까닭에 민족문학이라고 말할 수 없다고 주장한다. 한국과 한국 사람을 사랑하며 아름답게 보려하지 않는 정신 속에서는 민족문학이 나올 수 없다는 것이다.[17] 한국적인

17) 박영준, 「내가 쓰고 싶은 민족문학」, 문학사연구회 편, 『민족문학론』, 백문사, 1988, 46~50면(『월간문학』 1974년 5월 게재). 그의 논리에 의하면 미니스커트를 입는 것은 지나치게 서구화된 정신에 젖어 우리의 문화를 멸시하는 것이다. 이

빛깔, 냄새, 맛에 '문학다운 문학'이라는 표현을 덧붙이고 있다. '문학다운 문학에다가 한국적인 빛깔, 맛, 냄새를 풍기면 민족문학'이며 세계문학도 된다는 이러한 개념규정에는 논리 이전의 '한국적'인 것에 대한 무한한 우월감만이 드러날 뿐이다. 박영준이 이러한 '우월적 주체의식'을 바탕으로 근대화론에 기울어 있다는 것은 새마을 운동이 농민들에게 새로운 농민의식을 불어넣어 농촌을 진흥시키리라고 생각하며, 그러한 새로운 농민의식을 주제로 한 농민소설을 쓸 것이라는 발언에서도 충분히 엿볼 수 있다. 백 철 역시 '민족문학의 개념은 한마디로 주체성의 문학'임을 강조하고, 이 주체성이란 문학 분야에서는 전통성의 문학 곧 전통 위주의 문학이라고 설명하고 있다. 즉 민족문학 작품에 있어서는 전통성이 주격적인 세력의 요소이어서 이 골격을 확실하게 세워놓지 못하면 민족문학 구축은 단지 모방에 그치고 만다는 것이다.[18)]

는 박정희가 서구의 자유민주주의를 비판하고 우리의 특성에 맞는 '한국적 민주주의', '민족적 민주주의'라는 구호를 제창하면서 민족적 특성을 강조하여 비판논리를 배제한 방식을 그대로 문학론으로 옮겨 놓은 것이다. 개인적 자유나 개성은 한국적 특수성으로 인해 제한되어야 하며 그런 것을 주장하는 것은 반체제, 공산주의적 논리라는 논법 역시 민족문학의 논리에서는 사회주의 문학에 대한 비판으로 나타난다. 이는 서구민주주의를 국력소모의 원인으로 간주하고 민주주의에 대한 거부를 서구중심주의에 대한 거부와 동일시하면서 민족주의를 방패막이로 내세웠던 박정희의 논법과 너무나 흡사하다.

18) 백철, 「민족문학과 세계성」, 문학사연구회 편, 『민족문학론』, 백문사, 1988, 13~17면(『월간문학』 1974년 5월 게재). 이 외에도 이 심포지엄에는 정창범, 김윤성, 모윤숙 등이 참가했다. 정창범은 「민족문학의 개념과 그 방향」에서 민족문학의 새삼스러운 개념 규정보다는 어떻게 하면 '가장 인간적인 작품' '가장 일반적 흥미를 가지고 있는 작품'을 쓸 것인가에 주력하는 것이 바로 훌륭한 민족문학을 쓰고자 노력하는 것이라고 말하고 있고, 김윤성은 「문학인의 현실참여와 국가관」이라는 글을 통해 문학적 성격의 차이는 현실생활에 대한 반성의 차이에서 비롯되므로, 선량한 시민으로서 충성된 국민으로서 시대가 요청하는 사상을 끝까지 지니는 동시에 현실에만 사로잡히지 말고 대상의 밑바닥까지 꿰뚫어 보는 자유로운 눈을 견지해야만 한다고 주장한다. 모윤숙은 「내가 쓰고 싶은 민족문학」이란 제목 하에 일제시대의 친일행위와 이후 반공주의에 투철한 자신

조연현 역시 민족문학은 그 민족이 만든 문학이 아니라 그 민족의 문학적 특성을 말하는 것으로서, 옛날부터 지금까지 이어온 역사적 전통적 특성 말하자면 민족의 문학적 개성을 지녀야 한다고 설명한다. 그러므로 민족문학이라 할 때에는 형식적 조건보다는 내용적 조건이 중요한 것이며, 민족문학의 개념은 민족을 어떻게 해석하느냐에 의해 좌우되는 것임을 주장한다. 그는 사전적 정의를 빌려, 민족을 인종이나 국적에 따른 분류와는 달리 후천적으로 배워 획득하는 문화적 유산에 따른 분류 개념으로 규정하고, 이를 근거로 민족문학은 '그 민족의 문화적 유산으로서의 문학'으로 정의한다. 사회주의 문학이 민족문학으로 받아들여지지 못하고 거부되는 것은 결과적으로 역사적 전통과 특색에 위배되는 것이기 때문이라는 것이다. 해방 이후 좌우익 모두 민족문학의 건설을 과제로 제시하면서 민족문학의 개념에 혼란이 왔지만, 이는 어디까지나 사회주의문학을 민족문학이라고 내세운 전술적 복선 때문이었다고 비판한다. 진정한 민족문학은 1920년대의 민족주의 문학과 마찬가지로 反계급주의에 親예술주의를 더한 문학으로, 20년대 민족주의문학이 지니고 있는 목적의식을 완전히 불식하고, 민족 고유의 문학적 특성을 문학외적인 목적에서가 아니라 문학내적인 순수문학의 입장에서 달성하고자 하는 문학이라는 결론을 맺는다.[19] 여기서 보듯 조연현 역시 反계급주의, 親예술주의라는 예의 주장에서 조금도 변함이 없다.

그런데 여기서 조연현은 '민족문학'이란 용어 자체에 대해 별 신뢰를 보내지 않는 모습을 보인다. 즉 민족문학이란 용어는 옛날부터 사용되어 왔지만 우리 문단에서는 사용되지 않았으며 사용되는 경우에도

의 사상을 내면의 민족혼과 민족주의에 투철한 자세의 표현이라는 자기변명에 급급하고 있을 뿐이다.

19) 조연현, 「민족문학과 민중문학」, 『정경문화』(1979년 8월), 382~386면.

대단히 불확실한 개념으로 사용되었다는 것이다.[20] 이미 민족문학에 대하여 70년대 내내 명확한 개념 정립을 위한 많은 노력에도 불구하고 심지어는 보수진영에서조차 우리 문학의 영원한 과제라고 천명했음에도 불구하고 민족문학에 대하여 별 신뢰를 보내지 않는 것은 진보진영의 민족문학론이 리얼리즘론, 분단문학론, 제3세계문학론 등 다양한 이론적 체계를 갖추어 나가고 있는 사실을 애써 무시하고자 하는 의도로 볼 수 있다. 그리고 민족문학이란 화두는 더 이상 보수문학 진영의 보도가 아님을 말해주는 것이기도 하다. 70년대 말의 시점에서 그동안 보수문학 진영의 핵심적 비평가로 활동했던 조연현이, 민족문학이 불확실한 개념이라고 비판하는 것은 민족문학을 둘러싼 논쟁의 주도권이 완전히 진보문학 진영으로 옮겨갔음을 의미한다는 점에서 상징적인 일이 아닐 수 없다.

이들과 반공주의는 공유하면서도 전통 우월적 시각과는 일정한 거리를 둔 이철범의 민족문학론은 보수와 진보의 중간 지점에서 혼란스러운 모습을 보인다. 그는 민족주의가 팽창 및 확장의 욕망을 내포하고 있다는 점을 지적하여 근대적 의미의 민족주의 개념을 원용하면서도, 민족 개념의 규정에 있어서는 지역, 혈족 등의 자연적 기초 위에 역사·풍습·전설·언어 등 공통의 문화를 계기로 하는 운명공동체로 파악하고 있다.[21] 이러한 개념 규정 위에서 해방 이후 민족적 주체성을 외면하고 이데올로기를 앞세운 좌익문학과 일제시대에는 반민족적인 세력이 되었다가 해방이 되자 '토속문학과 샤머니즘'을 민족문학론으로 내세우고 시대의식이나 역사의식에는 관심을 두지 않았던 순수문학

20) 조연현, 같은 글, 380면.

21) 이철범, 「언어·민족·이데올로기: 새로운 민족문학의 문제제기」, 문학사연구회 편, 『민족문학론』, 백문사, 1988. 87~88면. (『현대문학』, 188-189호 : 1970년 2-3월호)

이 민족문학을 내세움으로써 민족문학의 이념을 그르쳤다고 비판한다. 그러므로 현실의 과제는 공산주의의 위협과 재벌주의를 한국의 민주주의가 어떻게 극복하는가 하는 것이며, 민족문학은 이러한 현실인식을 토대로 사회주의적 문학과 샤머니즘의 악몽을 부정하고 한국의 역사와 한국인의 가치를 의식하는 역사의식을 바탕으로 삼아야 할 것임을 주장한다. "민족문학이야말로 미적 세계만을 추구하는 순수문학이 아니라 한민족의 특수조건을 형성하는 정치적 사회적인 문학"[22]이라는 민족문학에 대한 개념 규정은, 구체적 현실인식의 문제를 지적하고 있는 타당성에도 불구하고, 지배 담론으로서의 반공주의에서는 조금도 벗어나지 못하고 있는 모습을 보여주는데, 이는 그가 파악하고 있는 민족 개념과 한민족의 특수조건이라는 구체적 현실 인식이 지배 이데올로기의 자장 속에 있음을 말해주는 것이다.

이에 비해 김현은 민족문학론의 특색을 우파적 보수주의, 복고조, 계몽주의 세 축으로 파악한다. 그는 우선 국민문학과 민족문학을 구분하고 있는데, 국민문학은 식민지 시기 프로문학에 대한 반발로 형성된 것이며, 이러한 국민문학과 프로문학의 절충・통합을 내세웠던 양주동, 염상섭의 문학론을 민족문학으로 지칭하고 있다. 그리고 해방 후 김동리, 서정주, 조연현 등의 민족문학론도 역시 이 틀에서 벗어나는 것이 아니며, 그들의 권력지향적 특성 역시 이들이 주장하는 민족문학의 특성임을 날카롭게 지적한다. 하지만 정작 그가 우파적 보수주의, 복고조, 계몽주의 등을 거론하며 비판하고 있는 민족문학의 특성은 1920년대 식민지 시기 프로문학에 맞서 시조부흥운동 등을 펼쳤던 '민족주의 문학'의 특성이다. 그가 이처럼 국민문학, 민족주의문학, 민족문학 등

22) 이철범, 「언어・민족・이데올로기새로운 민족문학의 문제제기」, 문학사연구회 편, 『민족문학론』, 백문사, 1988. 100면. (『현대문학』, 188-189호:1970년 2월-3월호)

개념상의 혼란을 드러내고 있는 것은 우리 문학의 전통과 역사에 대한 무관심 때문이기도 하지만, 계몽주의 혹은 이념형에 대한 비판의식 때문이며 더 근원적으로는 한국의 특수성보다는 서구의 보편성에 기울어져 있는 그의 이론적 토대에 기인한다.[23] 그가 보기에 국민문학이든 민족주의문학이든 민족문학이든 혹은 프로문학이든 모두 계몽주의를 핵심으로 삼고 있는 한 제대로 현실을 볼 수 없다. 이 때문에 민족문학을 '한국 우위주의라는 가면을 쓴 패배주의의 문학'으로 규정하고, 민족문학 대신 '한국문학'이라는 용어를 쓸 것을 제안하고 있는 것이다.[24] 여기서 주목할 점은 김 현이, 보수파 문인들이 위장해 왔던 자유주의의 입장을 분명히 드러내고 있다는 점이다. 이러한 사실은 매우 중요한 점이라 할 수 있는데, 그것은 전통계승과 전통부정, 순수와 참여 등 이분법적으로 대립해 왔던 문학 전선의 중간지점에 새로운 입지점이 생겨남으로써, 문단은 비로소 세 가지 입장의 문학 구도를 정립하게 되었기 때문이다. 즉 60년대에는 보수 진영이 자유주의의 외피를 쓰고 진보진영과 맞서 있었다면,[25] 70년대에는 이들 보수진영이 그러한 외피를 벗고 보수진영의 색깔을 확실히 드러내지 않을 수 없게 되었고, 이른바 중간층이 거의 형성되지 못했던 60년대에는 제대로 자신

23) 이상갑, 『한국근대문학비평사론』, 소명, 2003, 42~43면.

24) 김현, 「민족문학 그 문자와 언어」, 『월간문학』 1970년 10월.

25) 일반적으로 전제적 국가에서 그러하듯 한국의 경우 분단과 전쟁 그리고 반공국우체제의 형성 과정, 군사정권의 수립과 유신 체제의 확립 속에서 개인주의, 자유주의 성향의 중간층과 지식인은 군사독재에 비판적이기보다는 오히려 순응적이고 복종적 태도를 취했다. 그래서 언론과 사상의 자유, 국가 통제와 간섭 배제, 학원의 자율성 등 부르주아 자유주의 가치를 옹호한 세력은 중간층 일반이 아니라 민주화 운동 관련 학생과 재야 지식인 계층이었다. '자유'의 수사법은 대체로 국가주의, 권위주의 체제를 옹호하는 세력들이 표방하였으며 반공주의나 극우이데올로기와 결합한다. 그래서 박정희 정권 시절에는 자유민주주의와 민중민주주의가 충돌한 것이 아니라 오히려 이 두 입장이 저항담론으로서 국가주의, 안보 성장 담론과 충돌했다고 볼 수 있다. 김동춘, 「박정희시대의 민주화운동」, 정성화 편, 『박정희시대와 한국현대사』, 선인, 2006, 342~345면.

의 입장을 피력하지 못했던 자유주의적 입장의 논자들이 70년대에 접어들어 어느 정도의 경제적 성장을 바탕으로 서구적 자유주의를 자신의 정치적 철학적 기반으로 제 목소리를 내게 되었으며, 60년대부터 박정희 정권의 조국근대화론에 비판적이었던 까닭에 체제의 밖으로 배제되었던 저항적 지식인 그룹이 민족문학론, 분단문학론, 리얼리즘론 등 현실을 바탕으로 한 지속적인 문학론의 모색을 통해 본격적인 저항세력으로 성장하게 된 것이다. 이러한 김 현의 주장에 대한 비판이 정작 민족문학 진영으로 비판당한 보수 진영의 문인들이 아니라, 대신 김 현이 전혀 언급하지 않았던 동시대의 임헌영, 염무웅, 백낙청 등 진보 진영의 문인들에 의해 이루어지는 것도 이런 문단 구도의 변화를 말해주는 것이다.

보수진영이나 자유주의적 입장의 민족문학 개념과는 비판적인 거리를 둔 진보진영의 민족문학론은 임헌영, 염무웅, 백낙청 등의 논의를 통해 이론적 정립과정을 거치게 된다. 김 현의 민족문학 비판 및 한국문학 제안에 가장 먼저 임헌영이 비판의 목소리를 낸다. 그는 먼저 근대 민족주의 사상을 토대로 삼고 있는 민족문학과 식민지 시기의 민족주의문학 및 식민지 말 일제에 의해 강제된 국민문학을 구분하고 있는데, 그러한 구분의 근거로 새로운 민족문학의 주체로서의 민족은 동시에 민중이어야 함을 주장한다. 또 그는 분단의 현실상황을 고정화하는 '국민' 개념을 비판하고 '민족'이라는 용어를 주장하는 것은 그 속에 통일의 당위성을 내포할 수 있기 때문임을 강조한다. 특히 그의 인식 가운데 두드러지는 점은 우리의 문학이 식민지적 예술의식에서 벗어나지 못했을 뿐만 아니라 여전히 신식민지적 예술관으로까지 이어지고 있다는 생각이다. 따라서 이러한 식민지적 예술의식에서 벗어나는 최상의 길이 민족문학의 정립이라고 주장한다.[26] 김 현이 주장하는 '한국문학'이란 용어는 이런 관점에서 볼 때 식민지적 예술의식과 현실을 전혀 인식하지 못한 데서 나온 것일 수밖에 없다. 특히 그는 민족문학의 과제가 이미 선배 문인들이 꾸준히 추구해 오던 것이라면서 근대 민족문학의 역사적 맥락 즉 식민지 시기 프로문학과 해방공간에서의 좌익문학의 전통을 긍정적으로 이어받아야 함을 주장함으로써 김병걸, 백낙청, 구중서, 염무웅 등 진보 진영의 민족문학론자들과의 차별성을 드러내 보이기도 했다.[27)]

염무웅은 서구에서의 민족문학 개념 발생 과정의 검토를 통해 한국에서의 민족문학 개념 및 민족문학의 주체가 누가 되어야 하는가 하는 문제를 논의한다. 그의 인식은 일찍이 시민계급에 의한 근대민족국가를 형성한 서구의 보편적 근대 경험과, 아직 근대적 민족국가를 형성하지 못한 우리와의 차별성을 기준으로 삼고 있다. 이러한 차별성에 따라 서구의 보편성으로는 해결할 수 없는 반제반봉건의 과제가 우리에게 제기되는 것이며, 바로 이러한 과제의 해결을 위한 민족문학이 되기 위해서는 근대적 의미의 민족 개념이 민중 개념과 결합해야 할 필요성이 있음을 제기한다.[28)] 기존의 보수적 민족문학 개념에서의 민족, 민족주의 개념규정에서 보이는 서구와의 배타적 차별성이나 무조건적인 우리 민족의 우월성을 주장하는 것이 아니라, 근대로의 역사적 발전 과정에서의 차별성을 근거로 한 이러한 규정은 바로 한국적 현실에 대한 인식의 차이와 민족을 통합의 대상으로 바라보는가 아니면 삶의 주체로서 바라보는가 하는 시각의 차이에서 비롯된 것이라 할 수 있다.

김동리로 대표되는 보수적 민족문학론이 외면한 구체적 '민족적 현실'을 강조하며 기존 문단의 민족문학론이 복고주의와 국수주의의 색

---

26) 임헌영, 「민족문학에의 길」, 『예술계』, 1970년 12월.
27) 임헌영, 「민족문학의 사적 전망」, 『세계의 문학』, 1978년 12월.
28) 염무웅, 「민족문학, 이 어둠 속의 행진」, 『월간중앙』 1972년 3월.

채를 띠고 있음을 비판한 백낙청은 민족문학론의 새로운 방향을 제시하고 있다. 그는 '민족문학'이라는 개념은 '민족적 현실' 즉 민족문학의 주체가 되는 민족과, 이 민족의 주체적 생존과 발전을 위해 필요한 문학으로서의 '민족문학'을 구별할 필요성이 현실적으로 존재해야 함을 지적하고 그럴 때 민족문학 논의는 관념적 유희에 흐르지 않게 된다고 말한다. 즉 민족문학은 민족의 주체적 생존과 그 대다수 구성원의 복지가 심각한 위협에 직면해 있다는 위기의식의 소산이며, 이러한 위기에 임하는 올바른 자세가 민족문학 자체의 건강한 발전을 좌우하는 요인이 된다는 판단에서 나오는 문학이라는 것이다. 따라서 민족문학은 철저히 역사적인 성격을 띨 수밖에 없으며, 그 개념에 내실을 부여하는 역사적 상황이 존재하는 한에서 의의 있는 개념이고, 상황이 변하는 경우 그것은 부정되거나 보다 높은 차원의 개념 속에 흡수될 운명에 놓인 것으로 규정함으로써, 민족을 어떤 영구불변의 실체나 지고의 가치로 규정해놓고 출발하는 국수주의적 문학론과의 차별성을 분명히 드러내고 있다.[29] 특히 그는 민족문학의 역사성에 대해 강조하고 있는 것을 볼 수 있는데, 이는 그만큼 기존의 민족문학에 관한 논의들이 몰역사적 차원에서 이루어져 왔다는 사실에 대한 비판이라 할 수 있다. 또 민족문학론을 현실적 상황에 따라 새로운 차원의 문학 개념으로 변화할 수 있는 점을 분명히 규정한 것 역시 기존의 논의들이 현실 변화에 상관없이 고정된 개념으로 일관해온 점에 대한 비판이 아닐 수 없다. 이후 백낙청은 「현대문학을 보는 시각」, 「민족문학의 현단계」 등의 글을 통해 '민족적 위기의식의 소산으로서의 민족문학'을 더욱 강조하고 민족문학의 구체적 과제로서 민주회복과 분단극복을 제시한

29) 백낙청, 「민족문학이념의 신전개」, 『월간중앙』, 1974년 7월. 이 글은 나중에 「민족문학 개념의 정립을 위해」라는 제목으로 수정, 평론집 『민족문학과 세계문학』(창작과 비평사, 1978)에 수록되었다.

다. 민주회복은 당면한 단기적 과제이며 분단극복은 궁극적으로 이루어야 민족적 사명이라는 것이다.30)

이러한 일련의 논의는 1970년대 중반까지 정치권력의 강력한 옹호와 지원을 받는 보수 문단 진영에 의해 이루어졌던 민족문학 논의의 주도권을 옮겨 와 민족문학 논의를 문학인 스스로의 과제로 인식하게 만드는 계기를 만들었다. 70년대 초반 민족문학 논의의 대부분이 이른바 '어용' 차원의 논의로 불리는 것과는 달리 70년대 중반 이후의 민족문학론은 反체제론으로까지 인식되기에 이른 것이다. 그것은 진보 진영의 민족문학론이 민주회복이라는 과제를 제기했을 뿐 아니라, 정권이 독점하고 있던 분단과 통일의 문제를 과제제로 제기했기 때문이다.

반공과 개발독재를 지배이데올로기로 삼은 국가주의 이념과 그에 대한 대립 및 저항의 양상이 보다 뚜렷이 드러난 것은 '분단문학론'에서였다. 분단문학론에서는 분단현실의 인식과정에서 국민들의 레드 콤플렉스를 자극함으로써 갈등과 위기의 순간마다 다른 비판적 담론을 봉쇄하고 민족의 이름으로 국민을 통합하는 수단으로 삼는 국가주의적 논리와, 작가의 양심과 문학의 사회적 효용성을 근거로 민족 내부의 갈등과 모순, 외세에 대한 민족 자주성의 강화 등 현실에 대한 구체적 인식을 강조하는 저항 이념의 대립이 표출된다. 즉 분단문학론에서는 분단의 고착화를 유지함으로써 반공주의를 강화하고 민족의 대동단결이라는 관념론적 민족주의를 내세웠던 국가주의 논리와, 분단이라는 역사적 상황 및 그로 인해 발생한 민족 내부의 갈등과 모순, 외세에 의한 민족 자주성의 침해, 실향과 이산 등으로 인한 민중적 삶의 다양한 수난상, 통일에의 염원과 의지 등을 총체적으로 표명하고자 한 저항 이념의 대립이 나타난다.

---

30) 김영민, 『한국현대문학비평사』, 소명, 2000, 297면. 385~391면.

이처럼 진보 진영의 민족문학론은, 문학의 보편성과 본질문제를 추상적 민족의식과 연결시켜 논하는 표현론적 개념을 통해 민족적 정서의 문제를 강조했던 보수문학 진영과는 달리, 민족의 주체적 생존과 그 역사의식의 문학적 형상성을 강조함으로써 민족 전체의 삶에 대한 총체적 인식을 추구하는 일종의 가치론적 개념을 제기하고 있다. 게다가 이러한 노력이 이후 리얼리즘론, 농민문학론, 상업주의론, 민중문학론 등으로 이어지게 되었을 뿐 아니라 구체적 창작으로의 연결 및 각종 문예지 및 종합지를 통한 안정적인 논의의 장 확보가 가능해짐으로써 일시적인 이론에 멈추지 않을 수 있었다. 이런 과정을 거치며 민족문학론은 민족, 민중을 주체로 하는 문학'운동'의 차원에서 실천운동의 모습으로 전화하는 모습을 띠게 되는데, 그것은 민족문학을 단순한 논의의 대상이 아닌, 당대의 구체적 정치·사회 문제에 대한 실천적 개입의 주요 매개항으로 삼고, 그것을 역으로 자신들의 창작의 구체적·실천적 화두로 삼게 된 것이라 할 수 있다.[31)]

이후 이들의 민족문학론은 당위론적 주장, 가치론적인 개념의 강조에 그치지 않고 지속적인 갱신의 노력을 보여주는데, 특히 70년대 후반 박태순, 백낙청, 김종철, 구중서 등에 의해 본격적으로 제기되었던 '제3세계 문학론'은 민족문학론의 시각을 넓히는 중요한 계기를 만들었다. 민족문학을 제3세계적 관점에서 파악하고자 한다는 것은 강대국의 독점자본과 그 경제적 질서에의 종속화 현상을 비판하고 경제, 사회, 문화적인 영향권에서 벗어나고자 하는 태도를 견지하는 것이다. 그리고 제3세계의 다른 국가들과의 연대의식을 확보함으로써, 민족문학론이 민족적 현실과 역사적 조건이라는 특수성에 매몰되지 않고 보편성을 얻고자 했다. 제3세계문학론은 근본적으로 서구의 근대와 과학사

---

31) 이에 대해서는 박태순, 『문예운동 30년사』 1.2.3, 작가회의 출판부, 2004. 참고

상에 대한 비판을 겨냥하고 있으며 그 연장선상에서 서구의 리얼리즘에 대해서도 문제 제기하고 있다. 자본주의 발달이 선진 자본주의 국가들에 의해 식민지주의와 제국주의 그리고 신식민지주의로 변질되었다는 것이 제3세계문학론의 기본적인 문제의식인 것이다. 서구의 과학과 기술의 한계를 문제 삼는 제3세계문학론의 관점에서는 당연히 서구의 리얼리즘을 주체적으로 해석할 여지가 생기는 것이다. 결국 제3세계문학론은 서구 시민사회의 진보적 전통과 결부된 리얼리즘의 긍정적 가치는 받아들이되 그것을 제3세계 나름의 역사적 상황에서 창조적으로 해석하고자 하는 것이다. 그리고 이를 통해 민족주의의 현실정치적 이데올로기로의 전화를 막고자 한 것이다.

사실 백낙청의 시민문학론에서부터 진보 진영의 민족문학론은 제3세계의 문제의식을 내포하고 있었다. 처음부터 민족의 배타적 성격을 강조하지 않았다는 점에서 제3세계 문학론의 정립을 예비한 것으로, 민족문학론의 이론화를 이끌었다고 할 수 있다.[32] 이 제3세계문학론의 수용은 따라서 1960~1970년대에 걸친 문학 담론에 드러나는 지배 이념으로서의 민족주의 및 대항이념으로서의 '저항적 민족주의' 이념을 재해석할 수 있는 이론적 거점을 만들어 내고 있다는 점에서 매우 중요한 의미를 지닌다. 이후 '민족문학론'을 중심으로 한 다양한 문학론들에 대한 이해는 첫째, 저항적 민족주의의 이념을 구현하고 있는 문학작품들과 문학론을 중심으로 '민족문학' 범주를 설정하고 그 안과

32) 이후 백낙청은 민족문학 논의를 더 발전시켜, 제3세계의 민족주의가 선진국의 민족주의 및 그 산물로서의 제국주의에 대한 단순한 반작용이 아니라 진정한 주체성을 추구하는 인간해방운동으로서의 민족문화운동, 곧 민중의 입장에 선 문학운동 및 민중문학운동으로서의 민족문학을 강조하기에 이른다. 특히 그는 80년대의 민족 이념의 급진화 물결에 발맞추어 계급론적 패러다임을 일정 정도 수용하면서도 사회주의적 세계관으로부터 거리를 취하며 독자적인 민족문학 이념을 견지한 채, 90년대의 새로운 현실과 조응하면서 분단체제론이라는 독특한 입론을 세워 나갔다.

밖의 성격과 특징을 구별하고 있는 논의, 둘째, 노동문학과의 연계를 통해 "민족적 전통"을 사회적인, 계급적인 전통에 이르기까지 확장하여 일련의 문예운동의 중심으로 삼고 있는 입장, 셋째, 60~70년대의 민족주의 이념을 80년대의 계급주의적 시각과 연결시켜 일직선적인 발전의 길로 파악하고자 하는 입장 등으로 나누어지는 것을 볼 수 있다.

이처럼 1960~70년대의 민족문학 논쟁은, 그 논의의 내용에서 나타나는바 무엇보다 사용하는 용어와 그 함의에 대한 해석의 상이함에서 이미 각 논자에 따라 민족·국가의 개념 또는 이념에 대한 입장 차가 크다는 것을 확인할 수 있다. 문단의 보수진영과 진보진영 모두 자신들의 문학적 사명을 '민족문학의 구현'으로 내걸었지만, 그 실질적 내용은 전혀 다른 것이었다. 보수진영에서 말하는 민족문학은 과거와 전통성을 강조하는 것이었다면, 진보진영의 경우 현실과 미래성을 강조하는 것이었다. 이들의 민족문학론은 이 담론이 가질 수 있는 체제 변혁 이론적 가능성을 확인하거나, 혹은 원천적으로 그러한 가능성을 봉쇄하고자 한다는 점에서 이데올로기적이다. 결국 1960~70년대 순수·참여론, 민족문학론, 분단문학론 등 '민족'개념과 당대 현실을 둘러싼 논쟁들은 미학적 차원에서의 논쟁인 동시에 민족적 주체의 확립을 둘러싸고 전개된 헤게모니 투쟁의 장으로 기능한 것이라 할 수 있다.

3) 전통 전유의 한 방식-한국적인 것에 대한 우월적 인식

1950년대 말부터 계속된 전통에 관한 논의는, 전통의 우월성을 강조하여 새로운 사회와 국가 건설의 과제를 달성하고자 했던 지배담론의 동력으로서 또 한편으로는 '세계적 동시성'의 추구라는 근대화 논리에 대한 저항담론으로서의 양가적인 성격을 띠고 있다. '민족'개념을 둘러싼 지배 이념과 저항 이념의 대립은 '전통'의 이름을 빌어 벌인 문학

담론에서도 선명히 드러난다. 즉 전통의 계승과 복원이라는 이름 하에 전통 문제를 민속 차원으로 격하시킨 지배 담론과 민중적 형식으로서의 전통을 재발견하고 창조하고자 했던 저항 담론간의 헤게모니 쟁탈전이 이데올로기적 차원에서 전개되었다고 할 수 있다. 문학, 문화에서의 민족적 전통의 발굴·고안 및 확산을 통해 '국민'들에게 문화적 일체감을 부여하려는 국가주의적 노력과, 전통탐구를 통해 민족적 가치를 복원하고 민족적 주체성에 대한 질문을 던짐으로써 현실적 삶에 대한 성찰을 일깨우고자 했던 대립적 양상은 여성 '국극'과 마당극의 재현이라는 모습으로 나타나기도 했다.

박정희 정권은 쿠테타 직후부터 '민족주의' '민족의식' '자립의식' 특히 운명공동체로서의 민족적 자의식을 강조했다. 박정희는 민족주의를 "사대주의적 근성, 식민주의적 근성, 전근대적인 봉건적인 잔재를 완전히 일소해 버리는, 자주 국민으로서 우리의 자주성 민족의 주체의식을 똑바로 가진……외국에서 들어오는 주의 사상, 정치제도를 우리 체질과 체격에 맞추어서, 우리에게 알맞은 사회를 만들자는 것"[33)]이라고 밝히면서 사대주의 근성 타파와 민족 '주체의식'의 확립 등 정신적 측면을 강조하고 한국사회의 문화와 체질의 특수성을 강조한다. 그러한 의식의 집약적 표현은 1963년 대통령 선거의 대립구도를 "민족의 이념을 망각한 가식의 자유민주주의 사상과 강력한 민족적 이념을 바탕으로 한 자유 민주주의 사상과의 대결"[34)]로 규정하고 이른바 '민족적 민주주의'를 주장한 데서 드러난다.

---

33) 박정희, 서울 중,고교 교정에서 행한 대통령 선거연설(1963.9.28), 『박정희 대통령 연설문집』 2, 대통령 비서실, 1973, 529면 ; 전재호, 박정희 체제의 민족주의 연구 - 담론과 정책을 중심으로, 서강대학교 박사학위논문, 1997, 77면에서 재인용.

34) 박정희, 중앙방송을 통한 정견발표(1963.9.23), 『박정희 대통령 연설문집』 2, 대통령 비서실, 1973, 520면.

이처럼 스스로 민족주의자임을 강조하는 것은 애국적 감정이나 감상 때문이 아니라 그가 내세운 '조국 근대화' 정책에의 국민 동원이라는 객관적이고 현실적인 필요에 의한 것이었다.[35] 여기서 민족주의 이데올로기와 그 현실의 거꾸로 된 관계를 볼 수 있다. 일반적으로 민족주의 이데올로기는 겨레, 민속, 민중문화 등을 강조한다. 그러나 실제로는 바로 이러한 것들이 인위적으로 만들어지는 시기에 민족주의가 생겨나는 것이다. 즉 이처럼 전통에 대한 강조가 이루어지는 시기가 바로 민족주의 이데올로기를 창출하는 과정이자 그 이데올로기를 통한 민족주의의 교육이 이루어지는 순간인 것이다. 그리고 이를 통해 '민족'의 일원으로 '국민'의 이름으로 근대화정책의 동력으로 참여시키게 되는 것이다. 대개 민족주의가 문화적 단위로 나누어지고 그것을 중심으로 형성되는 것은 바로 이 때문이라 할 수 있을 것이다.[36] 민족주의가 정서적이고 문화적인 요소를 강조하는 것은 결코 특이한 것이 아니다. 식민지시대에 활동했던 신채호, 박은식, 정인보 등의 민족주의자들도 國粹, 國魂, 조선의 얼 등 정신적 측면을 강조했다. 이들이 강조한 정신적 민족주의의 강조는 반제국주의 및 식민지 저항과 관련이 깊은 것이다. 반면 박정희 정권의 민족주의는 정신적 차원에서 민족주의를 강조하기는 하지만 이와 같은 반제국주의, 反예속을 추구하는 논리가

35) 박정희는 1960년대 들어 다양한 문화전통정책을 추진하게 되며 1968년 문화공보부의 발족과 함께 전통문화시설의 복원 등 본격적인 정책을 실시한다. 여기서 눈여겨 볼 것은 특히 70년대 들어 유달리 '호국문화유적의 복원과 정화'를 강조하는 특성을 보인다는 점이다. 이는 박정희 체제의 전통문화정책이 어떤 일정한 정치적 목적을 가지고 있다는 사실을 짐작케 해주는 점인데, 이는 곧 조국근대화에 필요한 민족주체의식의 확립 및 자주국방의 의지를 과시함으로써 박정희 체제가 민족의 수호자임을 보여주고자 함이었다. 전재호, 「민족주의와 역사의 이용 : 박정희 체제와 전통문화정책」, 서강대학교 『사회과학연구』 7, 1998. 90~92면.

36) 어네스트 겔너, 「근대화와 민족주의」, 백낙청 편, 『민족주의란 무엇인가』, 창작과 비평사, 1981, 146~148면.

결여되어 있다.[37)]

이처럼 전통을 지배 이데올로기로서의 민족주의의 핵심 요소로 간주하고 있는 것은 민족문학 담론에서도 마찬가지다. 앞에서 보았듯 백철은 민족문학을 전통성의 문학 곧 전통 위주의 문학으로 파악하고 있다. 특히 그는 이러한 전통성 위주의 민족문학이 세계문학과 연결되어야 한다고 강조하는데, 그가 말하는 세계문학과의 연결 방법은 "기성 작품을 들고 세계문학으로 나가보는 일"이며 "한국문학의 전통적인 특질로서 해학문제를 갖는 세계문학에의 루트"를 개척하는 것으로 표현되고 있다. 민족문학 작품을 하나의 특산물로서 세계로의 수출을 강조하는 산업적 논리의 모방이 아닐 수 없다.

근대화, 경제개발 논리를 극단적 형태로 반영한 이런 문학 작품의 특산품화 논리는 1968년 일본의 가와바타 야스나리가 노벨 문학상을 수상하자 여기에 자극을 받아 "우리 신문학 50년사에서 특산품을 추려낸다면 단편 소설에서 30편 내외, 시에서 1백편 내외를 뽑아내어 각각 동양적인 확실한 裝幀으로 포장을 하여 구미시장에 내보낼만하다."[38)] 고 말하는 대목에 이르면 더욱 노골적이다. 전통적인 것을 외국의 것과 구별되는 특수한 '특산물'의 차원에서 보는 이런 논리는 당시 박정희 정권의 근대화론이 지식인의 민족적 전통과 특수성에 대한 담론에 어떠한 영향을 미치고 있는지를 보여주는 것이 아닐 수 없다. 다른 논자들 역시 별반 다르지 않다. 우리 민족의 독창성, 우월성을 확신시켜주는 창조적 개념이자 한민족에게 역사적으로 가해진 모든 민족적 모순을 극복하여 줄 수 있었던 자주적 역사 에너지의 하나로서 우리 민족의 전통과 문화 그리고 그 중심으로서의 문학을 강조하는 구상이나,

---

37) 홍석률, 「1960년대 한국 민족주의의 분화」, 『1960년대 한국의 근대화와 지식인』, 선인, 2004, 191~193면.

38) 백철, 「세계문학과 한국문학」, 『사상계』 1968년 문예임시증간호.

민족문학이란 최소한 첫째, 민족의 의식, 사상, 감정을 나타내야 하며 둘째, 민족 전통의 일부분이 될 수 있는 내용의 것이어야 하는 바, 민족의 의식, 사상, 감정이란 어디까지나 우리 민족의 발전, 향상을 기조로 한 것으로 역사의식 위에서 미화시킬 수 있는 것이라면 하지만 토속적이든 향토적이든 무엇이나 우리의 빛깔이 드러나고 우리의 맛이 나며 우리를 느끼게 하면 된다고 주장하는 박영준의 논리는 더 말할 여지가 없다. 한국적인 고유한 정신의 흐름'과 한국인의 특성을 샤머니즘의 세계에서 찾고 있는 김동리 역시 예외가 아니다.

여기서 발견할 수 있는 하나의 공통점이 있다. 그것은 모두 민족문학을 언급하면서 세계문학으로서의 연계, 혹은 발전을 주장하는 점이다. 70년 『월간문학』의 특집에 등장했던 논자들의 글에서는 볼 수 없었던 내용인데, 이는 진보 진영의 민족문학론에 대한 대타의식의 표현이자 근대화 논리의 문학적 표현이라 할 수 있다.

그러나 이처럼 민족적 전통의 특수성과 우수성을 곧바로 민족의 우월성으로 연결시키고 무조건적으로 강조하는 태도에 대한 비판은 당대부터 나오고 있었다. "한국적인 것을 과시하고 그것을 서양사상이나 중국사상과도 다른 특수한 것으로 숭상하는 경향이 있다……한국사상의 이른바 한국적 특성을 사상 일반의 보편성으로부터 떼어버린다면 특성이란 이미 특성이라고 할 수 없게 된다…… 한국사상이 가지는 몇몇 특성을 과장하여 한국사상의 우월성이니 숭고성을 운운하는 것은 사상하는 지식인의 가질 바 태도가 아니다."[39] 이 비판처럼 보편성과 분리되어 일방적으로 강조되는 한국적 특성과 한국인의 우월성은 논리적 근거를 갖추지 못한 일방적 선언일 뿐이다. 이에 대해 유종호 역시 문학상 한국적인 것, 한국적인 정서를 강조하는 좋으나 한국적인 것이

39) 송건호, 「한국근대화론」, 『세대』 1966년 4월호.

세계적인 보편성과 분리되어 제기된다면 이는 특수성이라기보다는 단순히 로컬리즘에 빠질 우려가 있는 것이라고 비판한 바 있다.[40]

4) 피해와 억압 기제로서의 민족 인식의 한계

70년대의 민족문학론에서 80년대를 거쳐 90년대 초반까지 이어지는 '진보적' 저항담론에 입각한 민족문학 진영은 계급론적 패러다임을 수용하면서 민족 이념의 보수화로부터 거리를 유지한 가운데 더욱 진보적인 민족 이념을 추구해 나갔다. 이러한 흐름은 1980년대에 정점에 달하게 되는데, 이는 사회주의문학운동의 전통에 대한 연구열과 상승작용을 일으켜 상당히 폭넓은 확산을 이루게 된다. 하지만 이러한 진보성 추구와 확산이 반제국주의 투쟁을 통해 '민족해방' 및 자주적인 민족국가를 이룩해야 한다는 목적론적·당위적 역사관 및 그 주체로서의 인민통일전선(민중연대성), 그리고 그것을 가능케 하는 것으로서의 노동계급성(및 당파성)에 대한 선규정적인 강조로 편향되지는 않았는가, '민족주의' 내지 '국가주의'가 지닐 수 있는 양면성에 대해서 명확히 인식하지 못한 채 진보적 민족 이념에 대해 지나치게 낙관적인 태도를 드러낸 것은 아닌가 하는 점에 대한 자기점검 및 반성의 모습은 별로 없었던 것이 사실이다.

이른바 민족문학 진영 내에서는 '민족'은 의문의 여지가 없는 것으로 전제되어 있고, 어디까지나 문제가 되는 것은 '민족문학'을 어떻게 확대하고 그 중심을 어디에다 세울 것인가 하는 것 등이었다. 이러한 사실은 민족을 영구불변의 실체나 지고의 가치로 규정하고 출발하는 '국수주의적 민족문학론'과의 구조적 동일성을 의심하게 만드는 지점

---

40) 유종호, 「한국적이라는 것」, 『사상계』 1968년 문예임시증간호.

이다. 反봉건-反식민 의식을 내용으로 하는 근대문학으로서의 민족문학이라는 규정을 통해 일단의 차별성을 보여주고 있지만, 일반적인 민족주의의 역사적 전개가 보여주듯 또 초기 보수진영의 문학론이 그러했듯, 진보진영의 민족문학론 역시 보수진영에 대한 억압과 배제를 통한 자기동일성에의 강한 집착을 보여주고 있는 것은 아닌지 근본적인 질문이 필요한 것이다.

특히 이러한 비판의 빌미를 제공하고 있는 것은 80년대 이후의 민족문학론에서 두드러진 것이지만 그 근원에는 우리 역사에서 기인하는 민족주의에 대한 인식의 왜곡이 작용하고 있다는 점은 간과할 수 없는 사실이다. 그것은 피해와 억압의 기억을 자신의 정체성 확립의 주요한 심리적 기제로 삼아왔다는 것, 즉 우리 민족은 단 한 차례도 타 민족에 대한 침입을 강행한 바가 없는 한없이 순결하고 무구한 민족으로서 언제나 외적의 침입을 받았지만, 항상 이를 물리치고 민족의식을 다져왔다는, 피해자로서의 역사적 경험과 기억을 바탕으로 근대 민족 구성의 핵심적 정서를 이루었던 점이다.[41] 이러한 인식은 특히 우리 민족의 우월성을 강조하는 국수주의적 민족문학론에서 두드러지지만, 해방 이후 지속적으로 이루어져 온 국수적 민족주의 교육은 서구 민족주의가 지니는 제국주의적 성격을 경계해 온 진보적 민족문학론 속에도, 제국주의 국가의 민족주의와는 다른 형태로 피억압자의 억눌린 욕구를 자극하는 형태로 자리 잡게 만든 것이다. 국수주의적 민족문학론이 우리 사회 내부의 갈등과 모순을 민족의 구호 아래 강제적으로 통합하는 일익을 담당해 왔다면, 진보적 민족문학론은 그러한 보수적 민족문학론과 맞서는 과정에서 받아온 억압의 기억을 바탕으로 자신들의 민족주의 이념을 신성불가침의 것으로 인식하도록 정당성을 부여해 온 경

41) 김 철, 『국민이라는 노예 - 한국문학의 망각과 기억』, 삼인, 2005, 221~222면.

향을 드러낸 것이다.

물론 1960~70년대의 현실 즉 진보적 이념이나 실천이 원천적으로 봉쇄되어 있던 현실을 생각하면, 진보진영의 민족문학론이 지니는 이런 약점은, 허용된 틀 내에서 비판의 시각을 예각화하기 위한 데서 나온 것이라 할 수도 있을 것이다. 실상 그러한 문제가 두드러지는 것은 80년대라는 급격한 실천의 시대로 넘어온 이후 민족문학이 그러한 근원적 질문을 던지지 못한 채, 동구권의 몰락이 상징하는 이념의 상실 시대라는 90년대를 맞이했기 때문이다.

이와 함께 민족문학론을 포함한 진보 진영 전체의 한계로, 산업화 시기의 노동자 농민 이른바 민중에 대한 배타적 시각을 지적할 수 있다. 즉 국가주도형 산업화 전략에서 국가와 기업의 통제의 효율성을 강조하기 위해 '동원대상으로서 민중'으로 바라보는 시각에 맞서, 인간다운 권리를 찾기 위해 투쟁하는 민중으로만 바라보는 이러한 시각은 특히 80년대 이후의 노동운동론적 관점의 수용으로 인해 더욱 고착되었다고 볼 수 있는데, 민주-반민주 혹은 '억압-해방'의 대립적 구도 속에서 저항적 주체의 '발전적 양상'만을 보아내는 한계를 낳게 된다. 예컨대 1980년대 초중반 노동소설 속에 그려진 민주노조운동의 전형적인 승리담은 많은 새로움에도 불구하고 노동자의 인간적 특성에 대한 묘사의 폭을 좁혀버리고 노동자상을 고정시키는 한계를 노출하게 되는 것이다. 집단적 주체로서의 민중이 아닌 일상적 개인의 삶의 차원에서는 근본적으로 저항적인 노동자도, 근본적으로 비정치적인 노동자도 산업화와 파시즘의 '시대경험'으로부터 자유로울 수 없는 것이 사실이다. 이러한 관점에서 볼 때 국가기구와 지배권력의 강압에 대한 저항적 주체의 구성만을 강조하는 것은 지나치게 일차원적일 수밖에 없다.[42] 따라서 실제 저항적 주체를 구성했던 모순은 무엇이며, 민중을 둘러싼 가족, 국가, 젠더 등의 중층적 모순의 내용에 대해서는 진전된 인식을 보여주지 못할 공산이 큰 것이다. 중요한 것은 민중의 일상적 경험 속에서 지배이데올로기로서의 민족·민족주의 이념이 어떻게 기억되고 재해석되고 있는가, 즉 노동자, 소시민 등 모든 계층의 각 구성원이 1960~70년대 권위주의 체제와 산업화라는 체제와 그 지배 이데올로기를 일상에서 어떻게 경험하고 받아들였는가 하는 점까지 중층적으로 인식할 필요가 있는 것이다.

저항적 민족주의 이념이 인본주의로서 박정희 정권의 개발독재와 국가주의 이념으로서의 민족주의에 맞서 대항했던 진보성과 건강성을 지니고 있었던 점은 분명한 사실이지만 집단적 실천이라는 사회적 지평을 지나치게 강조할 경우, 이 저항적 민족주의는 지배체제의 위로부터의 민족주의와 동일한 메카니즘적 성격을 지니게 될 수도 있다는 경계심을 늦추지 말아야 하는 이유가 여기에 있다.

3. 결론 및 남는 문제

1960~70년대 한국 사회의 내적 갈등과 동력은 민족 이념을 둘러싼 헤게모니 쟁탈전의 양상을 보여준다. 개발독재를 통한 산업화를 추구했던 권위주의적 국가주의 리더십과 시민적 자유의 요구에 입각해 대항했던 대안적 시민 영역 사이의 대립과 갈등, 반제·반외세의 해방적 요구에 입각한 민족통합을 요구한 주체적 민중 진영과 성찰적 시민으로서의 국민 개념을 앞세운 자유주의 진영 사이의 대립·갈등, 당대 한국사회의 저류를 형성한 주된 대립과 갈등은 모두 그 근저에 민족 이념과 국민국가에 관한 분화되고 차별화된 이해를 반영하고 있었다.

42) 김원, 「한국산업화 시기 여성 노동자의 '일상'」, 『일상사로 보는 한국근대사』(유종필 편), 책과 함께, 2006, 309~310면.

하지만 국민 동원적 국가주의와 해방적 민족주의 양자가 공히 자유로운 개인들로 구성된 성찰적 시민사회의 발전에 장애이자, 그 한계로서 기능하고 있다는 사실은 한국 근대사의 굴곡을 그대로 드러내 보여주는 것이다. 이는 정당한 민족 이념과 주권 국가에 대한 열망이 빠질 수 있는 함정이 얼마나 위험한 것인가를 잘 보여주는 사례라 할 것이다.

민족 이념이 갖는 긍정적 기능과 지향성을 간과하지 않으면서도 그것이 국민국가 창출의 열망과 결부될 때 갖게 되는 독선적인 반작용의 측면들을 현재의 시대적 과제와 결부하여 어떻게 해결할 수 있을 것인가? 만일 국민국가에 대한 열망이 시민을 국민으로 호명해내는 과정에서 자유로운 개체성과 혁신 가능성을 억압하고 유린하는 닫힌 체계로서 기능한다면 이는 문제가 아닐 수 없는 것이다.

민족 개념은 첫째, 근대적 상상력의 한 결과물이다. 그것은 국민국가 창출의 열망이 현실적인 실천에로 전화되면서 나타난 담론적 구성의 결과물이지, 현대 특유의 자명한 산물이 아니다. 둘째, 그렇지만 민족 개념 자체는 역사적·상대적 규정이 가능한 탄력 있는 개념이라는 점을 확인할 수 있다. 국민국가를 넘어 세계 시민 사회로 나아가려는 경향을 보이는 현금의 세계사적 상황과 결부시켜 볼 때, 민족 개념을 혈통의 순수성이나 지역적 연고, 언어적 통합에만 묶어두는 일은 불가능한 일이다. 민족 개념은 그 문화적 정체성의 차원에서 재인식되어야 하며 특정한 민족의 통합을 가능하게 했던 문화적 자산이 인류 보편의 자산으로 화할 수 있는 가능성의 차원에서 다시 결산되고 재평가되어야 하는 것이다. 민족 통합 또는 민족 구성원의 창출이라는 기획하에 진행된 일련의 담론적 실천의 과정들이 보편적 개인의 자유와 가능성을 억압하고 배제하는 구체적 맥락들에 대한 탐구 역시 이루어져야 한다.

이상 1960년대 이후 순수-참여논쟁으로 드러나는 문학의 현실 인식 강조가 과연 어떻게 민족문학론으로 수렴되고 있으며 그 과정에서 민족이념과 국가주의적 의식은 어떤 양상으로 드러나는가, 또, 1960~70년대 민족문학론에서는 '민족' 이념과 '국가주의'라는 개념이 문학의 장 내부에서 어떻게 형성되고 어떻게 내면화되었는지를 살펴보았다. 이 과정에서 '민족'과 '국가주의'는 긍정적 면에서든 부정적 면에서든 우리 문학을 형성해온 가장 중요한 이념적 요소임을 확인할 수 있고, 또한 그것이 지배세력에 의해 일률적인 모습으로 이루어진 것이 아니라 다양한 하위 갈래들에 의해 다양한 방식으로 수용되고 있음을 알 수 있다.

기존의 민족문학적 시각도 지나치게 이념 편향으로 기울어지고 자기 이념의 타당성을 검증할 수 있는 전형적인 작품들 중심으로 연구가 진행되었기 때문에 이념의 논리를 검증하기 어려운 다양한 담론과 작품들을 배제하는 역기능을 낳았다. 이제 '민족적 주체'를 호명하는 모든 문학적 담론 전체를 대상으로 하여 그 다양함이 어떠한 역사 국면에서 어떻게 전개되는지를 더욱 폭넓게 연구해야 한다. 본 고는 그 시작일 뿐이며 이러한 연구는 문학적 측면에서 뿐만 아니라 영화, 연극, 드라마, 풍속 등 문화 일반의 차원으로 더욱 넓혀가야 할 것이다.

한국근현대 평론통사

1. 근대문학론의 맹아

한국사회는 근대로 접어들면서 바로 제국주의의 침입을 받았던 까닭에 곧 식민지의 처지가 되고 만다. 봉건체제의 지배세력들이 기득권을 유지하기 위해 제국주의 세력에 고개를 숙이게 되자, 반봉건·반외세로 표명되는 개화·계몽의 역할은 부르주아 지식인 계층과 민중에게 넘겨진다. 1894년의 갑오개혁과 갑오농민전쟁, 1905년의 을사조약 등 역사적 과정을 거치며 민족의식이 각성되어 가는 가운데, 본격적인 자강운동과 근대적 문화계몽운동이 활발해지면서 근대적 문학도 싹트기 시작했다. 즉 개항에 의해 세계자본주의체제로 편입되기 시작했던 이 시기에 민족공통어의 성립과 함께 근대문학이 성립되기 시작한 것이다. 이러한 근대문학의 출발은 언어·양식·정신의 측면에서 봉건기득권 층과의 대립 속에서 이루어진 것으로, 반외세를 강조하는 신채호 박은식 등으로 대표되는 애국계몽문학론과 반봉건을 강조하는 이인직 이해조의 신소설로 대표되는 문학론으로 구분할 수 있다. 특히 이해조는 『화의 혈』 서문과 발문 그리고 『탄금대』의 발문 등에서 문학과 현실의 관계, 문학의 사실성과 허구성, 문학의 기능 등에 대한 언급을 통해 근대적 문학론의 단초를 보여주고 있다.

2. 1910년대의 문학론

1910년 일제 식민지 통치 체제가 완전히 수립되어 조선은 식민지 자본주의의 길로 들어서게 되는데, 이 시기에 실시된 무단통치는 제반 문화활동을 극도로 위축시키게 된다. 우선 애국계몽운동가들의 망명 등으로 애국계몽문학론의 맥이 끊기게 되었을 뿐 아니라, 무단통치와 검열의 강화로 인해 정치적 색채를 띠는 문학론에 대한 논의도 거의 불가능했다. 이로 인해 국내에서의 계몽문학론은 급속히 정치성을 잃고 문화주의로 기울어지게 된다. 이런 양상은 이광수의 문학론에서 쉽게 알 수 있다. 이광수는 그의 본격적인 문학론이라 할 수 있는 「문학의 가치」(1910)에서 문학은 오락성 뿐 아니라 '인생문제 해결'이라는 계몽성을 본질로 한다는 주장을 통해 계몽문학론을 주장한다. 하지만 이후 그의 대표적 문학론이 된 「문학이란 하오」(1916)에서는 다시 문학의 요체를 감정으로 파악하고 계몽성은 부차적인 것으로 격하시킨다. 이는 문화와 정치의 관련성을 부정하는 것을 넘어 계몽성 자체를 경시하게 된 문화주의로의 변모를 확인시켜 주는 대목이다. 이에 비해 백대진, 안확, 양건식 등은 부르주아 계몽주의 문학론의 전통 위에서 문학과 사회의 관계를 진지하게 고민하고 있는 흔적을 보여준다. 백대진은 조선의 역사적 현실을 내세워 문학의 계몽적 기능이 우선적임을 강조하고 있다. 인간의 올바른 삶과 사회 발전에 기여하는 문학을 그는 '인생주의문학'으로 규정하고, 조선에서 그런 인생을 위한 예술을 구현하는데 가장 적합한 것으로 '자연주의문학론'을 내세우고 있다(「현대조선에 자연주의문학을 제창함」, 1915).

3. 식민지시대 민족주의문학과 프로문학의 평론

1920년대 초반 사회운동 양상의 변화는 신흥 사회주의운동과 재래의 민족주의 운동의 정착·분화로 두드러진다. 민족주의세력은 3·1운동의 좌절과 일본 이식자본주의의 강화에 따라 1921년경부터 문화운동과 실력양성운동을 제창하고, 더 근본적 방법으로 정신개조와 민족성 개조 등 문화와 사상의 '개조'를 주장한다. 이러한 논리는 결국 민족운동의 체제내적 타협으로 나아가고 '자치론'으로 변모한다. 민족주의 이론이 이처럼 개량화되면서 주도권을 상실해가게 되자, 사회주의 사상이 급속도로 보급되어 사회주의 이념을 근거로 한 사회운동이 일대 유행을 이루게 된다. 이에 따라 문학 분야에서도 개인과 사회의 관계를 계층 혹은 계급적 대립의 문제로 인식하는 사회주의사상이 급속도로 유입된다. 1920년대의 문학운동이 민족주의운동 노선과 사회주의 운동 노선에 근거, 그 이상을 실천하는 문학으로서 하나의 이념태로 본격적으로 자리잡은 것은 바로 이런 배경 하에서였다.

먼저 1920년대 문학비평에서의 민족주의문학 이론은 이광수의 추상적 조선주의로부터 비롯된다. 이 추상적 조선주의는 '민족개조론'으로 구체화되는데, 문화주의 이념의 핵심논리를 이루는 민족개조론에 의거하여 이광수는 민족의 전망에 대해 독립의 문제가 아닌 문화적 번영에 초점을 두고 분석한다. 이광수는 이런 인식을 문학에 그대로 적용하고 있다. 그것이 이광수의 「중용과 철저 - 조선이 가지고 싶은 문학」(『조선일보』, 1926.1.2)이다. 이는 한말 이래 자본주의적 근대화 노선에 입각하여 사회를 합리화하고 서구적으로 재편성할 것을 목표로 삼았던 문명개화론 - 서구적 근대화론의 20년대적 실천양상인 것이다. 사회운동으로서의 이데올로기적 형태를 띤 민족주의 문학론은 최남선의 시조부흥운동과 국민문학론 제창으로도 나타난다. 시조부흥운동은 최남선이 민족문화와 국토에 담겨 있다고 믿는 '조선정신'을 배경으로 하는 '조선적인 것'의 시적 형상화의 가능성에 대한 탐구 결과이다. 최남선은 조선문학의 특수성을 가장 잘 간직하고 있는 것이 바로 시조라 생각하고 시조를 국민문학으로 내세운다. 이후 시조부흥운동은 이병기, 이은상, 조운, 염상섭 등에게로 이어지면서 활발한 시조창작과 함께 시조에 대한 학문적 연구를 촉발시키는 계기가 된다. 이 외 민족주의 문학론으로 프로문학과 민족주의문학의 타협, 모색을 발견하려 노력한 양주동의 절충주의 문학론과, 국민문학과 프로문학의 필연적 대립을 승인하면서 양자의 충돌점과 타협점을 병설하는 염상섭의 문학론을 들 수 있다. 양주동은 이광수를 비롯한 민족주의측은 물론 김기진, 임 화 등 프로문학쪽과 민족(주의)문학론, 비평태도론, 내용형식론 등 당대 문단의 핵심 문제를 놓고 논전을 벌이는 과정에서, 문단의 분파를 정통파, 반동파, 중간파 3개파로 구분하고 자신은 중간파 가운데서도 문학적 중간파임을 자처한다(「다시 문예비평가의 태도에 취하여」, 『동아일보』, 1927.7.12~22). 양주동의 절충론은 조선민족 단일노선을 표방했던 신간회의 논리에 맥이 닿아 있는 것으로, 문학적으로는 최남선 이광수 등의 추상적 민족주의의 한계를 비판하고 좌우 이론의 절충이라는 새로운 논리를 전개함으로써, 민족주의 문학운동의 새로운 길을 모색한 것으로 평가할 수 있다. 염상섭은 근대문명의 핵심을 자아의 각성과 회복으로 인식하고 봉건적인 구습타파와 자아각성 등 근대지향적 의식을 드러내는데 주력했다(「개성과 예술」, 『개벽』 22호, 1922.4). 염상섭의 논의는 1920년대 중반 민족주의문학과 계급문학으로의 문단 재편이라는 특별한 과정에서 어느 한 쪽에 치우치지 않은 채 자신의 목소리를 계속 내고 있었다는 점에서 의미가 각별하다.

프로문학의 활동은 염군사(1922.9, 이적효, 이 호, 최승일, 김영팔, 송 영 등)와 파스큘라(1923년, 박영희, 김기진, 이익상, 안석영, 김형원 등)

의 통합으로 1925년 '카프'(KAPF－조선프롤레타리아 예술가동맹)가 결성되면서 본격화된다. 이후 약 10여년의 기간 동안은 프롤레타리아 문학이 주도하던 시기라 할 수 있다. 사회주의 사상이라는 새로운 이념에 입각한 문학은 1930년대 중반 카프가 해체될 때까지 식민지 문단을 장악하게 된다. 하지만 1931년 「무산자」 사건으로 인한 1차 검거와 카프의 연극단체인 '신건설'사 사건으로 인한 2차 검거, 그리고 30년대 이후 강화된 일제의 식민지억압 정책 등으로 인해 1935년 해체하기에 이른다. 이 기간 동안 많은 비평적 쟁점을 제시하는데 그 주요한 것들은 다음과 같다.

첫째, 팔봉 김기진과 회월 박영희 사이에 벌어진 내용·형식 논쟁. 이 논쟁은 1926년 12월 김기진이 '소설은 한 개의 건축'이라는 명제로 박영희의 소설 「철야」와 「지옥순례」가 계급의식 계급투쟁의 개념에 대한 추상적 설명에 그치고 있음을 비판하자, 이에 대해 박영희가 프롤레타리아 문학에 있어서는 내용이 중요하지 형식은 제1의적인 것이 아니라는 반박을 가하면서 이루어진 것이다. 이들의 논쟁은 프로문학 최초의 대립이며, 두 사람 모두 카프의 지도적 위치에 있었던 점, 프로문학의 핵심에 대한 논의라는 점에서 관심을 끄는 것이었다. 이 논쟁은 카프 조직론의 차원에서 외면적으로는 박영희의 내용 우위가 득세하는 것으로 끝났지만 이후 카프 활동 전 시기에 걸쳐 잠재화되어 나타나게 된다.

둘째, 문학운동단체로서의 카프의 성격을 결정짓는 두 차례에 걸친 방향전환. 1927년 1월의 제1차 방향전환은 1920년대 초부터 선보였던 이른바 '신경향파문학'의 자연발생적 단계에서 계급운동이라는 목적의식적 문예운동으로의 전환을 선언한 문예상의 방향전환이다. 1931년의 2차 방향전환은 동경 유학을 다녀온 임화, 김남천 등의 소장파들이 문예 곧 정치운동이라는 극단적 인식 아래 '전위의 눈으로 사물을 보라'

'당의 문학'이라는 두 슬로건으로 요약했던 문예운동의 볼셰비키화를 가리킨다.

셋째, 내용·형식 논쟁에서 자신의 주장을 철회했던 김기진이 「통속소설소고」(조선일보, 1928.11), 「대중소설론」(동아일보, 1929.4), 「프로시가의 대중화」(1929) 등을 통해 프로문학창작의 위축현상과 검열을 의식하여 프로문학의 대중화를 주장한 것을 들 수 있다. 이에 임화, 안막 등의 원칙론자들이 현상추수주의, 개량주의 등의 비판으로 답한 바 있다. 이 외에도 안함광, 백 철 등의 농민문학론, 1930년대 중반의 창작방법논쟁, 사회주의 리얼리즘론 등 다양한 논의가 있었다.

프로문학과 민족주의문학의 대립은 『개벽』지의 '계급문학시비론'에서 김기진, 박영희가 민족문학을 비판하며 프로문학의 본질과 대두 배경을 강력히 주장하고 이에 대해 김동인, 이광수, 나도향, 염상섭 등이 비판·부인함으로써 본격화된다.

4. 1930년대-억압 속에서의 다양한 문학론

1930년대 들어 문학 외적으로는 일제의 파시즘이 강화되며 식민지 현실은 더욱 열악한 상황으로 빠져들었으며 문학 내적으로는 20년대 이후 문단을 장악했던 프로문학과 민족주의문학의 이념성이 더욱 강화되는 모습을 보였다. 이런 상황 하에서 1930년대 문단에는 모더니즘 문학과 순수주의 문학이 등장한다. 특히 평론 분야의 경우 프로문학은 이데올로기 일변도의 공식적 이론으로 더욱 빠져들고 민족주의문학은 이에 맞선 심정적 이데올로기의 매너리즘에 빠져드는 모습을 보이게 되면서 순수문학을 주장하는 목소리가 높아지게 된다. 그러한 양상 중의 하나로 해외문학파를 들 수 있다. 대학에서 외국문학을 전공한 이하윤, 김진섭, 정인섭 등은 '해외문학연구회'(1926)를 만들고, 동경 유학을 마치고 귀국한 1930년 이후부터 본격적으로 활동한다. 이들은 송영 · 임화 · 홍효민 · 한설야 · 권환 등 카프문인들과의 논쟁, 유진오 · 김동인과의 논쟁, 최재서 · 김환태 등 해외문학파가 아닌 외국문학 전공자 등과의 논전을 통해 문단적 역량을 확대하게 된다. 먼저 프로문학과 해외문학파의 논쟁은 정인섭이 프로문학이 한국적 특수성을 갖지 못하고 모방적 직역적 국제주의라고 비판(「조선문단에 호소함」, 『조선일보』, 1931.1.3~17)한 것에 대해 송영(「1931년도의 조선문단개관」, 『조선일보』, 1931.12)과 임 화(「당면정세의 특질과 예술운동의 일반적 방향」, 『조선일보』, 1931.12.30) 등이 해외문학파의 우익적 성격을 비판한 것으로 시작되었다. 이후 이헌구(「해외문학과 조선에 있어서의 해외문학파의 임무와 장래」, 『조선일보』, 1932.1)와 임화(「소위 해외문학파의 정체와 장래」, 『조선지광』, 1932.1)의 논전, 홍효민 · 백철의 해외문학파 비판과 김진섭 · 이하윤 · 함대훈 등의 답변 등 해외문학파와 프로문학의 논전은 전면전 양상을 띠고 진행되었다. 프로문학의 해외문학파 비판의 핵심은 이들이 부르주아그룹이라는 것, 일본문학의 번역에 불과하다는 것, 주견이 없다는 점 등이었고 이에 대해 해외문학파는 논리적 답변이 아닌 창작, 수필, 연극운동 등의 방식으로 답변하는 양상을 보였다. 이 외 임화와 박용철 사이의 시의 기교에 대한 논쟁 등도 주목할 만한 사항이다.

1935년 카프의 해체를 전후로 문단의 중요한 논점의 하나로 떠오른 것이 이른바 전향론이다. 1934년 '얻은 것은 이데올로기요 잃은 것은 예술'이라는 박영희의 선언(「최근 문예이론의 신전개와 그 경향」, 『동아일보』, 1934.1.2~11)은 카프에 제출한 탈퇴서가 받아들여지지 않자 자신의 입장을 표명한 것인데, 여기서 박영희는 카프의 조직과 구성 및 그에 따른 문제를 카프문학 자체의 결함으로 지적하고 있다. 이에 이동규, 이기영 등의 비판을 가했는데, 그 가운데서도 가장 강력한 비판자는 예전 내용·형식 논쟁의 당사자였던 김기진이었다. 한편 백철도 1935년의 '신건설사'사건으로 인한 집행유예 선고를 받은 뒤 「출감소감 - 비애의 성사를 나와서」(『동아일보』, 1935.12.22~27)라는 글을 통해 전향을 선언한 바 있다.

이처럼 카프 조직의 해체와 전향 등의 양상에서 나타나듯 1930년대 중반 이후 프로문학의 퇴조가 문예비평의 정론성의 약화를 가져오게 되자, 그 공백을 메우고 시대정신의 중심조류를 탐색하기 위한 다양한 비평론이 모색된다. 그 첫 번째 양상이 백철의 논의를 중심으로 전개된 휴머니즘론과 김기림·최재서에 의해 주도된 지성론, 김남천의 고발문학론과 관찰문학론 및 모랄론 등 서구적 사조에 기댄 비평론이며, 둘째로는 활발한 고전논의를 들 수 있다. 특히 1935년 이후 활발하게 전개된 고전부흥론은 비록 심정적인 성격을 띠고 있었지만 민족문화에 대한 애정과 제국주의에 대한 은근한 저항의 성격을 띠는 것이었다. 특기할 것은 1936년이 되면서부터는 이청원, 김태준, 양주동, 이병기 등 학자들에 의한 이론적 과학적 탐구가 이루어지면서 초기의 심정적 탐구를 넘어서게 된 점이다. 셋째로는 이 시기 30대에 접어든 기존 문인들과 신세대들과의 갈등이 표출되었던 세대론과 순수논의를 들 수 있다. 이 논의는 이원조의 「신인론」(『조선일보』, 1935.10.10~17)으로 촉발되었는데, 이원조는 여기서 신인들에게 참다운 문학정신을 강조하고 있다. 임화 역시 「신인론」(『비판』, 1939)에서 신인들의 도전에 대해 신인들에겐 절대적 가치라 할 새 것이 없는 기성의 아류에 불과하다는 혹독한 비판을 가한다. 이에 김동리를 중심으로 한 신인들은 문학전통의 빈약함과 선배다운 선배가 없음을 비판한다. 김동리는 '순수'에 대한 논의를 통해 신인론을 제기한 유진오(「순수에의 지향」, 『문장』 1권 5호, 1939)에 대해서도 「순수이의」(『문장』 1권 7호)라는 글을 통해, 30대 선배문인들의 정치적 야심과 달리 신인들이야말로 진정한 문학정신을 지키고 있다고 비판함으로써 신인들의 이론적 대변자로서의 역할을 맡고 있었다. 넷째로는 동아·조선일보의 폐간 및 『문장』, 『인문평론』의 강제 폐간, 조선어 말살 정책과 노골적인 친일문학의 강요 등 소위 황도정신에 입각했던 「국민문학」 중심의 신체체론을 들 수 있다.

5. 해방 시기의 문단과 평론

해방직후의 문학비평은 이 시기 문예운동 조직의 동향을 통해 쉽게 알 수 있다. 그 이유는 이 시기 문인을 비롯한 대부분의 지식인이 이념적 성향에 따른 행동을 선보였고 그러한 이념적 행동은 다양한 사회 문예 단체의 결성을 통해 이루어지고 있기 때문이다.

해방 직후 먼저 결성된 것은 임화, 이원조 등의 주도에 따라 결성된 좌파문학운동 조직 <조선문학건설본부>(1945.8.16, 중앙위원장 이태준, 서기장 이원조)였다. 이틀 뒤 <조선문화건설중앙협의회>(1945.8.18, 의장 임 화, 서기장 김남천)를 출범시키고 <조선문학건설본부>를 그 산하기구로 편입시킨다. 이 단체는 새로운 조선문화 건설을 주장하고 '전조선 문화 종사자 내지 예술가의 일치단결된 토대'를 강조했다. 이기영·한설야 등은 이 단체의 탈계급적 입장을 비판하고 '노동자 농민의 완전한 해방을 목표로 한 과감한 투쟁'을 선언하면서 <조선프롤레타리아문학동맹>(1945.9.17, 중앙집행위원장 이기영)을 결성한다. 이후 두 단체는 1945년 12월 <조선문학가동맹>으로 통합된다.

한편 우익 측의 문인들은 <중앙문화협회>의 결성(1945.9.18), <전조선문필가협회>(1946.3.13, 회장 정인보)의 결성을 통해 좌익에 맞선다. 그리고 <전조선문필가협회>의 전위대적인 성격의 조직으로 <조선청년문학가협회>(1946.4.4, 회장 김동리)를 출범시켜 김동리, 조연현을 중심으로 순수문학론을 전개하며 좌익과의 이론투쟁을 벌여나간다. 이후 남북한 단독정부의 수립, <전국문화단체총연합회>의 결성(47.2.12) 및 '민족정신 앙양 전국문화인 총궐기대회' 개최, 좌익 작가의 월북과 전향 등 일련의 과정 속에서 좌익세력이 자연적으로 사라지게 되자, <한국문학가협회>의 발족(1949.12.17)으로 조직적 정비와 함께 문학적 입장을 정리한다.

해방 시기 문학이념 및 비평은 <조선문학가동맹>의 계급주의 세계관에 입각한 인민 민주주의 문학론과 <전조선문필가협회> 및 <청년문학가협회>의 부르주아적 민족문학이라는 두 논리로 대별된다. 전자의 경우 일제 잔재의 소탕, 봉건적 문화의 청산, 외국문화 섭취 및 고전 계승이라는 슬로건을 내세웠고 후자의 경우에는 뚜렷한 견해조차 표명되지 못한 채 이데올로기적 대립을 강조하고 있다. 양 진영의 대립은 좌익의 김동석, 김병규 우익의 조연현, 김동리 등에 의해 이루어졌던 민족문학·순수문학 논쟁을 통해 확연히 드러난다.

김동리는 해방이후 제창된 민족문학을 계급주의적 민족문학론, 민족주의적 민족문학론, 본격문학으로서의 인간주의적 민족문학론의 세 가지로 구분하고 자신의 인간주의적 민족문학론만이 진정한 민족문학이라고 주장한다(「민족문학론」, 『대조』, 1948.8 ; 「민족문학의 이상과 현실」, 『문화춘추』, 1954.2). 그리고 이러한 자신의 지향을 제 3 휴머니즘으로 대표되는 제 3 세계관에의 지향이라 정리한다. 그는 근대로의 두 길을 제시한 사회주의와 자본주의를 모두 초극의 대상으로 삼았지만, 그 논리는 구체적인 실천의 기획을 지니지 못하고 결론적으로 유물론과 맞서는 하나의 이데올로기로 작용할 뿐이었다. 이러한 김동리의 논리에 대해 좌익의 핵심 구성원이라 할 임화나 김남천 등은 거의 묵살하는 태도를 취하고 김동석, 김병규 등 좌익의 소장파가 대응한다. 김동리가 인간성 옹호에 기초를 둔 문학이 제1의적 문학이고 계급주의나 기타의 것들에 기초를 둔 문학은 2의적 혹은 3의적 문학이라 한 것에 대해, 김병규는 계급주의에 바탕을 둔 문학이 1의적인 것으로 봄으로써 이들의 대결점이 뚜렷해졌다. 그러나 정치적 상황에 의해 한반도 남쪽에서 좌익적 논리가 거의 사라지게 되자 김동리는 '구경적 생의 형식'이라는 추상적 논리로 나아가고 만다.

6. 전후 문단에서의 평론

1950년 6월 전쟁 발발 이후 곧 <비상국민선전대>가 조직되고, 이어 대전에서 <문총구국대>가 조직된다. 9·28수복과 함께 일정한 조직과 규모로 결성된 종군작가단은 전쟁 중의 문단을 형성했다. 종군 문학인들이 강조한 것은 무엇보다도 '현실에의 주체적 참여', '행동전선상에의 의욕적 참가'라는 전선종군활동이었지만, 이들이 말하는 '인간정신의 옹호'라거나 '문화의 옹호'라는 구호는 반공 이데올로기의 강조에 불과하여 문학적 지도이론과는 거리가 먼 것이었다. 여기에 학·예술원 설립과 회원 선출을 둘러싼 잡음과 <한국문학가협회>와 <한국자유문학자협회>의 분리 등 문단은 심각한 내분 양상을 드러낸다. 이처럼 구세대들의 경우 문단 조직에 있어서나 문학적 이념에 있어서나 더 이상 현실적 영향력을 가질 수 없는 상태가 되자, 기존의 문학에 대해 신인들은 전면적 부정의 태도를 취하고 새로운 문학으로 눈을 돌린다. 실존주의가 새로운 문학론으로 떠오른 것은 이런 상황 하에서였다.

전후 신세대들에게 있어 실존주의는 전쟁과 전후 현실을 이해할 수 있는 새로운 문학정신으로서 그리고 새로운 문학기법으로서 받아들여졌다. 즉 비극적 전쟁의 체험은 인간불신, 이념에 대한 증오, 허무의식과 불안감 등의 정신적, 감정적 분위기를 형성하기에 충분했던 것이다.

사르트르・카뮈・말로 등 실존주의 작가들의 작품이 손우성・김붕구・양병식・이환 등 영문학자와 불문학자들에 의해 본격적으로 소개되고, 니체・하이데거・야스퍼스 등의 실존주의 철학은 박종홍・조가경・김기석・고범서 등 철학자들에 의해 이루어지는 등, 실존주의는 소설・희곡 작품들에서부터 에세이・철학이론・문학론 등 다양한 방식으로 수용된다. 전후 실존주의에 대한 구세대와 신세대의 이해의 수준을 보다 극명하게 보여주는 것은 조연현과 정명환의 논쟁 및 김동리와 이어령 사이에 벌어진 논쟁이다. 김동리와 이어령 사이에 벌어진 실존주의 논쟁은 구세대와 신세대를 대표하는 인물들 사이에서 구체적 작품을 놓고 논쟁을 벌였다는 점에서 관심이 집중되지만, 이들의 논쟁은 구체적 작품을 매개로 하고 있으면서도 실존주의 사상의 본질 해명으로 나아가지 못하고 용어사용의 정확성을 둘러싼 입씨름으로 빠져버리고 말았다(이어령의 「영원한 모순」, 김동리의 「좌표 이전과 모래알과」, 이어령의 「논쟁의 초점」, 김동리의 「초점, 이탈치 말라」, 이어령의 「희극을 원하는가」, 김동리의 「눈물의 의미」 등).

실존주의 논의는 모두 휴머니즘론으로 귀결되고 있다. 이어령의 참여와 저항, 최일수의 저항정신, 이철범의 역사적 체험과 앙가주망, 김붕구의 증인의 문학 등은 실존주의의 또 다른 표현인 휴머니즘을 근거로 한 비평적 발언이었다. 손우성, 조연현, 홍사중, 정창범, 신동한, 이철범, 윤병로, 최일수, 정태용 등 많은 논자에 의해 다루어진 바 있는 50년대 휴머니즘론의 의의는 바로 휴머니즘론을 통한 세계문학에의 접근이라는 점에서 찾을 수 있다. 몇몇 비평가들 예컨대 신동한, 홍사중, 이영일 등에 의해 모럴론으로 구체화되기도 하고 정태용과 같이 서구적 현실과의 차별성을 통해 한국적 현실의 위기를 강조하며 보편적인 휴머니즘론 자체에 대한 불신을 보이기도 했지만, 이어령의 논리에서 드러나듯 불안의식과 그에 대한 저항정신을 보편적인 정서로 받아들이고 그 극복을 시도하는 등 다양한 양상을 띠고 전개된다.

실존주의나 휴머니즘 사상을 통해 제기된 '현대성'에 대한 인식 및 세계문학과의 동시성 확보라는 명제는 '전통'에 대한 인식을 요구하게 만들었다. 전통론을 촉발시킨 근본적인 이유는 압도적인 서구문화의 유입 속에서 주체성에 대한 점검이라 할 수 있다. 1955년 1월 『조선일보』에서 전통에 대한 저널리즘적 관심을 모은 후에 『사상계』, 『현대문학』, 『자유문학』 등 당대의 중심 잡지들이 경쟁적으로 전통문제를 특집으로 다루며 전통 논의를 문단의 중심 과제로 부각시킨다. 1955년 『사상계』의 「한국문학의 현재와 장래」라는 좌담회에서 한국문학 전반에 관한 점검을 하는 가운데, 백 철이 소박한 전통계승론을 펼치고 이를 이무영이 지지하는 한편 김기진과 손우성은 전통계승에 부정적 입장을 보이면서 전통논의는 침체된 문단에 활력을 불러 넣어줄 쟁점으로 떠오르며, 전통의 개념 및 전통 계승과 단절을 둘러싼 본격적인 논의가 이루어진다. 이봉래, 한교석 등이 전통부정론을 펼치자 최일수는 우리 문학에 전통이 없다는 가정 밑에서 서구문학에서 현대성을 받아들이자 하는 견해는 우리 문학을 존 더 깊이 있게 통찰하지 않은 데서 나온 것으로, 서구문학이 겪은 현대적인 경로를 그대로 답습하려는 경향이라 면서 전통부정론을 비판한다. 이 외에도 정병욱, 전광용, 백철 등의 논의가 있었다. 이들의 논의 중 주목할 점은 전통 논의를 크게는 한국 문학의 후진성 그리고 직접적으로는 당대 문단의 침체를 벗어나고 새로운 문학 건설의 계기로 삼고 있는 점이다. 즉 전통론은 전쟁의 참상에 절망하던 50년대적 사상에서 4·19로 대변되는 구체적 현실에 천대한 각성과 성찰의 시대로서의 60년대로 넘어가는 사상적 매개의 문학적 표현이라 할 수 있다.

1950년대 민족문학론은 해방 공간에서 확립되었던 김동리의 민족문학론을 중심으로 삼고 있다. 이 민족문학론은 한편으로는 순수문학론과 결합된 양상으로 표출되는데, 여기에 박종화, 홍효민 등의 계몽적 애국문학의 논리가 덧씌워지면서 민족문학은 철저히 냉전시대의 이데올로기적 개념으로 변질되기도 한다. 이들 논리의 핵심이 민족을 문화적, 종족적 개념으로 파악하는 것이었다면 이에 대한 비판으로서 민족 개념을 근대 시민사회와 더불어 형성된 역사적 개념으로서 파악한 정태용의 논리는 이후 민족문학론의 전개에 새로운 계기를 마련한 것이라 할 수 있다. 이러한 논리는 최일수에 의해 본격적인 민족문학론으로 발전하게 된다. 결국 1950년대의 민족문학론은 당대의 문학론을 추상적인 논의로부터 구체적인 한국적 현실을 근거로 삼는 수준으로 발전시키는 계기가 되는 것이었다.

7. 1960~70년대의 비평론 ; 순수 · 참여론, 민족문학론, 민중문학론

1960~70년대는 경제개발정책에 따른 '근대화'가 본격적으로 추진되었던 시기로, 냉전 · 반공 이데올로기를 바탕에 깔고 경제성장에 따른 부의 분배라는 사탕과 독재정치라는 채찍으로 회유와 억압을 동시에 사용한 시대이다. 이 가운데서 60년대는 4·19혁명과 그 좌절, 5·16 군사쿠데타 및 반공이데올로기의 횡포, 공업화 및 경제개발에 따른 도시 대중문화의 형성, 농민의 분해와 궁핍화로 요약할 수 있다.

60년대 문학은 이러한 근대화 정책에 따른 사회적 양극화 현상을 바탕으로 형성된 것이라 할 수 있다. 도시 중심의 소시민의식이 60년대 문학에서 집중적으로 드러나는 것은 바로 이런 이유 때문이다. 그리고 그 반대편에는 몰락해가는 농촌 사회에 대한 관심이 짙게 나타나 있다. 이와 함께 60년대의 문을 연 4·19의 영향은 「광장」을 필두로 분단문제를 우리 사회의 과제로 제기하게 만들었다. 이러한 60년대의 현실을 문학 속에 끌어들이는 것이 이 시대 문학자들의 일이었으며 동시에 이러한 부정적 현실을 극복하고자 하는 것이 60년대의 문학정신이었다. 하지만 이러한 노력의 성과는 70년대가 되어야 비로소 구체화될 수 있었다. 그런 의미에서 60년대는 50년대의 허무를 넘어 본격적인 문학적 꽃을 피운 70년대를 준비하는 시대였다고 말할 수 있다.

60년대 문단에서 가장 많은 이들의 관심을 모았던 비평적 쟁점은 앞 시기부터 이어진 전통논의와 함께 '순수·참여 논쟁'이라 할 수 있다. 다른 시대와 마찬가지로 1960년대의 순수·참여 논쟁 역시 기본적으로 문학의 자율성을 옹호하는 순수문학론과 문학의 사회적 책임과 현실인식을 강조하는 참여문학론 사이의 대립이라 할 수 있다. 상호간의 인신공격, 왜곡된 사상 시비와 꼬투리 잡기까지 있을 뿐 아니라 쟁점의 구도 자체가 제대로 이루어지지 않았던 까닭에 본격적 논쟁의 수준이라 보기 어렵다는 비판도 있지만, 이 논쟁은 "1950년대의 강압적 냉전 논리와 이념적 맹목상태로부터 벗어나기 위해 치러야 할 일종의 이론 훈련 과정"이었으며 민족 현실에 본격적으로 눈을 돌리게 만든 단초를 제공했다는 점에서 중요한 의미를 지닌다. 즉 70년대의 민족문학론과 리얼리즘론이 이론적으로 성숙하는 데에 밑거름이 되었던 것이다.

1970년대는 유신체제의 등장으로 시작하여 유신체제의 종말과 함께 막을 내린 '개발독재'의 시대였다. 즉 70년대는 독점자본과 독재권력의 유착과 민중의 희생을 기반으로 지본주의의 도약을 이룬 시대인 동시에 지배세력에 맞선 민중·민주 진영의 저항이 본격화된 시대였다. 이런 의미에서 이 시대의 문학적 지향이 '민족문학'이었던 것은 당연한 것이라 할 것이다. 민족문학론의 이론 정립에 우선적으로 거론해야 할 비평가는 백낙청이다. 그의 출발은 프랑스혁명을 성취한 근대 시민의식의 확대 해석을 통해 한국문학에서 시민문학의 전통을 발견하고자 했던 「시민문학론」(1969)으로부터 이루어졌다. 그는 여기서 한용운과 김수영의 성과를 통해 시민의식을 간취하고 있다. 이러한 노력의 1차적 결실은 「민족문학 개념의 정립을 위해」(1974)에서, 제3세계의 문학이 서구문학을 포함한 전세계 문학의 진정한 전위가 될 수 있다는 것으로 나아간다. 이후 『창작과 비평』을 중심으로 이루어진 구체적 문학론 에 대한 탐구는, 역사적인 개념으로서의 민족적 현실 인식과 문학적 가치문제에 대한 진지한 노력으로 이어지고 그 결과 민족문학론의 개념과 내용을 구체화시킬 수 있었다.

이러한 민족문학 논의의 진전과 함께 농민문학론, 노동자문학론, 민중문학론, 제 3세계 문학론, 리얼리즘문학론 등이 활발하게 개진된다. 신경림의 「문학과 민중」, 염무웅의 「리얼리즘론」, 「민중시대의 문학」, 임헌영의 「민족문학의 명칭에 대하여」, 박태순의 「문학의 세계와 제3세계문학」, 백낙청의 「민족문학의 신전개」 등을 그러한 모색의 구체적 성과로 꼽을 수 있을 터인데 이러한 논의는 1970년대 한국사회의 변화와 긴밀히 관련되어 있다.

민족문학 논의는 리얼리즘론과 밀접한 관련을 맺고 진행되었다. 60년대 순수·참여 논쟁의 질적 발전이자 계승이라고도 할 수 있는 70년대의 리얼리즘 논쟁은 『사상계』지의 좌담 「4·19와 한국문학」(1970.4)에서 시작되어 구중서, 염무웅, 김병걸, 김우종, 김 현, 김양수, 원형갑 등이 참여하는 논쟁으로 발전했다. 양 진영의 대립은 리얼리즘의 개념 규정에서부터 민족문학의 방향성에 이르기까지 첨예하게 이루어졌다. 리얼리즘을 주로 기법상의 도식주의로 이해하여 리얼리즘의 수용을 부정적으로 보는 입장의 대변자였던 김현이 논쟁을 거치고 난 뒤 '인간은 문학을 통해 억압하는 것과 억압당하는 것의 정체를 파악하고, 그 부정적 힘을 인지하며, 그러한 부정적 힘의 인식은 인간으로 하여금 세계를 개조하지 않으면 안 된다'면서 문학의 인식적 기능을 중요한 것으로 승인할 만큼 리얼리즘 논의는 70년대 문학론의 진전을 가져온 것이었다.

80년대에 접어들어 민족문학론은 이념적 실체와 실천주체에 대한 고민 속에서 민중문학론으로 발전한다. 간단하게 말하자면 문학은 민중적인 삶의 현실을 진실하게 그려내야 하며, 그 속에서 민중적인 삶이 요구하는 인간성 회복을 이루어내야 한다는 것이다. 기존의 민족문학론이 지녔던 관점이나 방법보다 더욱 진보적인 성격을 띤 민중문학론은 민족문학론의 실천적 한계를 극복하고자 하는 의지를 드러낸 것이다. 이처럼 민중문학론이 특히 주체의 문제에 대한 명확한 인식을 드러낸 것은 1980년대 한국 사회에서 민중개념의 확립과 민중주체의 자기인식을 바탕으로 이루어졌던 민중운동을 근거로 삼고 있는 것이다.

한국 현대비평문학 탐구

초판 1쇄 인쇄 2009년 9월 17일 **초판 1쇄 발행** 2009년 9월 23일
지은이 전승주 **펴낸이** 박성복 **펴낸곳** 도서출판 월인
등록번호 제6-0364호 등록일 1998. 5. 4.
주소 142-879 서울특별시 강북구 흰구름길 19-3(수유2동 252-9)
대표전화 (02) 912-5000 팩스 (02) 900-5036
e-mail worinnet@hanmail.net homepage http://www.worin.net

ISBN 978-89-8477-442-1 93810

값 17,000원